Gesundheit als organisationaler Lernprozess

Schriftenreihe zur
interdisziplinären Arbeitswissenschaft

Band 11

Herausgegeben von
Axel Haunschild, Günther Vedder

Andrea-Kristin Schubert

Gesundheit als organisationaler Lernprozess

Eine lern- und organisationstheoretische Analyse
von Betrieblicher Gesundheitsförderung

Rainer Hampp Verlag   Augsburg, München 2019

Bibliografische Information der Deutschen Nationalbibliothek

Die Deutsche Nationalbibliothek verzeichnet diese Publikation in der Deutschen Nationalbibliografie; detaillierte bibliografische Daten sind im Internet über http://dnb.d-nb.de abrufbar.

ISBN 978-3-95710-238-6 (print)
ISBN 978-3-95710-338-3 (e-book)
Schriftenreihe zur interdisziplinären Arbeitswissenschaft: ISSN 2196-8089
ISBN-A/DOI 10.978.395710/3383

Diese Arbeit wurde 2018 an der Gottfried Wilhelm Leibniz Universität Hannover als Dissertation angenommen.

1. Auflage, 2019

© 2019 Rainer Hampp Verlag   Augsburg, München
        Vorderer Lech 35   86150 Augsburg
        www.Hampp-Verlag.de

Alle Rechte vorbehalten. Dieses Werk einschließlich aller seiner Teile ist urheberrechtlich geschützt. Jede Verwertung außerhalb der engen Grenzen des Urheberrechtsgesetzes ist ohne schriftliche Zustimmung des Verlags unzulässig und strafbar. Das gilt insbesondere für Vervielfältigungen, Mikroverfilmungen, Übersetzungen und die Einspeicherung in elektronische Systeme.

∞   *Dieses Buch ist auf säurefreiem und chlorfrei gebleichtem Papier gedruckt.*

Liebe Leserinnen und Leser!

Wir wollen Ihnen ein gutes Buch liefern. Wenn Sie aus irgendwelchen Gründen nicht zufrieden sind, wenden Sie sich bitte an uns.

Zusammenfassung

Im Mittelpunkt der vorliegenden Studie steht die theoretisch-empirische Betrachtung organisationaler Lernprozesse im Rahmen gesundheitsfördernder Organisationsentwicklung – nachfolgend auch als „organisationales Gesundheitslernen" bezeichnet. Eine Ausgangsthese ist, dass Betriebliche Gesundheitsförderung gelingen kann, wenn ein kontinuierlicher Lernprozess im Individuum und in der Organisation angestoßen wird. Gesundheit ist aus dieser Sichtweise als Resultat eines organisationalen Lernprozesses zu begreifen. Folgerichtig stellt sich die Frage, ob bzw. unter welchen Voraussetzungen Organisationen „Gesundheit" lernen können.

Auf Grundlage einer strukturations- und tätigkeitstheoretischen Konzeption organisationalen Gesundheitslernens wird untersucht, wie sich individuelle und organisationale Lernprozesse im Rahmen Betrieblicher Gesundheitsförderung vollziehen. Zudem wird herausgearbeitet, welche sozialen Praktiken zu einer Institutionalisierung der Reflexion und Gestaltung gesunder Arbeitsbedingungen beitragen. Die Rekonstruktion der Strukturen und Prozesse organisationalen Gesundheitslernens wird anhand einer Fallstudie im Feuerwehrwesen vorgenommen. Datenerhebung und -auswertung erfolgen mit Methoden der qualitativen Datenanalyse sowie der strukturellen wie qualitativen Netzwerkanalyse.

Die gewonnenen Daten zeigen, dass Organisationen „Gesundheit" in einem evolutionären Innovationsprozess lernen, in dessen Verlauf soziale Praktiken einer gesundheits- und lernförderlichen Subkultur allmählich in die organisationalen Strukturen übergehen. Auf diese Weise werden neue Möglichkeitsräume der kontinuierlichen Reflexion und Gestaltung gesunder Arbeitsbedingungen in einer Organisation institutionalisiert. Nach den Erkenntnissen der vorliegenden Studie wird dieser Prozess maßgeblich von mikropolitischen Spielweisen, Gruppendynamiken, organisationalen Strukturen sowie den bearbeiteten Themen beeinflusst. Ob sich Gesundheitsförderung als soziale Innovation in einer Organisation durchsetzen kann, hängt zudem davon ab, ob die auf Veränderung zielenden betrieblichen Akteure bestehende Organisationsstrukturen sensibel wahrnehmen und in ihre Handlungsstrategien integrieren können.

Inhaltsverzeichnis

Zusammenfassung 1

Inhaltsverzeichnis 2

Abbildungsverzeichnis 7

Tabellenverzeichnis 9

Danksagung 10

1   Einführung – Gesundheit als organisationaler Lernprozess 11
1.1   Stand der Forschung 16
1.2   Zielsetzung und Forschungsfragen 19
1.3   Aufbau der Untersuchung 23
1.4   Zusammenfassung 25

2   Arbeit und Gesundheit im 21. Jahrhundert 27
2.1   Begriffsbestimmungen 27
2.2   Aktuelle Transformationsprozesse 31
      2.2.1   Neue Organisations- und Steuerungsformen 33
      2.2.2   Permanente Reorganisation 35
      2.2.3   Prekarisierung, Flexibilisierung und Entgrenzung 36
      2.2.4   Veränderte Arbeitsanforderungen 38
2.3   Perspektiven und Herausforderungen der gegenwärtigen betrieblichen Gesundheitspolitik 42
      2.3.1   Konfligierende Arbeitsbedingungen als psychische Belastung 43
      2.3.2   Dialogorientierte Erfassung psychischer Belastungen 46
      2.3.3   Persönliche und betriebliche Gesundheitskompetenz 47
      2.3.4   Neudefinition professioneller Rollen und Instrumente 48
2.4   Zusammenfassung 50

3 Gesundheitsfördernde Organisationsentwicklung 51
3.1 Projektorganisation 53
3.2 Rollen und Strukturen 55
3.3 Prozesse 57
3.4 Zusammenfassung 61

4 Organisationstheoretische Grundlagen 62
4.1 Gesundheit – (k)ein Thema von Organisationen? 62
4.2 Organisationstheoretische Perspektiven auf Betriebliche Gesundheitsförderung 69
    4.2.1 Organisationen als soziale Systeme 70
    4.2.2 Organisation und Strukturation 74
    4.2.3 Synopsis 77
4.3 Zusammenfassung 79

5 Lernen in und von Organisationen 80
5.1 Individuelles Lernen 80
    5.1.1 Lernen als Reiz-Reaktionsmuster 81
    5.1.2 Lernen als Wissenserwerb 83
    5.1.3 Lernen als aktive Wirklichkeitskonstruktion 84
    5.1.4 Lernen durch soziale Interaktion 85
5.2 Organisationales Lernen 86
    5.2.1 Organisationales Lernen als Anpassung 88
    5.2.2 Organisationales Lernen als „Assumption Sharing" 91
    5.2.3 Organisationales Lernen als „Sensemaking" 95
    5.2.4 Organisationales Lernen durch Systemdenken 96
    5.2.5 Organisationales Lernen als Wissenserzeugung 98
    5.2.6 Organisationales Lernen in Communities of Practice 101
    5.2.7 Organisationales Lernen als Expansion 105

5.3 Vergleichende Analyse der Lerntheorien 110
    5.3.1 Ebenen 114
    5.3.2 Gegenstände 116
    5.3.3 Modi 117
    5.3.4 Phasen 118
    5.3.5 Organisationaler und gesellschaftlicher Kontext 119
5.4 Lernen im Rahmen gesundheitsfördernder Organisationsentwicklung 121
5.5 Zusammenfassung 122

6 Zwischenfazit – Analytischer Bezugsrahmen **124**
6.1 Zusammenführung der Theorieperspektiven 125
6.2 Heuristisches Rahmenmodell 132
6.3 Zusammenfassung und Forschungsfragen 135

7 Fallstudie **139**
7.1 Forschungsfeld Berufsfeuerwehr 140
    7.1.1 Strukturen und Funktionen 141
    7.1.2 Arbeitszeiten und -inhalte 143
    7.1.3 Führung und Hierarchie 145
    7.1.4 Organisationskultur 149
    7.1.5 Feuerwehren im Spannungsfeld von Hierarchie und Agilität 150
7.2 Projekt „Betriebliche Gesundheitsförderung in der Feuerwehr" 153
    7.2.1 Ausgangssituation und Ziele 153
    7.2.2 Projektverlauf 154
    7.2.3 Externe Begleitung 164
7.3 Forschungsdesign 165
    7.3.1 Fallstudie 167
    7.3.2 Gütekriterien 170
7.4 Datenerhebung 172
    7.4.1 Problemzentrierte Interviews 173
    7.4.2 Erhebung sozialer Netzwerke 176
    7.4.3 Teilnehmende Beobachtung 182
    7.4.4 Schriftliche Dokumente 185

7.5	Datenauswertung	186
	7.5.1 Thematisches Codieren	186
	7.5.2 Soziale Netzwerkanalyse	190
	7.5.3 Aufbereitung von Beobachtungsprotokollen	195
	7.5.4 Auswertung schriftlicher Dokumente	196
7.6	Reflexion des Forschungsprozesses	196
	7.6.1 Reflexion der Datenerhebung und -auswertung	196
	7.6.2 Rollenkonflikte	201
7.7	Zusammenfassung	202
8	**Strukturen und Prozesse organisationalen Gesundheitslernens**	**204**
8.1	Lerntrajektorien	209
	8.1.1 Tuchhalter	210
	8.1.2 Intranet-Tool	211
8.2	Lernförderliche und -hinderliche Faktoren	220
	8.2.1 Subjekte	221
	8.2.2 Gemeinschaft	229
	8.2.3 Regeln	234
	8.2.4 Ressourcen	243
	8.2.5 Gegenstände	251
	8.2.6 Vergleichende Analyse	253
8.3	Institutionalisierungspraktiken	258
	8.3.1 Agenda-Setting	258
	8.3.2 Kommunikation und Beteiligung	260
	8.3.3 Arbeitsorganisation	261
	8.3.4 Institutionelle Reflexivität	262
	8.3.5 Ressourcenverknüpfung	264
8.4	Diskussion	266
	8.4.1 Gesundheit als besonderer Lerngegenstand	267
	8.4.2 Reflexion des theoretischen Bezugsrahmens	268
	8.4.3 Voraussetzungen organisationalen Gesundheitslernens	271
	8.4.4 Übertragbarkeit der Erkenntnisse	277

9 Fazit 279
9.1 Forschungsbeiträge 280
9.2 Konsequenzen für die betriebliche Praxis 282
9.3 Ausblick 288

Anhang A: Interviewverzeichnis 292

Anhang B: Interviewleitfäden 293

B.1 Interviewphase I (Prozessbegleiter und Projektkoordination) 293

B.2 Interviewphase II (Weitere Personen) 294

B.3 Interviewphase II (Beratergruppe) 294

Literaturverzeichnis 296

Abbildungsverzeichnis

Abb. 1:	Räumliche, organisatorische und zeitliche Flexibilisierung von Arbeits- und Erwerbsformen	37
Abb. 2:	Widersprüchliche Arbeitsanforderungen am Beispiel eines Versicherungsunternehmens	45
Abb. 3:	Rollen und Strukturen gesundheitsfördernder Organisationsentwicklung	57
Abb. 4:	Kern- und Supportprozesse gesundheitsfördernder Organisationsentwicklung	58
Abb. 5:	Zyklus des Erfahrungslernens	89
Abb. 6:	Lernebenen	93
Abb. 7:	Modell der Hypertext Organisation	100
Abb. 8:	Tätigkeitssystem	106
Abb. 9:	Ko-Konfiguration von zwei Tätigkeitssystemen	107
Abb. 10:	Lernen als Problemlösungszyklus	109
Abb. 11:	Analyseebenen organisationalen Lernens	110
Abb. 12:	Heuristisches Rahmenmodell	134
Abb. 13:	Exemplarisches Organigramm einer Berufsfeuerwehr	142
Abb. 14:	Exemplarischer Ablauf eines Arbeitstags auf der Feuerwache	145
Abb. 15:	Hierarchiestrukturen in Feuerwehren	147
Abb. 16:	Projektplan „Betriebliche Gesundheitsförderung in der Feuerwehr"	157
Abb. 17:	Arbeitssituationsanalyse im Auftaktworkshop	159
Abb. 18:	Veränderungsbedarfe aus den Auftaktworkshops	160
Abb. 19:	Modell einer Arbeitsgruppe	162
Abb. 20:	Maßnahmenplan einer Arbeitsgruppe	163
Abb. 21:	Projektstruktur	169
Abb. 22:	Analyseebenen der Fallstudie	170
Abb. 23:	Netzwerkkarte zur Namensgenerierung	179
Abb. 24:	Netzwerkkarte zur Interpretation sozialer Interaktionen	180
Abb. 25:	Netzwerkkarte	181
Abb. 26:	Beispielsoziogramm	195
Abb. 27:	Geplante Projektstruktur	205
Abb. 28:	Beobachtete Projektstruktur	205
Abb. 29:	Notizen der Arbeitsgruppe Intranet-Tool	212

Abb. 30: Organisationales Gesundheitslernen zwischen Innovation und Routine 276

Abb. 31: Handlungsfelder gesundheitsfördernder Organisationsentwicklung 283

Tabellenverzeichnis

Tab. 1:	Überblick der vorgestellten Theorien und Konzepte organisationalen Lernens	88
Tab. 2:	Vergleichende Analyse der betrachteten Lerntheorien	112
Tab. 3:	Forschungsdesign	167
Tab. 4:	Datenmatrix zur Analyse des Gesamtnetzwerks	192
Tab. 5:	Datenmatrix (dichotome Daten)	193
Tab. 6:	Ergänzte Datenmatrix (Beziehungsstärke)	194
Tab. 7:	Lernformen im Projekt	208
Tab. 8:	Entwicklung von Gegenständen, Subjekten und Gemeinschaft (Arbeitsgruppe Intranet-Tool)	216
Tab. 9:	Entwicklung von Regeln und Ressourcen (Arbeitsgruppe Intranet-Tool)	219
Tab. 10:	Handlungsorientierungen der Subjekte	222
Tab. 11:	Handlungsorientierungen der Subjekte (Forsetzung)	223
Tab. 12:	Gemeinschaften	230
Tab. 13:	Regeln der Legitimation (Organisations- und Projektstruktur)	235
Tab. 14:	Regeln der Signifikation (Organisations- und Projektstruktur)	236
Tab. 15:	Allokative Ressourcen (Organisations- und Projektstruktur)	244
Tab. 16:	Autoritative Ressourcen (Organisations- und Projektstruktur)	246
Tab. 17:	Gegenstände	251
Tab. 18:	Lernförderliche und -hinderliche Eigenschaften von Tätigkeitssystemen	254
Tab. 19:	Übersicht der geführten Interviews	292

Danksagung

Die Arbeitswissenschaft geht von einer komplexen Lebenswirklichkeit des arbeitenden Menschen aus. Ihr Forschungsgegenstand ist so vielfältig, dass er innerhalb einer einzelnen Disziplin nicht erschöpfend angegangen werden kann. In der vorliegenden Arbeit verfolge ich einen interdisziplinären Ansatz, welcher unterschiedliche Theorie- und Forschungsperspektiven auf Lernen im Rahmen gesundheitsfördernder Organisationsentwicklung kontrastiert und integriert. In diesem Zusammenhang bedanke ich mich bei allen Kolleg/-innen und Ehemaligen des *Instituts für interdisziplinäre Arbeitswissenschaft* für die anregenden Diskussionen und Ideen sowie die interdisziplinäre Toleranz, die für den Austausch über ganze Wissenschaftstraditionen hinweg unentbehrlich ist. Mein besonderer Dank gilt *Prof. Dr. Axel Haunschild* für die fachlich versierte, wertschätzende und konstruktive Betreuung des Dissertationsvorhabens. *Prof. Dr. Anke Hanft* danke ich ganz herzlich für die Übernahme des Zweitgutachtens.

Die vorliegende Studie basiert auf einem Organisationsentwicklungsprojekt zur Umsetzung Betrieblicher Gesundheitsförderung in einer Berufsfeuerwehr. Das Projekt wurde von einer Beratergruppe aus Studierenden und Mitarbeitenden des Instituts für interdisziplinäre Arbeitswissenschaft in einem Zeitraum von zwei Jahren begleitet. Insbesondere danke ich der *Beratergruppe* sowie all jenen *Feuerwehrmännern* und *-frauen*, ohne deren Einsatz und Engagement die Realisierung des vorliegenden Forschungsvorhabens nicht möglich gewesen wäre. In den letzten Jahren habe ich großen Respekt dafür gewonnen, was Feuerwehrleute inner- und außerhalb des Einsatzes tagtäglich leisten.

Für die besondere Unterstützung in allen Lebenslagen während der nicht immer einfachen Dissertationsjahre danke ich *Simon*.

Andrea-Kristin Schubert					Hannover im Februar 2019

1 Einführung – Gesundheit als organisationaler Lernprozess

Die vorliegende Arbeit beschäftigt sich mit Lernprozessen im Rahmen Betrieblicher Gesundheitsförderung. Im Mittelpunkt der theoretisch-empirischen Analyse steht die Frage, ob – bzw. unter welchen Voraussetzungen – Organisationen „Gesundheit" lernen können. Ausgehend von der Entwicklung eines strukturations- und tätigkeitstheoretischen Bezugsrahmens wird anhand eines Organisationsentwicklungsprojekts prozessbegleitend untersucht, *wie sich individuelle und organisationale Lernprozesse im Rahmen Betrieblicher Gesundheitsförderung vollziehen*.

Die Geschichte des Bemühens um die Gesunderhaltung der Beschäftigten reicht in Deutschland bis zum Beginn der industriellen Revolution zurück. So wurden Arbeitgeber bereits im 19. Jahrhundert gesetzlich verpflichtet, Maßnahmen zum Schutz ihrer Arbeiter/-innen zu ergreifen. In den 1960er und 1970er Jahren setzte die Bewegung „Humanisierung des Arbeitslebens" neue Impulse, welche ihren Niederschlag im Betriebsverfassungsgesetz (BetrVG) und im Arbeitssicherheitsgesetz (ASiG) fanden. Seit 1996 stellt das Arbeitsschutzgesetz (ArbSchG) Arbeitgeber in großen wie in kleinen Betrieben vor die Verantwortung, für die Sicherheit und Gesundheit ihrer Beschäftigten Sorge zu tragen.[1] Die Zielsetzung, die Gesundheit der Beschäftigen zu *fördern,* fand ihre konzeptionelle Verankerung erstmals in der Ottawa-Charta zur Gesundheitsförderung (WHO, 1986)[2]. Hier heißt es:

Die Art und Weise, wie eine Gesellschaft die Arbeit, die Arbeitsbedingungen und die Freizeit organisiert, sollte eine Quelle der Gesundheit und nicht der Krankheit sein. (WHO, 1986, S. 3)

Beim Begriff „Betriebliche Gesundheitsförderung" denken viele Beschäftigte und Arbeitgeber zunächst an Rückenschule, Ernährungsberatung, Gesundheitstage und weitere verhaltensbezogene Maßnahmen zur Motivation der Beschäftigten zu einer gesünderen Lebensweise. Jedoch umfasst Betriebliche Gesundheitsförderung weit mehr als die Durchführung gesundheitsförderlicher Aktivitäten zur persönli-

---

[1] So ist ein Arbeitgeber nach § 3 (1) ArbSchG verpflichtet, „die erforderlichen Maßnahmen des Arbeitsschutzes unter Berücksichtigung der Umstände zu treffen, die Sicherheit und Gesundheit der Beschäftigten bei der Arbeit beeinflussen. [...] Dabei hat er eine Verbesserung von Sicherheit und Gesundheitsschutz der Beschäftigten anzustreben".

[2] Die Ottawa-Charta (*Ottawa Charter for Health Promotion*) entstand im Zuge der ersten internationalen WHO-Konferenz zur Gesundheitsförderung im November 1986. Als zentrale Prämisse bietet sie einen inhaltlichen und methodischen Rahmen für die Anwendung und Weiterentwicklung unterschiedlicher Strategien der Gesundheitsförderung.

chen Gesunderhaltung (Faller, 2008). Ein besonderes Augenmerk der Ottawa-Charta (WHO, 1986) liegt auf dem Bestreben einer Verbesserung der Bedingungen für Gesundheit:

Gesundheitsförderung schafft sichere, anregende, befriedigende und angenehme Arbeits- und Lebensbedingungen. (WHO, 1986, S. 3)

Im Wesentlichen verfolgt Betriebliche Gesundheitsförderung also das Ziel, *die Gesundheit der Beschäftigten durch gesundheitsförderliche Gestaltung von Arbeit und Arbeitsbedingungen*[3] *zu erhalten, zu fördern und nachhaltig zu sichern.* Sie beschreibt eine umfassende Strategie, welche sowohl eine Weiterentwicklung von Organisationen als auch eine Entwicklung persönlicher Ressourcen beinhaltet (Grossmann & Scala, 1994).[4]

Die gegenwärtig wahrnehmbaren gesellschaftlichen Transformationsprozesse von Arbeit stellen neuartige Anforderungen an die Realisierung von Betrieblicher Gesundheitsförderung (siehe Kap. 2). Die mit veränderten Organisations- und Steuerungsformen einhergehenden Belastungen einer postfordistischen Arbeitsorganisation[5] schlagen sich auf das Gesundheitshandeln in Organisationen besonders deutlich nieder. So lässt sich beobachten, dass unternehmerische Zwänge mittels indirekter Steuerungsmechanismen vermehrt auf die arbeitenden Individuen verlagert werden (Kratzer & Dunkel, 2011). Nach Peters (2011) befördern sie die interessierte Selbstgefährdung der Beschäftigten. In der Tendenz nehmen Zeit- und Leistungsdruck zu, prekäre Beschäftigungsverhältnisse und permanente Reorganisation (Kratzer, 2003) werden zur Normalität. In der Diagnose von Moldaschl (2017) gehen mit erhöhten Anforderungen an Selbstorganisation, Wissen und

---

[3] Im Sinne des Salutogenesekonzepts (Antonovsky, 1997) wird grundsätzlich davon ausgegangen, dass sich „gesunde" Arbeitsbedingungen dadurch auszeichnen, dass sie Sinn ergeben, transparent sind, Spielräume eröffnen sowie Beteiligung und Einflussnahme ermöglichen (Udris et al., 1992).

[4] Bereits an dieser Stelle sei darauf hingewiesen, dass die Begriffe „Betriebliche Gesundheitsförderung" und „Betriebliches Gesundheitsmanagement" in der Literatur uneinheitlich verwendet und definiert werden. In Anlehnung an Faller (2008) wird in der vorliegenden Arbeit das Konzept der Betrieblichen Gesundheitsförderung verwendet, um eine umfassende Strategie der Vorbeugung von Krankheiten und der Stärkung von Gesundheitspotenzialen am Arbeitsplatz zu beschreiben. Der Begriff des „Betrieblichen Gesundheitsmanagements" wird im Zusammenhang mit Konzepten gesehen, mit denen eine „primär betriebsökonomische Argumentation" (Faller, 2008, S. 71) verbunden ist und die sich „vor dem Hintergrund der Ziele und Nutzenerwartungen betrieblicher Entscheidungsträger [...] einordnen lassen" (Faller, 2008, S. 74).

[5] Als „Postfordismus" werden in Anlehnung an Opitz (2004) die mit einer veränderten Nutzung von Arbeitskraft einhergehenden Entwicklungen der Arbeitswelt seit den 1970er Jahren verstanden.

Kommunikation im Rahmen moderner Arbeitstätigkeiten vor allem *psychische* Belastungen einher. Die Identifikation psychischer Belastungen und Beanspruchungen[6] gestaltet sich anspruchsvoll, da sich diese aufgrund ihrer Komplexität nicht mehr kausal zu singulären Bedingungen zuordnen oder deterministisch ableiten lassen (Moldaschl, 2017).

Angesichts komplexer werdender Belastungs- und Ressourcenkonstellationen sowie entgrenzter Arbeits- und Lebenswelten löst sich die Verantwortung für die Förderung und den Erhalt der Mitarbeitendengesundheit in radikaler Weise vom traditionellen, auf physische Belastungen und Ergonomie ausgerichteten, *Arbeits- und Gesundheitsschutz* mit den Instrumenten Kontrolle, Unterweisung und Begehung (Deutsche Gesetzliche Unfallversicherung, 2012). Auch die *personenbezogene Gesundheitsförderung* mit ihren punktuellen Maßnahmen zur Verhaltensmodifikation (u.a. Ernährung, Bewegung, Stressbewältigung, Suchtmittelkonsum) vermag die strukturellen Problematiken veränderter Organisations- und Steuerungsformen nicht lösen. Employee Assistance Programme der *Sucht- und Sozialberatung* durch externe Dienstleister tragen dazu bei, dass betriebliche Problematiken und Unterstützungsbedarfe individualisiert und aus der Organisation ausgelagert werden. Ein *Betriebliches Eingliederungsmanagement* (BEM) wird in der Regel erst dann angeboten, wenn Beschäftigte gemäß § 84 (2) SGB IX „innerhalb eines Jahres länger als sechs Wochen ununterbrochen oder wiederholt arbeitsunfähig" waren.

Eine – die gegenwärtigen Transformationsprozesse berücksichtigende – betriebliche Gesundheitspolitik setzt eine Reorganisation der bisherigen Praktiken zur Analyse und Gestaltung von Arbeitsbedingungen voraus. Ausgehend von der These, dass belastende Konstellationen konfligierender Arbeitsbedingungen an die Stelle monokausaler Einflüsse von Arbeit auf Gesundheit treten, liegt es also einerseits an den *Beschäftigten* selbst, gesundheitliche Ressourcen und Belastungen am Arbeitsplatz zu erkennen, adäquate Lösungen im Umgang zu entwickeln und

---

[6] Bei einer *psychischen Belastung* handelt es sich gemäß DIN EN ISO 10075-1 um „die Gesamtheit aller erfassbaren Einflüsse, die von außen auf den Menschen zukommen und psychisch auf ihn einwirken". Eine psychische Belastung ist entgegen des alltagssprachlichen Gebrauchs ein neutraler Begriff, während *psychische Beanspruchung* als „die unmittelbare (nicht langfristige) Auswirkung der psychischen Belastung im Individuum in Abhängigkeit von seinen jeweiligen überdauernden und augenblicklichen Voraussetzungen, einschließlich der individuellen Bewältigungsstrategien" definiert wird. Die unmittelbaren Auswirkungen psychischer Belastungen im Individuum können im Sinne einer Herausforderung positiv wirken. In anderen Fällen können *psychische Fehlbeanspruchungen*, z.B. im Fall einer Überforderung, chronischen Stress auslösen, welcher wiederum mit einem erhöhten Risiko für die Entwicklung somatischer (!) und psychischer Erkrankungen einhergeht.

dadurch die eigenen Arbeitsbedingungen so zu gestalten, dass eine gesunde Arbeits- und Lebensweise möglich ist. Dabei ist zu bedenken, dass die Strukturen, Regeln und Kultur einer Organisation[7] durch die in ihnen geltenden Werte, Normen und Verhaltensweisen eine weitaus größere Wirkkraft entfalten als personenbezogene Gesundheitsprogramme. In einer Gesellschaft, welche wesentlich von Organisationen geprägt wird (Ortmann, Sydow & Türk, 1997; Perrow, 1989; Schimank, 2001; Sydow & Wirth, 2014; Türk, 1995), üben Organisationen einen bedeutsamen Einfluss auf die Bedingungen von Gesundheit aus (Grossmann & Scala, 1994). Betriebliche Gesundheitsförderung ist damit als *Organisationsentwicklung* zu konzipieren (u.a. Badura & Kickbusch, 1991; Faller 2017b; Grossmann & Scala, 1994; Kuhn, 2010; Pieck, 2013; Rimbach, 2013). Im Fokus stehen nicht die Verhaltensweisen einzelner Organisationsmitglieder, sondern eine Organisation als soziales System mit den ihr inhärenten, offenen und verdeckten Machtverhältnissen, Regeln und sozialen Praktiken (Faller, 2017b).

In der aktuellen Diskussion wird dem *Lernen* in und von Organisationen eine zentrale Rolle für die Betriebliche Gesundheitsförderung zugemessen (u.a. Badura, 2002; Faller, 2017b; Pieck, 2013). Die Ottawa-Charta (WHO, 1986) definiert Gesundheitsförderung als Agenda, welche die Entwicklung von Organisationen als Kontexte sozialer Veränderung ebenso umfasst wie die Entwicklung von Individuen. Demnach zielt Gesundheitsförderung

> *auf einen Prozess, allen Menschen ein höheres Maß an Selbstbestimmung über ihre Gesundheit zu ermöglichen und sie damit zur Stärkung ihrer Gesundheit zu befähigen[8]. Um ein umfassendes körperliches, seelisches und soziales Wohlbefinden zu erlangen, ist es notwendig, dass sowohl einzelne als auch Gruppen ihre Bedürfnisse befriedigen, ihre Wünsche und Hoffnungen wahrnehmen und verwirklichen sowie ihre Umwelt meistern bzw. verändern können.* (WHO, 1986, S. 1)

Im Rahmen der vorliegenden Arbeit wird davon ausgegangen, dass sich Gesundheit nicht durch Lösungen herstellen lässt, sondern als Resultat eines kontinu-

---

[7] Wie an späterer Stelle (Kap. 4.2.2) noch explizit wird, liegt der vorliegenden Arbeit ein strukturationstheoretisches Verständnis von Organisationen zugrunde. Organisationen beschreiben aus dieser Perspektive „diejenigen sozialen Systeme, innerhalb derer das Handeln [...] mittels Reflexion auf seine Strukturation gesteuert und koordiniert wird" (Ortmann, Sydow & Windeler, 2000, S. 317).

[8] Das Konzept der Befähigung (engl.: „Empowerment"; Rappaport, 1985) beschreibt einen zentralen Gedanken der Gesundheitsförderung. Es umfasst „Prozesse von Einzelnen, Gruppen und Strukturen hin zu größerer gemeinschaftlicher Stärke und Handlungsfähigkeit" (Brandes & Stark, 2011, S. 57).

ierlichen Prozesses der produktiven Auseinandersetzung mit den eigenen inneren und äußeren Anforderungen zu begreifen ist (Ducki, 1992; Hurrelmann & Franzkowiak, 2011; Reindl, 2003; siehe Kap. 2.1). Gesundheit stellt dementsprechend das Ergebnis eines Lernprozesses dar, in dessen Verlauf sich Individuen auf reflexive Art und Weise mit sich selbst sowie mit ihrer Umwelt auseinandersetzen und diese aktiv gestalten. Übertragen auf Organisationen realisiert sich dieser Lernprozess in der gesundheitsorientierten Auseinandersetzung mit den eigenen Arbeitsbedingungen und äußeren Umweltanforderungen. Nach von Ameln (2015) zeichnet sich eine lernende Organisation durch die Entwicklung routinisierter Praktiken aus, welche eine kontinuierliche Reflexion und Reflexivität ermöglichen. Entsprechend beschreibt Zech (2013) eine lernende Organisation als Organisation, die „Strukturen herausbildet, um ihre Strukturen zu ändern bzw. [...] Regeln entwickelt, um ihre Regeln zu ändern" (Zech, 2013, S. 76).

Aus dieser Sichtweise unterscheidet sich das Konzept der lernenden Organisation von organisationalem Lernen erster Ordnung dahingehend, dass es kein einmaliges Ereignis, sondern eine institutionalisierte soziale Praxis im Sinne einer dauerhaften Erhöhung der Lernfähigkeit beschreibt (von Ameln, 2015; Zech, 2013). In Bezug auf die Betriebliche Gesundheitsförderung lässt sich von einer „lernenden Organisation" sprechen, wenn der Prozess der gesundheitsorientierten Auseinandersetzung mit den Arbeitsbedingungen und den äußeren Anforderungen institutionalisiert wurde.[9] Betriebliche Gesundheitsförderung kann sich aus dieser Perspektive realisieren, wenn es gelingt, einen reflexiven und selbstorganisierten Lernprozess im Individuum und in der Organisation anzustoßen (Badura, 2002; Beck, 2011; Grossmann & Scala, 1994; Pieck, 2013; Schiersmann & Thiel, 2000). Betriebliche Gesundheitsförderung ist somit „als lernendes System zu institutionalisieren" (Badura, 2002, S. 386). Gesundheit ist aus dieser Sichtweise als Resultat eines organisationalen Lernprozesses zu begreifen. Lernen im Rahmen gesundheitsfördernder Organisationsentwicklung beschreibt, so eine Annahme der vorliegenden Arbeit, *soziale Praktiken der Reflexion und Gestaltung gesunder Arbeitsbedingungen*.

---

[9] Umgekehrt lässt sich jedoch nicht behaupten, dass eine fehlende Institutionalisierung dieses Prozesses auf eine Abwesenheit organisationalen Gesundheitslernens schließen lässt. Eine (in diesem Fall zirkuläre) Erklärung von Erfolg unter Rekurs auf Lernen vernachlässigt den Zufall (Ortmann, 2014) sowie die Erkenntnis, dass Lernen und Performanz nicht deterministisch zusammenhängen.

1.1 Stand der Forschung

Im Hinblick auf die Frage, wie gesundheitsbezogene Organisationsentwicklungsprozesse initiiert und gestaltet werden können, existiert eine kaum noch zu überblickende Anzahl an Lehrbüchern (z.B. Bamberg & Ducki, 2011; Faller, 2017; Uhle & Treyer, 2015; Ulich & Wülser, 2015), Handlungsleitfäden (z.b. Badura, Ritter & Scherf, 1999; Badura, Walter & Hehlmann, 2010; Grossmann & Scala, 1994, 2011; INQA, 2014; Westermayer & Stein, 2006) sowie Fallstudien (z.b. Lenhardt, Rosenbrock & Elkeles, 1996; Pieck, 2013; Rimbach, 2013). Meist werden organisationstheoretische Bezüge jedoch nur fragmentarisch benannt. Nennenswerte Ausnahmen stellen die Arbeiten von Beck (2011), Goldgruber (2012), Grossmann und Scala (1994) sowie Plessow (2010) dar.

Beck (2011) beschäftigt sich in seiner Arbeit mit hemmenden und fördernden Bedingungen der Realisierung einer betrieblichen Gesundheitspolitik in Kleinst- und Kleinbetrieben. Seine Ausführungen zur Betrieblichen Gesundheitsförderung enthalten wertvolle, strukturationstheoretisch begründete Überlegungen zur Gestaltung von gesundheitsbezogenen Veränderungsprozessen. Im Mittelpunkt der Arbeit von Goldgruber (2012) steht die Frage, welche Bedingungen eine Betriebliche Gesundheitsförderung an die Organisationskultur stellt. In diesem Zusammenhang werden zahlreiche Organisationstheorien aufgerufen und klassifiziert. Die von Goldgruber (2012) vorgenommene Verknüpfung dieser Theorien mit Betrieblicher Gesundheitsförderung verbleibt angesichts der Vielzahl der diskutierten Theorien jedoch an der Oberfläche. Im Gegensatz zu vielen anderen praxisorientierten Veröffentlichungen zeichnet sich die Arbeit von Grossmann und Scala (1994, 2011) durch eine theoretisch-konzeptionelle Zusammenführung von Gesundheitsförderung und Organisationsentwicklung aus. Den Autoren geht es um die Beantwortung der Frage, unter welchen Bedingungen Organisationen als soziale Systeme in Richtung einer Gesundheitsförderung entwickelt werden können. Sie beziehen sich in ihrer Arbeit auf unterschiedliche sozialwissenschaftliche Ansätze, u.a. soziologische Systemtheorie, systemische Organisationsberatung, Aktionsforschung sowie gruppendynamische Erkenntnisse. Bei dem von den Autoren vorgestellten Umsetzungskonzept handelt es sich allerdings eher um ein erfahrungsbasiert entwickeltes als um ein theoretisch begründetes oder empirisch fundiertes Vorgehen. Die theoretischen Bezüge werden meist nicht explizit, sondern fließen implizit in die gegebenen Handlungsempfehlungen ein. Plessow (2010) betrachtet das Betriebliche Gesundheitsmanagement aus Perspektive der Strukturationstheorie und der Transaktionskostentheorie. Auf dieser Grundlage leitet der Autor zentrale Aspekte der Implementierung eines Betrieblichen Gesundheitsmanagements ab. Es handelt sich jedoch um eine theoretische Beschäftigung, welche einer empirischen Validierung bedarf.

Auch in Bezug auf das Thema „Lernen" existiert eine Vielzahl an Forschungsarbeiten (siehe Kap. 5). Die Vielzahl der Publikationen ist schwer zu überblicken, eine verbindliche Terminologie fehlt (u.a. Baitsch, Delbrouck & Jutzi, 1999; Schreyögg & Noss, 1995). Die Initiierung individueller Lernprozesse in Organisationen stellt einen etablierten Gegenstand psychologischer und betriebspädagogischer Forschungsarbeiten (u.a. Arnold, 1997; Dehnbostel, 2017; Reuther, 2006) dar. Nach der Kritik von Ortmann (2014) vermögen die meisten Veröffentlichungen jedoch „nur einen weiteren Aufguss des Proto- und Deutero-Lernens bzw. des single- und double-loop learning der Bateson, Schön und Argyris zu bereiten" (S. 78).

Insbesondere das Zusammenspiel von Individuen, Gruppen und Organisationen wird nach Windeler (2014a) in den meisten Ansätzen nur unzureichend konzeptualisiert. Nennenswerte Ausnahmen stellen die Arbeiten von Wilkens, Keller und Schmette (2006), Kappelhoff (2014), Windeler (2014b), Hiestand (2017) und Müller (2015) dar. Die Arbeit von Wilkens, Keller und Schmette (2006) beschäftigt sich mit der Messung und Abbildung von Kompetenzentwicklungsprozessen zwischen Individuen, Gruppen, Organisationen und Netzwerken. Mithilfe der Theorie komplexer adaptiver Systeme und der sozial-kognitiven Theorie begründen die Autoren und die Autorin eine Systematik, um Wirkungsbeziehungen zwischen unterschiedlichen Ebenen zu erfassen. Auch Kappelhoff (2014) betrachtet die Kompetenzentwicklung in Netzwerken aus Perspektive der Komplexitätstheorie. Windeler (2014) bezieht sich in seiner Arbeit auf Kompetenzen von Individuen, Organisationen und Netzwerken, deren Zusammenhang er aus einer strukturationstheoretischen Perspektive analysiert. Hiestand (2017) fokussiert in ihrer Arbeit den Zusammenhang zwischen individueller Kompetenzentwicklung und betrieblicher Organisationsentwicklung. Ebenso wie Windeler (2014) erklärt die Autorin das Wechselspiel dieser beiden Faktoren mithilfe der Strukturationstheorie. Müller (2015) betont in diesem Zusammenhang die Bedeutung von Reflexion als verknüpfendes Moment zur Erklärung des Zusammenhangs von individueller Kompetenzentwicklung und betrieblicher Organisationsentwicklung. Auch sie zieht eine strukturationstheoretische Betrachtungsweise heran. Der Schwerpunkt der betrachteten Publikationen liegt jedoch auf der Erklärung der Konstitution von Kompetenzen, wenngleich die Begriffe „Kompetenzentwicklung" und „Lernen" in den Arbeiten von Müller (2015) und Hiestand (2017) austauschbar verwendet werden.

Die meisten Veröffentlichungen betonen die große Bedeutung organisationalen Lernens für das Gelingen von Organisationsentwicklungsprozessen. Es bleibt aber nicht selten beim programmatisch-normativen Postulat der lernenden Organisation (Senge, 1990). So liegen nach Schiersmann und Thiel (2000) bislang kaum Modelle und Erfahrungen vor, wie sich organisationales Lernen konkret vollzieht. Aus Sicht der Autorin und des Autors beschränkt sich der Diskurs vornehmlich auf die „programmatische Metapher" (Schiersmann & Thiel, 2000, S. 40).

Auf empirischer Ebene beschäftigen sich nur sehr wenige Forschungsarbeiten (u.a. Barnat, 2007; Bormann, 2002; Bruns, 1998; Grießhammer, 2006; Klimecki, Laßleben & Altehage, 1995; Hiestand, 2017) mit der Rekonstruktion und Analyse von organisationalem Lernen. Nach wie vor stellt sich die Frage nach der Operationalisierung und methodischen Erfassung überindividueller Lernprozesse.

Die Untersuchung von individuellen wie organisationalen Lernprozessen wird zusätzlich dadurch erschwert, dass Formen und Inhalte individueller und organisationaler Lernprozesse in Abhängigkeit des jeweiligen Gegenstands variieren. Beispielsweise unterscheidet sich das Erlernen einer Tanzchoreografie wesentlich von dem Erlernen einer Fremdsprache. „Gesundheit" ist ein Thema, welches sich erst in einer kommunikativ vermittelten Auseinandersetzung erschließt (Reindl, 2003). Es liegt daher nahe, dass auf die Gestaltung gesundheitsförderlicher Arbeitsbedingungen bezogene Lernprozesse einen besonderen Lerngegenstand darstellen. Daher erfordert lerntheoretisch fundiertes Verständnis von Betrieblicher Gesundheitsförderung aus Sicht von Larisch, Ritter und Müller (2010), dass die Besonderheiten von Gesundheit als Lerngegenstand berücksichtigt werden.

In vielen klassischen Ansätzen organisationalen Lernens wird der spezifische Gegenstand und organisationale Kontext von Lernen jedoch nicht oder bestenfalls rudimentär reflektiert. Bezogen auf die Betriebliche Gesundheitsförderung existieren bislang kaum theoretische und keine empirischen Arbeiten, welche lerntheoretische Überlegungen integrieren. Die wenigen Arbeiten in diesem Bereich fokussieren vornehmlich die personenbezogene Ebene des Lernens gesundheitsschädigender bzw. -förderlicher Verhaltensweisen (Blättner, 1997, 1998). So handelt es sich bei dem aus dem angloamerikanischen Raum stammenden normativen Konzept der Gesundheitskompetenz („Health Literacy"; Nutbeam, 2008) um einen Ansatz zur Förderung der Fähigkeiten von *Individuen*, sich so zu verhalten, dass eine gesunde Lebensweise möglich ist (Abel, Sommerhalder & Bruhin, 2011).

Lediglich in dem Beitrag von Larisch, Ritter und Müller (2010) finden sich Ansätze einer lerntheoretischen Auseinandersetzung mit Betrieblicher Gesundheitsförderung. Auf Basis systemtheoretischer Überlegungen und der Theorie organisationalen Lernens von Argyris und Schön (1978, 1996) formulieren die Autoren Voraussetzungen und Anforderungen an ein Konzept der „lernenden Organisation" im Rahmen Betrieblicher Gesundheitsförderung. Allerdings beschränken sich die Überlegungen der Autoren auf die Wissensebene. Es ist unklar, auf welcher Grundlage die „Strukturdeterminanten" (Larisch, Ritter & Müller, 2010, S. 177) für organisationales Lernen abgeleitet wurden. Das der Arbeit zugrunde liegende systemtheoretische Gedankengerüst wird kaum expliziert. Eine empirische Untersuchung der entwickelten Argumentation findet nicht statt, wird aber von den Autoren für zentral befunden (Larisch, Ritter & Müller, 2010).

1.2 Zielsetzung und Forschungsfragen

In der Beschäftigung mit dem Forschungsstand zum Thema „Betriebliche Gesundheitsförderung" wird deutlich, dass sich ein großer Teil der Veröffentlichungen mit Gestaltungsfragen beschäftigt. Die aufgeworfenen Vorschläge zur Implementierung und Durchführung von Betrieblicher Gesundheitsförderung werden oftmals mit vagen theoretischen Vorstellungen begründet. Aus wissenschaftlicher Perspektive sehen sich diese Arbeiten daher dem Vorwurf der Beliebigkeit ausgesetzt. Eine reflektierte Auseinandersetzung mit den Prozessen und Dynamiken der Realisierung Betrieblicher Gesundheitsförderung erfordert aus Sicht der Verfasserin jedoch weniger die Entwicklung neuer Tools und Methoden, sondern setzt eine theoretische Fundierung voraus.

Nach Faller (2017b) eröffnen *lerntheoretische Ansätze* „die Chance, Betriebliche Gesundheitsförderung nicht nur auf der Ebene strategischer Überlegungen im Sinne eines how-to-do-Projektmanagements zu verorten" (S. 37). Hierzu bedarf es einer differenzierten Beobachtung und Analyse individueller wie organisationaler, gesundheitsbezogener Lernprozesse. *Organisationstheorien* erweitern den Gegenstand organisationaler Lerntheorien um eine Erklärung der Funktionsweisen und Dynamiken von Organisationen als soziale Systeme, welche für Individuen und Gesellschaften prägend sind bzw. von diesen geprägt werden.

Die vorliegende Dissertation greift die zuvor geschilderten Forschungslücken und Desiderata an verschiedenen Stellen auf. Ein Ziel der Studie besteht in der *Entwicklung eines lern- und organisationstheoretischen Bezugsrahmens*, welcher individuelle und organisationale Lernprozesse im Rahmen Betrieblicher Gesundheitsförderung sowie deren Verhältnis angemessen konzeptualisiert. Im Gegensatz zu vielen anderen Veröffentlichungen, welche die Betriebliche Gesundheitsförderung aus der Perspektive *einer* wissenschaftlichen Disziplin betrachten, wird ein integrativer Analyserahmen erarbeitet, welcher unterschiedliche psychologische, pädagogische, soziologische, wirtschaftswissenschaftliche, kulturwissenschaftliche und gesundheitswissenschaftliche Zugänge integriert und zu einem konsistenten heuristischen Rahmenmodell von Lernen im Rahmen gesundheitsfördernder Organisationsentwicklung (nachfolgend auch als „organisationales Gesundheitslernen" bezeichnet) zusammenführt.

Die *Strukturationstheorie* (Giddens, 1984, 1997) und die Theorie *expansiven Lernens* (Engeström, 1987, 2001) bilden den forschungsleitenden Bezugsrahmen der vorliegenden Arbeit. Indem sie menschliche Aktivitäten stets aus dem Blickwinkel von Sinnstrukturen, Normen und Machtgefügen bzw. Regeln und Ressourcen betrachtet, eröffnet die Strukturationstheorie ein Analyseraster, welches einerseits den Blick auf das Denken und Handeln von Menschen lenkt und andererseits zu einer Betrachtung sozialer Systeme anregt. Als missing link überbrückt eine strukturationstheoretische Betrachtungsweise die konzeptionelle Lücke zwischen Individuum und Organisation. Sie erlaubt es, das komplexe Zusammenspiel zwischen Individuen und organisationalen Strukturen zu explizieren und zu konzeptualisieren. Die Theorie expansiven Lernens erweitert den Fokus der Strukturationstheorie um die Ebene der Gemeinschaft, den Gegenstand und die Konzeption des Tätigkeitssystems. Beide Theorien eröffnen eine Sicht auf organisationales Lernen, welche die Subjekte als handelnde Akteure zwar dezentriert, sich aber – z.B. im Gegensatz zur Systemtheorie (u.a. Luhmann, 1984) – nicht gänzlich von diesen distanziert. Als allgemeine Theorie des Sozialen offeriert die Strukturationstheorie ein Dach, unter dem sich verschiedene lerntheoretische Perspektiven integrieren lassen. In der vorliegenden Arbeit werden die Strukturationstheorie und die Theorie expansiven Lernens zu einer Konzeption „organisationalen Gesundheitslernens" (siehe Kap. 6) zusammengeführt. Organisationales Gesundheitslernen wird verstanden als *soziale Praktiken der Reflexion und Gestaltung gesunder Arbeitsbedingungen*. Das entwickelte heuristische Rahmenmodell verortet organisationales Gesundheitslernen in den sozialen Interaktionen innerhalb und zwischen Tätigkeitssystemen, welche als soziale Möglichkeitsräume für die Reflexion und Gestaltung gesunder Arbeitsbedingungen fungieren. Im Rahmen der vorliegen Arbeit sollen folgende Fragestellungen untersucht werden:

Welche Eigenschaften eines Tätigkeitssystems beeinflussen die Entstehung sozialer Möglichkeitsräume zur Reflexion und Gestaltung gesunder Arbeitsbedingungen?

Angesichts einer tendenziell defizitären betrieblichen Gesundheitspolitik (Beck, 2011) wird vermutet, dass sich organisationales Gesundheitslernen – zumindest in

Deutschland – eher in der Ausnahme als in der Regel ereignet. Daher erscheint von besonderem Interesse, in welchen Tätigkeitssystemen ein organisationales Gesundheitslernen stattfindet und wie sich diese Tätigkeitssysteme von anderen Tätigkeitssystemen unterscheiden.

Welche sozialen Praktiken tragen zu einer Institutionalisierung der Reflexion und Gestaltung gesunder Arbeitsbedingungen bei?

Gesundheit im Sinne einer überdauernden Handlungsfähigkeit (Ducki & Greiner, 1992) ist gegeben, wenn eine Reflexion und Gestaltung gesunder Arbeitsbedingungen in einer Organisation institutionalisiert wurde. Nach Giddens (1979) ist dieser Zustand erreicht, wenn sich anfänglich entstehende Regelhaftigkeiten und Muster der Reflexion und Gestaltung gesunder Arbeitsbedingungen zu raumzeitlich stabilen, sozialen Praktiken verfestigt haben. Strukturen reproduzieren sich demnach nicht in einzigen isolierten Handlungen. Vor diesem Hintergrund erscheint von besonderem Interesse, welche sozialen Praktiken zu einer Institutionalisierung der Reflexion und Gestaltung gesunder Arbeitsbedingungen in einer Organisation beitragen.

Ein Anliegen der *empirischen Untersuchung* besteht in der Verfeinerung und Weiterentwicklung der entwickelten theoretischen Konzeption. So ist das entwickelte Rahmenmodell als sensibilisierendes Konzept (Blumer, 1954) zu verstehen, welches zwar einen heuristischen und somit sensibilisierenden Deutungsrahmen für die empirische Analyse darstellt, aber ebenso zur Überarbeitung und theoretischen Weiterentwicklung einlädt.[10] Ausgehend von der Annahme, dass sich organisationales Gesundheitslernen erst in konkreten Handlungssituationen und Prozessen vollzieht, kommt eine Untersuchung des Phänomens nicht ohne Praxis- und Situationsbezug aus. Die empirische Untersuchung ermöglicht einen Zugang zur sozialen Wirklichkeit sowie eine methodisch-kontrollierte Darstellung des Forschungsfelds. Prozesse des Lernens bzw. Nichtlernens im Rahmen gesundheitsfördernder Organisationsentwicklung können auf diese Weise illustriert und einer dezidierteren Analyse zugänglich gemacht werden. Den Ausgangspunkt der empirischen Analyse bildet ein Organisationsentwicklungsprojekt in einer Berufsfeuerwehr. Das Konzept der *gesundheitsfördernden Organisationsentwicklung* (Faller, 2017b; siehe Kap. 3) dient der empirischen Studie als Vorgehensmodell. Die Untersuchung wurde als Fallstudie konzipiert. Datenerhebung und -auswertung erfol-

---

[10] Dieses Vorgehen entspricht einer *abduktiven Forschungslogik* (z.B. Reichertz, 2013), nach der ein theoretischer Bezugsrahmen bei Nichtübereinstimmung mit der Empirie ergänzt und verändert werden kann.

gen mit Methoden der qualitativen Datenanalyse (Hopf et al., 1995; Witzel, 1982) sowie der strukturellen wie qualitativen Netzwerkanalyse (u.a. Häussling, 2006).

Die vorliegende Arbeit leistet einen theoretisch-empirischen Beitrag zur Weiterentwicklung und Professionalisierung der betrieblichen Gesundheitspolitik. Neben dem Ziel, das betriebliche Gesundheitshandeln auf gesicherte konzeptionelle und theoretische Grundlagen zu stellen, steht die Ableitung von Implikationen, Möglichkeiten und Grenzen für die Initiierung von Lernprozessen im Rahmen gesundheitsfördernder Organisationsentwicklung. Dabei geht es nicht darum, fertige Rezepte für die Gestaltung gesunder Arbeit zu liefern[11], sondern ein Verständnis für die Dynamik organisationaler Lern- und Veränderungsprozesse unter der Prämisse von Gesundheit als Basis einer wissenschaftlich fundierten Konzeptentwicklung zu schaffen. Hierdurch unterscheidet sich die vorliegende Dissertation von zahlreichen – normativ geprägten – Arbeiten zu den Methoden Betrieblicher Gesundheitsförderung, welche oftmals auf der Strategie- und Umsetzungsebene verbleiben.

Für eine wissenschaftliche Betrachtung des Forschungsgegenstands erscheint es wichtig, dass der Begriff des Lernens entnormativiert und entidealisiert betrachtet wird. „Lernen" ist in Literatur und Praxis vornehmlich positiv konnotiert. Doch erst eine ambivalente Bewertung (z.B. Baecker, 2003) erweitert den Blick auf den Gegenstand. Gleiches gilt für den Gesundheitsbegriff, welcher aus der wertebasierten, politischen Perspektive der Gesundheitsförderung (z.B. WHO, 1986) als uneingeschränkt positives Gut betrachtet wird. Die grundsätzliche Frage, ob Gesundheit ein Thema von Organisationen darstellt bzw. darstellen sollte, eröffnet den Zugang zu einer multidisziplinären wissenschaftlichen Kontroverse (siehe Kap. 4.1). Andererseits steht Gesundheit als normative, von außen an eine Organisation herangetragene Anforderung, aus einer systemtheoretischen und neo-institutionalistischen Betrachtungsweise im Widerspruch zur organisationseigenen Logik postfordistischer Leistungspolitik. Eine Aufgabe der Arbeitswissenschaft besteht darin, kritisch zu reflektieren, ob bzw. unter welchen Bedingungen die Betriebliche Gesundheitsförderung angesichts der gegenwärtigen Transformationsprozesse (noch) eine angemessene Interventionsform zur Gestaltung des Verhältnisses von Arbeit und Gesundheit darstellt (siehe Kap. 2.3).

---

[11] Schon aus der vorgenommenen strukturationstheoretischen Betrachtung ergibt sich, dass isolierte Empfehlungen nicht gegeben werden können.

1.3 Aufbau der Untersuchung

Ein Ziel der vorliegenden Arbeit besteht in der Entwicklung eines lern- und organisationstheoretischen Bezugsrahmens von Betrieblicher Gesundheitsförderung, welcher individuelle und organisationale Lernprozesse sowie deren Verhältnis angemessen konzeptualisiert. Im Mittelpunkt der theoretisch-empirischen Analyse steht die Frage, *wie sich individuelle und organisationale Lernprozesse im Rahmen Betrieblicher Gesundheitsförderung vollziehen*. Im Folgenden wird aufgezeigt, mit welchen Erkenntnissen die einzelnen Kapitel zur Beantwortung dieser Frage beitragen.

In *Kap. 2* wird dargelegt, warum Gesundheit und gesunde Arbeitsbedingungen keine objektiven Größen darstellen, sondern sich erst in der subjektiven Beurteilung durch die arbeitenden Menschen konkretisieren. Anhand zentraler Transformationsprozesse wird argumentiert, warum Lern- und Reflexionsprozesse in der gegenwärtigen Arbeitswelt eine geeignete Form der Bearbeitung gesundheitlicher Belastungen und Ressourcen darstellen.

In *Kap. 3* wird mit der gesundheitsfördernden Organisationsentwicklung nach Faller (2017b) ein Konzept zur diskursiven Entwicklung betrieblicher Prozesse und Strukturen unter der Prämisse von Gesundheit präsentiert. Es dient der vorliegenden Studie als Vorgehensmodell und wird daher näher erläutert.

Während sich die Darstellung des Konzepts gesundheitsfördernder Organisationsentwicklung auf eine deskriptive Ebene beschränkt, wird in *Kap. 4* ein Einblick in die organisationstheoretischen Grundlagen Betrieblicher Gesundheitsförderung gegeben. Zunächst wird die Frage, ob Gesundheit ein Thema von Organisationen darstellt bzw. darstellen sollte, aus verschiedenen theoretischen Perspektiven kritisch beleuchtet. Anhand zentraler system- und strukturationstheoretischer Argumentationsfiguren wird aufgezeigt, warum Veränderungsprozesse stets unter Bezugnahme auf bestehende organisationale Strukturen erfolgen. Mithilfe der Strukturationstheorie (Giddens, 1984, 1997) als zentraler Bezugsrahmen der vorliegenden Arbeit wird argumentiert, warum gesundheitsfördernde Organisationsentwicklung als doppelter Prozess der Entwicklung von Individuen und Organisationen durch eine reflexive Bezugnahme auf organisationale Regeln und Ressourcen verstanden wird.

Die organisationstheoretische Betrachtung wird in *Kap. 5* durch eine reflexive Anwendung lerntheoretischer Ansätze auf den Untersuchungsgegenstand ergänzt. Mit der Theorie expansiven Lernens (Engeström, 1987) wird ein Ansatz vorgestellt, welcher sich vor allem dadurch auszeichnet, dass er organisationales Lernen weder beim Individuum, noch im sozialen Kontext einer Community of Practice, sondern innerhalb eines Tätigkeitssystems verortet. Es zeigt sich, dass sich die Theorie expansiven Lernens für den Forschungsgegenstand und das zuvor etablierte strukturationstheoretische Verständnis als besonders anschlussfähig erweist.

Kap. 6 verdichtet die Erkenntnisse aus der Theoriebetrachtung zu einem heuristischen Rahmenmodell, welches strukturations- und tätigkeitstheoretische Aspekte zu einem analytischen Bezugsrahmen organisationalen Gesundheitslernens verknüpft. Es wird ein Verständnis erarbeitet, nach dem sich organisationales Gesundheitslernen in einem gegenstandsorientierten Problemlösungsprozess vollzieht, in dessen Verlauf sich nicht nur die beteiligten Individuen und ihre Gemeinschaft, sondern ebenso die sie umgebenden Organisationsstrukturen wechselseitig entwickeln. In Interaktionen erschließen die betrieblichen Akteure einen sozial konstruierten Möglichkeitsraum von Gesundheit, welcher in den soziokulturellen Praktiken der Gruppenmitglieder verortet ist und durch die einzelnen Elemente eines Tätigkeitssystems begrenzt wird.

In *Kap. 7* wird ein Überblick über die Konzeption und Durchführung der empirischen Untersuchung gegeben. Den Ausgangspunkt der Analyse bildet eine Fallstudie zur gesundheitsfördernden Organisationsentwicklung in einer Berufsfeuerwehr. Neben der Darstellung des Forschungsfeldes und des durchgeführten Organisationsentwicklungsprojekts wird erörtert, warum das Feuerwehrwesen für die Untersuchung von organisationalem Gesundheitslernen geeignet erscheint. Zur empirischen Rekonstruktion der Strukturen und Prozesse organisationalen Gesundheitslernens in ihrer Gesamtheit, Dynamik und Pfadabhängigkeit wird ein Mixed-Methods-Ansatz verfolgt. Im Mittelpunkt der Untersuchung stehen die sozialen Praktiken von und zwischen Tätigkeitssystemen als primäre Einheiten der Analyse. Datenerhebung und -auswertung erfolgen mit Methoden der qualitativen Datenanalyse sowie der strukturellen wie qualitativen Netzwerkanalyse.

Die in *Kap. 8* präsentierten Ergebnisse weisen darauf hin, dass eine gelungene Reflexion und Gestaltung gesunder Arbeit kein Selbstläufer ist, sondern in hohem Maße von den Organisationsmitgliedern, der beteiligten Gemeinschaft, der Organisationsstruktur sowie dem zu bearbeitenden Gegenstand abhängt. Zentrale soziale Praktiken der Institutionalisierung organisationalen Gesundheitslernens beinhalten das Anstoßen gesundheitsbezogener Kommunikationsprozesse, die Etablierung einer Kommunikations- und Beteiligungskultur, die Einführung von Routinen zur systematischen Bearbeitung von Gesundheitsthemen, die Integration von Werkzeugen der reflexiven Auseinandersetzung mit organisationalen Strukturen sowie die Entwicklung von Routinen der Verknüpfung organisationaler Ressourcen zur Gestaltung gesunder Arbeitsbedingungen. Es wird deutlich, dass sich gesundheits- und lernförderliche Organisationsstrukturen durch eine Ermöglichung von Innovation bei gleichzeitiger Erhaltung von Routinen und Handlungsspielräumen auszeichnen. Als lose gekoppelte Strukturen bieten soziale Möglichkeitsräume die Gelegenheit, alternative soziale Praktiken einer gesunden Arbeitsgestaltung zu reflektieren und auszuprobieren. Auf diese Weise vollzieht sich ein evolutionärer Innovationsprozess, in dessen Verlauf Elemente der Projektkultur allmählich in die Organisationsstruktur integriert werden. Ob sich Betriebliche Gesundheitsförderung als soziale Innovation durchsetzen kann, hängt jedoch auch von den betrieblichen Akteuren ab. Gelingt es den Organisationsmitgliedern, verfügbare Ressourcen zu nutzen sowie bestehende organisationale Strukturen sensibel wahrzunehmen und in die eigenen Handlungsstrategien zu integrieren, wird organisationales Gesundheitslernen möglich.

In *Kap. 9* wird deutlich, auf welche Weise der entwickelte strukturations- und tätigkeitstheoretische Bezugsrahmen zu einer Weiterentwicklung theoretischer Erkenntnisse in Bezug auf die gesundheitsfördernde Organisationsentwicklung, organisationalen Wandel sowie Lernen beiträgt. Weiterhin werden die gemachten Erkenntnisse im Hinblick auf die betriebliche Praxis der Gesundheitsförderung diskutiert. Zudem werden Anknüpfungspunkte für weitere Forschungsarbeiten aufgezeigt. Im Einklang mit Kauffeld und Sauer (2014) wird vermutet, dass „Gesundheitsförderlichkeit" als Bewertungskriterium von Arbeitsprozessen angesichts der gegenwärtig beobachtbaren Transformationsprozesse eine noch bedeutendere Rolle einnehmen wird als bisher. Vor diesem Hintergrund erscheint eine auf Theorie und Empirie gestützte Weiterentwicklung von Methoden und Konzepte der Betrieblichen Gesundheitsförderung als zentrales arbeitswissenschaftliches Anliegen.

1.4 Zusammenfassung

In einer Gesellschaft, welche wesentlich von Organisationen geprägt wird, üben Organisationen einen bedeutsamen Einfluss auf die Bedingungen von Gesundheit ihrer Mitglieder aus. Betriebliche Gesundheitsförderung ist damit als Organisationsentwicklung zu konzipieren. Sie beschreibt eine umfassende Strategie, welche sowohl eine Weiterentwicklung von Organisationen als auch die Entwicklung persönlicher Ressourcen beinhaltet. Gesundheit lässt sich in Organisationen nicht durch Lösungen herstellen, sondern ist als Resultat eines kontinuierlichen Prozesses der gesundheitsorientierten Auseinandersetzung mit den eigenen Arbeitsbedingungen und äußeren Umweltanforderungen zu verstehen. Gesundheit ist aus dieser Perspektive als organisationaler Lernprozess zu begreifen. Eine Konzeption Betrieblicher Gesundheitsförderung sollte daher neben einem organisationstheoretischen Verständnis auch lerntheoretische Erkenntnisse integrieren.

1 Einführung – Gesundheit als organisationaler Lernprozess

Die vorliegende Arbeit beschäftigt sich mit Lernprozessen im Rahmen Betrieblicher Gesundheitsförderung. Im Mittelpunkt der theoretisch-empirischen Analyse steht die Frage, wie sich individuelle und organisationale Lernprozesse im Rahmen Betrieblicher Gesundheitsförderung vollziehen. Insbesondere soll geklärt werden, welche Eigenschaften eines Tätigkeitssystems die Entstehung sozialer Möglichkeitsräume zur Reflexion und Gestaltung gesunder Arbeitsbedingungen beeinflussen und welche sozialen Praktiken zu einer Institutionalisierung der Reflexion und Gestaltung gesunder Arbeitsbedingungen beitragen. Die Strukturationstheorie (Giddens, 1984, 1997) und die Theorie expansiven Lernens (Engeström, 1987, 2001) bilden den forschungsleitenden Bezugsrahmen der vorliegenden Arbeit. Ein Anliegen der empirischen Untersuchung besteht in der Verfeinerung und Weiterentwicklung der entwickelten theoretischen Konzeption.

2 Arbeit und Gesundheit im 21. Jahrhundert

Eine Beschäftigung mit der Frage, wie sich individuelle und organisationale Lernprozesse im Rahmen Betrieblicher Gesundheitsförderung vollziehen, setzt ein tiefergehendes Verständnis der aktuell relevanten Zusammenhänge von Arbeit und Gesundheit voraus. Der wechselseitige Einfluss von Arbeit und Gesundheit ist ein gut etablierter arbeitswissenschaftlicher[12] Forschungsgegenstand. Jedoch ist zu beachten, dass sich die Definitionen und Bedeutungen der Begriffe „Arbeit" und „Gesundheit" in den letzten Jahrhunderten grundlegend gewandelt haben. Im Folgenden wird dargestellt, welches Verständnis von Arbeit und Gesundheit der vorliegenden Arbeit zugrunde liegt (Kap. 2.1). Wesentliche Transformationsprozesse der Zusammenhänge von Arbeit und Gesundheit am Anfang des 21. Jahrhunderts und ihre Folgen für die Gesundheit der Beschäftigten werden skizziert (Kap. 2.2). Auf dieser Grundlage wird erarbeitet, in welchem Spannungsfeld sich die betriebliche Gesundheitspolitik in der heutigen Arbeitswelt bewegt (Kap. 2.3).

2.1 Begriffsbestimmungen

Die Bedeutung, die der *Arbeit* zugemessen wird, ist abhängig von den dominierenden gesellschaftlichen Werten. So lässt sich feststellen, dass sich die Definitionen und Bewertungen von Arbeit über die Jahrhunderte ebenso verändert haben, wie die Arbeit selbst. In der Antike war der Arbeitsbegriff vor allem negativ konnotiert. Arbeit wurde ausschließlich mit körperlicher Anstrengung in Verbindung gebracht und als eines freien Menschen unwürdig befunden (Bahrdt, 1966). Während körperliche Arbeit vor allem Sklaven vorbehalten war, wurde der Müßiggang als erstrebenswertes Ziel propagiert. Erst im späten Mittelalter wandelte sich die Bedeutung von Arbeit, welche fortan als sittlicher und ehrenvoller Aspekt einer christlichen Lebensführung betrachtet wurde (Bahrdt, 1966). Arbeit wurde als Dienst an Gott betrachtet, während Untätigkeit und Müßiggang – im Gegensatz zur Antike – als Laster gesehen wurden. So brachte die Mönchsregel „Ora et Labora" Religion und Arbeit erstmals in Verbindung (Anselm, 2005). Mit Beginn der Renaissance wurden zunehmend auch geistige und künstlerische Tätigkeiten als „Arbeit" bezeichnet (Bahrdt, 1966). Mit der Reformation etablierte sich eine protestantische Arbeitsethik, welche durch die Vorstellung von Arbeit als Pflichterfüllung

---

[12] Arbeitswissenschaft beschreibt nach der bis heute aktuellen Kerndefinition von Luczak et al. (1987), die „Systematik der Analyse, Ordnung und Gestaltung der technischen, organisatorischen und sozialen Bedingungen von Arbeitsprozessen" (S. 59).

gekennzeichnet war (Bahrdt, 1966). Konträr zur vorreformatorischen Auffassung stand Arbeit fortan im Mittelpunkt des menschlichen Lebens. Während Arbeit und private Lebenssphäre in der Bauerngesellschaft weitgehend verschränkt waren, wurden diese Bereiche mit der Industrialisierung zunehmend getrennt. Es entstanden Fabriken, in denen Arbeitende ihre Arbeitskraft für eine festgelegte Zeit zur Verfügung stellten. Im Gegensatz zur vorindustriellen handwerklichen Produktion zeichnete sich die Fabrikarbeit durch exakte Vorgaben und eine Zerlegung in kleine Teilaufgaben bzw. geistige und körperliche Tätigkeiten aus (Neuberger, 1985). Die spätere Phase der Industrialisierung war durch eine standardisierte Massenproduktion sowie Maschinen und Fließbandfertigung geprägt. Bis in die 1960er Jahre bestand die Vorstellung, dass die negativen Belastungen tayloristischer Arbeitsformen mit zunehmender Automatisierung behoben würden. Weil sich diese Hoffnungen nicht erfüllten, werden seit den 1970er Jahren politische Programme und Initiativen zur „Humanisierung des Arbeitslebens" aufgelegt. Bis dato besteht eine Zielsetzung der Arbeitswissenschaft darin, Arbeit sowohl menschengerecht als auch effektiv und effizient zu gestalten (Schlick, Bruder & Luczak, 2010). Heute stellt Arbeit für viele Menschen eine Quelle von persönlicher Identität, sozialer Anerkennung, Aktivität und Kompetenz dar (Semmer & Udris, 2004) dar.[13] Schon Lewin (1920) verweist in seiner Beschreibung von Arbeit auf das ihr immanente gesundheitsförderliche Potenzial:

> *Die Arbeit ist dem Menschen unentbehrlich in ganz anderem Sinne. Nicht weil die Notdurft des Lebens sie erzwingt, sondern weil das Leben ohne Arbeit hohl und halb ist. [...] Dieses Bedürfnis [...] gründet sich auf den „Lebenswert" der Arbeit. [...] Diese Fähigkeit der Arbeit, dem individuellen Leben Sinn und Gewicht zu geben, wohnt irgendwie jeder Arbeit inne [...]. Weil die Arbeit selbst Leben ist, darum will man auch alle Kräfte des Lebens an sie heranbringen und in ihr auswirken können. Darum will man die Arbeit reich und weit, vielgestaltig und nicht krüppelhaft beengt. Darum sei Liebe zum Werk in ihr, Schaffensfreude, Schwung, Schönheit. Sie hemme die persönliche Entwicklungsmöglichkeit nicht, sondern bringe sie zur vollen Entfaltung. Der Fortschritt der Arbeitsweise gehe also nicht auf eine Verkürzung der Arbeitszeit, sondern auf Steigerung des Lebenswertes der Arbeit, mache sie reicher und menschenwürdiger. (Lewin, 1920, S. 11 f.)*

---

[13] Dies zeigt sich auch in der Erkenntnis, dass Erwerbslose tendenziell kränker als Erwerbstätige sind (u.a. Jahoda, 1979).

Gleichzeitig charakterisiert Lewin (1920) Arbeit als „Mühe, Last, Kraftaufwand [...] ohne eigenen Wert [und] nichts als Mittel" (S. 11). Seine Ausführungen über „Die zwei Gesichter der Arbeit" (Lewin, 1920) verdeutlichen die Bedeutung von Arbeit als einerseits belastend und tendenziell pathogen, andererseits als eine Quelle von Gesundheit. Arendt beschreibt den aufgezeigten Bedeutungswandel von Arbeit in ihrem philosophischen Hauptwerk „Vita activa oder Vom tätigen Leben" (1960) als Entwicklung von einer Verachtung der Arbeit im Altertum hin zu einer Verherrlichung von Arbeit in der Neuzeit. Anselm (2005) spricht in diesem Zusammenhang von einem „Ethos der Arbeitsgesellschaft" (S. 10). Aus ihrer Sicht sind „weder die Nation, noch die Religion [...] das, worin sich alle wieder erkennen. Heute ist es die Arbeit, um die alles kreist" (Anselm, 2005, S. 10).

Eine trennscharfe Definition von Arbeit ist nach Frieling und Sonntag (1999) kaum zu treffen. Aus Sicht von Schlick, Bruder und Luczak (2010) ist diese für viele arbeitswissenschaftliche Fragestellungen allerdings auch nicht notwendig. Im Fokus der vorliegenden Arbeit steht das Thema „Gesundheit in Organisationen". Daher wird im vorliegenden Fall von einem engeren Arbeitsbegriff im Sinne von Erwerbsarbeit (im Gegensatz zu jeder Form menschlicher Tätigkeit wie z.B. Hausarbeit oder ehrenamtliche Arbeit) ausgegangen.[14] Analog bezieht sich die Verwendung des Gesundheitsbegriffs in erster Linie auf die im Zusammenhang mit Erwerbsarbeit stehenden Aspekte von Gesundheit.

Auch die Bedeutung des *Gesundheitsbegriffs* unterliegt kulturellen und historischen Entwicklungen. Aus naturwissenschaftlich-medizinischer Perspektive beschreibt Gesundheit das optimale Funktionieren des menschlichen Organismus (Kulbe, 2009). Die Definition von Gesundheit als Abwesenheit von Störungen und Gebrechen verdeutlicht, dass Gesundheit vor allem auf Krankheit bezogen wird. Wer nicht krank ist, wird als gesund betrachtet (Kulbe, 2009, S. 19). Dabei sind viele Menschen mit einer klinischen Diagnose nicht ausschließlich krank, denn der Umgang mit körperlichen und psychischen Beeinträchtigungen beinhaltet meist auch gesunde Anteile (Hurrelmann & Franzkowiak, 2011). Gesundheit stellt demnach keine objektive Größe dar, sondern unterliegt einer subjektiven Bewertung. Zudem wird Gesundheit auf das somatische Funktionieren reduziert, während psychische Aspekte wie eine beschädigte Identität oder Angstgefühle weitgehend vernachlässigt werden. So kommt es vor, dass ein Mensch als „gesund" diagnostiziert wird, obwohl er oder sie sich krank fühlt. Demgegenüber steht die Definition der WHO (1946) von Gesundheit als

---

[14] Diese Betrachtungsweise schließt andere Aspekte von Arbeit (z.B. Fürsorgearbeit oder Fragestellungen zur Vereinbarkeit von Arbeit und anderen Lebensbereichen) jedoch nicht aus.

ein Zustand des vollständigen körperlichen, geistigen und sozialen Wohlergehens und nicht nur das Fehlen von Krankheit oder Gebrechen. (WHO, 1946, S. 1)

Diese Sichtweise verdeutlicht, dass sich Gesundheit nicht nur auf körperlicher Ebene konstituiert, sondern auch psychische und soziale Aspekte beinhaltet. Weiterhin kann Gesundheit nicht von außen diagnostiziert werden, sondern unterliegt der subjektiven Bewertung durch das Individuum. Eine Vorstellung von Gesundheit als (statischer) Zustand des vollkommenen Wohlergehens erscheint jedoch unrealistisch. Eine solche Definition vernachlässigt, dass Gesundheit einen dynamischen Prozess darstellt, in dessen Verlauf sich die meisten Menschen mehr oder weniger gesund bzw. krank fühlen (Antonovsky, 1997). Aufgrund ihres utopisch-dogmatischen Charakters hat die WHO-Definition von 1946 für die Praxis der Gesundheitsförderung daher zwar noch immer eine zentrale Bedeutung, für die wissenschaftliche Beschäftigung erscheint sie allerdings nicht geeignet. Für die vorliegende Arbeit wird eine Definition von Gesundheit nach Hurrelmann und Franzkowiak (2011) gewählt, die einer wissenschaftlichen Analyse zugänglicher ist und neben psychischen, sozialen und individuellen Aspekten auch die gesellschaftliche Dimension von Gesundheit berücksichtigt:

Gesundheit ist das Stadium des Gleichgewichts von Risikofaktoren und Schutzfaktoren, das eintritt wenn einem Menschen eine Bewältigung sowohl der inneren[15] (körperlichen und psychischen) als auch äußeren[16] (sozialen und materiellen) Anforderungen gelingt. Gesundheit ist [folglich] gegeben, wenn eine Person sich psychisch und sozial im Einklang mit den Möglichkeiten und Zielvorstellungen und den jeweils gegebenen äußeren Lebensbedingungen befindet. Sie ist ein Stadium, dass einem Menschen Wohlbefinden und Lebensfreude vermittelt. (Hurrelmann & Franzkowiak, 2011, S. 103)

Gesundheit ist nach dieser Auffassung Resultat einer produktiven Auseinandersetzung mit den eigenen inneren und äußeren Anforderungen[17]. Gesundheit und Krankheit stellen keine Gegensätzlichkeiten, sondern Endpunkte eines multifakto-

---

[15] Zu den inneren Anforderungen zählt die physische und psychische Verfassung eines Menschen (z.B. genetische Dispositionen, körperliche Konstitution, Persönlichkeitsstruktur, psychische Belastbarkeit etc.).

[16] Zu den äußeren Anforderungen zählen die Lebens- und Arbeitsbedingungen eines Menschen (z.B. sozioökonomischer Status, soziale Einbindung, Arbeitsbedingungen etc.).

[17] Je nach theoretischer Ausrichtung wird dieser Zustand des Gleichgewichts auch als „Selbstwirksamkeit" (Bandura, 1997), „Kohärenzgefühl" (Antonovsky, 1997) oder „produktive Realitätsverarbeitung" (Hurrelmann, 1983) bezeichnet.

riellen Kontinuums dar (Franke, 2011). Gesundheit wird nicht nur als optimal, umfassend oder positiv gesehen. Vielmehr werden die „Bedingtheit und potenzielle Einschränkung von Gesundheit" (Hurrelmann & Franzkowiak, 2011, S. 103) integriert.

Eine ähnliche Konzeption[18] findet sich bei Ducki und Greiner (1992). In Anlehnung an die Handlungsregulationstheorie (Volpert, 1987, 1990) entwickeln die Autorinnen ein Verständnis von Gesundheit als „dauerhafte Weiterentwicklung und Erhalt der menschlichen Handlungsfähigkeit" (S. 185). Diese findet ihren Ausdruck in der Fähigkeit, „langfristige Ziele zu bilden, stabil-flexibel mit Umweltveränderungen umzugehen und körperliche Prozesse und Handlungen aufeinander abzustimmen" (S. 184). Die Entwicklung gesundheitsförderlicher Verhaltensweisen ist aus Sicht der Autorinnen jedoch nicht ausschließlich individuell bedingt, sondern vor allem auf die einem Menschen gegebenen Möglichkeiten und Lebensbedingungen zurückzuführen. Wie zuvor deutlich wurde, spielen die Arbeitsbedingungen als Bestandteil des alltäglichen Lebens eine zentrale Rolle für die Ermöglichung gesundheitsförderlicher Verhaltensweisen.

2.2 Aktuelle Transformationsprozesse

In der Diskussion um die Zusammenhänge von Arbeit und Gesundheit im 21. Jahrhundert lässt sich konstatieren, dass Arbeit für viele Beschäftigte eine Quelle von persönlicher Identität, sozialer Anerkennung, Aktivität und Kompetenz darstellt (Semmer & Udris, 2004). So belegen zahlreiche Untersuchungen (u.a. Eggs, Trappmann & Unger, 2014; Hollederer & Voigtländer, 2016; Jahoda, 1979, 1983; Jahoda, Lazarsfeld & Zeisel, 1975; Lange & Lampert, 2005; McKee-Ryan et al., 2005; Paul, Hassel & Moser, 2006), dass arbeitslose Menschen tendenziell kränker sind als erwerbstätige. Insbesondere in der heutigen Gesellschaft erfährt Erwerbsarbeit einen grundlegenden Bedeutungswandel. Nach Badura (2017) ist „die Gesellschaft im 21. Jahrhundert [...] eine Arbeitsgesellschaft, weil Arbeit ein hoher moralischer Wert zugesprochen wird und damit zu einer, wenn nicht der wichtigsten, Quelle von Sinnstiftung geworden ist" (S. 5).

Mit Beginn der Industrialisierung bis weit hinein in die 1950er und 1960er Jahre konzentrierten sich die Aktivitäten des betrieblichen Arbeits- und Gesundheits-

---

[18] Als „Konzeption" wird in der vorliegenden Arbeit das „[sprachliche] Erfassen von Aspekten, Eigenschaften oder Relationen von Gegenständen oder Sachverhalten" (Fröhlich, 2005, S. 292) verstanden, während der Begriff „Konzept" für ein Vorgehensmodell wie z.B. das Konzept gesundheitsfördernder Organisationsentwicklung verwendet wird.

schutzes hauptsächlich auf die Vermeidung, Versorgung und Kompensation von Berufskrankheiten und Arbeitsunfällen (Badura, 2017). Das psychische Leistungsvermögen wurde kaum beachtet. Obwohl körperliche Belastungen – insbesondere in der Industrie – immer noch ein Thema sind (Lenhardt, Ertel & Morschhäuser, 2010), ist je nach Datenlage eine Zunahme arbeitsbedingter psychischer Belastungen bzw. eine Stabilisierung psychischer Belastungen auf einem hohen Niveau zu verzeichnen (u.a. Ahlers, 2011; Eichhorst, Tobsch & Wehner, 2016; Lohmann-Haislah, 2012; Satzer, 2011). So geben über 30 % der Beschäftigten an, aufgrund von Stress bei der Arbeit ausgebrannt zu sein (Nink, 2015). Über 25 % fühlen sich emotional erschöpft (Bundesanstalt für Arbeitsschutz und Arbeitsmedizin, 2016). Nach einer Studie der AOK (Meyer, Wehner & Cichon, 2017) sind die Fehlzeiten am Arbeitsplatz aufgrund psychischer Erkrankungen in den letzten zehn Jahren um 79,3 % gestiegen[19]. Analog lässt sich ein Anstieg der stationären Fallzahlen mit der Hauptdiagnose „Psychische und Verhaltensstörungen"[20] (Statistisches Bundesamt, 2017), eine Zunahme der Frühverrentung aufgrund psychischer Erkrankungen (Deutsche Rentenversicherung Bund, 2016) sowie eine Zunahme ärztlich verordneter Antidepressiva (Abholz & Schmacke, 2014) verzeichnen.

Aktuelle Belastungsdiskurse rekurrieren auf *gesellschaftliche Transformationsprozesse* als Ursache psychischer und physischer Erkrankungen. So lässt sich feststellen, dass sich das Verhältnis von Markt und Produktion in den letzten 30 Jahren grundlegend verändert hat. So stand im Fordismus die Abschottung der Produktionsabläufe gegenüber den Unwägbarkeiten des Marktes im Vordergrund (Fiehler, Sauer & Seiß, 2010). Im heutigen Zeitalter werden die Bedingungen von Arbeit nach Schmid (2003) nicht mehr durch das Management, sondern durch Absatzmärkte und Kunden vorgegeben. Nach Kratzer und Dunkel (2011) besteht ein zentrales Prinzip dieser Shareholder-Value Strategie darin, „dass eine turbokapitalistische Wachstums- und Wettbewerbslogik zum internen Steuerungsprinzip [von Or-

---

[19] An dieser Stelle sei angemerkt, dass sich die festgestellte Zunahme der Arbeitsunfähigkeitstage aufgrund psychischer Erkrankungen nicht ausschließlich auf Veränderungen in der Arbeitswelt zurückführen lässt (Lohmann-Haislah, 2012). Die gestiegenen Krankschreibungen könnten auch durch eine präzisere Erfassung durch die behandelnden Ärzte oder eine – mit der gestiegenen Sensibilität für psychische Erkrankungen und der Enttabuisierung des Themas einhergehende – größere Offenheit der Patient/-innen, über psychische Probleme zu sprechen, zustande kommen (Deutsche Gesellschaft für Psychiatrie, Psychotherapie und Nervenheilkunde, 2012). Insofern bleibt unklar, ob es sich tatsächlich um eine relevante Zunahme von psychischen Erkrankungen aufgrund pathogener Arbeitsbedingungen oder lediglich um eine höhere „Entdeckungsrate" bzw. eine Verschiebung des Diagnosespektrums handelt. Studien (u.a. DAK, 2013) kommen zu dem Ergebnis, dass eine monokausale Erklärung nicht gegeben werden kann.

[20] ICD-10 Version 2016, Diagnosegruppe F00-F99.

ganisationen] gemacht wird" (S. 14). Vormals äußere Markt- und Konkurrenzmechanismen werden, z.b. durch konkurrierende, kennzahlengesteuerte Profitcenter oder interne Verrechnungspreise, auf innerbetriebliche Strukturen übertragen und lassen die Außengrenzen einer Organisation verschwimmen (Fiehler, Sauer & Seiß, 2010). Wesentliche Veränderungen dieser Entwicklung werden in der Etablierung neuer Organisations- und Steuerungsformen, einer permanenten Reorganisation (Kratzer, 2003), zunehmender Prekarisierung, Flexibilisierung und Entgrenzung sowie einer Intensivierung psychischer Arbeitsanforderungen gesehen (u.a. Kratzer & Dunkel, 2011; Petzi & Kattwinkel, 2016; Pickshaus & Urban, 2017). Nachfolgend werden die genannten Phänomene skizziert und in ihren Auswirkungen auf die Gesundheit der Beschäftigten sowie das betriebliche Gesundheitshandeln reflektiert.[21]

2.2.1 Neue Organisations- und Steuerungsformen

Nach Kratzer und Dunkel (2011) erzeugt die – vom Markt diktierte?[22] – Forderung nach permanentem Wachstum und ständiger Produktivitätssteigerung organisationale Zwänge, welche sich u.a. darin äußern, dass tendenziell unerreichbare Ziele angestrebt werden. Die Autoren vertreten die Auffassung, dass die Bewältigung der systematischen Überlastung durch ökonomische Superlative (und Imperative) auf organisationaler Ebene nicht mehr oder nur noch bedingt organisiert und gesteuert werden kann. Die Problematik werde infolge auf die arbeitenden Menschen verlagert, indem diese als „Mitgestalter und Co-Rationalisierer" (Kratzer & Dunkel, 2011, S. 14) angehalten sind, sich noch umfassender einzubringen, um die von der Organisation gesetzten Ziele zu erreichen. Nach Kratzer und Dunkel (2011) werden organisationale Probleme auf diese Weise in individuelle Probleme der systematischen Überlastung transformiert. Aus der Sichtweise von Schmid (2003) werden abhängig Beschäftigte auf diese Weise zu „Unternehmern im Unternehmen"[23] (S. 31) gemacht. Einerseits erhalten die Beschäftigten mehr Hand-

---

[21] An dieser Stelle erscheint wichtig klarzustellen, dass es sich bei den dargelegten Entwicklungen um *Tendenzen* handelt, welche zwar große Teile der Arbeitswelt betreffen, aber nicht auf alle Arbeitsbereiche anwendbar sind.
[22] Die Existenz eines eigenständigen, die Wirtschaft diktierenden Marktes wird zunehmend kritisch reflektiert und in Frage gestellt. Nach Seele und Zapf (2017) wird der „Markt" (auch) hinzugezogen, um unangenehme Entscheidungen zu legitimieren und die unternehmerische Verantwortung abzulegen.
[23] In der Arbeits- und Industriesoziologie wird in diesem Zusammenhang auch vom „Arbeitskraftunternehmer" (Pongratz & Voß, 2003), „unternehmerischen Selbst" (Bröckling, 2013), „Ich-Unternehmer" (Meschnig, 2003) sowie von „Intrapreneuren" (Verwoert, 2003) etc. gesprochen.

lungsspielräume und Selbstverantwortung für die Erledigung ihrer Aufgaben[24]. Gleichzeitig setzt die Organisation die Vorgaben und Bedingungen (z.B. Ziele und verfügbare Ressourcen), im Rahmen derer die Beschäftigten sich selbst managen sollen (Glißmann & Peters, 2001). Das Management zieht sich demnach nicht völlig zurück, sondern steuert indirekt über Rahmenbedingungen und Ziele. Peters und Sauer (2005) bezeichnen dieses Phänomen als „indirekte Steuerung". Indirekte Steuerung stellt eine nach Fiehler, Sauer und Seiß (2010) eine „paradoxe Form der Herrschaft" (S. 16) dar, welche weitgehend auf Befehl und Gehorsam verzichtet und stattdessen ihre Wirkung durch (scheinbare) Autonomie und Selbstbestimmung entfaltet. Ausdruck finden indirekte Steuerungsmechanismen beispielsweise in Zielvereinbarungen oder in agilen, kundenorientierten Organisationen, welche weitgehend hierarchiefrei und teambasiert arbeiten.

Diese neuen Formen der Zusammenarbeit verlangen nach Fiehler, Sauer und Seiß (2010) eine umfassende Aktivierung individueller kognitiver, kreativer, motivationaler, sozialer und emotionaler Ressourcen. Damit rückt die Person als Ganzes in den Fokus ökonomischer Verwertungsinteressen. Die Steuerung der Leistungserbringung erfolgt nicht von außen, sondern durch die Person selbst, welche vom Objekt zum Subjekt der (Selbst-)steuerung wird. Kleemann und Voß (2010) beschreiben diesen Prozess als *Subjektivierung von Arbeit*. Die Beschäftigten sind aus dieser Perspektive angehalten, ihre Tätigkeit mit dem Ziel der ergebnis- und insbesondere marktorientierten Anforderungserfüllung verstärkt selbst zu organisieren (Kleemann & Voß, 2010). Das geforderte unternehmerische Denken beschränkt sich dabei nicht auf den Bereich der Arbeit, sondern weitet sich auf sämtliche Lebensbereiche aus (Bröckling, 2012). Die individuelle Gesundheit erhält in diesem Zusammenhang eine neue, kritisch zu bewertende Bedeutung als Ressource zur Herstellung und Vermarktung der eigenen Arbeitskraft (Kickbusch, 2006; Pongratz, 2002; siehe Kap. 4.1).

In der Diagnose von Peters (2011) führt die mit indirekter Steuerung und Subjektivierung von Arbeit gestiegene Selbstverantwortlichkeit vielerorts dazu, dass formal bestehende, zum Wohl der Belegschaft ausgehandelte Schutzrechte und Einflussmöglichkeiten durch die Beschäftigten faktisch ausgehebelt werden. Peters (2011) beschreibt dieses Phänomen als *interessierte Selbstgefährdung*. Handrich,

---

[24] Die zunehmende Ausstattung der Beschäftigten mit umfangreichen Handlungsspielräumen im Rahmen indirekter Steuerung unterscheidet sich qualitativ von früheren Bestrebungen nach einer Erhöhung der Autonomie (beispielsweise im Rahmen der Initiative „Humanisierung des Arbeitslebens"). Während Handlungs- und Entscheidungsspielräume aus Sicht von Kleemann, Matuschek und Voß (2003) früher *gewährt* wurden, werden sie heute hauptsächlich für ökonomische Zwecke nutzbar gemacht.

Koch-Falkenberg und Voß (2016) stellen in ihrer Studie zum Umgang mit hohen Zeit- und Leistungsanforderungen fest, dass sich interessierte Selbstgefährdung – neben dem absichtlichen Unterlaufen von kollektiv ausgehandelten Sicherheits- und Schutzstandards – häufig in Extensivierungs- und Intensivierungsstrategien zur Bewältigung der Arbeitsanforderungen niederschlägt. Krause et al. (2012) diagnostizieren in diesem Zusammenhang eine vermehrte Einnahme leistungssteigernder Substanzen sowie eine Zunahme von Präsentismus am Arbeitsplatz. Demnach liegt nahe, dass die Verlagerung realer Marktbedingungen auf das Individuum die gesundheitliche Selbstgefährdung befördert.

Andererseits wollen viele Beschäftigte ihre Ressourcen und Potenziale in die Arbeit einbringen und selbstorganisiert arbeiten. Aus arbeitspsychologischer Sicht wirken herausfordernde Ziele (Locke & Latham, 2002) sowie Autonomie (Karasek & Theorell, 1990) prinzipiell gesundheitsförderlich. Die gesundheitlichen Auswirkungen indirekter Steuerung sind daher insgesamt als ambivalent zu bewerten. Sie bergen viele Widersprüche und Potenziale für die Gestaltung und Aushandlung einer betrieblichen Gesundheitspolitik in Zeiten postfordistischer Arbeitsorganisation (siehe Kap. 2.3).

2.2.2 Permanente Reorganisation

Eine marktzentrierte Produktionsweise hat zur Konsequenz, dass sich Organisationen in der Regel permanent an Veränderungen des Marktes anpassen und neu strukturieren. Neben der oben beschriebenen Verlagerung unternehmerischer Verantwortung auf das Individuum versuchen viele Organisationen, Produktivität und Wachstum mittels klassischer Rationalisierungsstrategien, z.B. durch Prozessoptimierung, Controlling, Standardisierung von Abläufen und Personalabbau, zu steigern. Kratzer und Dunkel (2011) diagnostizieren, dass Umstrukturierung und Reorganisation in der heutigen Arbeitswelt keine vorübergehenden Modernisierungsmaßnahmen darstellen, sondern längst zu einem Normalzustand der „permanenten Reorganisation" (S. 15) geworden sind. Für die Beschäftigten bedeutet permanente Reorganisation eine ständige Anpassungsarbeit, die zusätzlich zur regulären Tätigkeit geleistet werden soll (Kratzer & Dunkel, 2011). Ergebnisse des Forschungsprojekts „Health in Restructuring" (HIRES) deuten auf signifikante Zusammenhänge zwischen der psychischen Gesundheit der Beschäftigten und verstärkten Restrukturierungsprozessen hin. Hiernach seien sowohl diejenigen, die gezwungen sind, den Betrieb aufgrund von Strukturierungsmaßnahmen zu verlassen, als auch diejenigen, die im Betrieb verbleiben („Survivor") von bedeutenden, potenziell gesundheitsschädigenden Auswirkungen betroffen (Kieselbach, 2009).

Permanente Reorganisation und die damit einhergehenden veränderten Arbeitsbedingungen wie Arbeitsintensivierung, reduzierte Kontrollmöglichkeiten oder eine geringere Transparenz (Kieselbach, 2009) stellen damit für alle Beteiligten einen nicht zu unterschätzenden Belastungsfaktor dar.

2.2.3 Prekarisierung, Flexibilisierung und Entgrenzung

Veränderungs und Restrukturierungsprozesse gehen in häufig mit einer zunehmenden *Prekarisierung* und *Flexibilisierung* von Arbeits- und Erwerbsformen einher. So ist die Zahl der atypisch[25] beschäftigten Erwerbstätigengruppen in den vergangenen zwei Jahrzehnten um rund 80 % auf 7,9 Millionen Erwerbstätige gestiegen (Nöllenheidt & Brenscheidt, 2014). Leimeister und Zogaj (2013) beobachten eine Erosion der Stammbelegschaft, indem Organisationen externe Arbeitskräfte vermehrt in den Leistungserstellungsprozess einbeziehen. Neben dem Rückgriff auf Zeitarbeit werden Aufträge zunehmend an selbstständige „Crowdworker"[26] vergeben (Benner, 2014; Leimeister, Durward & Zogaj, 2016; Leimeister & Zogaj, 2013). „Intrapreneure" (Verwoert, 2003) werden auf diese Weise zu „Extrapreneuren", soziale Sicherheit wird zum individuellen Risiko. Prekäre Arbeitsplätze weisen ein erhöhtes Maß an kritischen Belastungsfaktoren auf und sind mit höheren gesundheitlichen Risiken verbunden (Seiler & Splittgerber, 2017). Meist hohe Arbeitsbelastungen, kurze Arbeitseinsätze, fehlende Sicherheit und geringe Planbarkeit der eigenen Lebenssituation können eine Gratifikationskrise begünstigen (Siegrist, 1996; Siegrist & Dragano, 2008). Neben einem erhöhten Armutsrisiko ist prekäre Beschäftigung nach Castel und Dörre (2009) häufig mit einem Gefühl von Sinnverlust und Anerkennungsdefiziten verbunden. Der Aufbau vertrauensvoller, kooperativer Beziehungen zu den regulär beschäftigten Kolleg/-innen fällt atypisch Beschäftigten ungleich schwerer (Hermet, 2010). Hinzu kommt, dass viele Maßnahmen des Arbeits- und Gesundheitsschutzes nur für die Stammbelegschaft greifen (Becker & Engel, 2015; Seiler & Splittgerber, 2017).

Neben einer Flexibilisierung der Arbeitsverhältnisse lässt sich eine zeitliche, räumliche und organisatorische Flexibilisierung des Arbeitsplatzes beobachten.

---

[25] Als „atypisch" beschäftigt werden nach einer Definition von Nöllenheidt und Brenscheidt (2014) teilzeit- und geringfügig Beschäftigte, befristet Beschäftigte und Zeitarbeitnehmer/-innen bezeichnet.

[26] „Beim Crowdwork lagern Unternehmen Aufgaben an eine Menge von Personen („Crowd") aus. Das Mittel dazu ist ein Aufruf über das Internet, woraufhin registrierte Crowdworkerinnen und Crowdworker diese Aufgaben bearbeiten" (Bundesministerium für Arbeit und Soziales, 2017, S. 58). Für erste empirische Befunde zum Thema Crowdworking in Deutschland sei auf die Studie von Leimeister, Durward und Zogaj (2016) verwiesen.

Neue Arbeitszeitmodelle, eine zunehmende Unbestimmtheit des Arbeitsorts, ein Abbau von Hierarchien und ein Arbeiten in Projektteams sollen den Umgang mit variablen Arbeitsanforderungen ermöglichen.

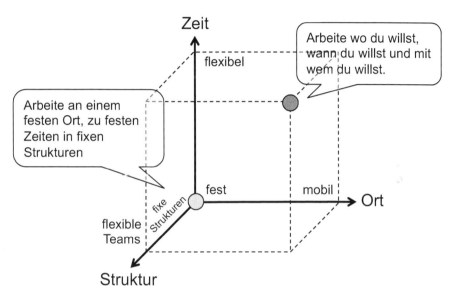

Abb. 1: *Räumliche, organisatorische und zeitliche Flexibilisierung von Arbeits- und Erwerbsformen (in Anlehnung an Martin, 2006, S. 30)*

Befördert wird diese Entwicklung dadurch, dass im Zuge der Digitalisierung ein globaler, weltweit zugänglicher Informationsraum (Boes et al., 2016) als neuer Raum der Produktion entstanden ist. Dieser Informationsraum konstituiert als sozialer Handlungsraum eine neue gesellschaftliche Ebene. Während die alten Computersysteme im Wesentlichen darauf ausgerichtet waren, dass Menschen mit Maschinen interagieren, können Menschen nun selbst miteinander interagieren und kommunizieren: Der Zugang zu global verteilten Informationen, Wissen, Kooperationspartner/-innen, Ressourcen und Märkten wird möglich. Mit dem Aufstieg des Internets zu einem globalen Informationsraum und dem damit verbundenen Produktivkraftsprung (Boes et al., 2016) entsteht eine neue Qualität, welche den Ausgangspunkt für den gegenwärtig rasanten Wandel der Gesellschaft in der Arbeitswelt und in der Wirtschaft markiert (Rosa, 2005). Auf Ebene des Individuums ist der mediatisierte Lebenswandel des „permanently online, permanently connected" (Vorderer, 2015, S. 260) im Informationsraum mit tiefgreifenden Veränderungen des Lebensgefühls, des Alltagserlebens, der Motivations- und Bedürfnisstrukturen sowie des Leistungs- und Beziehungshandelns verbunden (Vorderer, 2015).

Mit der räumlichen, organisatorischen und zeitlichen Flexibilisierung von Arbeits- und Erwerbsformen löst sich die seit der Industrialisierung bestehende strukturelle Separierung von Erwerbsarbeit und privater Lebenswelt zugunsten einer steigenden *Entgrenzung* auf. Nach Jürgens und Voß (2007) wird die Gestaltung dieser Verschränkung zunehmend zur Leistung der Person. Privatheit kann aus dieser Perspektive zukünftig nur noch durch die Person selbst hergestellt und geschützt werden. Die Autorin und der Autor bewerten die individuelle Strukturierung von Arbeit und privater Lebenssphäre weniger als Möglichkeit zur Selbstverwirklichung, sondern vielmehr als notwendiges, „existenzielles Handeln" (Jürgens & Voß, 2007, S. 9). Aus Sicht von Jürgens und Voß (2007) wird die Bewältigung und Koordination der komplexen Anforderungen aus Erwerbsarbeit und privater Lebenswelt zu einer Alltagsarbeit, welche umfangreiche Kompetenzen der Selbstorganisation abverlangt. Inwiefern sich Entgrenzung von Erwerbsarbeit und privater Lebenswelt sowie flexiblere Arbeitsweisen auf die Gesundheit und Zufriedenheit von Beschäftigten auswirken, ist nach Vedder und Haunschild (2011) abhängig von individuellen und organisationalen Rahmenbedingungen – und angesichts einer zunehmenden Differenzierung und Pluralisierung von Arbeitsverhältnissen und Lebensformen (Vester, 2011) nicht pauschal zu beurteilen. Fest steht jedoch, dass mit Prekarisierung, Flexibilisierung und Entgrenzung ein grundlegender Wandel der Arbeits- und Lebensweisen vieler Beschäftigter und ihres sozialen Umfelds verbunden ist.

2.2.4 Veränderte Arbeitsanforderungen

Hohe Arbeitsanforderungen stellen an sich kein neues Phänomen der postindustriellen Arbeitswelt dar, sondern waren schon in der Landwirtschaft oder der industriellen Produktion vorhanden. Während sich frühere Belastungserfahrungen jedoch eher auf körperlicher Ebene äußerten, zeigen sich mit der Subjektivierung und Tertiarisierung[27] von Arbeit und Beschäftigung neue und komplexere Belastungsfaktoren, die sich stärker auf die psychische Verfassung der Beschäftigten auswirken. Aus Sicht von Badura (2017) zeichnet sich Arbeit im 21. Jahrhundert

---

[27] „Tertiarisierung" wird in Anlehnung an Deutschmann (2002) als strukturwandelbedingte Expansion der Dienstleistungsbranche, als Ausweitung dienstleistender Funktionen innerhalb von Organisationen sowie als zunehmende Integration von Dienstleistungsaufgaben in sämtliche Tätigkeiten verstanden.

vor allem durch einen erhöhten Verbrauch psychischer Ressourcen zur Problemlösung, Emotionsregulation und Kooperationsgestaltung aus.

Hinzu kommen gesteigerte *Zeit- und Leistungsanforderungen* (Handrich, Koch-Falkenberg & Voß, 2016). Nach Rosa (2005) führt eine zunehmende Beschleunigung von Technologien, Lebenstempo und sozialem Wandel zu einer Arbeitsintensivierung und Erhöhung des Arbeitstempos. Hierzu tragen gestiegene Kundenanforderungen an die Verfügbarkeit und Qualität von Produkten ebenso bei wie eine Tendenz zur Verlängerung von Hochphasen durch eine Beschleunigung von Entwicklungszyklen. Auch wenn die Digitalisierung selbst kein neues Thema ist (Staab & Nachtwey, 2016), lassen die jüngst enorme Zunahme und Beschleunigung der Digitalisierungsprozesse im Dienstleistungsbereich auf eine neue Qualität des Wandels schließen (Boes et al., 2016). Neben den oben skizzierten Tendenzen zur indirekten Steuerung und Subjektivierung von Arbeit sehen Dunkel und Kratzer (2016) *widersprüchliche Arbeitsanforderungen* (Moldaschl, 1991, 2017) – z.B. zwischen organisationalen Regeln und den zur Verfügung stehenden Ressourcen – als eine wesentliche Ursache von Zeit- und Leistungsdruck[28] bei qualifizierter immaterieller Arbeit. Für sie stellt Zeit- und Leistungsdruck vor allem „subjektive Wahrnehmung eines objektiven Leistungsproblems" (Kratzer, 2016, S. 21) dar. Aus dieser Perspektive erschweren steigende Anforderungen und kostenorientierte Personalpolitik die vollumfängliche Erfüllung hoher und widersprüchlicher Leistungserwartungen mit „normaler" Leistung oder machen sie gar unmöglich. Die entstehende Leistungslücke kann dann nur durch eine erhöhte individuelle Leistungsverausgabung geschlossen werden. Zeit- und Leistungsdruck manifestiert sich demnach als subjektive Wahrnehmung einer Arbeitssituation, die durch widersprüchliche Anforderungen und schwer erreichbare Ziele gekennzeichnet ist. Dass es sich dabei eher um ein objektives Leistungsproblem als um subjektive Schwierigkeiten bei der Bewältigung der Anforderungen handelt, zeigt sich nach Kratzer (2016) beispielsweise daran, dass die Nicht-Einhaltung von Deadlines oder Servicevorgaben in vielen Organisationen zum Alltag gehört. Vor dem Hintergrund einer marktzentrierten Produktionsweise stelle Zeit- und Leistungsdruck aus Sicht der Organisation kein zu bearbeitendes Problem dar, sondern markiert eine potenzielle Lösung des Versuchs, ein Produkt zu vertretbaren Kosten anzubieten. Wissenschaftliche Untersuchungen (u.a. Junghanns, 2012; Kratzer, 2016; Rau et

---

[28] Unter Zeit- und Leistungsdruck wird im Rahmen der vorliegenden Arbeit ein subjektives „Missverhältnis zwischen Arbeitsmenge, zu leistender Qualität und der zur Verfügung stehenden Zeit" (Junghanns, 2012, S. 108) verstanden. Ergänzt wird diese Definition um die Konzeption von Zeit- und Leistungsdruck als „subjektive Wahrnehmung eines objektiven Leistungsproblems" (Dunkel & Kratzer, 2016, S. 21).

al., 2010) legen nahe, dass hohe Zeit- und Leistungsanforderungen mit erzwungenen Qualitätseinbußen, Motivationsdefiziten und negativen gesundheitlichen Folgen verbunden sind. In der Diagnose von Dunkel, Kratzer und Menz (2010) erleben viele Arbeitnehmende angesichts unerfüllter Leistungsanforderungen ein Gefühl *permanenten Ungenügens*. In ihrer Studie stellen die Autoren fest, dass ein Scheitern an schwer erfüllbaren Zielvorgaben von den Beschäftigten selbst meist nicht als strukturell bedingt wahrgenommen wird. Vielmehr erleben sich viele Beschäftigte als unzulänglich und selbstverantwortlich (Peters, 2011; Verwoert, 2003). Folglich lässt sich beobachten, dass auftretende Belastungserfahrungen von den Arbeitenden tendenziell als ihr Druck gesehen und nicht nur hingenommen, sondern übernommen werden.

Mit Subjektivierung und Tertiarisierung geht auch eine Zunahme sozioemotionaler Arbeitsanforderungen durch *Interaktions-*[29] (Böhle, 2011; Böhle & Gläser, 2006) und *Emotionsarbeit*[30] (Hochschild, 1983, 1990; Zapf et al., 1999) einher. Emotionen und Interaktionen werden zum Gegenstand, zum Mittel und zur Bedingung des Arbeitshandelns in Dienstleistungsberufen (Dunkel, 1988). Der Doppelcharakter marktvermittelter, personenbezogener Dienstleistungsarbeit (Voswinkel, 2005) manifestiert sich im Arbeitsprozess u.a. in einem widersprüchlichen, konflikthaften Verhältnis von Kundenorientierung (Aufbau einer persönlichen, vertrauensvollen Beziehung) und Verkaufsorientierung (Steigerung der Unternehmensrendite durch den Verkauf von Gütern und Leistungen). Emotionale Dissonanzen sowie Rollen- und Wertekonflikte stellen typische Begleiterscheinungen von Emotions- und Interaktionsarbeit dar (Ashforth & Humphrey, 1993; Schaper, 2011; van Maanen & Kunda, 1989). Die Anforderungen sozioemotionaler Arbeit gestalten sich allerdings nicht per se negativ, sondern komplex und widersprüchlich. Einerseits wohnt Emotions- und Interaktionsarbeit ein Regelwerk inne, das den Betroffenen hilft, mit ihren Gefühlen kontrolliert und reflektiert umzugehen sowie die professionelle Gestaltung von heterogenen Interaktionen am Arbeitsplatz zu bewältigen. So kann Emotionsarbeit als Copingstrategie die kognitive Distanzierung von eigenen Gefühlen zur Aufrechterhaltung der emotionalen Balance ermöglichen (z.B. bei Ärzt/-innen und Pfleger/-innen im Umgang mit Ekelgefühlen; Smith & Kleinman, 1989). Nach Bogner und Wouters (1990)

---

[29] Das Konzept der „Interaktionsarbeit" fokussiert die sozialen Interaktionen personenbezogener Dienstleistungsarbeit und befasst sich mit unterschiedlichen, hierauf ausgerichteten Forschungsansätzen (Böhle, 2011; Ernst & Kopp, 2011).

[30] Hochschild (1983) beschreibt Emotionsarbeit als bezahlte Arbeit mit der Anforderung, bestimmte Emotionen – unabhängig von der eigenen Gefühlslage – nach außen zu zeigen: „The management of feeling to create a publicly observable facial and bodily display; emotional labor is sold for a wage and therefore has exchange value" (S. 7).

kann selbst das oberflächliche Darstellen von Emotionen durch ein Gefühl der Leistungserfüllung und Kontrolle sogar befriedigend und selbstwerterhöhend sein. Andererseits steigen die Ansprüche an Beschäftigte, Emotionen im Sinne einer professionellen Haltung möglichst authentisch und überzeugend zu verkörpern (Rastetter, 1999). Trotz ihrer hohen Bedeutung für das Arbeitshandeln in Dienstleistungsberufen zählt die Befähigung zur erfolgreichen Gestaltung sozialer Interaktionen allerdings immer noch zu den sozialen oder extrafunktionalen als zu den zentralen fachlichen Qualifikationen (Dunkel, 1988). Dies führt dazu, dass Emotionsarbeit in der Regel weder gesellschaftlich noch monetär berücksichtigt wird.

Mit der beschriebenen Individualisierung von Verantwortung nehmen die Anforderungen an die individuelle Fähigkeit zur Selbststeuerung und zum Selbstmanagement zu (Kastner, 2004). Beschäftigte sind in erhöhtem Maße gefordert, selbst zu entscheiden, wo, wann, wie lange und mit wem sie arbeiten (siehe Abb. 1). Sie sind angehalten, sich selbst Ziele zu setzen und den Sinn ihrer Arbeit für sich zu definieren. Neben der Fähigkeit zur Selbstregulation und -begrenzung gewinnt in der heutigen – durch die beschriebenen Transformationsprozesse faktisch deregulierten – Arbeitswelt die Entwicklung persönlicher Gesundheitskompetenz[31] an Bedeutung. Mit zunehmender Totalisierung der Arbeit (Meschnig, 2003) auf sämtliche Lebensbereiche verstärkt sich der Druck zur Selbstvermarktung des Individuums unter Nutzung aller verfügbarer individuellen Ressourcen (Pongratz, 2002). Dies schließt auch Gesundheit als „positive Lebensressource" (Kickbusch, 2006, S. 35) mit ein, welche – neben Zeit und Geld – zur notwendigen Voraussetzung des Bestehens in einer zunehmend wettbewerbsorientierten Lebens- und Arbeitswelt geworden ist (Kickbusch, 2006). In der heutigen „Gesundheitsgesellschaft" (Kickbusch, 2006) erfährt der Gesundheitsbegriff daher eine normative Deutung (Petzi & Kattwinkel, 2016). Die Auswirkungen der diskutierten Tendenzen für die Gestaltung der gegenwärtigen betrieblichen Gesundheitspolitik werden im Folgenden diskutiert.

---

[31] „Persönliche Gesundheitskompetenz" wird im Rahmen der vorliegenden Arbeit verstanden als Fähigkeit, sich mithilfe und innerhalb des eigenen sozialen Umfeldes gesundheitsbewusst zu verhalten und die gesellschaftliche, betriebliche und politische Umwelt so zu beeinflussen, dass eine gesunde Lebens- und Arbeitsweise möglich ist (Bundesamt für Gesundheit der Schweiz, 2006; Kickbusch, 2006).

2.3 Perspektiven und Herausforderungen der gegenwärtigen betrieblichen Gesundheitspolitik

Aus gewerkschaftlicher Perspektive weicht das Unternehmensziel, den Ansprüchen aller Interessengruppen (auch der Mitarbeitenden) gerecht zu werden (Stakeholder-Ansatz), einer zunehmenden Ausrichtung auf die wirtschaftlichen Ziele der Anteilseignenden im Rahmen einer *Shareholder-Value-Strategie* (Pickshaus & Urban, 2017). Sich rasch verändernde Marktanforderungen machen in der Logik vieler Organisationen permanente Reorganisations- und Restrukturierungsprozesse erforderlich (Kratzer & Dunkel, 2011). Auch wenn (noch) nicht von einer Erosion des Normalarbeitsverhältnisses gesprochen werden kann, verlangen Prekarisierung, Flexibilisierung und Entgrenzung in einigen Bereichen einen Wandel individueller Arbeits- und Lebensweisen. Die Verlagerung realer Marktbedingungen auf das Individuum befördert in vielen Fällen die gesundheitliche Selbstgefährdung. In der Tendenz steigen die Anforderungen an unternehmerisches Denken (Pongratz & Voß, 2003). Zudem lässt sich feststellen, dass bestehende Regelungen im Arbeits- und Gesundheitsschutz in erhöhtem Maße unterlaufen werden, um den steigenden Zeit- und Leistungsanforderungen zu genügen (Peters, 2011). Die gegenwärtig beobachtbaren Transformationsprozesse stellen bisherige Praktiken zur Gestaltung gesunder Arbeitsbedingungen in Frage. Ein besonderes Hindernis besteht darin, „dass diejenigen, um deren Gesundheit es geht, ein sie selbst gefährdendes Verhalten nicht nur in Kauf nehmen, sondern auch gegen Widerstände durchzusetzen versuchen" (Peters, 2011, S. 117). Nicht wenige Beschäftigte überschreiten dabei die Grenzen ihrer physischen und psychischen Leistungsfähigkeit.

Die betriebliche Gesundheitspolitik sieht sich derzeit vor der Herausforderung, diesen Entwicklungen zu begegnen. Einige Autor/-innen (u.a. Jürgens, 2010; Kratzer & Dunkel, 2011) attestieren angesichts der gegenwärtigen Situation eine prinzipielle Unvereinbarkeit von Humanisierung und Rationalisierung im flexiblen Gegenwartskapitalismus (Sennett, 1998). Aus Sicht von Kratzer und Dunkel (2011) stehen Arbeit und Gesundheit daher im Konflikt. Obwohl sich das Bestreben zur Gestaltung gesunder Arbeitsverhältnisse seit jeher in einem ambivalenten Verhältnis zwischen Rationalisierung und Humanisierung bewegt, scheint – so eine These der vorliegenden Arbeit – das Verhältnis zwischen Gesundheitsförderung und betrieblicher Leistungspolitik angesichts der gegenwärtig beobachtbaren Veränderungen ungleich komplexer und weniger durchschaubar geworden zu sein. Wenn betriebliche Herrschaftszusammenhänge zunehmend internalisiert werden, Regeln scheinbar eigenverantwortlich definiert werden (Voß & Pongratz, 1998) und Arbeitsverhältnisse zunehmend flexibilisiert werden, stellt sich die Frage, ob und wie betriebliche Strukturen und Arbeitsbedingungen (noch) reflektiert und bearbeitet werden können. Aus dieser Perspektive erweitert sich der Gegenstand der Arbeitswissenschaft um die Anforderung, das Verhältnis von Rationalisierung, Humanisierung *und* Subjektivierung angemessen zu gestalten.

Vor diesem Hintergrund stellt sich die Frage, ob sich das Spannungsfeld zwischen Rationalisierung, Humanisierung und Subjektivierung mithilfe der Betrieblichen Gesundheitsförderung (noch) bearbeiten lässt – oder ob eine Betriebliche Gesundheitsförderung zunehmend Gefahr läuft, zum Vehikel eines postfordistischen Arbeitsregimes zu werden. Denn wenn betriebliche Interessen als eigene Interessen definiert werden und bestehende Sicherheits- und Schutzstandards zur Bewältigung der Arbeitsanforderungen scheinbar absichtlich unterlaufen werden (Peters, 2011), gerät die Betriebliche Gesundheitsförderung in einen inneren Widerspruch. Eine Aufgabe der Arbeitswissenschaft besteht darin, diese Widersprüche aufzudecken und kritisch zu reflektieren, ob bzw. unter welchen Bedingungen die Betriebliche Gesundheitsförderung angesichts der gegenwärtigen Transformationsprozesse (noch) eine angemessene Interventionsform zur Gestaltung des Verhältnisses von Arbeit und Gesundheit darstellt.

Aus den beschriebenen Entwicklungen der Arbeitswelt sowie den daraus entstehenden Konfliktlinien zwischen Humanisierung und Subjektivierung ergeben sich aus Sicht der Verfasserin neuartige Anforderungen an eine gegenwärtige betriebliche Gesundheitspolitik. Nachfolgend werden vier Thesen zu den Perspektiven und Herausforderungen einer betrieblichen Gesundheitspolitik in Zeiten postfordistischer Arbeitsorganisation aufgestellt und diskutiert.

2.3.1 Konfligierende Arbeitsbedingungen als psychische Belastung

These 1: *Mit den beschriebenen Entwicklungen treten belastende Konstellationen konfligierender Arbeitsbedingungen an die Stelle monokausaler Einflüsse von Arbeit auf Gesundheit.* So erweisen sich nach traditionellen arbeitswissenschaftlichen Theorien (z.B. Greif, Bamberg & Semmer, 1991; Karasek & Theorell, 1990; Rohmert & Rutenfranz, 1975) als „gesundheitsförderlich" eingestufte Arbeitstätigkeiten nicht immer deckungsgleich mit dem Belastungserleben der Beschäftigten (Böhle et al., 1993; Moldaschl, 2001). Nach Moldaschl (2017) lassen sich Belastungen in geistigen, sozialen oder kreativen Tätigkeiten nicht länger auf einem eindimensionalen Kontinuum von „zu viel" oder „zu wenig" einordnen.

So können – im Gegensatz zu körperlichen Belastungen – psychische Belastungen in der gegenwärtigen Arbeitswelt nur in seltenen Fällen (wie z.B. Lärm) kausal auf singuläre Bedingungen zurückgeführt werden. Fast immer lassen sie sich erst kumulativ, in ihrem Zusammenwirken, beobachten und bewerten. Nach Moldaschl

(2017) sind psychische Belastungen in modernen Arbeitstätigkeiten in der Regel auf die prekären Verhältnisse von Aufgabenzielen, Bewältigungsressourcen und organisationalen Regeln zurückzuführen. Das untenstehende Beispiel aus der Beratungstätigkeit der Verfasserin[32] verdeutlicht, wie – für sich betrachtet wenig gesundheitskritische – Arbeitsanforderungen in Widerspruch geraten und auf diese Weise zu einer psychischen Belastung werden können.

---

[32] Die aufgeführten Belastungskonstellationen wurden im Rahmen eines Gesundheitszirkels mit Mitarbeitenden eines Versicherungsunternehmens erhoben.

Widersprüche zwischen...	Zielen	+	Ressourcen
	Den Rückstand abbauen...		... ohne über ausreichend (fachlich qualifiziertes) Personal und Zeit zu verfügen
	Voll qualifizierte Nachwuchskräfte ausbilden...		... aber im Tagesgeschäft nicht genügend Zeit für Einarbeitung und Erklärungen haben

Widersprüche zwischen...	Zielen	+	Regeln
	Den Rückstand abbauen...		... und jederzeit für Anfragen von Kund/-innen und Vertreter/-innen erreichbar sein

Widersprüche zwischen...	Regeln	+	Ressourcen
	Jeden Anruf beantworten...		... ohne über ausreichend (fachlich qualifiziertes) Personal und Zeit zu verfügen

Widersprüche zwischen...	Zielen	+	Erwartungen
	Auszubildenden die nötige Erfahrung in der Erarbeitung komplexer Fälle ermöglichen...		... und alle Fälle schnell abarbeiten
	Jeden Anruf (auch „fremder" Kunden) entgegennehmen...		... und dem Kunden kompetent weiterhelfen

Widersprüche zwischen...	Regeln	+	Regeln
	Aufträge dem Eingang nach abarbeiten...		... aber dringende Fälle sofort bearbeiten

Abb. 2: *Widersprüchliche Arbeitsanforderungen am Beispiel eines Versicherungsunternehmens*

Das Beispiel aus dem Gesundheitszirkel[33] illustriert, warum Handlungsspielräume zugleich als Anforderungen zu verstehen sind. Es zeigt, wie qualifizierte, verantwortungsvolle und anforderungsvielfältige Tätigkeiten in einer ergonomisch optimal gestalteten Arbeitsumgebung zu einer Belastung werden können. Psychische Belastungen definieren sich folglich *auch* als „Widersprüche zwischen Hand-

---

[33] Für eine Erläuterung der Methodik des Gesundheitszirkels sei auf die Arbeit von Friczewski (2017) verwiesen.

lungsanforderungen und Handlungsmöglichkeiten" (Moldaschl, 2010, S. 87). Sie entstehen vor allem dann, wenn den arbeitenden Menschen die Möglichkeit fehlt, ihre eigenen Arbeitsbedingungen zu gestalten („workers control"; Moldaschl, 1991, S. 55).[34]

2.3.2 Dialogorientierte Erfassung psychischer Belastungen

These 2: *Eine Erfassung und Beurteilung psychischer Belastungen kann folglich nur im Austausch über komplexe Arbeits- und Lebenssituationen mit den betroffenen Individuen erfolgen.* Wenn psychische Belastungen in der gegenwärtigen Arbeitswelt vor allem ein Produkt konfligierender Arbeitsbedingungen darstellen, erfordert die Erarbeitung kreativer und konkreter Lösungsmöglichkeiten zunächst eine Exploration des Arbeitskontexts und der vorhandenen Konstellationen von Zielen, Regeln und Ressourcen. Diese kann jedoch nur im Diskurs mit den Beschäftigten, z.b. im Rahmen von Gesundheitszirkeln, und nicht (mehr) mittels standardisierter Messinstrumente erfolgen. Erscheint die Ermittlung körperlicher Belastungen anhand von Messdaten und Grenzwerten noch vergleichsweise einfach, erweist sich die Erhebung und Beurteilung psychischer Belastungen (und Beanspruchungen) als ungleich schwerer. Widerspruchskonstellationen erschließen sich erst im Dialog. Eine Erhebung und Beurteilung psychischer Belastungen kann demzufolge nur im Austausch und in der gegenseitigen Verständigung über komplexe Arbeits- und Lebenssituationen sowie die damit verbundenen Interessenkonflikte und Widersprüche realisiert werden.[35] So ist die Feststellung, dass die Beschäftigten einer Abteilung unter Zeitdruck stehen, für sich genommen keine Erkenntnis. Vielmehr erscheint es erforderlich, die konkreten Ursachen- und Formenkonstellationen sowie Wirkungsweisen des Zeitdrucks zu reflektieren (Kratzer, 2016). Die Zielsetzung einer betrieblichen Gesundheitspolitik sollte folglich (auch) in der Etablierung einer balanceorientierten Leistungspolitik (Kratzer, Menz & Pangert, 2015) bestehen, die das Verhältnis von Anforderungen und Ressourcen zum Gegenstand gesundheitsförderlicher Arbeitsgestaltung macht und auf die Ge-

---

[34] Moldaschl (1991) verweist in diesem Zusammenhang auf die in der Labour Process Theory (Knights & Willmott, 1990) vorgenommene Unterscheidung zwischen „job control" (Entscheidungsmöglichkeiten *in* der Arbeit) und „workers' control" (Kontrolle *über* die eigenen Arbeitsbedingungen). Letztere bezeichnet das Ausmaß des individuellen und kollektiven Einflusses auf Maßnahmen betrieblicher Arbeits- und Personalpolitik (Moldaschl, 2005).

[35] Diese Feststellung schließt die Anwendung quantitativer Methoden nicht vollständig aus. Für eine Ergründung komplexer Arbeits- und Lebenssituationen erscheint jedoch der Einsatz qualitativer Vorgehensweisen erforderlich.

währung flexibel nutzbarer echter Autonomien im Sinne einer „workers' control" hinwirkt.

2.3.3 Persönliche und betriebliche Gesundheitskompetenz

These 3: *Beschäftigte und Organisationen sind zunehmend angehalten, aktiv Verantwortung für die eigene Gesundheit zu übernehmen.* Indirekte Steuerungsmechanismen haben weitreichende Konsequenzen für die Gestaltung von Arbeitsbedingungen. Die Beobachtung, dass Beschäftigte gesetzliche Regelungen zum Arbeits- und Gesundheitsschutz zunehmend „freiwillig" unterlaufen („interessierte Selbstgefährdung"; Peters, 2011), verdeutlicht, dass Arbeitsbedingungen nicht (nur) durch außenstehende Expert/-innen gestaltet werden können. In der Diagnose von Fiehler, Sauer und Seiß (2010) kommt die Definition und Durchsetzung gesunder Arbeitsbedingungen vor allem den individuellen Beschäftigten zu.

Folglich liegt es vor allem an den arbeitenden Menschen selbst, gesundheitliche Ressourcen und Belastungen am Arbeitsplatz zu erkennen, mit den betrieblichen Fachkräften adäquate Lösungen im Umgang zu entwickeln und Arbeitsbedingungen so zu gestalten, dass eine gesunde Arbeits- und Lebensweise möglich ist. Die Wahrnehmung von Verantwortung für die eigene und die Gesundheit der Kolleg/-innen stellt hohe Anforderungen an die Fähigkeiten der Beschäftigten. Kickbusch, Maag und Saan (2005) beschreiben diese Fähigkeiten unter Rekurs auf die Ottawa-Charta[36] (WHO, 1986) im normativen Konzept der *persönlichen Gesundheitskompetenz*. Gesundheitskompetenz definieren die Autorinnen und der Autor als

> the ability to make sound health decision [sic!] in the context of every day life – at home, in the community, at the workplace, the health care system, the market place and the political arena. (Kickbusch, Maag & Saan, 2005, S. 10)

Bezogen auf den Arbeitsplatz umfasst Gesundheitskompetenz daher nicht nur die Fähigkeit zu einer nachhaltigen Selbstsorge in Bezug auf die Tätigkeit, die eigene Person und die Reproduktionssphäre. Das Konzept schließt ebenso die Fähigkeit zur aktiven Gestaltung und Mitwirkung an gesundheitsrelevanten Entscheidungsprozessen im Betrieb ein. Die Entwicklung von Gesundheitskompetenz im

---

[36] Bereits in der Ottawa-Charta (WHO, 1986) heißt es: „Gesundheitsförderung zielt auf einen Prozess, allen Menschen ein höheres Maß an Selbstbestimmung über ihre Gesundheit zu ermöglichen und sie damit zur Stärkung ihrer Gesundheit zu befähigen. Um ein umfassendes körperliches, seelisches und soziales Wohlbefinden zu erlangen, ist es notwendig, dass sowohl einzelne als auch Gruppen ihre Bedürfnisse befriedigen, ihre Wünsche und Hoffnungen wahrnehmen und verwirklichen sowie ihre Umwelt meistern bzw. verändern können" (S. 1).

Sinne einer prospektiven Verantwortungsübernahme ist voraussetzungsvoll (Sommerhalder & Abel, 2007). Sie umfasst neben gesundheitsrelevantem Wissen vor allem die Fähigkeit zur Selbstorganisation (Hoffmann, 2010; Kickbusch & Maag, 2008; Kriegesmann et al., 2005; Nutbeam, 2000, 2008).

Eine Mitwirkung der Beschäftigten an gesundheitsrelevanten Entscheidungsprozessen setzt seitens der Organisation eine Schaffung von Handlungsmöglichkeiten, Voraussetzungen und Rahmenbedingungen zur partizipativen Gestaltung gesundheitsförderlicher Arbeitsbedingungen voraus. Nitsche und Reszies (2014) integrieren diese Überlegungen in das Konzept der *organisationalen Gesundheitskompetenz*. Gemeint ist hiermit die „Kompetenz eines Unternehmens, die Gesundheit der Beschäftigten zu erhalten und zu fördern und die die Gesundheit beeinflussenden physischen als auch psychischen Fehlbeanspruchungen zu vermeiden" (Nitsche & Reszies, 2014, S. 175). Aus Sicht der Autorinnen zählen hierzu neben dem Wissen und den Fähigkeiten der Beschäftigten zur Partizipation an gesundheitsorientierten Dialogprozessen (*Können*) vor allem die Bereitschaft der Unternehmensleitung und der Führungskräfte, gesundheitlich relevante Entscheidungen zu treffen (*Wollen*) sowie die Bereitstellung von Handlungs- und Entscheidungsfreiheiten zur Gestaltung gesundheitsförderlicher Arbeitsbedingungen (*Dürfen*). Aus Sicht der Verfasserin greift dieses Konzept jedoch zu kurz, da es die Komponenten „Können" und „Wollen" in erster Linie auf einer individuellen Ebene verortet. Eine Neudefinition des Konzepts sollte überindividuelle Aspekte der Kompetenz zur Gesunderhaltung und -förderung konzeptionell integrieren. Hierzu zählt beispielsweise das organisationale Wissen darüber, wie eine Dialog-Kultur (Friczewski, 2010, S. 155) entstehen kann, die das Wissen der Beschäftigten über die gesundheitlichen Auswirkungen ihrer Arbeit nutzbar macht.

2.3.4 Neudefinition professioneller Rollen und Instrumente

These 4: Um die neuen Aufgaben und Handlungsfelder angemessen zu bewältigen, ist eine umfassende Neuausrichtung und -definition der professionellen Rollen und Instrumente der Betrieblichen Gesundheitsförderung erforderlich. Wie zuvor erörtert, wird angenommen, dass die Maßnahmen der Betrieblichen Gesundheitsförderung unter indirekter Steuerung zunehmend an Wirkkraft verlieren. Mit der Übertragung von unternehmerischer Verantwortung auf die Beschäftigten geht eine Individualisierung der Einhaltung der Regelungen zum Arbeits- und Gesundheitsschutz einher. Tradierte Auffassungen (u.a. Deutsche Gesetzliche Unfallversicherung, 2012), wie z.B. die monokausale Betrachtung von Gesundheitsschäden, reaktiv von Gefahren abgeleitete Maßnahmenkonzepte, Problemfindung durch Beobachtung von außen, der Arbeitnehmende als Schutzobjekt, die Orientierung am Durchschnittsmenschen und schließlich die Überzeugung, dass die Berücksichtigung aller Regelwerke zu Sicherheit führe, sind angesichts der vorgestellten Erkenntnisse als überholt zu bewerten. Gleichzeitig wird der Auftrag, in allen Fragen des Arbeits- und Gesundheitsschutzes zu beraten, durch deregulierte Rechtsvorschriften, welche lediglich Schutzziele vorgeben, zukünftig wesentlich zunehmen. Bestehende professionelle Rollendefinitionen und Instrumente der Erfassung von Ressourcen und Belastungen bedürfen vor diesem Hintergrund einer eine umfassenden Neuausrichtung und -definition. Angesichts der gegenwärtigen Transformationsprozesse erscheinen die bisher praktizierten klassischen Maßnahmen zur Verhütung von Unfällen und Berufskrankheiten oder zur Überprüfung der Einhaltung von Vorschriften nicht mehr zielführend. Dies gilt ebenso für das in der Gesundheitsförderung verbreitete Anliegen, Beschäftigte zu einem gesünderen Lebensstil zu motivieren. Aus Sicht der Verfasserin steht weniger die Umsetzung von punktuellen Einzelmaßnahmen, sondern die Organisation als Ganzes im Fokus der Gestaltung gesunder Arbeitsbedingungen. Die Realisierung von Gesundheit im Betrieb ist nach dieser Auffassung als eine Querschnittsaufgabe und als Anliegen aller betrieblichen Akteure zu begreifen. Nach Larisch, Ritter und Müller (2010) zeichnet sich eine gesundheitsförderliche Organisation nicht durch eine perfekte Befolgung sämtlicher gesetzlicher Vorgaben aus. Vielmehr legt ein Verständnis von Gesundheit als permanente Weiterentwicklung und Erhalt der Handlungsfähigkeit (Ducki & Greiner, 1992; siehe Kap. 2.1) nahe, dass die Berücksichtigung aller Regelwerke allein nicht ausreicht. Die Gestaltung gesunder Arbeitsbedingungen ist daher nicht ausschließlich aus Perspektive der Erfüllung gesetzlicher Pflichten zu betrachten.

Wenn betriebliche Herrschaftszusammenhänge zunehmend internalisiert werden, Regeln scheinbar eigenverantwortlich definiert werden (Voß & Pongratz, 1998) und Arbeitsverhältnisse zunehmend flexibilisiert werden, stellt sich die Frage, ob und wie betriebliche Strukturen und Arbeitsbedingungen (noch) reflektiert und bearbeitet werden können. Eine Aufgabe der Arbeitswissenschaft wird in diesem Zusammenhang darin gesehen, kritisch zu reflektieren, ob bzw. unter welchen Bedingungen die Betriebliche Gesundheitsförderung angesichts der gegenwärtigen Transformationsprozesse (noch) eine angemessene Interventionsform zur Gestaltung des Verhältnisses von Arbeit und Gesundheit darstellt. Es ist zu vermuten, dass dem konzertierten Zusammenwirken aller gesellschaftlichen Akteure im Sinne einer *arbeitsweltbezogenen Gesundheitsförderung* (Faller, 2017b) zukünftig eine bedeutsamere Rolle für die Verwirklichung eines ausgewogenen Verhältnisses von Arbeit und Gesundheit zukommen wird.

2.4 Zusammenfassung

Der wechselseitige Einfluss von Arbeit und Gesundheit ist ein gut etablierter arbeitswissenschaftlicher Forschungsgegenstand. Gesundheit ist nach Auffassung der vorliegenden Arbeit als Resultat einer produktiven Auseinandersetzung mit den eigenen inneren und äußeren Anforderungen (Hurrelmann & Franzkowiak, 2011) zu begreifen. In der Arbeitsgesellschaft des 21. Jahrhunderts stellt Arbeit für viele Menschen eine wichtige Quelle der Sinnstiftung dar. Aktuelle Belastungsdiskurse rekurrieren auf gesellschaftliche Transformationsprozesse von Arbeit als eine zentrale Ursache psychischer und physischer Erkrankungen. So lässt sich feststellen, dass eine Verlagerung von Marktbedingungen auf das Individuum die gesundheitliche Selbstgefährdung tendenziell befördert. Umstrukturierung und Reorganisation sind in der heutigen Arbeitswelt zu einem Normalzustand geworden. Prekarisierung, Flexibilisierung und Entgrenzung gehen mit einem Wandel individueller Arbeits- und Lebensweisen einher. Widersprüchliche Arbeitsanforderungen sowie Emotions- und Interaktionsarbeit werden mit einer Zunahme psychischen Belastungen in Verbindung gebracht. Belastende Konstellationen konfligierender Arbeitsbedingungen treten an die Stelle monokausaler Einflüsse von Arbeit auf Gesundheit.

Eine gesundheitsförderliche Gestaltung von Arbeitsbedingungen kann unter diesen veränderten Bedingungen zunehmend weniger durch externe Expert/-innen gesteuert werden. Während die Vermeidung von Unfällen und Berufskrankheiten besonders im produzierenden Sektor lange im Fokus betrieblicher Gesundheitspolitik stand (Badura, Walter & Hehlmann, 2010), besteht die Anforderung heute vor allem darin, in kollektiven Lern- und Reflexionsprozessen ein gemeinsames Verständnis der Zusammenhänge von Arbeit und Gesundheit zu entwickeln und auf den eigenen Handlungsrahmen zu übertragen (Pieck, 2013). Um die neuen Aufgaben und Handlungsfelder angemessen zu bewältigen, erscheint eine umfassende Neuausrichtung und -definition der professionellen Rollen und Instrumente der Betrieblichen Gesundheitsförderung erforderlich.

3 Gesundheitsfördernde Organisationsentwicklung

Die Betriebliche Gesundheitsförderung begründet sich vor allem in dem in der Ottawa-Charta (WHO, 1986) kodifizierten politischen Programm der Gesundheitsförderung, welches im Wesentlichen auf die Beeinflussung der gesellschaftlichen Bedingungen von Gesundheit zielt. Organisationen werden aus dieser Perspektive als wesentliches Setting (Rosenbrock & Hartung, 2011) gesehen, dessen Strukturen und Prozesse es in Richtung gesunder Arbeitsbedingungen zu entwickeln gilt.

Im Hinblick auf die Frage, wie ein solcher Organisationsentwicklungsprozess[37] initiiert und gestaltet werden kann, existiert eine kaum noch zu überblickende Anzahl an Lehrbüchern (z.b. Bamberg & Ducki, 2011; Faller, 2017; Uhle & Treyer, 2015; Ulich & Wülser, 2015), Handlungsleitfäden (z.B. Badura, Ritter & Scherf, 1999; Badura, Walter & Hehlmann, 2010; Grossmann & Scala, 1994, 2011; INQA, 2014; Westermayer & Stein, 2006) sowie Fallstudien (z.b. Lenhardt, Rosenbrock & Elkeles, 1996; Pieck, 2013; Rimbach, 2013). Allen Konzepten gemeinsam ist die Etablierung von Handlungs- und Entscheidungsstrukturen sowie die Durchführung von beteiligungsorientierten Prozessen der Analyse, Umsetzung und Evaluation von Maßnahmen zur gesundheitsförderlichen Arbeitsgestaltung. Im Folgenden werden zwei für die vorliegende Arbeit zentrale Quellen näher vorgestellt.

Einen signifikanten Bezugspunkt bildet die mehrfach aufgelegte Publikation „Gesundheit durch Projekte fördern" von *Grossmann und Scala* (1994, 2011). Im Gegensatz zu vielen anderen praxisorientierten Arbeiten zeichnet sie sich durch eine theoretisch-konzeptionelle Zusammenführung von Gesundheitsförderung und Organisationsentwicklung aus. Den Autoren geht es um die Beantwortung der Frage, unter welchen Bedingungen Organisationen als soziale Systeme in Richtung einer Gesundheitsförderung entwickelt werden können. Sie beziehen sich in ihrer Arbeit auf unterschiedliche sozialwissenschaftliche Ansätze, u.a. soziologische Systemtheorie, systemische Organisationsberatung, Aktionsforschung sowie gruppendynamische Erkenntnisse. Diese Perspektiven bilden einen Bezugsrahmen für ein praxisorientiertes Konzept zur Gesundheitsförderung durch Organisationsentwicklung und Projektmanagement. Eine Stärke der Arbeit besteht in der – häufig vernachlässigten – Kombination von theoretischen sozialwissenschaftlichen An-

---

[37] Die bereits an dieser Stelle aufkommende Frage, ob Veränderungsprozesse in Organisationen – wie es der gesundheitswissenschaftliche Diskurs vielfach suggeriert – *ausschließlich* durch eine (externe) Organisationsentwicklung bzw. -beratung herbeigeführt werden können, wird in Kap. 4.2.1 weiter verfolgt.

sätzen mit der sozialen Praxis der Betrieblichen Gesundheitsförderung. Die Autoren stellen auf reflektierte Weise dar, welchen Einfluss Organisationen auf die Gesundheit ihrer Mitglieder ausüben. Ausgehend von einer systemtheoretischen Betrachtung von Organisationen arbeiten sie heraus, warum Gesundheitsförderung eine Intervention in soziale Systeme darstellt. Auf dieser Grundlage leiten Grossmann und Scala (1994, 2001) ab, welche Anschlussmöglichkeiten für eine Betriebliche Gesundheitsförderung bestehen. Bei dem von den Autoren vorgestellten Umsetzungskonzept handelt sich jedoch eher um ein erfahrungsbasiert entwickeltes als um ein theoretisch begründetes oder empirisch fundiertes Vorgehen. Die theoretischen Bezüge werden meist nicht expliziert, sondern fließen implizit in die gegebenen Handlungsempfehlungen ein. Die Auseinandersetzung mit der Bedeutung von organisationalem Lernen für den Organisationsentwicklungsprozess verbleibt auf der Oberfläche. Es wird lediglich auf das normative Postulat von Senge (1990) verwiesen, „dass besonders jene Organisationen, die gelernt haben, [...] erfolgreich sein werden" (Grossmann & Scala, 1994, S. 54). Die vorliegende Arbeit greift die – im Kern wertvollen – Überlegungen von Grossmann und Scala (1994, 2011) zwar an einigen Stellen auf, unterlegt sie jedoch mit den im Rahmen des Forschungsprojekts gemachten empirischen wie theoretischen Erkenntnissen.

Einen weiteren Bezugspunkt bildet das Konzept der gesundheitsfördernden Organisationsentwicklung[38] von *Faller*, welches unter anderem in dem von ihr herausgegebenen Lehrbuch „Betriebliche Gesundheitsförderung" (Faller, 2010, 2017b) beschrieben wird. Demnach zielt gesundheitsfördernde Organisationsentwicklung auf eine „Veränderung interner Strukturen, Prozesse und Kommunikationsroutinen unter Beteiligung aller betrieblichen Bereiche und Ebenen" (Faller, 2010, S. 30). Das Konzept der gesundheitsfördernden Organisationsentwicklung erweitert den projektorientierten Ansatz von Grossmann und Scala (1994, 2001) um den Gedanken der systematischen Initiierung diskursiver, organisationsübergreifender Prozesse, welche zu einer nachhaltigen Realisierung von Betrieblicher Gesundheitsförderung beitragen sollen. Die Einbeziehung der Organisationsmitglieder soll in diskursiven „Top-Down" und „Bottom-Up" Prozessen erfolgen. Nach Faller (2017b) ermöglicht dieses Vorgehen, unterschiedliche Interessen und Bedürfnisse in Einklang zu bringen – wenngleich auch sie die Frage nach der Vereinbarkeit von Betriebs- und Beschäftigteninteressen kritisch reflektiert. Ebenso wie die Arbeit von Grossmann und Scala (1994, 2001) integriert das Konzept von Faller (2017b) Erkenntnisse aus der systemischen Organisationsentwicklung (z.B. Wimmer, 1999). Ein wesentlicher Beitrag besteht in der Darstellung von Überle-

---

[38] Für eine ausführlichere Beschreibung des Konzepts sei auf die Publikationen von Faller (2017b) sowie Pieck (2013, 2017) verwiesen.

gungen zur Steuerbarkeit gesundheitsfördernder Entwicklungsprozesse. Es wird reflektiert, inwiefern Lerntheorien, Organisationskulturtheorien, systemtheoretische Ansätze sowie mikropolitische Ansätze eine Weiterentwicklung von Betrieblicher Gesundheitsförderung voranbringen können. Faller (2017b) zeigt in diesem Zusammenhang zwar Impulse für die Theorieentwicklung in der Betrieblichen Gesundheitsförderung auf, verfolgt diese jedoch nicht weiter. So wird die Bedeutsamkeit lerntheoretischer Ansätze zur Weiterentwicklung von gesundheitsfördernder Organisationsentwicklung zwar betont, jedoch nicht differenzierter betrachtet oder in anderen Publikationen aufgegriffen. Die vorliegende Arbeit schließt diese Lücke, indem sie lerntheoretische Aspekte auf das Konzept der gesundheitsfördernden Organisationsentwicklung bezieht (siehe Kap. 5). Gleichzeitig werden die in den Arbeiten von Faller (2017b) sowie Grossmann und Scala (1994, 2001) nur fragmentarisch benannten organisationstheoretischen Anklänge näher expliziert und um eine strukturationstheoretische Perspektive ergänzt (siehe Kap. 4). Das Konzept der gesundheitsfördernden Organisationsentwicklung dient der empirischen Studie als Vorgehensmodell, weil es aus Sicht der Verfasserin die in Kap. 2 angestellten Überlegungen zu den Realisierungsmöglichkeiten Betrieblicher Gesundheitsförderung vor dem Hintergrund gegenwärtiger Transformationsprozesse von Arbeit integriert. Insbesondere die Betonung diskursiver Prozesse auf allen Organisationsebenen erweist sich als anschlussfähig zu der These, dass die Erfassung und Beurteilung von Arbeitsbedingungen in Zeiten postfordistischer Arbeitsorganisation tendenziell nur dialogorientiert erfolgen kann (Kap. 2.3.2). Um einen Eindruck des Konzepts gesundheitsfördernder Organisationsentwicklung zu vermitteln, werden Organisationsformen (3.1), Rollen und Strukturen (3.2) sowie Prozesse (3.3) gesundheitsfördernder Organisationsentwicklung nachfolgend beschrieben. Hierbei ist zu beachten, dass die dargestellten Ansätze idealtypische Vorgehensweisen abbilden. Neben den genannten Publikationen werden zur Beschreibung weitere einschlägige Arbeiten (vor allem Pieck, 2012, 2013, 2017 und Rimbach, 2013) hinzugezogen.[39]

3.1 Projektorganisation

Die Realisierung von gesundheitsfördernder Organisationsentwicklung erfolgt in der Regel in Form von Projekten. Nach Grossmann und Scala (1994) stellen Projekte als Instrumente des geplanten organisatorischen Wandels eine adäquate Organisationsform zur Bewältigung komplexer team- und abteilungsübergreifen-

---

[39] In Kap. 7.2 wird das Konzept der gesundheitsfördernden Organisationsentwicklung anhand des Projekts „Betriebliche Gesundheitsförderung in der Feuerwehr" illustriert.

der Aufgaben dar. Die Autoren schreiben Projekten eine doppelte Funktion zu, welche einerseits in der Erfüllung einer spezifischen Aufgabe besteht. Andererseits wird mit einem Projekt ein neues soziales System in der Organisation eingeführt. Im Vordergrund des Projektansatzes steht die Etablierung von Kommunikations- und Arbeitszusammenhängen, welche den beteiligten Akteuren erlauben, neue Erfahrungen zu machen und praxisbezogene Kompetenzen aufzubauen (Grossmann & Scala, 1994). Ein zentrales Prinzip gesundheitsfördernder Organisationsentwicklung besteht in der Herstellung von vertikaler und horizontaler Vernetzung zwischen Abteilungen, hierarchischen Ebenen, Beschäftigten und Entscheidungsträger/-innen. Hierdurch sollen sich neue Erfahrungen und Möglichkeiten der Zusammenarbeit eröffnen, die in den Routinen der etablierten Alltagsorganisation meist nicht realisiert werden können. Badura et al. (2013) vertreten die These, dass eine Organisation ihr soziales Kapital hierdurch auf andere Weise nutzen kann. Aus organisationskulturtheoretischer Perspektive (u.a. Schein, 1986) werden mit der Einführung einer Projektorganisation neue Werte, Normen und Grundannahmen transportiert, welche wiederum die Kultur einer Organisation prägen. Nicht selten wird in Organisationsentwicklungsprojekten festgestellt, dass die auf System*veränderung* zielende Projektorganisation und die dem System*erhalt* dienende hierarchische Organisationsstruktur in einen Widerspruch geraten (Baumgartner et al., 2004; Schiersmann & Thiel, 2014). Um die Spannung zwischen Projektorganisation und traditionell-hierarchischer Organisationsstruktur produktiv nutzen zu können, bedarf es aus Sicht von Grossmann und Scala (1994) einer eigenständigen, stabilen Arbeitskultur bei gleichzeitiger Aufrechterhaltung der Verbindung zur Stammorganisation. Allerdings präzisieren die Autoren nicht, wodurch sich diese Arbeitskultur konkret auszeichnet.[40]

Aus einer systemtheoretischen Betrachtungsweise (siehe Kap. 4.2.1) sind Organisationen nicht von sich aus in der Lage, eine neuartige Projektstruktur zu etablieren. Daher wird die Begleitung durch eine externe Organisationsberatung vielfach als essentieller Baustein für die Realisierung Betrieblicher Gesundheitsförderung erachtet (u.a. Grossmann & Scala, 1994; Pieck, 2012, 2013, 2017; Rimbach, 2013). Aus Sicht von Pieck (2017) kann Betriebliche Gesundheitsförderung jedoch nicht gänzlich ausgelagert werden, da die Aushandlung von Zielen, die Beurteilung von Ressourcen und Belastungen sowie die Erarbeitung von Maßnahmen weiterhin bei den betroffenen Akteuren liegt. Organisationsberater/-innen stellen nach diesem Verständnis keine fertig ausgearbeiteten Konzepte zur Verfügung (Schein, 2003). Ihre Professionalität zeigt sich in der bewussten Initiierung und Gestaltung

---

[40] Aus Sicht der Verfasserin erscheint es für eine Weiterentwicklung und Professionalisierung von Betrieblicher Gesundheitsförderung unbedingt lohnenswert, dieser Frage nachzugehen.

von Veränderungsprozessen in und von Organisationen. Die Nachhaltigkeit von gesundheitsfördernder Organisationsentwicklung misst sich somit an der Fähigkeit einer Organisation, auch nach dem Projektende Arbeitsbedingungen gesundheitsförderlich zu gestalten.

3.2 Rollen und Strukturen

Nach Pieck (2017) besteht ein zentraler Wirkfaktor von Projekten in der Etablierung von Rollen und Strukturen, welche den Organisationsmitgliedern eine Reflexion und Verarbeitung der im Projekt durchgeführten Interventionen außerhalb des Tagesgeschäfts ermöglichen. In ihren Ausführungen zum Umsetzungsprozess gesundheitsfördernder Organisationsentwicklung beschreibt sie, welche Strukturen und Rollen von zentraler Bedeutung für das Gelingen eines Projekts sind. Neben der Entwicklung von Steuerungs- und Entscheidungsstrukturen (Strategieebene) bedarf es aus Sicht von Pieck (2017) auf der operativen Ebene einer funktionierenden Projektkoordination sowie einer systematischen Verknüpfung von Erfahrungen und Kenntnissen durch die aktive Beteiligung von Beschäftigten und Führungskräften. Die Vorgehensweise entspricht der in der Gesundheitsförderung verbreiteten partizipativen Orientierung. Nach Faller (2010) wird gesundheitsfördernde Organisationsentwicklung wirksam, wenn „es gelingt, Betroffene in die Mitgestaltung der für sie maßgeblichen Rahmenbedingungen einzubeziehen und neue Kommunikationsprozesse zu initiieren" (S. 24). Eine aktive Beteiligung an Veränderungsprozessen erfordert jedoch die Annahme neuer professioneller Rollen und die zur Bewältigung neuer Aufgaben notwendigen Fähigkeiten. Gesundheitsfördernde Organisationsentwicklung kommt demnach nicht ohne eine Personalentwicklung und ein Rollenlernen (Wattendorff, 1999) der beteiligten Akteure aus. Im Folgenden wird dargelegt, welche Projektrollen und -strukturen in der einschlägigen Literatur zur gesundheitsfördernden Organisationsentwicklung idealtypisch definiert werden.

Die *Projektkoordination* stellt nach Rimbach (2013) ein Bindeglied zwischen Unternehmensleitung, Steuerungsgruppe, Arbeitsgruppen sowie den Führungskräften und Beschäftigten unterschiedlicher Organisationsbereiche dar. Zur Koordination der Aktivitäten im Projekt steht sie in regelmäßigem Arbeitskontakt mit den beteiligten Akteuren. Weitere Aufgaben bestehen in der Beratung in Fragen des Arbeits- und Gesundheitsschutzes sowie in der Vernetzung und Öffentlichkeitsarbeit. Neben der Fähigkeit, ein Projekt zu koordinieren erfordert die Tätigkeit in der Projektkoordination ausgeprägte Kommunikations- und Kooperationskompetenzen (Rimbach, 2013).

Die Projektkoordination wird auf der operativen Ebene in der Regel durch interne *Prozessbegleiter/-innen* unterstützt (Pieck, 2012). Die Prozessbegleitung setzt sich aus interessierten Beschäftigten und Führungskräften zusammen. Prozessbegleiter/-innen sollen einerseits als Promotoren der Betrieblichen Gesundheitsförderung fungieren, andererseits besteht ihre Aufgabe in der Rückkopplung der Stimmen aus der Belegschaft an die Steuerungsgruppe. Sie sollen auf kollegialer Ebene in Fragen des Arbeits- und Gesundheitsschutzes beraten. Eine weitere Aufgabe der Prozessbegleitung besteht in der Moderation von Arbeitsgruppen, welche sich mit den im Projekt anfallenden Themen beschäftigen. Damit die Prozessbegleitung diesen Aufgaben gerecht werden kann, sollte eine Qualifizierung nach Schröder und Pieck (2017) neben Moderationskompetenzen auch Wissen über die Zusammenhänge von Arbeit und Gesundheit vermitteln.

Die Steuerung und Planung eines Projekts zur gesundheitsfördernden Organisationsentwicklung wird in den meisten Konzepten durch ein eigens hierfür installiertes Gremium realisiert (u.a. Grossmann & Scala, 1994; Pieck, 2017; Rimbach, 2013). Die *Steuerungsgruppe* koordiniert die Institutionalisierung, Gestaltung und Weiterentwicklung gesundheitsfördernder Organisationsentwicklung im Betrieb (Rimbach, 2013). Sie setzt sich zusammen aus der Unternehmensleitung, den betrieblichen Interessenvertretungen, den Fachkräften (u.a. Arbeitssicherheit, Betriebsärztlicher Dienst, Organisationsentwicklung, Personalmanagement, Sucht- und Sozialberatung) sowie den Prozessbegleiter/-innen als Vertretungen der Beschäftigten und Führungskräfte. Bei Bedarf können weitere Expert/-innen hinzugezogen werden. Die Moderation und Vorbereitung der Sitzungen der Steuerungsgruppe obliegt in der Regel der Projektkoordination. Die Steuerungsgruppe tagt in regelmäßigen Abständen. Ihr Aufgabenspektrum umfasst zu Beginn des Projekts die Definition der Projektziele, die Erarbeitung eines gemeinsamen Vorgehens sowie die Bereitstellung von Ressourcen (Pieck, 2012). Im Projektverlauf soll sie vor allem die Umsetzung und Evaluation der Maßnahmen begleiten, projektrelevante Entscheidungen treffen und den Informationsfluss koordinieren. Abb. 3 illustriert beispielhaft die beschriebenen Rollen und Strukturen gesundheitsfördernder Organisationsentwicklung.

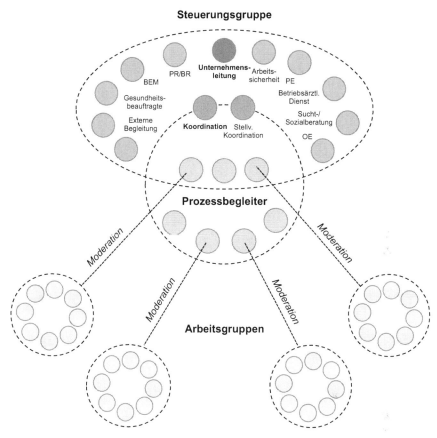

Abb. 3: *Rollen und Strukturen gesundheitsfördernder Organisationsentwicklung (Beispiel)*

3.3 Prozesse

Pieck (2017) differenziert zwischen Kern- und Supportprozessen gesundheitsfördernder Organisationsentwicklung. Ihr idealtypisches Vorgehensmodell (siehe Abb. 4) gliedert sich in eine Sensibilisierungs- und Konzeptions- sowie eine Durchführungsphase (Kernprozess), welche von sogenannten „Supportprozessen" flankiert wird. Die konkrete Ausgestaltung und Schwerpunktsetzung der einzelnen Prozessphasen findet in Abhängigkeit der jeweiligen organisationalen Rahmenbedingungen statt.

3 Gesundheitsfördernde Organisationsentwicklung

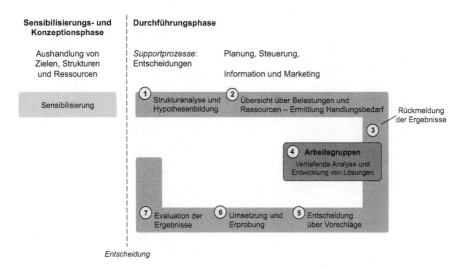

Abb. 4: *Kern- und Supportprozesse gesundheitsfördernder Organisationsentwicklung (in Anlehnung an Pieck, 2013, S. 86)*

In der *Sensibilisierungs- und Konzeptionsphase* steht die Erarbeitung eines gemeinsamen Deutungsrahmens im Vordergrund. Die beteiligten Akteure setzen sich mit der betrieblichen Ausgangslage und den wahrgenommenen Handlungsbedarfen auseinander. Im Vordergrund steht die Erarbeitung eines gemeinsamen Verständnisses von Gesundheit und Gesundheitsförderung, die Definition der mit dem Projekt angestrebten Ziele sowie die Aushandlung unterschiedlicher Interessen. Diese Phase dient auch der Aushandlung der im Projekt zur Verfügung stehenden finanziellen, materiellen und personellen Ressourcen. Am Ende der Sensibilisierungs- und Konzeptionsphase steht ein gemeinsam entwickeltes Konzept zur Realisierung von Betrieblicher Gesundheitsförderung in der Organisation. Es beinhaltet eine Konkretisierung des Kernprozesses (Inhalte, Diagnose- und Evaluationsinstrumente, Rollen und Aufgaben, beteiligte Akteure, Rückmeldeschleifen) sowie der flankierenden Supportprozesse (Entscheidungsträger/-innen, Steuerungsgremien, Informationsstrategie).

Der *Kernprozess* stellt nach Pieck (2017) einen wesentlichen Bestandteil der Ermittlung von Ressourcen und Belastungen zur systematischen Gestaltung von Arbeitsbedingungen dar. Er entspricht den Anforderungen der gesetzlich vorgeschriebenen Gefährdungsbeurteilung (§§ 5 und 6 ArbSchG). Aus Sicht von Badura, Walter und Hehlmann (2010) markieren die nachfolgend genannten Schritte unverzichtbare Elemente des angestrebten Veränderungsprozesses. Der Kernprozess gliedert sich nach Pieck (2017) in Diagnose und Beurteilung (1 und 2), Rückmeldung (3), Lösungsfindung (4), Entscheidung (5), Umsetzung (6) und Evaluation (7). Zu Beginn des Prozesses erfolgt eine *Analyse der organisationalen Strukturen und Tätigkeitsbereiche*[41] (1). Die beteiligten Akteure stellen Hypothesen über die jeweils dominierenden Belastungen sowie besonders gefährdete Personengruppen und Tätigkeitsbereiche auf. Die Auswertung des Krankenstands und von Überlastungsanzeigen kann hierfür unterstützende Hinweise liefern. Auf dieser Basis werden Organisationseinheiten bzw. Tätigkeitsbereiche für die nachfolgende Diagnosephase ausgewählt. Im nächsten Schritt erfolgt eine *Ermittlung von Ressourcen und Belastungen* (2) der zuvor ausgewählten Bereiche. Die zu diesem Zweck eingesetzten Instrumente (z.B. Fragebögen oder moderierte Workshops[42]) können in Abhängigkeit der organisationalen Gegebenheiten variieren. Das eingesetzte Verfahren sollte jedoch das für die Tätigkeit wesentliche Belastungs- und Ressourcenspektrum abdecken und die subjektive Beurteilung der Arbeitsbedingungen durch die Beschäftigten mit einbeziehen. Die systematische Ermittlung dient der Steuerung des Prozesses, indem sie (bereits bekannte) Belastungsschwerpunkte aufzeigt, legitimiert und Handlungsgründe erzeugt, welche vor der Unternehmensleitung artikuliert werden können. Nach der Ermittlung werden die Ergebnisse durch die Steuerungsgruppe an die Beschäftigten *zurückgemeldet* (3). Die Rückmeldung dient dem Ziel der „Diskursivierung" (Pieck, 2017, S. 184) von Gesundheitsthemen und dem gegenseitigen Austausch. Sie findet in der Regel im Rahmen eines moderierten Workshops[43] statt. Im Anschluss erfolgt eine Priorisierung der zu bearbeitenden Themen und die Bildung von moderierten *Arbeitsgruppen*[44] (4). Diese beschäftigen sich mit der vertieften Analyse der im ersten Schritt ermittelten Ergebnisse. Zudem werden Lösungen und Maßnahmen zur Verringerung der festgestellten Belastungen und zum Aufbau von Ressourcen entwickelt. Eine Arbeitsgruppe setzt sich neben der Moderation in der Regel aus interessierten Beschäftigten sowie bei Bedarf weiteren Expert/-innen und/oder Entscheidungsträger/-innen zusammen. Nach Pieck (2017) entfaltet sich ihre Wirkung vor allem in der „Konstruktion" sowie „Re-/Dekonstruktion von Wahrnehmungen und Alltagstheorien" (S. 185). Es findet ein Austausch- und Verständigungsprozess über

---

[41] Hierfür liefert z.B. die von Pieck (2012) entwickelte Methode der „Betriebslandkarte" einen ersten Überblick.
[42] Für eine umfangreiche Übersicht der derzeit zur Verfügung stehenden standardisierten Verfahren zur Erfassung und Bewertung psychischer Belastungen siehe https://www.baua.de/toolbox [Zugriff am 27.09.2017].
[43] Z.B. als Gesundheitszirkel (Bundesanstalt für Arbeitsschutz und Arbeitsmedizin, 2014; Friczewski, 2017; Schichterich, 2006) oder Arbeitssituationsanalyse (Nieder, 2013).
[44] Pieck (2013, 2017) verwendet den Begriff „Beteiligungsgruppen".

komplexe Arbeits- und Lebenssituationen statt; Interessenkonflikte und Widersprüche werden sichtbar (Pieck, 2017). Die *Entscheidung* (5) zur Umsetzung der erarbeiteten Maßnahmen wird in Abhängigkeit der zur Verfügung stehenden Handlungs- und Entscheidungsspielräume direkt von den Betroffenen, den Vorgesetzten oder der Steuerungsgruppe gefällt. In jedem Fall erfolgt eine Rückmeldung an die Steuerungsgruppe, welche Maßnahmen umgesetzt wurden. Um ein transparentes und verbindliches Vorgehen zu gewährleisten, werden die erarbeiteten Maßnahmen, Entscheidungen und Vereinbarungen zur Umsetzung dokumentiert. Wird eine Maßnahme nicht oder nur teilweise genehmigt, ist dies ausführlich zu begründen (Wienemann & Ebermann, 2012). Die sich anschließende *Umsetzung und Erprobung* (6) der beschlossenen Maßnahmen durch die jeweils zuständigen Beschäftigten und Führungskräfte wird durch die Steuerungsgruppe begleitet und im Nachgang evaluiert. Die *Evaluation* (7) des Kernprozesses erfolgt auf quantitativer (z.B. Umsetzungsrate) und qualitativer Ebene (Prozessqualität, Wirkung der Maßnahmen) (Elkeles & Beck, 2017; Fritz, 2014). Die aus der Evaluation gewonnenen Informationen dienen der Steuerungsgruppe zum Monitoring des weiteren Vorgehens und der Initiierung eines kontinuierlichen Verbesserungsprozesses.

Die flankierenden *Supportprozesse* beinhalten die Steuerung und Planung des Projekts durch die Steuerungsgruppe sowie die Information der Beschäftigten. Sie bilden eine notwendige Voraussetzung für die Durchführung des Kernprozesses. Die *Steuerung und Planung* des Projekts erfordert ein regelmäßiges Monitoring. Die einzelnen Projektschritte werden reflektiert und im Sinne eines prozesshaften Vorgehens angepasst. Entscheidungen, Rollen, Erwartungen, Regeln und Ressourcen werden durch die in der Steuerungsgruppe vertretenen Interessengruppen (Entscheidungsträger/-innen, Interessenvertretungen, Fachkräfte etc.) ausgehandelt und bereitgestellt (Pieck, 2017). Ebenfalls bedeutsam ist eine kontinuierliche und direkte *Information* der Beschäftigten über den gesamten Projektverlauf. Diese geschieht zu Beginn des Projekts in Form von Veranstaltungen zur Ankündigung und Bewerbung des geplanten Vorhabens. Zudem soll eine erste Sensibilisierung für das Thema „Gesundheit im Betrieb" stattfinden. Im weiteren Verlauf erfolgt die Information der Beschäftigten und Führungskräfte durch die Einbindung in die einzelnen Phasen des Kernprozesses. Dabei ist es aus Sicht von Faller (2017a) wichtig, bereits bei der Konzeption des Projekts regelmäßige Kommunikationsroutinen und Rückmeldeschleifen einzuplanen.

3.4 Zusammenfassung

Aus Perspektive der Betrieblichen Gesundheitsförderung stellen Organisationen ein wesentliches Setting (Rosenbrock & Hartung, 2011) dar, dessen Strukturen und Prozesse es in Richtung gesunder Arbeitsbedingungen beteiligungsorientiert zu entwickeln gilt. Im Hinblick auf die Frage, wie ein solcher Organisationsentwicklungsprozess initiiert und gestaltet werden kann, existiert eine kaum noch zu überblickende Anzahl an Publikationen. Das Konzept gesundheitsfördernder Organisationsentwicklung beschreibt eine Strategie der partizipativen Entwicklung neuer betrieblicher Strukturen und Prozesse unter der Prämisse von Gesundheit. Es dient der empirischen Studie als Vorgehensmodell und wird im vorliegenden Kapitel näher erläutert. Die Realisierung gesundheitsfördernder Organisationsentwicklung erfolgt in der Regel in Form von Projekten. Die Einführung einer Projektorganisation als neues soziales System soll Erfahrungen und Möglichkeiten der Zusammenarbeit eröffnen, die in den Routinen der etablierten Alltagsorganisation meist nicht realisiert werden können. Ein zentrales Prinzip besteht in der Initiierung diskursiver Prozesse durch eine Herstellung von vertikaler und horizontaler Vernetzung inner- und außerhalb der Organisation. Pieck (2017) schlägt vor, dass zur systematischen Erfassung, Beurteilung und Gestaltung von Arbeitsbedingungen die Prozessschritte Diagnose und Beurteilung, Rückmeldung, Lösungsfindung, Entscheidung, Umsetzung und Evaluation durchlaufen werden. Für die Steuerung und Planung eines Projekts zur gesundheitsfördernden Organisationsentwicklung ist eine Steuerungsgruppe vorgesehen. Im Projektverlauf soll sie vor allem die Umsetzung und Evaluation von Maßnahmen begleiten, projektrelevante Entscheidungen treffen und den Informationsfluss koordinieren. Die Projektkoordination wird durch interne Prozessbegleiter/-innen unterstützt. Prozessbegleiter/-innen sollen einerseits als Promotoren der Betrieblichen Gesundheitsförderung fungieren, andererseits besteht ihre Aufgabe in der Rückkopplung der Stimmen aus der Belegschaft an die Steuerungsgruppe. Eine weitere Aufgabe der Prozessbegleitung besteht in der Moderation von Arbeitsgruppen, welche sich mit den im Projekt anfallenden Themen beschäftigen. Die aktive Beteiligung an Veränderungsprozessen macht eine Annahme neuer professioneller Rollen und eine Befähigung der betrieblichen Akteure zur Bewältigung der neuen Aufgaben erforderlich. Gesundheitsfördernde Organisationsentwicklung kommt demnach nicht ohne eine Personalentwicklung und ein Rollenlernen (Wattendorff, 1999) der beteiligten Akteure aus.

4 Organisationstheoretische Grundlagen

In den vorhergehenden Kapiteln wurde deutlich, dass die Gesundheit von Menschen wesentlich durch die Arbeit und Arbeitsbedingungen in Organisationen beeinflusst wird. Ob sich Organisationen mit Gesundheit befassen oder befassen sollten, ist jedoch zunächst eine theoretische Frage und Gegenstand einer multidisziplinären wissenschaftlichen Kontroverse (Kap. 4.1). Auch wenn die unterschiedlichen Theorieperspektiven nicht immer kommensurabel sind, helfen sie jeweils zu verstehen, ob bzw. unter welchen Bedingungen Arbeit gesundheitsförderlich gestaltet werden kann. Gleichzeitig erklären sie, warum viele Organisationen – trotz aller Argumente für den wirtschaftlichen Nutzen Betrieblicher Gesundheitsförderung – keine Gesundheitsförderung betreiben.

Wenngleich die Notwendigkeit der Verknüpfung von Organisationstheorie[45] und Betrieblicher Gesundheitsförderung in der Literatur vielfach thematisiert wird (u.a Grossmann, 1993; Pelikan, 2011; Westermayer & Stein, 2006), bleibt eine – über den üblichen Exkurs zum Wesen von Organisationen hinausgehende – organisationstheoretische Beschäftigung weitgehend aus (Goldgruber, 2012). Die vorliegende Arbeit verfolgt das Ziel, einen Beitrag zur Annäherung von betrieblicher Praxis und organisationstheoretischer Erkenntnisse zu leisten. In Kap. 4.2.1 werden zentrale Argumentationsmuster aus der systemtheoretischen Organisationsforschung aufgegriffen und auf den Kontext gesundheitsfördernder Organisationsentwicklung übertragen. Weiterhin erscheint es bedeutsam zu verstehen, dass eine Einführung von Betrieblicher Gesundheitsförderung im Sinne einer „sozialen Innovation" (Beck, 2011, S. 52) nur unter Bezugnahme auf bereits bestehende organisationale Regeln und Ressourcen erfolgen kann. Auf dieser Grundlage wird in Kap. 4.2.2 eine strukturationstheoretische Argumentation (Giddens, 1997) als weiterführender, zentraler Bezugsrahmen der vorliegenden Arbeit entwickelt.

4.1 Gesundheit – (k)ein Thema von Organisationen?

Gesundheit und die Frage, ob Gesundheit ein Thema von Organisationen darstellt bzw. darstellen sollte, kann aus verschiedenen Blickwinkeln betrachtet werden. Im Folgenden werden einige Facetten dieses Diskurses aufgezeigt.

---

[45] Mit „Organisationstheorie" sind im Rahmen der vorliegenden Arbeit unterschiedliche Ansätze angesprochen. Im Einklang mit Scherer (2006) wird davon ausgegangen, dass es sich um heterogene, konkurrierende, teils widersprüchliche Perspektiven bzw. Paradigmen – und *nicht* um eine homogene Disziplin – handelt.

Aus Sicht der *systemtheoretischen Organisationsforschung* (u.a. Ropohl, 2012) hat das Thema „Gesundheitsförderung" in Organisationen keinen originären Platz. Organisationen nehmen demnach nur „nur jenen Ausschnitt der Wirklichkeit wahr, der für die Bearbeitung ihrer spezifischen Aufgabe nötig ist" (Grossmann & Scala, 1994, S. 20). Unternehmen und Verwaltungen wurden aus dieser Sichtweise für andere Zwecke geschaffen und sind für andere Ziele strukturiert. Sie stellen operational geschlossene, selbstreferenzielle Systeme dar, welche sich in ihren Prozessen nur auf sich selbst beziehen und nur auf systemrelevante Veränderungen reagieren (u.a. Ropohl, 2012). Selbstreferentialität und operationale Geschlossenheit sind nicht nur in der gesellschaftlichen Arbeitsteilung und den produktiven Gewinnen von Spezialisierung begründet. In zunehmend komplexen Umwelten werden sie nach Willke (1992) zu unabdingbaren Voraussetzungen für die Stabilisierung, Erhaltung und Reproduktion des Systems „Organisation".

Dies hat zur Folge, dass Gesundheitsförderung als Problem- und Aufgabenstellung in einer Welt spezialisierter Organisationen nicht organisiert bearbeitet werden kann. Das Thema „Gesundheit" stellt aus dieser Perspektive für Organisationen keine handlungsleitende Logik dar. Dies ist nach Grossmann und Scala (1994) auch dann nicht der Fall, wenn Gesundheit ein Thema ist, dass von vielen Menschen als wichtig und relevant erachtet wird. Vor diesem Hintergrund wird verständlich, dass viele Organisationen Gesundheitsthemen ausblenden und die Verantwortung für Gesundheit an die betroffenen Personen und das Gesundheitssystem delegieren (Grossmann & Scala, 1994; Pieck, 2013). So erscheint es nicht verwunderlich, dass die wenigsten Betriebe den gesetzlichen Anforderungen genügen (Beck, 2011). Auch 22 Jahre nach Inkrafttreten des Arbeitsschutzgesetzes entspricht ein großer Teil der Organisationen in Deutschland eher in der Ausnahme als in der Regel den Idealvorstellungen eines betrieblichen Arbeits- und Gesundheitsschutzes (Beck, 2011). Nach Grossmann und Scala (1994) schaffen Organisationen „die Bedingungen für Gesundheit, aber Gesundheit ist zumeist nicht ihr Geschäft" (S. 18). Eine Betriebliche Gesundheitsförderung kann sich aus systemtheoretischer Logik nur etablieren, wenn sie bei der Lösung betrieblicher Probleme hilft und eine Anschlussfähigkeit zu organisationalen Themen herstellt.

Aus *diskursanalytischer* Perspektive ist zudem kritisch anzumerken, dass das im Kontext Betrieblicher Gesundheitsförderung häufig transportierte normative Verständnis von Gesundheit als „Zustand des vollständigen körperlichen, geistigen und sozialen Wohlbefindens" (WHO, 1946, S. 1) die gesellschaftliche Tendenz, Gesundheit als moralische Kategorie und absoluten Richtwert zu sehen, verstärken kann (Hurrelmann & Franzkowiak, 2011). Petzi und Kattwinkel (2016) sehen die Gefahr, dass Betriebliche Gesundheitsförderung *zur Re-Individualisierung von Existenzrisiken beiträgt, insofern die positive Gesundheitsorientierung gemeinsam mit der Vorstellung der Machbarkeit von Gesundheit [...] im Umkehrschluss in einem Verständnis von Krankheit als selbst verschuldet und – mehr noch – gemeinschaftsschädigend resultiert.* (Petzi & Kattwinkel, 2016, S. 36)

Ein werteorientiertes Verständnis von Gesundheit als uneingeschränkt positives Gut befördert unter Umständen auch einen Zwang zur Gesundheit, welcher das Gesundheitsverhalten von Menschen in Organisationen radikal reglementieren könnte (Crawford, 1980; Skrabanek, 1994). „If there should be or ever was a right to illness, the propagation of healthiness and fitness in organizations with its consequences for opportunities and career undermines this right" (Haunschild, 2003, S. 47). Nach Haunschild (2003) können betriebliche Gesundheitsförderungsprogramme in Anlehnung an Foucault (1987, 2008) eine latente Form der Machtausübung darstellen:

Health management activities, especially when successful, can be described as building blocks of power mechanisms which Foucault subsumes under the notion of ‚disciplines' [...]. These disciplines increase control over human beings and produce them as subjects. (Haunschild, 2003, S. 47)

Organisationen stellen aus dieser Perspektive eine moderne, von Personen losgelöste Herrschaftsform dar. Türk (1995) beschreibt die Herrschaft durch Organisationen in modernen Gesellschaften als „Durchgriff von Herrschaft durch Subjekte hindurch" (S. 227). Aus seiner Sichtweise ist „Organisation" eben „kein verallge- meinerungsfähiger Modus konsensueller Handlungskoordination [...], sondern ein Modus der Regulation extroverser Zugriffsweisen auf menschliche Ko-Operation" (Türk, 1995, S. 5).

Wie bereits festgestellt wurde, erfährt der Druck zur individuellen Selbstvermarktung (Pongratz, 2002) in der gegenwärtigen postfordistischen Arbeitswelt eine Verstärkung. Nach Kickbusch (2006) entwickelt sich Gesundheit – neben Zeit und Geld – zunehmend zu einer notwendigen Voraussetzung der Herstellung und Vermarktung der eigenen Arbeitskraft. Insofern ist zu erwarten, dass sich auch der Zwangscharakter von Gesundheit mit den in Kap. 2 beschriebenen Transformationsprozessen von Arbeit verstärken wird. Eine ausschließlich auf den menschengerechten Charakter von Gesundheitsförderung ausgerichtete, utopisch-dogmatische Sichtweise vernachlässigt nach Haunschild (2003) die modernen Gesellschaften und somit Organisationen zugrundeliegenden Kontroll- und Machtprozesse.

In einer *neo-institutionalistischen* Betrachtungsweise (u.a. Meyer & Rowan, 1977, 1991) hängt die Existenz von Organisationen davon ab, inwieweit sie die Erwartungen der Umwelt erfüllen und dadurch Legitimität erlangen. Weichen Organisationen von gesellschaftlichen Erwartungen ab, wird dies – z.b. durch die fehlende Allokation von Ressourcen – sanktioniert. So beeinflussen die Erwartungen der Organisationsumwelt den Nutzen, die Aufgaben und die formalen Strukturen von Organisationen (Scott & Meyer, 1994). Die gesellschaftlichen Vorstellungen über eine rationale, effektive und effiziente Gestaltung von Organisationen stellen Glaubenssätze dar, welche nicht hinterfragt oder objektiv geprüft werden („Rationalitätsmythen"; Walgenbach, 2014). Aus der Sichtweise von Kühl, Schnelle und Schnelle ist das „Ausbilden lokaler Rationalitäten [...] keine Krankheit der Organisation" (S. 73), sondern eine Voraussetzung, wenn es darum geht, hochkomplexe Aufgaben zu bearbeiten. Wenn sich die Erwartungen der Stakebzw. Shareholder unterscheiden oder widersprechen, kann eine Legitimität allenfalls durch symbolische Anpassung erreicht werden (Jörges-Süß & Süß, 2004). Aufgrund der Unterschiedlichkeit und Dynamik der gesellschaftlichen Erwartungen in Bezug auf das Thema „Gesundheit" kann Legitimität unter Umständen ein unerreichbarer Zustand sein, welcher dazu führt, dass der Betrieblichen Gesundheitsförderung allenfalls eine Alibifunktion zukommt. Die neo-institutionalistische Perspektive beschreibt, warum in vielen Organisationen eine Stelle für Betriebliche Gesundheitsförderung eingerichtet wird, diese aber nicht mit ausreichend Handlungsspielräumen oder Ressourcen ausgestattet ist. Sie erklärt, warum Maßnahmen der Betrieblichen Gesundheitsförderung häufig nur das persönliche Gesundheitsverhalten der Beschäftigten tangieren, die betrieblichen Strukturen aber nicht in Frage stellen.

Aus *juristischer* Sicht markiert Gesundheit ein Menschenrecht, dessen Erhaltung und Sicherung eine staatliche wie weltgesellschaftliche Verpflichtung darstellt. So stellt das Recht auf Menschenwürde (Art. 1 GG) und körperliche Unversehrtheit (Art. 2 GG) einen Grundpfeiler der Verfassung der Bundesrepublik Deutschland dar. Seit 1996 stellt das Arbeitsschutzgesetz (ArbSchG) Arbeitgeber in großen wie in kleinen Betrieben vor die Verantwortung, für die Sicherheit und Gesundheit der Beschäftigten Sorge zu tragen. Organisationen sind angehalten, „die erforderlichen Maßnahmen des Arbeitsschutzes unter Berücksichtigung der Umstände zu treffen, die Sicherheit und Gesundheit der Beschäftigten bei der Arbeit beeinflussen" (§ 3 Abs. 1 ArbSchG). Das neue Präventionsgesetz (PrävG, 2015) räumt strukturellen Veränderungen in Organisationen klaren Vorrang vor verhaltensbezogenen Maßnahmen ein. Nach § 4 ArbSchG ist Arbeit „so zu gestalten, dass eine Gefährdung für das Leben sowie die physische und die psychische Gesundheit möglichst vermieden und die verbleibende Gefährdung möglichst gering gehalten wird". Verfahrenspraktisch umgesetzt werden soll dieser Prozess vornehmlich in Form der Gefährdungsbeurteilung.[46]

Die gesetzlich verankerte Wertordnung ist auch für die Diskussion ethischer Fragen in den *Gesundheitswissenschaften / Public Health* (u.a. Franzkowiak, 2011) von zentraler Relevanz (Kuhn & Wildner, 2011). Diese Disziplinen begründen sich in einer wertebasierten, politischen Perspektive auf Gesundheit, welche ihren Niederschlag in der Ottawa-Charta (WHO, 1986) findet. Demnach zielt Gesundheitsförderung auf einen Prozess,

> *allen Menschen ein höheres Maß an Selbstbestimmung über ihre Gesundheit zu ermöglichen und sie damit zur Stärkung ihrer Gesundheit zu befähigen.* (WHO, 1986, S. 1)

Weiter heißt es:

> *Die sich verändernden Lebens-, Arbeits- und Freizeitbedingungen haben entscheidenden Einfluss auf die Gesundheit. Die Art und Weise, wie eine Gesellschaft die Arbeit, die Arbeitsbedingungen und die Freizeit organisiert, sollte eine Quelle der Gesundheit und nicht der Krankheit sein. Gesundheitsförderung schafft sichere, anregende, befriedigende und angenehme Arbeits- und Lebensbedingungen.* (WHO, 1986, S. 3)

Organisationen stellen aus dieser Sichtweise besonders relevante Umwelten für die Gesundheit ihrer Mitglieder dar (u.a. Bauer & Jenny, 2007; Grossmann & Scala, 1994). Für die Förderung von Gesundheit bieten sie ein ideales Setting[47] (Rosenbrock & Hartung, 2011).

Aus Sicht der Verfasserin sollte eine arbeitswissenschaftlich aufgeklärte Theorie von Gesundheit und Gesundheitsförderung die skizzierten multidisziplinären Facetten wahrnehmen, kritisch reflektieren und berücksichtigen können. Es wird daher im Folgenden eine integrierende Perspektive auf die arbeitswissenschaftliche Beschäftigung mit „Gesundheit in Organisationen" vorgeschlagen.

---

[46] Nach § 5 ArbSchG hat der Arbeitgeber „durch eine Beurteilung der für die Beschäftigten mit ihrer Arbeit verbundenen Gefährdung zu ermitteln, welche Maßnahmen des Arbeitsschutzes erforderlich sind".

[47] Als Setting wird ein „Sozialzusammenhang, der relativ dauerhaft und seinen Mitgliedern auch subjektiv bewusst ist" (Rosenbrock & Hartung, 2011, S. 497) verstanden. Formale Organisationen stellen nach dieser Definition ein Setting dar. Der Settingansatz der Gesundheitsförderung zielt auf die Rahmenbedingungen, unter denen Menschen leben und arbeiten, anstatt an Einzelpersonen zu appellieren oder zu versuchen, diese zu „erziehen" (Rosenbrock & Hartung, 2011).

In einer von Organisationen dominierten Gesellschaft (Ortmann, Sydow & Türk, 1997; Perrow, 1989; Schimank, 2001; Sydow & Wirth, 2014; Türk, 1995) werden die Voraussetzungen für Gesundheit maßgeblich von Organisationen beeinflusst. Der direkte Einfluss von Organisationen auf die Gesundheit ihrer Beschäftigten wurde bereits in zahlreichen *psychologischen, soziologischen* und *medizinischen* Studien aufgezeigt und gilt als empirisch belegt.[48] Die große Bedeutung von Organisationen für die Gesundheit ihrer Beschäftigten verdeutlicht, dass Gesundheit ein kontext- und systemabhängiges Phänomen darstellt, welches auf individueller Ebene nur begrenzt bearbeitet werden kann. Gesundheitsförderung im Betrieb lässt sich im Wesentlichen durch die *Entwicklung von Organisationen* als soziale Systeme realisieren (Pelikan, 2011). Da allerdings – wie bereits herausgearbeitet – Gesundheit keine primäre Zielsetzung einer Organisation darstellt, stehen Projekte gesundheitsfördernder Organisationsentwicklung vor der Herausforderung, Gesundheitsthemen in einer der Systemlogik von Organisationen entsprechenden Weise zu adressieren (Trojan & Hildebrandt, 1990). Doch was passiert, wenn die Ziele von Gesundheitsförderung mit den Partikularinteressen von Organisationen, aber auch Beschäftigten, in Konflikt geraten? Das häufig angeführte betriebsökonomische Argument, dass Gesundheitsförderung nicht nur zum Wohlbefinden der Beschäftigten, sondern auch zur Produktivität und zum wirtschaftlichen Erfolg einer Organisation beitrage, ermöglicht Beteiligungs- und Entwicklungsprozesse nur solange sie einer optimierten Verfolgung von Betriebszielen nicht im Wege stehen. Nach Faller (2010) wird eine Beschränkung auf das betriebliche Verwertungsinteresse vor allem dann problematisch, wenn Managementlogiken und Wertvorstellungen Betrieblicher Gesundheitsförderung in Konflikt geraten. Wenn nur dort in die Gesundheit der Beschäftigten investiert wird, wo es sich auszahlt, kann Betriebliche Gesundheitsförderung zu einer – wenngleich unintendierten – Verfestigung von Ungleichheiten beitragen.[49] Weiterhin ist zu beachten, dass

> *employee health promotion is strongly evidenced in modern capitalist organizations and represents a disciplinary power that co-evolved with capitalism. Since health management is connected with organizational selection procedures, production processes, resource allocation and the distribution of outcomes and risks of capitalism, any normative or ethical analysis of good or bad (health) management would do well*

---

[48] Für eine Übersicht aktueller arbeitswissenschaftlicher Erkenntnisse zur psychischen Gesundheit in der Arbeitswelt siehe z.B. Rothe et al. (2017).

[49] So ist der Arbeits- und Gesundheitsschutz für Zeitarbeitnehmer/-innen immer noch als defizitär zu betrachten (Brenscheidt, Nöllenheidt & Siefer, 2012).

to consider the specifics of organizations and, hence, the characteristics of employment relationships [...]. (Haunschild, 2003, S. 56) Dementsprechend sollte betriebliche Gesundheitsförderung nicht losgelöst von *organisationalen Machtprozessen* (u.a. Foucault, 1978) und *mikropolitischen Dynamiken* (Crozier & Friedberg, 1979; Neuberger, 1988) betrachtet werden. Weiterhin sollte kritisch reflektiert werden, dass Gesundheit in westlichen Gesellschaften

als Herstellungsfeld sozial akzeptabler und geforderter Verhaltensweisen und Habitusformen erscheint, in dem [...] soziale Kontrolle organisiert und kommuniziert wird. Diese Kontrollmechanismen müssen dabei überhaupt nicht die Form der direktiven Fremdkontrolle einnehmen, sie funktionieren wesentlich als Selbstkontrolle und zielen auf das Innerste des Subjekts, das seine eigene Identitätspolitik vor dem Hintergrund nur scheinbar objektiver Normalitätsbegrifflichkeiten aushandelt und selbstwirksam inkorporiert. (Horstmann, 2013, S. 20)

Die Frage, ob und inwiefern Gesundheit ein Thema von Organisationen darstellen kann bzw. sollte, erlangt mit dem Arbeitsschutzgesetz auch eine *gesetzliche Dimension*. Ein Blick auf die betriebliche Praxis zeigt jedoch, dass die wenigsten Betriebe den Anforderungen der Gesetzgebung genügen (Beck, 2011). Auch 22 Jahre nach Inkrafttreten des Arbeitsschutzgesetzes entspricht ein großer Teil der Organisationen in Deutschland eher in der Ausnahme als in der Regel den Idealvorstellungen eines betrieblichen Arbeits- und Gesundheitsschutzes (Beck, 2011).[50] Diese Feststellung lässt vermuten, dass zur nachhaltigen Verankerung von Gesundheitsförderung im Betrieb nicht allein auf den rechtlichen Diskurs rekurriert werden kann.

Neben einer rechtlichen hat Gesundheitsförderung vor allem eine *ethische Dimension*. Das Konzept der Gesundheitsförderung geht davon aus, dass allen Menschen eine gesunde Lebens- und Arbeitsweise ermöglicht werden sollte. Auf dieses Ziel sind sämtliche praktische und wissenschaftliche Aktivitäten der Gesundheitswissenschaften / Public Health ausgerichtet. Hierbei ist zu beachten, dass gesundheitspolitische Leitbilder wie die Ottawa-Charta (WHO, 1986) oder die Luxemburger Deklaration zur betrieblichen Gesundheitsförderung in der Europäischen Union (2007)[51] stets im Kontext kultureller sowie historischer Bedingungen zu be-

---

[50] Insbesondere in kleinen und mittleren Betrieben bestehen große Umsetzungsdefizite bei der Erhebung, vor allem aber bei der Durchführung sicherheits- und gesundheitsrelevanter Maßnahmen (Ahlers & Brussing, 2005; Beck & Schnabel, 2010; Hollederer, 2007; Lenhardt, 2010; Sczesny, Keindorf & Droß, 2011).
[51] Verfügbar unter: http://www.netzwerk-unternehmen-fuer-gesundheit.de/fileadmin/rs-dokumente/dateien/Luxemburger_Deklaration_22_okt07.pdf [Zugriff am 20.11.2017].

trachten sind. Ethische Normen und Wertvorstellungen lassen sich nicht wissenschaftlich ableiten (Helfrich, 2016). Vielmehr sind sie – idealerweise – Gegenstand eines gesellschaftlichen Aushandlungsprozesses, in den Betroffene einbezogen und die herangezogenen Prämissen offen gelegt werden (Kuhn & Wildner, 2011). Die Arbeitswissenschaft geht von der normativen, wissenschaftlich nicht begründbaren Wert- bzw. Zielvorstellung aus, dass arbeitende Menschen „in produktiven und effizienten Arbeitsprozessen

- „schädigungslose, ausführbare, erträgliche und beeinträchtigungsfreie Arbeitsbedingungen vorfinden,
- Standards sozialer Angemessenheit nach Arbeitsinhalt, Arbeitsaufgabe, Arbeitsumgebung sowie Entlohnung und Kooperation erfüllt sehen,
- Handlungsspielräume entfalten, Fähigkeiten erwerben und in Kooperation mit anderen ihre Persönlichkeit erhalten und entwickeln können" (Schlick, Bruder & Luczak, 2010, S. 7).

Arbeit soll aus dieser Sichtweise sowohl menschengerecht (Humanisierung) als auch effektiv und effizient (Rationalisierung) gestaltet werden (Schlick, Bruder & Luczak, 2010). Die systematische „Analyse, Ordnung und Gestaltung der technischen, organisatorischen und sozialen Bedingungen von Arbeitsprozessen" (Schlick, Bruder & Luczak, 2010, S. 7) setzt voraus, dass Arbeitsbedingungen auf ihre Angemessenheit beurteilt werden. Hierfür sind außerwissenschaftliche Normen und Wertvorstellungen unerlässlich. Demnach kommt die wissenschaftliche Beschäftigung mit Betrieblicher Gesundheitsförderung nicht ohne normative Setzungen aus – es sei denn, es besteht ein rein deskriptives Erkenntnisinteresse (z.B. in Bezug auf die Verbreitung von Betrieblicher Gesundheitsförderung in mittelständischen Betrieben). Wenn es um eine wissenschaftlich fundierte Gestaltung gesunder Arbeitsbedingungen geht, sind normative Aspekte jedoch nicht auszuschließen.

4.2 Organisationstheoretische Perspektiven auf Betriebliche Gesundheitsförderung

Wenngleich die Notwendigkeit einer organisationstheoretischen Fundierung Betrieblicher Gesundheitsförderung vielfach thematisiert wird (u.a Grossmann, 1993; Pelikan, 2011; Westermayer & Stein, 2006), findet – von wenigen Ausnahmen abgesehen (u.a. Beck, 2011; Grossmann & Scala, 1994; Plessow, 2010) – in der Literatur kaum eine Auseinandersetzung mit der theoretischen Verknüpfung von Betrieblicher Gesundheitsförderung und Organisationstheorie statt. Eine bewusste Gestaltung und Initiierung gesundheitsbezogener Veränderungsprozesse im

Rahmen Betrieblicher Gesundheitsförderung ist jedoch auf ein dezidiertes Verständnis der Strukturen und Dynamiken von Organisationen angewiesen. Nachfolgend werden zwei divergierende organisationstheoretische Perspektiven auf Betriebliche Gesundheitsförderung vorgestellt. Zunächst werden die in Kap. 4.1 angestellten Überlegungen der systemtheoretischen Organisationsforschung zu den Bedingungen gesundheitsbezogener Veränderungsprozesse in Organisationen aufgegriffen und weitergeführt (Kap. 4.2.1). Es wird deutlich, dass eine Aufgabe Betrieblicher Gesundheitsförderung darin besteht, gesundheitsrelevante Inhalte in systemrelevante Kommunikation zu überführen und für die Organisation anschlussfähig zu machen. Aus Sicht einer systemischen Organisationsberatung können Veränderungsprozesse in Organisation nicht gezielt beeinflusst werden, sondern erfolgen bestenfalls durch eine Irritation bestehender organisationaler Muster. Anschließend wird aus einer strukturationstheoretischen Betrachtungsweise argumentiert, warum Betriebliche Gesundheitsförderung vor allem durch eine reflexive Re-Strukturation organisationaler Regeln und Ressourcen realisiert werden kann (Kap. 4.2.2). Es wird deutlich, warum gesundheitsfördernde Organisationsentwicklung als doppelter Prozess der Entwicklung von Individuen und Organisationen zu verstehen ist.

4.2.1 Organisationen als soziale Systeme

In der Betrachtungsweise der systemtheoretischen Organisationsforschung werden Organisationen als soziale Systeme konzeptualisiert. Nach Luhmann (1986) kommt ein soziales System zustande,

> wenn immer ein autopoietischer Kommunikationszusammenhang entsteht und sich durch Einschränkung der geeigneten Kommunikation gegen eine Umwelt abgrenzt. Soziale Systeme bestehen demnach nicht aus Menschen, auch nicht aus Handlungen, sondern aus Kommunikationen. (Luhmann, 1986, S. 269)

Aus dieser Perspektive umfasst „Gesellschaft" sämtliche stattfindende Kommunikationen. Der Begriff „soziales System" erfasst eine Vielzahl sozialer Einheiten innerhalb der Gesellschaft, zu denen auch Organisationen und ihre Kommunikationsstrukturen zählen (Luhmann, 1984). Eine systemtheoretisch orientierte Organisationsentwicklung zielt dementsprechend auf die Veränderung von Kommunikationsstrukturen ab. Solange die Gedanken und Ideen der Organisationsmitglieder nicht in den Regel- und Entscheidungskontext einer Organisation integriert werden, haben sie in einer systemtheoretischen Betrachtungsweise für den Systemkontext keine Realität.

Soziale Systeme sind in der Lage, Impulse von außen zu verarbeiten, zu ignorieren oder aufzugreifen bzw. Erfahrungen zu machen und zu lernen. Ihre Reaktionen und Handlungen lassen sich nicht vorhersagen. Als „nichttriviale Maschinen" (Simon & Conecta-Autorengruppe, 1992, S. 27) reagieren soziale Systeme auf Impulse der Umwelt daher nicht selten unerwartet. Luhmann (1984) bezeichnet diese Selbststeuerung als *Autopoiesis*. Die Überlegung, dass Veränderungen in sozialen Systemen von innen geschehen und nicht von außen (fremd-)gesteuert werden können, hat Auswirkungen auf die Steuerbarkeit von organisationalen Veränderungsprozessen. Entsprechend können Interventionen[52] der Betrieblichen Gesundheitsförderung nur Impulse zur Selbstentwicklung von Organisationen darstellen. Die Wirkung dieser Impulse ist von den jeweiligen Verarbeitungskapazitäten der Organisation als soziales System abhängig. Nach Grossmann und Scala (1994) legen die organisationalen „Regeln und Muster [...] fest, wofür das System offen ist und wie Inputs, die aufgenommen werden, im System bewertet und verarbeitet werden" (S. 32).

In der Denklogik der systemtheoretischen Organisationsforschung reagieren Organisationen nur auf solche Impulse, „die für die Bewältigung ihrer Aufgaben und für das eigene Überleben relevant sind, alle anderen Impulse von außen werden wie ein Rauschen wahrgenommen und erzielen keinerlei Wirkung." (Grossmann, Bauer & Scala, 2015, S. 38). Luhmann (1997) bezeichnet dieses Phänomen in Anlehnung an Maturana (1982) als *operative Geschlossenheit*. Organisationen wurden für andere Zwecke als die Gesundheitsförderung ihrer Beschäftigten geschaffen und operieren nach anderen Logiken (*funktionale Differenzierung*; Luhmann, 1977). Um gesundheitsrelevante Inhalte in systemrelevante Kommunikation zu überführen, ist es daher erforderlich, diese für die Organisation anschlussfähig zu machen. Dies kann beispielsweise geschehen, indem Probleme aufgegriffen werden, die bereits in der Organisation vorhanden sind.

Das Ziel einer gesundheitsfördernden Organisationsentwicklung definiert sich aus dieser Perspektive „nicht in der geplanten Herbeiführung gezielter Veränderungen, sondern [...] kann maximal eine unspezifische Irritation erreichen, die die Organisation zum Anlass für Veränderung nehmen kann – oder eben auch nicht" (von Ameln & Kramer, 2007, S. 42). Das Interventionsverständnis der systemischen Organisationsberatung besteht daher nicht in einer geplanten Beeinflussung, sondern in der Irritation bestehender organisationaler Muster. Die Entwicklung sozialer Systeme beinhaltet folglich die Einführung systemrelevanter Unterschiede

---

[52] Aus Perspektive der systemtheoretischen Organisationsforschung stellt eine „Intervention" eine „zielgerichtete Kommunikation zwischen Individuen oder sozialen Systemen [dar], welche die Autonomie des intervenierten Systems respektiert" (Willke, 1992, S. 333).

und alternativer Verhaltensweisen (Grossmann & Scala, 1994). Hierfür ist aus Sicht von Grossmann und Scala (1994) eine Etablierung von Kommunikations- und Arbeitszusammenhängen notwendig, die eine Auswertung und Verarbeitung der Erfahrungen mit diesen Unterschieden ermöglichen und in systemrelevante Informationen übersetzen. Von Ameln und Kramer (2007) sehen in der Anregung zu selbstorganisiertem Lernen eine zentrale Intervention der systemischen Organisationsberatung. Ausgehend von dieser Sichtweise lässt sich begründen, warum die Initiierung selbstorganisierter Lernprozesse in Organisationen aus Perspektive der systemischen Organisationsberatung als eine zentrale Zielstellung Betrieblicher Gesundheitsförderung verstanden werden kann.

Die Initiierung und Begleitung organisationaler Veränderungsprozesse kann mit Methoden der Organisationsberatung[53] bzw. -entwicklung[54] erfolgen.[55] Gleichzeitig stellt sich die Frage, ob Veränderungsprozesse in Organisationen – wie es der gesundheitswissenschaftliche Diskurs vielfach suggeriert – ausschließlich durch eine (externe) Organisationsberatung bzw. -entwicklung herbeigeführt werden können. So ist beispielsweise denkbar, dass andere äußere oder innere Einflüsse wie Anforderungen der Anteilseigner oder neue rechtliche Auflagen ein System anregen und eine Veränderung erzeugen können. Luhmann (1970) schließt diese Möglichkeit nicht aus:

Für soziale Systeme ist kennzeichnend, dass sie nicht unbedingt auf spezifische Leistungen angewiesen sind, mit denen sie stehen und fallen. Wichtige Beiträge zu ihrer Erhaltung werden durch Leistungen erbracht, die durch andere, funktional äquivalente Leistungen ersetzbar sind. (Luhmann, 1970, S. 33)

Folglich wird davon ausgegangen, dass es für Veränderungsprozesse in Organisationen auch andere Anlässe geben kann. Dennoch liegt nahe, dass Interventionen im Rahmen von Organisationsberatung oder -entwicklung eine Anregung von Ver-

---

[53] Als „Organisationsberatung" wird im Rahmen der vorliegenden Arbeit ein diskursiver Prozess verstanden, „in den sowohl das Fachwissen der BeraterInnen (in Form von Expertenberatungselementen) als auch das implizite Wissen der Organisationsmitglieder einfließen. Letztlich geht es um eine gemeinsame Rekonstruktion der organisationalen Wirklichkeit und eine Neukonstruktion von Möglichkeitsräumen, die die BeraterInnen auf der Sach-, Zeit- und Sozialdimension strukturieren. Dabei sind Strategie, Struktur und Kultur [einer Organisation] gleichermaßen reflexionsleitend" (von Ameln, 2015, S. 8).

[54] In Anlehnung an French und Bell (1977) stellt Organisationsentwicklung eine Form des geplanten, langfristig angelegten Wandels von Organisationen als soziale Systeme dar.

[55] Für einen tieferen Einblick in die Interventionsmethoden von systemischer Organisationsberatung bzw. -entwicklung sei beispielhaft auf die Veröffentlichungen von Schiersmann und Thiel (2000) oder von Ameln (2015) verwiesen.

änderungsprozessen wahrscheinlicher machen, indem sie Irritationen bestimmter Art ermöglichen. Dieses Argument wird gestützt von der Feststellung, dass der Beratungsbedarf von Organisationen in den letzten Jahren gestiegen ist (von Ameln, 2015). Die durchaus interessanten Fragestellungen, ob Veränderungsprozesse nur durch eine Außensicht angestoßen werden können oder worin sich die Interventionen von Organisationsberatung und -entwicklung von anderen Einflüssen unterscheiden, können im Rahmen der vorliegenden Arbeit jedoch nicht weiter verfolgt werden.

Luhmann (1984) unterscheidet zwischen Personen und sozialen Systemen. Als *Personen* bzw. *psychische Systeme* werden die für ein soziales System relevanten Bewusstseinszustände eines Menschen, wie z.B. Gedanken oder Emotionen, bezeichnet. Mitarbeitende zählen als psychische Systeme zur Umwelt einer Organisation. Psychische und soziale Systeme operieren unabhängig voneinander. Es handelt sich um geschlossene, autopoietische Systeme.[56]

Die Vorstellung eines autopoietischen Systems schließt Subjekte als aktiv handelnde Gestalter/-innen gänzlich aus. Veränderungsprozesse vollziehen sich aus Perspektive der Systemtheorie subjektlos. Diese Sichtweise erweist sich als weitgehend inkompatibel mit der Vorstellung von Gesundheit als Konstrukt, welches sich erst in der subjektiven Bewertung durch das Individuum erschließt (siehe Kap. 2.1). Die in der Ottawa-Charta (WHO, 1986) transportierte Vorstellung eines aktiven Gestaltens von Lebens- und Arbeitsbedingungen durch Individuen wie auch die Annahme, dass diese Individuen ausgemacht werden könnten, widersprechen einer systemtheoretischen Denkweise. Ebenso problematisch erscheint die Einnahme einer akteursbezogenen Perspektive, welche die individuellen Strategien und Handlungsorientierungen betrieblicher Akteuren in den Fokus der Betrachtung rückt (z.B. Crozier & Friedberg, 1979; Hanft, 1998). Eine systemtheoretische Sichtweise fragt nicht danach, wer Veränderungsprozesse initiiert, sondern bestenfalls danach, was diese Veränderungsprozesse bewirkt. Aus Perspektive der Betrieblichen Gesundheitsförderung erscheint die Frage nach den Subjekten des organisationalen Wandels jedoch entscheidend. Eine aktive Beteiligung an Veränderungsprozessen erfordert eine Befähigung der Akteure, neu zugeschriebene Rollen und Handlungsspielräume für sich nutzbar machen zu können. Gesundheitsfördernde Organisationsentwicklung kommt demnach nicht ohne eine Entwicklung der beteiligten Individuen aus. Eine systemtheoretische Betrachtungsweise beleuchtet das Verhältnis von betrieblichen Akteuren, individuellem Lernen und or-

---

[56] Wenngleich eine strukturelle Kopplung dieser Systeme nicht auszuschließen ist (Luhmann, 1997).

ganisationalem Wandel daher nur ungenügend. Sie wird im Folgenden um eine strukturationstheoretische Perspektive auf gesundheitsbezogene Veränderungsprozesse in Organisationen ergänzt.

4.2.2 Organisation und Strukturation

Giddens (1984, 1997) analysiert in seiner Theorie der Strukturation den Prozess der Transformation von Struktur in soziale Praktiken. Die Strukturationstheorie ist eine Gesellschaftstheorie, welche erst in späteren Arbeiten auf Organisationen bezogen wurde (u.a. durch Ortmann & Sydow, 2001; Ortmann, Sydow & Windeler, 2000). Eine zentrale Annahme der Strukturationstheorie lautet, dass Akteure zwar von Strukturen beeinflusst werden, aber gleichzeitig eben diese Strukturen durch ihr Handeln beeinflussen (*Rekursivität von Handeln und Struktur*). Dadurch werden Strukturen als Medium und auch als Ergebnis des Handelns ständig reproduziert (*Dualität von Struktur*). Einerseits schränken Strukturen das Handeln von Akteuren ein, andererseits kann soziales Handeln nicht ohne Struktur existieren. Folglich eröffnet eine strukturationstheoretische Sichtweise einen Reflexionsrahmen, welcher die Subjekte als handelnde Akteure zwar dezentriert, sich aber – im Gegensatz zur Systemtheorie – nicht gänzlich von diesen distanziert.

Giddens untergliedert den Strukturbegriff in Regeln und Ressourcen.[57] *Regeln* definieren, welche sozialen Verhaltensweisen erlaubt sind bzw. sanktioniert werden (*Legitimation*). Sie begründen die „normative Ordnung" (Ortmann, Sydow & Windeler, 2000, S. 320) einer Organisation. Andererseits wirken Regeln sinnkonstituierend, indem sie Sachverhalten eine Bedeutung zuweisen (*Signifikation*). Als „kognitive Ordnung" (Ortmann, Sydow & Windeler, 2000, S. 320) einer Organisation umfassen Regeln sämtliche Interpretationen der Umwelt.

Ressourcen beschreiben aus strukturationstheoretischer Perspektive das Vermögen der Akteure, in Geschehnisse eingreifen zu können. Giddens (1997) unterscheidet allokative und autoritative Ressourcen. *Allokative* Ressourcen ermöglichen den Organisationsmitgliedern, soziale Situationen zu gestalten oder zu kon-

---

[57] Bereits an dieser Stelle sei angemerkt, dass eine Unterscheidung zwischen Regeln und Ressourcen einen allenfalls analytischen Charakter hat und nicht vollständig trennscharf erfolgen kann: „Die Organisation von Raum und Zeit, die Koordination vieler Menschen einschließlich des dazu nötigen administrativen Instrumentariums und die Verteilung ihrer Lebenschancen basiert [...] weitgehend auf Kombinationen allokativer Ressourcen und auf Regeln sowohl der Sinnkonstitution als auch der Sanktionierung sozialer Verhaltensweisen, [so]dass saubere Grenzziehungen schwerfallen dürften" (Ortmann et al., 1990, S. 24). Die nachfolgend dargestellten Schemata reduzieren die gesellschaftliche Realität zugunsten einer klaren Systematisierung.

trollieren. Sie umfassen materielle Ressourcen ebenso wie immaterielle Ressourcen, wie z.b. die zur Nutzung von Rohstoffen erforderliche Fachexpertise (Hiestand, 2017). *Autoritative* Ressourcen erlauben eine Machtausübung über Personen oder Akteure, wie z.b. durch die Festlegung von Arbeitsabläufen oder -zeiten (Ortmann et al., 1990).

Durch die system- und situationsspezifische Anwendung von Regeln und Ressourcen (*Modalitäten der Strukturation*) vermitteln Akteure zwischen Struktur- und Interaktionsebene. Aus dieser Perspektive stellen Deutungsmuster, interpretative Schemata oder Normen Repräsentationen von Regeln dar. Als Modalitäten des Handelns vermitteln sie zwischen Struktur und Interaktion. Nach Ortmann (2008) entfalten Regeln auch wenn sie „nur im Handeln existieren [...], via Erinnerung, Routinisierung, Erwartung und Erwartungserwartung eine gewaltige strukturierende Wirkung" (S. 186).

Die Kontinuität der Reproduktion bzw. die Stabilisierung von Struktur wird durch *Routinen* gewährleistet. Die Strukturationstheorie konzeptualisiert sozialen Wandel als „diskontinuierliche, kontingent bestimmte und sich überlappende Transformationen, die keiner übergreifenden Entwicklungslogik folgen" (Jäger & Meyer, 2003, S. 100). Sozialer Wandel ereignet sich aus strukturationstheoretischer Sicht immer dann, wenn routinisierte Handlungsmuster durchbrochen werden. Eine Entroutinisierung setzt in Organisationen nach Ortmann, Sydow und Windeler (2000) eine Reflexion durch die betrieblichen Akteure voraus:

> *Strukturen bringen wir oft genug hervor, ohne es zu wollen und ohne darauf zu achten. Wenn aber der Blitz der Reflexion darauf fällt – auf Strukturen als Erzeugen und Erzeugnis –, wenn wir zu stutzen und zu fragen beginnen – Was wiederholt sich da eigentlich? Da gibt es doch ein Muster: Was ist das für eins? Wie kriegen wir das wieder hin? Oder: geht das nicht auch anders? – und Strukturation reflektiert praktizieren, dann wird aus Strukturation – in nuce – Organisation.* (Ortmann, Sydow & Windeler, 2000, S. 315)

Für die Praxis der gesundheitsfördernden Organisationsentwicklung lässt sich ableiten, dass Veränderungsprozesse angestoßen werden können, indem bestehende betriebliche Strukturen reflektiert und entwickelt werden. Zu dieser theoretischen Schlussfolgerung passt die praktische Erkenntnis von Westermayer und Stein (2006), nach der es notwendig ist, organisationale Regeln und Praktiken im Rahmen Betrieblicher Gesundheitsförderung zu explizieren und somit bearbeitbar bzw. veränderbar zu machen.

Gesundheitsfördernde Organisationsentwicklung zielt aus dieser Sichtweise darauf ab, salutogene und pathogene Praktiken, Regeln und Arbeitsbedingungen zum Gegenstand der Reflexion zu machen. Die Aufgabe gesundheitsfördernder Organisationsentwicklung besteht demnach nicht ausschließlich in der Herbeiführung von Veränderungen oder der Produktion von Lösungen. Nach Nevis (2005) besteht ein Anliegen von Organisationsentwicklung darin, den betrieblichen Akteuren zu ermöglichen, ihre

> *Bewusstheit von Kräften zu erhöhen, die eine Bewegung in Richtung auf den neuen Standpunkt gegenüber einem Problem oder einer entscheidenden Frage fördern oder behindern.* (Nevis, 2005, S. 79)

Betriebliche Gesundheitsförderung ist folglich „kein Empowerment-Programm, mittels dessen Bedürftige mit Macht versorgt werden könnten, wo sie keine haben" (Beck, 2011, S. 63). Vielmehr geht es darum, bei den Beteiligten eine Bewusstheit über bestehende Regeln und Machtverhältnisse zu erzeugen. Hierdurch wird eine Erklärbarkeit des bestehenden Ausmaßes gesunder Arbeit in der Organisation hergestellt. Gleichzeitig wird deutlich, welche Aspekte die Möglichkeiten einer gesundheitsförderlichen Veränderung von Arbeitsbedingungen strukturieren. Übertragen auf das Kohärenzkonzept von Antonovsky (1997) geht es darum, bei den Beteiligten das Gefühl einer Verstehbarkeit, Handhabbarkeit und Sinnhaftigkeit (Sense of Coherence) des Veränderungsprozesses zu evozieren.

Aus strukturationstheoretischer Sicht können die Interventionen gesundheitsfördernder Organisationsentwicklung konzeptionell nur als Re-Organisation von Strukturen aufgefasst werden. Aus strukturationstheoretischer Perspektive bezeichnet Reorganisation

> *die bewusste, reflexive Re-Strukturation des Handlungsfeldes Organisation, die auf Veränderung ihrer Regeln und Ressourcen zielt und sich in allen Dimensionen des Sozialen abspielt: Als Versuch, etablierte Signifikations-, Legitimations- und Herrschaftsstrukturen zu verändern. Das unterliegt wie alles organisationale Handeln der Rekursivität von Struktur. Reorganisation – wie auch resistance to change – muss sich daher eben jener Machtmittel bedienen, die die (noch) gegebene Organisationsstruktur zur Verfügung stellt.* (Ortmann, Sydow & Windeler, 2000, S. 333)

Organisationaler Wandel findet entsprechend nur unter Bezugnahme auf die Regeln und Ressourcen einer Organisation statt (Beck, 2011). Der Prozess der reflexiven Re-Strukturation kann auch als „Lernen" bezeichnet werden. Ein reflektiertes Praktizieren von Strukturation im Sinne des Hinterfragens und der Gestaltung bestehender Regeln und Ressourcen stellt – insbesondere in Zeiten postfordistischer Arbeitsorganisation (siehe Kap. 2.2) – nichttriviale Anforderungen an die betrieblichen Akteure. Gesundheitsfördernde Organisationsentwicklung ist aus dieser Sichtweise als doppelter Prozess der Entwicklung von Individuen *und* Organisationen zu begreifen.

4.2.3 Synopsis

Mit der Systemtheorie und der Strukturationstheorie wurden zwei Ansätze zur Erklärung von organisationalen Veränderungsprozessen dargelegt. Bezüglich ihrer Annahmen unterscheiden sich beide Theorien fundamental. Während die systemtheoretische Organisationsforschung davon ausgeht, dass Personen Erzeugnisse sozialer Systeme sind, rückt die Strukturationstheorie reflexiv handelnde Akteure in den Mittelpunkt der Betrachtung.

Die systemtheoretische Vorstellung, dass eine organisationale Veränderung aus der Selbststeuerung (*Autopoiesis*; Luhmann, 1984) eines Systems resultiert und nicht von außen determiniert werden kann, erscheint von zentraler Bedeutung für die Konzeption von Interventionen im Rahmen gesundheitsfördernder Organisationsentwicklung und das Verständnis, unter welchen Bedingungen Veränderungsprozesse in Organisationen angestoßen werden können. Ebenso aufschlussreich erscheint die systemtheoretische Überlegung, dass Organisationen nur auf jene Impulse reagieren, welche für die Bewältigung ihrer Aufgaben und für die eigene Existenzsicherung relevant erscheinen (*funktionale Differenzierung*; Luhmann, 1977; bzw. *operative Geschlossenheit*; Luhmann, 1997). Vor diesem Hintergrund stellt sich die Frage, wie gesundheitsrelevante Inhalte in systemrelevante Kommunikation überführt und für die Organisation anschlussfähig gemacht werden können (Königswieser & Hillebrand, 2009). Ein weiterer interessanter Aspekt, welcher im Rahmen der vorliegenden Arbeit jedoch nicht weiter verfolgt wird, ergibt sich aus dem *Entscheidungsprämissenkonzept*[58] nach Luhmann (2011). Es liefert interessante Anregungen zu der Frage, wie sich Entscheidungsprämissen in Organisationen verändern und wie das Thema „Gesundheit" Eingang in diese Entscheidungsprämissen erhalten kann.

Auch wenn sie bedeutsame Anregungen enthält, beleuchtet eine systemtheoretische Betrachtungsweise gesundheitsfördernder Organisationsentwicklung das – für die vorliegende Arbeit von zentraler Bedeutung erscheinende – Verhältnis von betrieblichen Akteuren, individuellem Lernen und organisationalem Wandel jedoch

---

[58] Für eine ausführlichere Beschreibung sei auf die Arbeit von Luhmann (2011) verwiesen.

nur ungenügend. Aus diesem Grund wird im Rahmen der vorliegenden Arbeit vorwiegend eine strukturationstheoretische Perspektive auf gesundheitsbezogene Veränderungsprozesse in Organisationen eingenommen.

Die Strukturationstheorie eröffnet eine Perspektive auf gesundheitsfördernde Organisationsentwicklung, welche die Subjekte als handelnde Akteure zwar dezentriert, sich aber – im Gegensatz zur Systemtheorie – nicht gänzlich von diesen distanziert. Aus dem Konzept der *Dualität von Struktur* lässt sich ableiten, warum Betriebliche Gesundheitsförderung vor allem durch eine reflexive Re-Strukturation organisationaler *Regeln* und *Ressourcen* realisiert werden kann. Zudem kann mithilfe der strukturationstheoretischen Vorstellung der *Rekursivität von Handeln und Struktur* argumentiert werden, warum gesundheitsfördernde Organisationsentwicklung als doppelter Prozess der Entwicklung von Individuen und Organisationen zu verstehen ist. Im Gegensatz zur Systemtheorie liefert die Strukturationstheorie differenziertere Aussagen über die Einflüsse organisationaler Strukturen auf die arbeitenden Individuen. Ein zentraler Beitrag besteht – wie in Kap. 6 deutlich wird – in der Konzeptualisierung der Transformation individueller Lernprozesse in organisationale Strukturen.

Der vorliegenden Arbeit kann es nicht darum gehen, Systemtheorie und Strukturationstheorie integrativ zusammenzuführen. Es lässt sich jedoch feststellen, dass beide Theorien im Hinblick auf die Bedingungen von organisationalem Wandel zu ähnlichen Aussagen gelangen. Veränderungsprozesse erfolgen sowohl in einer systemtheoretischen als auch in einer strukturationstheoretischen Denklogik stets unter Bezugnahme auf bestehende organisationale Strukturen. Beide Theorien deuten in dieser Hinsicht in die gleiche Richtung – wenngleich sich die Systemtheorie auf Kommunikationsstrukturen (z.B. Luhmann, 1986) und Giddens (1984, 1997) auf Regeln und Ressourcen bezieht.[59] Organisationale Strukturen sind aus dieser Perspektive weder durch individuelle Akteure noch durch hierarchisch durchgesetzte Entscheidungen veränderbar. In der Betrachtung des Sozialen entwickeln beide Theorien unterschiedliche Zugänge und blinde Flecke. Daher werden die zuvor beschriebenen Argumentationsmuster aus der systemtheoretischen Organisationsforschung übernommen, obwohl im Folgenden mit der Strukturationstheorie als zentraler forschungsleitender Bezugsrahmen weitergearbeitet wird.

Die Strukturationstheorie ist eine Praxistheorie, welche von handelnden Akteuren ausgeht. In und durch ihr Handeln reproduzieren die betrieblichen Akteure die Bedingungen einer Reflexion und Gestaltung gesunder Arbeit. Als Metatheorie

---

[59] Für eine tiefergehende, vergleichende Betrachtung der Strukturbegriffe von Luhmann und Giddens sei auf die Arbeit von Lamla (2003) verwiesen.

macht die Strukturationstheorie keine Aussagen, wie der Prozess der Reflexion und Gestaltung gesunder Arbeitsbedingungen in Organisationen konkret organisiert werden kann. Daher besteht ein Anliegen der empirischen Studie in der inhaltlichen Konkretisierung der abstrakten Konzepte „Handeln" und „Struktur".

4.3 Zusammenfassung

Die Frage, ob Gesundheit ein Thema von Organisationen darstellt bzw. darstellen sollte, ist Gegenstand einer wissenschaftlichen Kontroverse. Aus einer wertebasierten, politischen Perspektive wird Gesundheit als uneingeschränkt positives Gut betrachtet. Trotz des häufig angeführten betriebsökonomischen Arguments, dass Gesundheitsförderung zur Produktivität und zum wirtschaftlichen Erfolg einer Organisation beitrage, genügen jedoch die wenigsten Organisationen den gesetzlichen Anforderungen an den betrieblichen Arbeits- und Gesundheitsschutz (Beck, 2011). Aus neo-institutionalistischer und systemtheoretischer Perspektive lässt sich begründen, warum nicht jede Organisation Betriebliche Gesundheitsförderung betreibt. So steht Gesundheit als normative, von außen an eine Organisation herangetragene Anforderung im Widerspruch zur organisationseigenen Logik postfordistischer Leistungspolitik. Aus einer systemtheoretischen Betrachtungsweise ergibt sich, dass eine Aufgabe gesundheitsfördernder Organisationsentwicklung darin besteht, gesundheitsrelevante Inhalte in systemrelevante Kommunikation zu überführen und für die Organisation anschlussfähig zu machen. Aus Sicht einer systemischen Organisationsberatung können Veränderungsprozesse in Organisation nicht gezielt beeinflusst werden, sondern erfolgen bestenfalls durch eine Irritation bestehender organisationaler Muster.

Die Strukturationstheorie dient der vorliegenden Arbeit als zentraler Bezugsrahmen. Sie eröffnet eine Perspektive auf gesundheitsfördernde Organisationsentwicklung, welche die Subjekte als handelnde Akteure zwar dezentriert, sich aber – im Gegensatz zur Systemtheorie – nicht gänzlich von diesen distanziert. Aus der Vorstellung einer Dualität von Struktur lässt sich ableiten, warum Betriebliche Gesundheitsförderung vor allem durch eine reflexive Bezugnahme auf organisationale Regeln und Ressourcen realisiert werden kann. Mithilfe der strukturationstheoretischen Idee der Rekursivität von Handeln und Struktur kann argumentiert werden, warum gesundheitsfördernde Organisationsentwicklung als doppelter Prozess der Entwicklung von Individuen und Organisationen zu verstehen ist.

5 Lernen in und von Organisationen

Im vorausgehenden Kapitel wurde präzisiert, welches theoretische Verständnis von Organisationen und organisationaler Veränderung der vorliegenden Arbeit zugrunde liegt. In einem zweiten Schritt soll dargestellt werden, welche Theorien, Modelle und Ansätze[60] von Lernen im Kontext von Organisationen bestehen. Auf dieser Grundlage wird herausgearbeitet, welche lerntheoretische Konzeption sich an den Forschungsgegenstand der vorliegenden Arbeit anschließt. Im Diskurs um das Thema „Lernen" nehmen Psychologie und Pädagogik traditionell eher individuelle Lernprozesse in den Blick (Kap. 5.1). Mit dem Pionieransatz von March und Olsen (1975) wechselte die Perspektive von einer individuumszentrierten Sichtweise auf Lernen hin zu einer stärker auf die Erschließung von Lernprozessen in Organisationen fokussierenden Betrachtungsweise (Kap. 5.2). In Kap. 5.3 werden einige dieser Perspektiven organisationalen Lernens vergleichend diskutiert. Im Fokus des Erkenntnisinteresses steht die Frage nach den Ebenen, Gegenständen, Modi, Phasen und Kontexten des Lernens in und von Organisationen. Anschließend werden die unterschiedlichen lerntheoretischen Perspektiven hinsichtlich ihres Erklärungswerts und ihrer Anschlussfähigkeit für den Forschungsgegenstand reflektiert betrachtet (Kap. 5.4).

5.1 Individuelles Lernen

Trotz der Heterogenität der Perspektiven auf das Thema „organisationales Lernen" basieren sämtliche Überlegungen auf der Annahme, dass individuelle Lernprozesse eine Ausgangsbasis für organisationale Lernprozesse darstellen:

> *Organisationen lernen nur, wenn die einzelnen Menschen etwas lernen. Das individuelle Lernen ist keine Garantie dafür, dass die Organisation etwas lernt, aber ohne individuelles Lernen gibt es keine lernende Organisation.* (Senge, 2006a, S. 171)

---

[60] Die Begriffe „Theorie", „Modell" und „Ansatz" werden in der Forschungsliteratur uneinheitlich verwendet und häufig nicht trennscharf definiert. In der vorliegenden Arbeit wird der Begriff „Theorie" für „eine zusammenfassende Gesamtsicht eines Gegenstandsbereiches" (Helfrich, 2016, S. 64) verwendet. Während sich Theorien vorwiegend auf sprachliche Formulierungen stützen, ist ein „Modell" ein „vereinfachtes [z.B. visuelles] Abbild des Gegenstandsbereiches" (Helfrich, 2016, S. 67). Ein „Ansatz" erhebt aus Sicht der Verfasserin nicht den Anspruch auf eine vollumfassende Erklärung und beschränkt sich auf Teilaspekte eines Forschungsgegenstands.

Eine nähere Erkundung des Lernens von Individuen als (potenzielle) Mitglieder einer Organisation erscheint daher angebracht. Lange vor der Erforschung organisationaler Lernprozesse beschäftigte sich die psychologische Forschung mit der Suche nach den erklärenden Variablen zur Vorhersage menschlichen Lernens. Die in den 1920er Jahren erschienenen Pionierarbeiten des russischen Mediziners und Physiologen Pawlow gelten als Grundstein der individualpsychologischen Lerntheorien, welche bis heute in die Hauptströmungen *Behaviorismus* (Kap. 5.1.1), *Kognitivismus* (Kap. 5.1.2) und *Konstruktivismus* (Kap. 5.1.3) unterteilt sind. Darüber hinaus beschäftigen sich weitere psychologische Lerntheorien mit dem *sozialen Kontext*, in dem Lernen stattfindet (Kap. 5.1.4). Sie thematisieren die Interaktion eines Individuums mit seiner sozialen Umwelt und erweitern das Verständnis intraindividueller Lernprozesse um eine interaktionistische Perspektive.

5.1.1 Lernen als Reiz-Reaktionsmuster

Der Behaviorismus gehört zu den ältesten Lerntheorien. Watson (1913) begründete die behavioristische Perspektive mit seinem Werk „Psychology as the behaviorist views it":

Psychology as the behaviorist views it is a purely objective experimental branch of natural science. Its theoretical goal is the prediction and control of behavior. Introspection forms no essential part of its methods, nor is the scientific value of its data dependent upon the readiness with which they lend themselves to interpretation in terms of consciousness. (Watson, 1913, S. 158)

Watson (1913) sieht die Psychologie als eine Naturwissenschaft, deren Untersuchungsgegenstand die Vorhersage und Kontrolle von Verhalten bildet. Aus seiner Sicht können wissenschaftliche Erkenntnisse in der Psychologie nur durch die Untersuchung von (objektiv beobachtbaren) Verhaltensweisen gewonnen werden. Das über Introspektion[61] gewonnene geistige, subjektive oder bewusste Erleben der Lernsubjekte wurde konsequent abgelehnt.

Aus Sichtweise der behavioristischen Theorien stellt Lernen die reflexhafte Reaktion (Response) auf einen Reiz (Stimulus) dar (Reiz-Reaktions-Muster). Die Verarbeitungsprozesse des Individuums zwischen Reiz und Reaktion werden als Blackbox betrachtet und nicht weiter berücksichtigt. Der Behaviorismus unterteilt sich in Theorien der klassischen Konditionierung (Pawlow, 1927) und der instru-

---

[61] Die Introspektion stellte zum damaligen Zeitpunkt eine in der Psychologie populäre Methode der Selbstbeobachtung dar.

mentellen bzw. operanten Konditionierung (Skinner, 1953; Thorndike, 1931). Ein prominentes Beispiel für Lernen im Rahmen *klassischer Konditionierung* ist der „Pawlow'sche Hund" (Pawlow, 1927). Pawlow konnte in einem nobelpreisgekrönten Experiment mit Hunden zeigen, dass ein Glockenton, welcher wiederholt zusammen mit der Darbietung von Futter erklingt, nach einer Weile dazu führt, dass Hunde allein schon beim Erklingen des Glockentons Speichelfluss produzieren. Die Hunde haben gelernt, dass auf das Erklingen des Glockentons die Futtergabe folgt und produzieren bereits in Antizipation des Futters Speichel. Pawlow (1927) bezeichnet dieses Verhalten als konditionierte Reaktion. Theorien der *instrumentellen bzw. operanten Konditionierung* untersuchen, inwieweit sich Belohnung (Verstärkung) oder Bestrafung auf die Auftretenswahrscheinlichkeit eines Verhaltens auswirken. Thorndike (1898, 1931) konnte zeigen, dass Lernen durch positive Konsequenzen (Belohnung) verstärkt wird, während negative Konsequenzen (Bestrafung) zu einer Abschwächung des Lernens führen. Skinner (1953) führte die Überlegungen Thorndikes weiter und entdeckte, dass sich Verhalten steuern lässt, indem eine spontan gezeigte erwünschte Verhaltensweise unmittelbar verstärkt wird und unerwünschte Verhaltensweisen sofort bestraft werden.

Die fehlende Bezugnahme auf innerpsychische Vorgänge wie Motivation, Emotion und Kognition stellt eine offensichtliche Kritik an den behavioristischen Lerntheorien dar.[62] Menschliches Lernen erscheint deutlich komplexer und vielschichtiger als es die Reiz-Reaktions-Theorien suggerieren. Ein weiterer Kritikpunkt ist die (implizite) Annahme, dass Menschen als passive Lernobjekte nur durch äußere Reize motiviert werden. Sie vernachlässigt die Erkenntnis, dass Lernen auch intrinsisch motiviert und ohne einen von außen erkennbaren Grund erfolgen kann (u.a. McClelland, 1987). Ebenso wenig haltbar erscheint die Annahme, dass mittels operanter Konditionierung sämtliche Verhaltensweisen jederzeit antrainierbar sind. Dennoch stellen Verhaltensmodifikationen auf Basis behavioristischer Erkenntnisse die lerntheoretische Grundlage vieler Führungstrainings dar (Neuberger, 2002). In der verhaltensbezogenen Gesundheitsförderung arbeiten viele Gesundheits-Apps, Bonusprogramme[63] und „Gesundheitschallenges"[64] in Organisationen mit dem Prinzip operanter Konditionierung durch die Verstärkung erwünschten Gesundheitsverhaltens.

---

[62] Hull (1943), Mowrer (1960) und Tolman (1932) greifen diese Aspekte in späteren Arbeiten auf. Ihre Ansätze sind als Übergang zum Kognitivismus zu sehen.

[63] Z.B. das BP Wellness Program (siehe http://hr.bpglobal.com/LifeBenefits/Assets/Documents/uvw/2016_BP_wellness_program_guide_online_FINAL.aspx [Zugriff am 10.08.2017]).

[64] Hierbei handelt es sich nach Mämecke (2016) um Wettbewerbe zur Etablierung einer „kompetitiven Selbstsorgekultur" zur Auflösung des „Widerspruchs zwischen maximaler Arbeitsleistung und dauerhafter Erhaltung der Arbeitsfähigkeit" (S. 103).

5.1.2 Lernen als Wissenserwerb

Mit der kognitiven Wende in den 1960er Jahren veränderte sich das Verständnis von menschlichem Lernen und erweiterte das bis dahin dominierende Paradigma des Reiz-Reaktions-Lernens. Menschen werden nicht mehr als Blackbox, sondern als informationsverarbeitende Individuen gesehen, welche Reize nicht nur aufnehmen, sondern auch kognitiv verarbeiten. Nach Tolman (1932) wird menschliches Verhalten nicht von äußeren Reizen gesteuert, sondern ist abhängig von individuellen Erwartungen über die Konsequenzen einer Handlung. Lernen stellt in dieser Perspektive das Bilden von Erwartungen dar, welche Wissen über Zusammenhänge der Umwelt beinhalten.[65] Erwartungen werden durch Erfahrungen mit der Umwelt geprägt. Verstärkungen können die Bildung von Erwartungen beeinflussen, stellen aber keine notwendige Bedingung dar. Als Wegbereiter des Kognitivismus trennt Tolman (1932) erstmalig zwischen Lernen und Verhalten. Es kann gelernt werden, ohne dass zwingend eine Verhaltensänderung stattfindet („latentes Lernen"; siehe auch Bandura, 1979).

Mit der Einbeziehung kognitiver Elemente und der Unterscheidung zwischen „Lernprozess" und „Ausführung des Gelernten" stellte sich die Frage, wie das Gelernte gespeichert werden kann. Kognitive Lerntheorien beschäftigen sich dementsprechend mit dem Erwerb, der Repräsentation, der Anwendung und Veränderung von Wissen (Mandl & Spada, 1988). Wichtige Erkenntnisse beinhalten u.a. die Unterscheidung zwischen deklarativem und prozeduralem Gedächtnis (Squire, 1987), die Lernstufen nach Gagné (1969) vom „Signallernen" bis zur „Problemlösungskompetenz" oder Piagets (1973) Theorie von Lernen als Einordnung von Wissen in bestehende Schemata („Assimilation") oder als Modifikation bestehender Schemata („Akkomodation").[66]

Wenngleich die kognitivistische Theorie das Verständnis von Lernen um wichtige Aspekte ergänzt, ist zu kritisieren, dass einige menschliche Lernprozesse – wie z.B. körperliche Fähigkeiten – nicht vollständig durch kognitive Verarbeitung erklärt werden können. Zum anderen erscheint die implizit kognitivistische Vorstellung einer objektiv erkennbaren Realität nicht haltbar. Durch die Konzentration auf kognitive (Einzel)fertigkeiten wird die Rolle des Lernumfelds zudem weitgehend vernachlässigt. Holzkamp (1995) kritisiert die kognitive Perspektive in diesem Zusammenhang für ihre „Weltlosigkeit" (S. 153). Zudem werden Fragen der Lern- und Handlungsmotivation kaum berücksichtigt (Mandl, Friedrich & Hron, 1988).

---

[65] Tolman (1948) bezeichnet diese Erwartungen als „kognitive Landkarten".
[66] Obwohl sich die Theorie von Piaget (1973) vornehmlich auf entwicklungspsychologische Aspekte konzentriert, prägt sie die kognitivistische Sichtweise wesentlich.

Hier setzen konstruktivistische Lerntheorien an, welche das Individuum als aktives, wissen- und sinnkonstruierendes Subjekt betrachten.

5.1.3 Lernen als aktive Wirklichkeitskonstruktion

Die kognitivistische Sichtweise basiert auf der erkenntnistheoretischen Annahme, dass ein Mensch in der Lage sei, die Welt so zu erkennen wie sie „wirklich" ist (Siebert, 1996). Menschliche Sinneswahrnehmungen, Denken und Lernen repräsentieren in einer kognitivistischen Denkart objektive Realitäten. Aus konstruktivistischer Perspektive[67] wird Lernen hingegen als ein aktives Konstruieren von neuen Sinn- und Wissensstrukturen verstanden:

> *Unsere sinnlichen Wahrnehmungen, unser Denken, Fühlen und Erinnern spiegeln keine äußere Welt wider, sondern erzeugen eine eigene Wirklichkeit. Diese Konstrukte sind nicht „wahr" oder „falsch", sondern mehr oder weniger „viabel", d.h. sie „funktionieren", sie haben sich „bewährt" und ermöglichen ein Überleben und „erfolgreiches" Handeln.* (Siebert, 1996, S. 17)

Lernen wird als selbstreferentieller, rekursiver Prozess gesehen, welcher sich auf Grundlage eigener Erfahrungen, Werte, Überzeugungen und Muster vollzieht. Folglich handelt es sich beim Lernen im Erwachsenenalter um Anschlusslernen. „Gelernt wird nicht, was einem ‚gesagt' wird, sondern was als relevant, bedeutsam, integrierbar erlebt wird" (Siebert, 1996, S. 19). Aus konstruktivistisch-didaktischer Sichtweise[68] erscheint eine direkte Vermittlung objektiver Lerninhalte im Sinne einer Belehrung nicht möglich. Vielmehr geht es um die subjektorientierte Gestaltung von Lernarrangements, welche zu einer aktiven Konstruktion eigener Weltbilder einladen sollen. Aus dieser Perspektive verändert sich auch die Rolle des Lehrenden:

> *Mit anderen Worten „erzeugt" der Lehrer [bzw. die Lehrerin] nicht mehr das Wissen, das „in die Köpfe der Schüler soll", er [bzw. sie] „ermöglicht" Prozesse der selbsttätigen und selbstständigen Wissenserschließung und Wissensaneignung.* (Arnold, 1993, S. 53)

Die Rolle des Lehrenden ist nach diesem Verständnis eher als Coach oder Lernprozessvermittler (Reich, 2012) zu begreifen. Lernen funktioniert aus kon-

---

[67] Wichtige Vertreter des konstruktivistischen Ansatzes sind Piaget (1982), Watzlawick (2006), von Foerster (von Foerster & von Glasersfeld, 2010), von Glasersfeld (1997) sowie Maturana und Varela (1987).
[68] Siehe u.a. Arnold (2007), Reich (2012) und Siebert (2005).

struktivistischer Perspektive immer dann, wenn etablierte Wirklichkeitskonstrukte vom Lernenden hinterfragt werden (Maturana & Varela, 1987). Ergebnis des Lernprozesses stellt ein „Reframing" (Watzlawick, Weakland & Fisch, 2013) oder die Korrektur individueller Wahrnehmungen und kognitiver Deutungsschemata dar.

5.1.4 Lernen durch soziale Interaktion

Während die bisher diskutierten Lerntheorien die sozialen Kontexte eines Individuums weitgehend außer Acht lassen, stehen diese im Fokus der sozialen Theorien des individuellen Lernens. Lernen vollzieht sich aus dieser Perspektive in der Interaktion zwischen einem Individuum und seiner sozialen Umwelt. Die Ansätze zum sozialen Lernen differenzieren hinsichtlich ihrer theoretischen Orientierung am Behaviorismus (z.B. Miller & Dollard, 1941), Kognitivismus (z.B. Bandura, 1979, 1997; Rotter, 1954, 1966) oder Konstruktivismus (Bruner, 1966) und ergänzen diese.

Miller und Dollard (1941) konstatieren in ihrer behavioristisch geprägten „Social Learning Theory", dass sich die Verstärkung von gezeigten Verhaltensweisen häufig in sozialen Interaktionen vollzieht. Auch nach Rotter (1954) werden soziale Interaktionen als ausschlaggebend für individuelle Lernprozesse gesehen. Demnach stellt Lernen die Bildung von Erwartungen über den Erfolg einer Interaktion mit der Umwelt dar. Wenn ein Individuum wiederholt die Erfahrung macht, dass ein bestimmtes Verhalten zum Erreichen eines Ziels bzw. Verstärkung[69] führt, wird es diese Erwartungen auch auf andere, ähnliche Situationen generalisieren. Aufgrund der zuvor gemachten Erfolgs- und Misserfolgserfahrungen wird eine Situation als mehr oder weniger kontrollier- bzw. bewältigbar bewertet.

Rotter (1966) unterscheidet später zwischen internalen und externalen Kontrollüberzeugungen (Locus of Control). Eine *internale Kontrollüberzeugung* liegt vor, wenn ein Individuum der Ansicht ist, dass das Ergebnis einer Situation durch das eigene Verhalten aktiv kontrolliert und beeinflusst werden kann. Nimmt das Individuum eine Situation als fremdverursacht und nicht durch das eigene Handeln kontrollierbar wahr, spricht Rotter (1966) von einer *externalen Kontrollüberzeugung*. Dabei ist die wahrgenommene (nicht die tatsächliche) Kontrolle über eine Situation ausschlaggebend für das gezeigte Verhalten. Wird eine Situation aufgrund

---

[69] Auch wenn Rotter (1954) von „Verstärkung" spricht, liegt der Fokus seiner Theorie auf den subjektiven Kognitionen und Persönlichkeitsmerkmalen eines Individuums, sodass seine Arbeiten als Vorläufer kognitiv orientierter Lerntheorien gesehen werden können.

zuvor gemachter Erfahrungen als unkontrollierbar empfunden, spricht Seligman (1979) von *erlernter Hilflosigkeit*. Demgegenüber steht das Konzept der Selbstwirksamkeit (*Self-Efficacy*; Bandura, 1997). Selbstwirksamkeit bezeichnet die subjektive Überzeugung, ein gewünschtes Ziel durch eigenes Handeln erreichen zu können. „Perceived self-efficacy refers to beliefs in one's capabilities to organize and execute the courses of action required to produce given attainments" (Bandura, 1997, S. 3). Demnach sind für den Erfolg einer Handlung nicht nur die objektiven Ressourcen und Fähigkeiten einer Person, sondern vor allem ihre positive Selbstwirksamkeitserwartung erforderlich. In seiner sozial-kognitiven Lerntheorie führt Bandura (1979) das Konzept des Lernens durch Beobachtung und Nachahmung von Verhaltensweisen dritter Personen (*Modelllernen*) ein, welches den erziehungswissenschaftlichen Diskurs bis heute beeinflusst.

Auch eine gemäßigte[70], konstruktivistisch orientierte Didaktik bezieht die Gestaltung des sozialen Kontexts, z.B. bei der Planung von Lernarrangements, mit ein. Obgleich Lernen als intra-individueller Prozess gesehen wird, erfolgt eine Sensibilisierung für das eigene Denken und Handeln vornehmlich im Dialog (Bohm, 2017) und in Interaktion mit anderen (Drexl, 2014). So sieht Bruner (1966) in dem Bedürfnis nach Reziprozität eine wesentliche Quelle der Motivation für das Lernen in sozialen Gefügen.

5.2 Organisationales Lernen

In der theoretischen Beschäftigung mit dem Lernen von Individuen kristallisiert sich heraus, dass sich organisationales Lernen nicht auf die Betrachtung von individuellen Lernerfahrungen beschränken kann. Im Folgenden wird daher der Frage nach den Prozessen des Lernens von Organisationen als soziale Systeme nachgegangen. Dies erfordert zunächst eine Beschäftigung mit dem Forschungsstand. Die Vielzahl der Publikationen zum Thema „organisationales Lernen" ist schwer zu

---

[70] Aus radikalkonstruktivistischer Perspektive (u.a. von Foerster, 1985; von Glasersfeld, 1997) erscheint eine Rekonstruktion und Integration kognitiver Schemata durch Interaktion mit anderen unmöglich, da Wirklichkeit nur „subjektintern" durch innere mentale Vorgänge konstruiert werden kann. McCarty (2000) merkt hierzu kritisch an, dass eine Veränderung des Selbst aus dieser Perspektive nicht möglich sei. Zudem stelle das Konstruieren selbst eine Fähigkeit dar, die erst in Interaktion mit anderen gelernt werden könne. Nicht zuletzt ziehe nach McCarty (2000) ein Nicht-Wissen keinerlei moralische Verantwortung mehr nach sich, da nicht-konstruiertes Wissen für den Lernenden nicht existent sei. Ein Großteil der konstruktivistischen Ansätze bedient sich daher eines gemäßigt konstruktivistischen Lernverständnisses, nach welchem Lernen als „situierter, konstruktiver und aktiver Prozess" (Drexl, 2014, S. 24) verstanden wird.

überblicken, eine verbindliche Terminologie fehlt (u.a. Baitsch, Delbrouck & Jutzi, 1999; Schreyögg & Noss, 1995). Es erscheint folglich notwendig, bereits im Vorfeld der Betrachtung Kriterien zur Auswahl der vorgestellten Forschungsarbeiten zu formulieren. In Anlehnung an Wiegand (1996, S. 171 f.) werden im Folgenden Theorien und Ansätze zum organisationalen Lernen skizziert und diskutiert, welche a) den wissenschaftlichen Diskurs der letzten Jahrzehnte und die Entwicklung des Forschungsfelds wesentlich geprägt haben (*Relevanz* bzw. *Repräsentativität*), b) in letzter Zeit diskutiert wurden (*Aktualität*) oder c) für den Forschungsgegenstand wesentliche Aspekte abdecken (*Interessantheit*).[71] Alle vorgestellten Theorien und Ansätze organisationalen Lernens setzen sich mit Ebenen, Formen, Prozessen und Inhalten organisationalen Lernens sowie dem Organisationsbegriff auseinander. Sie konzeptualisieren (mindestens) das Verhältnis der Lernebenen „Individuum" und „Organisation".

Einige Autor/-innen (u.a. Liebsch, 2011; Shrivasta, 1983; Wiegand, 1996) haben versucht, die Vielzahl der Theorien und Ansätze zu kategorisieren. Aus Sicht der Verfasserin weisen diese Kategorisierungsversuche jedoch konzeptionelle Schwächen auf, da sich die bestehenden Ansätze organisationalen Lernens auf vielfältigen Dimensionen überschneiden bzw. widersprechen. So übernehmen einige Ansätze (u.a. Hedberg, 1981; Senge, 1990) wesentliche Aspekte grundlegender Arbeiten und fügen diese neu zusammen oder setzen andere Schwerpunkte. Andere (z.B. Dodgson, 1993; Fiol & Lyles, 1985; Shrivasta, 1983; Wilkens, Keller & Schmette, 2006) diskutieren und integrieren bereits bestehende Arbeiten vor dem Hintergrund einer neuen organisationstheoretischen Perspektive. Insofern wird im Rahmen der vorliegenden Arbeit eine nach zentralen Leitideen systematisierte Darstellung der Theorien und Konzepte vorgeschlagen. Ausgehend von den zuvor definierten Kriterien werden folgende Ansätze vorgestellt:

---

[71] Nach einer Studie von Göhlich (2016) gehören hierzu March und Olsen (1975), Argyris und Schön (1978, 1996), Weick (1995) sowie Daft und Weick (1984), Senge (1990), Nonaka (1994) sowie Nonaka und Takeuchi (1995), Lave und Wenger (1991) sowie Wenger (2009) und Engeström (1987, 2004).

Konzept / Theorie	Zitierte Primärliteratur
Organisationales Lernen als Anpassung	Cyert & March (1963); Levitt & March (1988); March & Olsen (1975)
Organisationales Lernen als „Assumption Sharing"	Argyris (1957, 1964, 1977, 1982, 1985, 1990, 1993, 1996, 1999); Argyris & Schön (1978, 1996); Bateson (1972); Hedberg (1981); Schein (1985)
Organisationales Lernen als „Sensemaking"	Daft & Huber (1987); Daft & Weick (1984); Huber (1991)
Organisationales Lernen durch Systemdenken	Senge (1990, 2006a, 2006b); Senge et al. (1994); Senge & Lannon (1990)
Organisationales Lernen als Wissenserzeugung	Nonaka (1994, 2005); Nonaka & Takeuchi (1995); Polanyi (1985); Varela, Thompson & Rosch (1991)
Organisationales Lernen in Communities of Practice	Brown & Duguid (1991); Gherardi (2012); Lave (1988, 1991, 1996); Lave & Wenger (1991); Shaffer et al. (2009); Wenger (1998, 2009); Wenger, McDermott & Snyder (2002); Wenger, Trayner & de Laat (2011)
Organisationales Lernen als Expansion	Bateson (1972); Engeström (1987, 1999, 2001, 2004, 2011); Engeström & Sannino (2010); Holzkamp (1983); Leontjew (1978, 1981); Wygotski (1978, 1987)

Tab. 1: *Überblick der vorgestellten Theorien und Konzepte organisationalen Lernens*

In Kap. 5.4 werden die vorgestellten Forschungsarbeiten im Hinblick auf ihren möglichen Erklärungsbeitrag zum organisationalen Lernen im Rahmen gesundheitsfördernder Organisationsentwicklung diskutiert.

5.2.1 Organisationales Lernen als Anpassung

March und Olsen (1975)[72] beschreiben organisationales Lernen als Erfahrungslernen in einem (möglicherweise unterbrochenen) Zyklus („cycle of choice").

---

[72] Die konzeptionelle Grundlage des Ansatzes von March und Olsen (1975) bildet die Publikation „A Behavioral Theory of the Firm" (Cyert & March, 1963), in der organisationales Lernen erstmals als wesentlicher Aspekt des Entscheidungsverhaltens von Organisationen postuliert (wenn auch nicht konzeptualisiert) wird.

Ausgangspunkt ihrer Theorie ist das lernende Individuum. Individuelles Lernen findet immer dann statt, wenn Organisationsmitglieder eine Diskrepanz zwischen der von ihnen erlebten und der erwünschten sozialen Organisationsumwelt wahrnehmen. Sie versuchen, den erwünschten Zustand durch individuelle Handlungen oder die Partizipation an Entscheidungsprozessen herzustellen. Individuelle Handlungen, wie z.B. die Festlegung von Organisationszielen, beeinflussen wiederum die kollektiven Handlungen und Entscheidungen in einer Organisation. Die Entscheidungen einer Organisation („collective decision-making") lösen eine Rückmeldung der Organisationsumwelt aus, welche ihrerseits durch die Organisationsmitglieder wahrgenommen und interpretiert wird. So werden bewährte oder angemessene Handlungen beibehalten, andere Verhaltensweisen werden verworfen.

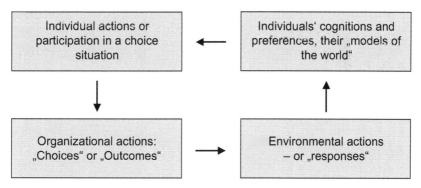

Abb. 5: *Zyklus des Erfahrungslernens (nach March & Olsen, 1975, S. 150)*

March und Olsen (1975) sehen den dargestellten Lernzyklus allenfalls als idealtypisch an. In der organisationalen Realität sind Unterbrechungen organisationaler Lernprozesse nicht unüblich:

> *[...] any of the connections in the basic cycle of choice can be broken or changed so significantly as to modify the implications of the whole system. Intention does not control behavior precisely. Participation is not a stable consequence of properties of the choice situation or individual preferences. Outcomes are not a direct consequence of process. Environmental response is not always attributable to organizational action. Belief is not always a result of experience.* (March & Olsen, 1975, S. 155)

Eine mögliche Barriere sehen die Autoren in der Beschränkung durch organisationale Rollenzuweisungen. So können individuelle Kognitionen nicht in Handlungen umgesetzt werden, wenn die eigene Rolle den Handlungsspielraum beschränkt (*role-constrained experiential learning*). „Organisationen verfügen als komplexe soziale Systeme über die Fähigkeit, die Veränderung von individuellem Verhalten als Folge individuellen Lernens durch starre Rollendefinitionen und ‚standard operating procedures' zu unterbinden" (Richta, 2012, S. 200). Ebenso kann es sein, dass individuelle Handlungen keine kollektive Aufmerksamkeit erfahren und nicht in organisationale Entscheidungen einfließen (*audience experiential learning*). Besteht kein Zusammenhang zwischen dem Handeln einer Organisation und den Reaktionen der Umwelt, basieren die Lernerfahrungen der Organisationsmitglieder auf einem Ursache-Wirkungs-Zusammenhang, welcher nicht existiert. Die eigentlichen Folgen organisationaler Entscheidungen werden nicht erkannt (*superstitious experiential learning*). Weiterhin kann es sein, dass Reaktionen der Organisationsumwelt mehrdeutig ausfallen und daraufhin falsch gedeutet werden (*experiential learning under ambiguity*).

In späteren Arbeiten rücken Routinen[73] als Ergebnis und Ausgangspunkt organisationalen Lernens in den Vordergrund (Levitt & March, 1988). Das im ursprünglichen Ansatz fokussierte Erfahrungslernen wird nach diesem Verständnis ergänzt um eine Perspektive, die auch Lernen durch Sozialisation, Ausbildung etc. integriert:

> *Routines are transmitted through socialization, education, imitation, professionalization, personnel movement, mergers, and acquisitions. They are recorded in a collective memory [...]. They change as a result of experience within a community of other learning organizations. These changes depend on interpretations of history [...].* (Levitt & March, 1988, S. 320)

Das Modell von March und Olsen (1975) kann als Pionieransatz gesehen werden, welcher die Forschung zum organisationalen Lernen bis heute beeinflusst. Besonders hervorzuheben ist die Konzeption von organisationalem Lernen als kontinuierlicher Prozess. Zusätzlichen Erklärungswert erhält die Theorie durch die Adressierung möglicher Lernhindernisse. Eine konzeptionelle Schwäche ist darin zu sehen, dass Lernen durch Erfahrung auf die – rein kognitive – Wahrnehmung und Reaktion auf Stimuli reduziert wird, andere Dimensionen des Lernens (z.B. Emotionen) werden nicht berücksichtigt. Das Modell stellt sich somit in die Tradi-

---

[73] Routinen werden von Levitt und March (1988) in Anlehnung an Nelson und Winter (1982) verstanden als personenunabhängige „forms, rules, procedures, conventions, strategies, and technologies around which organizations are constructed and through which they operate. It also includes the structure of beliefs, frameworks, paradigms, codes, cultures, and knowledge that buttress, elaborate, and contradict the formal routine" (Levitt & March, 1988, S. 320).

tion der Reiz-Reaktions-Theorien individuellen Lernens (Kap. 5.1.1). Zudem werden Organisationen auf Entscheidungen reduziert, während andere Arten organisationaler Praktiken ausgeblendet werden. Die Autoren versuchen nicht zu erklären, wie Organisationen etwas vollständig Neuartiges lernen können. Der Prozess des Lernens vollzieht sich stets zustandsgebunden vor dem Hintergrund vergangener Erfahrungen. Lernen ist an die Reaktionen der Umwelt gebunden. Die bei Levitt und March (1988) im Vordergrund stehenden Routinen werden zwar durch individuelle Organisationsmitglieder konstituiert, aber gleichzeitig auch als personenunabhängig gesehen. Es wird nicht expliziert, wie genau individuelles Lernen in die Veränderungen organisationaler Routinen einfließt.

March und Olsen (1975) erheben keinen Anspruch auf eine vollständige lerntheoretische Ausarbeitung. Vielmehr wurden einige der in ihrem Ansatz enthaltenen Aspekte im Rahmen anderer Lerntheorien aufgegriffen und weiterentwickelt. So wurde z.B. das Konzept der Lernbarrieren später um „competency traps"[74] (Levitt & March, 1988), die lernbehindernde Wirkung gemeinschaftlicher Denk- und Verhaltensmuster (Argyris & Schön, 1996) sowie eine Überforderung durch eine begrenzte Aufnahmekapazität[75] (Cohen & Levinthal, 1990) ergänzt.

5.2.2 Organisationales Lernen als „Assumption Sharing"

Die häufig verkürzt dargestellte Theorie von Argyris und Schön (1978, 1996) zählte in den 1980er und 1990er Jahren zu der am breitesten und bis heute rezipierten Theorie organisationalen Lernens. Im Einklang mit March und Olsen (1975) sehen die Autoren das individuelle Organisationsmitglied als Initiator und zentralen Akteur organisationalen Lernens:

> *Organizational learning occurs when individuals within an organization experience a problematic situation and inquire it on the organization's behalf. [...] In order to become organizational, the learning that results from organizational inquiry must become embedded in the images of the organization held by its members' minds and/or in the epis-*

---

[74] Nach Levitt und March (1988) gerät eine Organisation in eine „Kompetenzfalle", wenn sie – trotz veränderter Markt- und Rahmenbedingungen – an bewährten, früher erfolgswirksamen Routinen festhält.

[75] Nach Cohen und Levinthal (1990) ist eine Organisation für neue Informationen erst dann empfänglich, wenn diese anschlussfähig sind und in das System der Organisation integriert werden können. Innovationsfähige Organisationen besitzen nach Ansicht der Autoren eine höhere Aufnahmekapazität („absorptive capacity") und sind eher in der Lage, den Wert neuer Informationen zu erkennen, diese zu integrieren und anzuwenden.

temological artefacts (the maps, memories, and programs) embedded in the organizational environment. (Argyris & Schön, 1996, S. 16)

Analog zu March und Olsen (1975) werden organisationale Lernprozesse durch von individuellen Organisationsmitgliedern wahrgenommene Diskrepanzen zwischen erlebter und erwarteter organisationaler Realität ausgelöst. Argyris und Schön (1978, 1996) unterscheiden zwischen Bekenntnistheorien („espoused theories") und Gebrauchstheorien („theories-in-use"). *Espoused theories* sind offiziell verkündete und zur Erklärung bzw. Rechtfertigung bestimmter Handlungsmuster herangezogene Theorien. Sie spiegeln sich beispielsweise in den Leitbildern, Zielen oder Absichtserklärungen einer Organisation oder eines Individuums wider (Pawlowsky, 1992). *Theories-in-use* beschreiben die organisationalen Theorien, welche die tatsächlich gezeigten Verhaltensweisen steuern. Sie beinhalten die von den Organisationsmitgliedern (häufig implizit) geteilten Erwartungen und Wissensbestände (Argyris, 1982). Argyris (1999) geht davon aus, dass menschliches Verhalten in Organisationen hauptsächlich von folgenden Gebrauchstheorien gesteuert wird: „1) der vom Handelnden definierte Zweck soll erreicht werden, 2) gewinnen – nicht verlieren, 3) negative Gefühle unterdrücken, 4) Rationalität und Vernünftigkeit betonen" (S. 186). Bekenntnis- und Gebrauchstheorien bilden als handlungsleitende Theorien (*Action-Theories*) das Gedächtnis der Organisation. Die Veränderung der organisationalen Handlungstheorie stellt das Ergebnis organisationaler Lernprozesse dar. Um zu einer organisationalen Handlungstheorie avancieren zu können, sollten individuelle Erwartungen und Wissensbestände innerhalb der Organisation einen Konsens finden. Darüber hinaus entwickeln die einzelnen Organisationsmitglieder individuell spezifische Handlungstheorien (*private images*). Die handlungsleitenden Theorien steuern die Verhaltensweisen aller Organisationsmitglieder und werden durch diese kontinuierlich verändert:

In their capacity as agents of organizational learning, individuals restructure the continually changing artifact called organizational theory-in-use. (Argyris & Schön, 1978, S. 20)

Weiterhin definieren Argyris und Schön (1978, 1996) verschiedene Ebenen organisationaler Lernprozesse[76], welche jeweils unterschiedliche Beiträge zur Erhöhung der organisationalen Lernfähigkeit erbringen. Beim *Single-Loop* Lernen handelt es sich um einen Prozess der Fehlersuche und -korrektur. Es werden alternative Handlungsweisen ausprobiert, um zu den gewünschten Ergebnissen zu gelan-

---

[76] Obwohl Individuen in der Theorie von Argyris und Schön (1978, 1996) als Agent/-innen des Lernens betrachtet werden, beziehen sich die geschilderten Lernebenen ausschließlich auf organisationale Lernprozesse. Diese setzen voraus, dass eine organisationale Handlungstheorie bereits existiert.

gen. Organisationale Normen, Einstellungen und Wertvorstellungen werden jedoch *nicht* hinterfragt. Dies geschieht hingegen beim *Double-Loop* Lernen: Organisationale Ziele, Prämissen und Werte – also der Handlungsrahmen bzw. die Gebrauchstheorien – werden reflektiert und ggf. verändert. Nach Argyris und Schön (1978, 1996) zeichnen sich lernende Organisationen durch *Double-Loop* Lernprozesse aus. Bateson (1972) erweitert das Konzept der Lernebenen um das Prinzip des Meta-Lernens (*Deutero Lernen*), bei dem der Vorgang des Lernens an sich reflektiert wird. Auch hier findet eine Auseinandersetzung mit den organisationalen Gebrauchstheorien statt. Allerdings wird – anders als beim Double-Loop Lernen – der Lernprozess an sich reflektiert. Die Organisation lernt, wie Single- und Double-Loop Lernprozesse funktionieren und gesteuert werden können (Wiegand, 1996). Das Deutero Lernen ist aus Sicht vieler Autor/-innen (u.a. Bateson, 1972; Probst & Büchel, 1994) die höchste Form des Lernens, welche einen bedeutsamen Beitrag zur Erhöhung der Lern- und Innovationsfähigkeit einer Organisation leistet. Im Gegensatz zum Single-Loop Lernen erfordern Double-Loop und Deutero Lernprozesse ein höheres Maß an Interaktion und (konflikthafter) Auseinandersetzung („Assumption Sharing"; Argyris & Schön, 1978). Dissens zwischen verschiedenen Beschäftigtengruppen wird (zu einem gewissen Grad) von den Autoren als hilfreich betrachtet, als dass Diskussionen und Konsensfindung der Entwicklung einer gemeinsamen Handlungstheorie zuträglich sind. Nach Wiegand (1996) äußert sich gerade „in der Gestaltung der Interaktionsprozesse [...] die Fähigkeit einer Organisation zum organisationalen Lernen" (S. 212). Höherwertige Lernprozesse setzen ein Verlernen bewährter Regeln und Verhaltensweisen voraus. In der Literatur (u.a. Baecker, 2003; Hedberg, 1981) wird daher teilweise auch das Verlernen als Fähigkeit einer Organisation hervorgehoben.

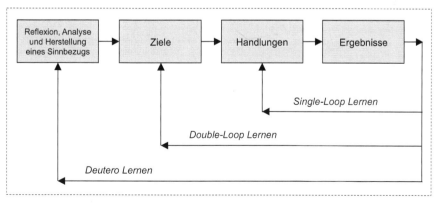

Abb. 6: *Lernebenen (in Anlehnung an Probst & Büchel, 1994, S. 38)*

In späteren Arbeiten wendet sich Argyris möglichen Hindernissen und Widerständen bei der Realisierung höherwertiger Lernprozesse zu. Diese organisationalen Abwehrroutinen werden in der Literatur als „defensive routines" oder „inhibiting-loops" diskutiert. *Defensive routines* (Argyris, 1985) beschreiben „jegliche Handlung oder Politik, die Menschen vor negativen Überraschungen, Gesichtsverlust oder Bedrohung bewahrt und gleichzeitig die Organisation darin hindert, die Ursachen der Überraschungen, Gesichtsverluste und Bedrohungen zu reduzieren oder zu beseitigen. Organisationsbezogene Abwehrroutinen sind lernwidrig und (übermäßig) protektionistisch" (Argyris, 1999, S. 132). Im Gegensatz zu (offenem) Widerstand, Kritik oder Ablehnung handelt es sich um personenunabhängige, verdeckte organisationale Handlungsmuster (Carstensen, 2004). Zusätzlich unterscheidet Argyris (1977) zwischen (lernbeschränkenden) O-I und (lernförderlichen) O-II Handlungstheorien[77], welche die normativen Aspekte früherer Konzepte (Argyris, 1957, 1964) integrieren. Der Einfluss der Organisationskultur auf organisationale Lernprozesse wurde von Argyris und Schön (1978) zunächst nicht aufgegriffen und erst in späteren Arbeiten (Argyris, 1982, 1990) konzeptionell berücksichtigt.[78]

Die Lerntheorie von Argyris und Schön (1978, 1996) birgt viele Erkenntnisse. Ihre Unterscheidung zwischen „theories-in-use" und „espoused theories" sowie zwischen „Single-Loop", „Double-Loop" und „Deutero" Lernen stellt eine hilfreiche theoretische Grundlage für Interventionen dar. Die Theorie versucht die Überführung individueller Lernerfahrungen in organisationales Lernen zu erklären. Allerdings bleibt unklar, wie genau sich individuelle Handlungstheorien zu einer organisationalen Handlungstheorie verdichten. Argyris und Schön (1978, 1996) bedienen sich eines theoretischen Trickgriffs, indem sie postulieren, dass Beschäftigte stets im Namen der Organisation agieren. Die von den Autoren eingesetzten Interventionsinstrumente (z.B. die „left-hand column" Methode[79] oder Feedbackrunden; Argyris & Schön, 1996) sind dementsprechend durchweg kognitiv-reflexiv ausgerichtet und zielen ausschließlich auf die verbale Explikation und Reflexion mentaler Modelle von Individuen:

---

[77] Für eine detaillierte Schilderung der O-I und O-II Handlungstheorien wird auf die Arbeiten von Argyris (1977, 1982) verwiesen.

[78] Schein (1985) führt die organisationskulturelle Perspektive in seinen Arbeiten weiter, indem er organisationales Lernen als Veränderung und Entwicklung der Organisationskultur – also der Gesamtheit der Grundannahmen („basic assumptions") – betrachtet.

[79] Die „left-hand column" Methode dient der Bewusstwerdung eigener (lernerschwerender) Motive und Beweggründe in Situationen des organisationalen Alltags. Hierzu werden konkrete Kommunikationssituationen im Hinblick auf ihren externen („What was said"; right-hand column) und ihren internen „What I was thinking"; left-hand column) Dialoginhalt analysiert.

Our ultimate goal is to help individuals unfreeze and alter their theories of action so that they, acting as agents of the organization, will be able to unfreeze the organizational learning systems that also inhibit double-loop learning. (Argyris & Schön, 1978, S. 4)

Wie March und Olsen (1975) vernachlässigen die Autoren in ihrer (implizit) individualistisch-kognitiven Orientierung die nicht-kognitiven und kollektiven Aspekte des Lernens. Weiterhin bezieht sich der Interventionsansatz von Argyris (u.a. Argyris, 1993) vornehmlich auf das Management. Die Kompetenzen einzelner leitender Führungskräfte werden so in den Fokus der Intervention gerückt. Organisationales Lernen kann nach diesem Verständnis nur durch externe Organisationsberater/-innen und nur in einem Top-down Prozess angestoßen werden. Der von Argyris und Schön (1978, 1996) unterstellte direkte Zusammenhang zwischen individueller und organisationaler Handlungstheorie wird überstrapaziert (Wiegand, 1996). Insgesamt bleibt unklar, in welchen Situationen sich die Organisationsmitglieder auf die organisationale Handlungstheorie beziehen, auf welche Art und Weise organisationales Lernen im gemeinsamen Austausch („Assumption Sharing") stattfindet, welche Organisationsmitglieder die organisationale Handlungstheorie verändern können und wie viele individuelle Lernprozesse hierfür notwendig sind. Wiegand (1996) merkt jedoch berechtigterweise an, dass „Argyris zu den wenigen Autoren gehört, die sich so konkret äußern, daß sie überhaupt kritisiert werden können" (S. 226).

5.2.3 Organisationales Lernen als „Sensemaking"

Daft und Weick (1984) sowie Weick (1995) sehen Organisationen als interpretierende Systeme an. Unter „Interpretation" verstehen die Autoren einen Prozess, in dem einer Informationen eine Bedeutung zugeordnet wird („Sensemaking") und auf dessen Grundlage alternative Handlungsweisen ausgewählt werden. Der Ansatz fokussiert Sensemaking-Prozesse in Organisationen, welche als Phasen des Aufnehmens („data collection"), Interpretierens („giving meaning to data") und Lernens („taking action") konzeptualisiert werden: In der Phase des Aufnehmens werden Informationen über die Organisationsumwelt durch die Mitglieder der Organisation gesammelt und an das Management übermittelt. In Prozessen des Aushandelns geteilter Wissensstrukturen und auf Grundlage von Annahmen über Ursache-Wirkungs-Zusammenhänge schreiben Entscheidungsträger/-innen den Informationen eine bestimmte Bedeutung zu. Infolge reagiert die Organisation in Abhängigkeit des Ergebnisses der Bedeutungsaushandlung auf den Umweltstimulus. Die Konsequenzen der Organisationshandlungen bilden erneut den Ausgangspunkt weiterer Sensemaking-Prozesse. Darüber hinaus differenzieren Daft und Weick (1984) vier organisationale Interpretationsmodi („undirected viewing", „conditioned viewing", „enacting", „discovering"), welche sich bezüglich der Annahmen einer Organisation über die Analysierbarkeit ihrer Umwelt und der unternommenen Anstrengungen zur Informationsgewinnung unterscheiden.

Ein theoretischer Beitrag des Ansatzes besteht in der Konzeption von organisationalem Lernen als Lernen über Ursache-Wirkungs-Zusammenhänge zwischen organisationalem Handeln und der Umwelt. Daft und Weick (1984) tragen so maßgeblich zum Verständnis von Prozessen der selektiven Wahrnehmung und der Integration von Informationen zu Veränderungen der Organisationsumwelt in individuelle und kollektive Lernprozesse bei. Schwächen des Ansatzes können in der ausschließlich konzeptionellen Ausrichtung gesehen werden. Die operationale Ebene praktischer organisationaler Routinen und Kooperationsmuster wird vernachlässigt.[80] Organisationales Lernen wird als Interpretationsleistung gesehen und damit nur auf einen Teil eines Sensemaking-Prozesses reduziert. Zudem wird primär die Beziehung zwischen Organisation und externer Umwelt fokussiert, während intraorganisationale Dynamiken weitgehend außer Acht gelassen werden. Nicht zuletzt reduziert der Ansatz organisationales Lernen auf die Ebene der Führungskräfte bzw. Entscheidungsträger/-innen, welche aufgrund ihres strategischen Einflusses auf die Organisation stellvertretend für diese lernen. Die Ebene der Mitarbeitenden wird mehr oder weniger ausgeblendet.

5.2.4 Organisationales Lernen durch Systemdenken

Nach Senge (1990) wird organisationales Lernen durch die Beherrschung von fünf Disziplinen ermöglicht. Wie bereits erwähnt, stellt das lernende Individuum den Ausgangspunkt seiner normativen Theorie organisationalen Lernens dar. Individuelles Lernen beschreibt nach Senge (1990) einen Prozess, in dessen Verlauf Menschen bestimmte, individuelle Fähigkeiten erwerben. Diese Entwicklung des Selbst (*personal mastery*) erfordert ein kontinuierliches Streben nach Erweiterung und Entwicklung. Sie ist Voraussetzung für die Lernfähigkeit einer Organisation, welche nicht größer sein kann als die Lernfähigkeit ihrer Mitglieder. Insbesondere für Führungskräfte ist es wichtig, eigene mentale Modelle (*mental models*)[81] – also

---

[80] Für eine erweiterte – wenngleich ebenfalls auf abstrakter Ebene verbleibende – Auseinandersetzung mit dem Ansatz von Daft und Weick (1984) wird auf die Arbeiten von Daft und Huber (1987) sowie Huber (1991) verwiesen.
[81] Senges (1990) Konzept des „mentalen Modells" ist angelehnt an die Arbeiten von Argyris und Schön (1978).

grundlegende Annahmen über die Organisation und ihre Umwelt – zu verstehen und fortlaufend zu reflektieren. Eine gemeinsame Vision (*shared visioning*) trägt dazu bei, Sinn zu kreieren, kollektive Anstrengungen zu unternehmen und alternative Handlungs- und Denkweisen auszuprobieren. Senge (1990) betont, dass eine geteilte Vision darüber entscheidet, ob die erlangten Fähigkeiten der Organisation zunutze gemacht oder aber zur Verwirklichung individueller Ziele genutzt werden: „To empower people in an unaligned organization can be counterproductive" (Senge, 2006b, S. 136). Die Entwicklung einer geteilten Vision erfordert nach Senge (1990) Austausch und Partizipation. Die unterste Stufe organisationalen Lernens stellt das Lernen in einer Gruppe (*team learning*) dar: „Unless teams can learn, the organization cannot learn" (Senge, 1990, S. 10). Entscheidend für ein gelingendes Teamlernen ist die Bereitschaft jedes Teammitglieds, neue Kommunikationsformen, z.B. einen Dialog (Bohm, 2017), zu etablieren und sich auf einen gemeinsamen Denkprozess einzulassen, in dessen Ergebnis individuelle und organisationale Ziele in Einklang gebracht werden. Letztendlich sollen die Organisationsmitglieder in der Lage sein, das System der Organisation zu betrachten und organisationale Wirkmechanismen, mentale Modelle sowie typische Verhaltensmuster („Systemarchetypen") zu reflektieren und zu bearbeiten (*systems thinking*). Jede Disziplin beinhaltet zusätzliche Grundannahmen („Essences"), Funktionsprinzipien („Principles") und Tools („Practices") zur besseren Umsetzung.

Zu den von Senge (1990) vertretenen normativen Positionen gehört die Annahme, dass Individuen über eine grundsätzliche Lernbereitschaft und -fähigkeit verfügen: „Learning organizations are possible because, deep down, we are all learners [...] not only is it in our nature to learn but we love to learn" (S. 4). Eine lernende Organisation ist für ihn eine Organisation, die ihre Kapazitäten und Fähigkeiten zur Gestaltung der Zukunft und zum Umgang mit neuartigen Herausforderungen im Sinne einer Höherentwicklung kontinuierlich erweitert. Organisationen sieht Senge (1990) als tendenziell lernunfähig an. So sind die Mitglieder einer Organisation nicht in der Lage, in einen lernförderlichen Dialog miteinander einzutreten; individuelle Lernpotenziale werden unterdrückt (Senge et al., 1994). Lernbarrieren beruhen u.a. auf der externalen Attribution von Misserfolgen, dem Verharren auf dem eigenen Status Quo (z.B. berufliche Position, Ausbildung, Fähigkeiten etc.) oder der fehlenden Verfügbarkeit von Lernchancen durch Feedback (Senge, 1990).

Bei Senges (1990) Modell handelt es sich letztlich eher um eine normativ geprägte, praxisorientierte Handlungsanweisung[82] als eine wissenschaftliche Theorie. Der Autor präsentiert eine eklektische Vielzahl an Konzepten, Theorien und Ideen, deren Zusammenhang nicht konzeptualisiert wird. Die kategorische Funktion der Einteilung in „Essences" und „Principles" und ihre Verbindung zu den vorgeschlagenen „Practices" bleibt unklar. Analog zu Daft und Weick (1984) geht es vor allem darum, dass Entscheidungsträger/-innen ihre individuellen Fähigkeiten erweitern und ein Systemdenken etablieren. Sie bilden die (ausschließliche) Zielgruppe der von Senge konzipierten Instrumente (z.b. „managerial microworlds"; Senge & Lannon, 1990), wenngleich die Notwendigkeit von Lernerfahrungen auf allen Hierarchieebenen betont wird. Jedoch liegt eine Stärke in der konzeptionellen Kombination individueller (*personal mastery*, *mental modelling*), kollektiver (*shared visioning*, *team-learning*) und organisationaler (*systems thinking*) Lernprozesse. Auch hier wird allerdings nicht deutlich, wie Team- und Organisationslernen konkret zusammenhängen. Besonders hervorzuheben ist die systemtheoretische Orientierung, welche das Systemdenken als integrative Disziplin und als zentrale Voraussetzung für organisationalen Wandel betont.

5.2.5 Organisationales Lernen als Wissenserzeugung

Nonaka und Takeuchi (1995) verstehen organisationales Lernen als die Erzeugung und Übertragung organisationalen Wissens. Unter Rückgriff auf Polanyis (1985) Unterscheidung in „explizites" und „implizites Wissen" differenzieren die Autoren vier Modi des Wissenserwerbs: Der Transfer impliziten Wissens in implizites Wissen (*Sozialisation*), der Transfer impliziten Wissens in explizites Wissen (*Externalisation*), der Transfer expliziten Wissens in explizites Wissen (*Kombination*) und der Transfer expliziten Wissens in implizites Wissen (*Internalisation*). *Sozialisation* findet z.B. durch die Beobachtung von Kolleg/-innen statt. Die Imitation der beobachteten Verhaltensweisen generiert wiederum implizites Wissen beim Beobachtenden. Die *Externalisation* von Wissen stellt einen Schwerpunkt des Konzepts dar. Implizites, durch Sozialisation erworbenes Wissen (wie z.B. mentale Modelle und Fähigkeiten) wird im Dialog expliziert und in Konzepte und

---

[82] Der präskriptive Charakter von Senges Ansatz ist vor dem Hintergrund von Bestrebungen zur Erhöhung der Wettbewerbsfähigkeit US-amerikanischer Unternehmen zu erklären. Seine Arbeiten sind Teil des vom Massachusetts Institute of Technology und US-amerikanischen Großunternehmen initiierten Forschungsprogramms „Program in Systems Thinking and Organizational Learning". Senge erhielt den Auftrag, Voraussetzungen und Bedingungen für die Implementierung von Systemdenken in Organisation zu untersuchen und Gestaltungsempfehlungen auszuarbeiten.

Modelle umgewandelt. Die *Kombination* expliziten Wissens, z.B. aus verschiedenen Organisationsbereichen, führt zur Bildung neuartigen expliziten Wissens. *Internalisation* ereignet sich schließlich, wenn explizites Wissen angewendet wird und in alltägliche Handlungsgewohnheiten und -muster einfließt. Nonaka und Takeuchi (1995) konzipieren einen idealtypischen Verlauf, in dem sich die Formen des Wissenserwerbs zu einer selbstverstärkenden Wissensspirale ergänzen.

Für Nonaka und Takeuchi (1995) ereignet sich organisationales Lernen nicht nur auf Ebene der Umwandlung von implizitem in explizites Wissen (und vice versa), sondern findet ebenso als Wissenstransfer zwischen Individuen, Gruppen, Organisationen und interorganisationalen Netzwerken statt. Nonaka (2005) betont in diesem Zusammenhang die große Bedeutung selbstorganisierter Teams für die Externalisation von Wissen:

The self-organizing team triggers organizational knowledge creation through two processes. First, it facilitates the building of mutual trust among members, and accelerates creation by an implicit perspective shared by its members as tacit knowledge. [...] Second, the shared implicit perspective is conceptualized through continuous dialogue among members. [...] The team is different from a mere group in that it induces self-organizing process of the entire organization through which the knowledge at the group level is elevated to the organizational level. (Nonaka, 2005, S. 171)

Zudem kommt dem mittleren Management eine wichtige Funktion bei der Verknüpfung von Wissen aus verschiedenen Hierarchieebenen zu: „It is the middle manager that takes a strategic position at which he or she combines strategic, macro, universal information and hands-on, micro, specific information" (Nonaka, 1994, S. 32). Nach Nonaka und Takeuchi (1995) erfordert organisationales Lernen zunächst die Bereitschaft einer Organisation, sich auf offene Innovationsprozesse einzulassen (*Intention*). Autonomes Arbeiten, Informationsbeschaffung und Selbstorganisation sollten für alle Organisationsmitglieder möglich sein (*Autonomie*). Ebenso lernförderlich ist eine Veränderung des Status Quo durch die Einführung irritierender Routinen und Annahmen (*Fluktuation und kreatives Chaos*). Informations- und Rollenüberschneidungen ermöglichen eine effektive Kommunikation (*Redundanz*). Die Überlegungen der Autoren verdichten sich in dem normativen Konzept der „Hypertext-Organisation" (Nonaka & Takeuchi, 1995), deren Strukturen einen dynamischen Austausch von Wissen zur Entwicklung innovativer Produkte und effizienter Prozesse ermöglichen sollen. Die Hypertext-Organisation zeichnet sich dadurch aus, dass neben einer traditionell bürokratischen Struktur zur Erledigung des operativen Tagesgeschäfts (Geschäftssystem) ein unternehmensübergreifendes Hyper-Netzwerk existiert, auf dessen Ebene sich mehrere funktions- und abteilungsübergreifende Projektteams mit der Entwicklung neuer Prozesse und Produkte beschäftigen. Das im operativen Geschäft und in den Projektteams erzeugte Wissen wird zusätzlich in der organisationalen Wissensbasis – z.B. in Form von Workshops, Projektberichten oder digitaler Speicherung – verankert. Im Gegensatz zu den anderen beiden Ebenen stellt die organisationale Wissensbasis keine organisatorische Einheit dar, sondern konkretisiert sich in den zur Wissensspeicherung zur Verfügung stehenden Systemen. Die Organisationsmitglieder wechseln in Abhängigkeit der organisationalen Anforderungen zwischen den einzelnen Ebenen, sodass eine Durchlässigkeit gegeben ist.

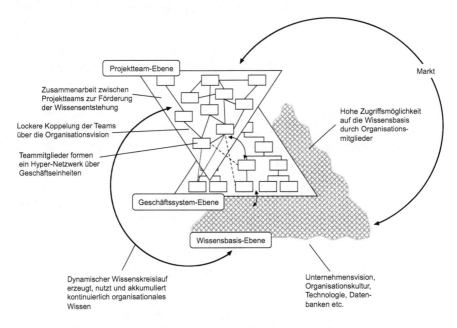

Abb. 7: *Modell der Hypertext-Organisation (nach North, 2016, S. 98; in Anlehnung an Nonaka & Takeuchi, 1995, S. 169)*

Eine Stärke der Theorie ist in der Integration reflexiv-kognitiver und körperlich-handlungsorientierter Aspekte der Verkörperung von Wissen[83] zu sehen. Organisationales Lernen wird einerseits als dynamischer Zyklus der Produktion expliziten und impliziten Wissens verstanden. Andererseits wird organisationales

---

[83] „Embodiment" (siehe Varela, Thompson & Rosch, 1991).

Lernen als Zusammenspiel zwischen Individuen, Gruppen, Organisationen und interorganisationalen Netzwerken konzipiert. Die Konzeption von organisationaler Wissensgenerierung als dynamischer, selbstverstärkender Zyklus betont den Prozesscharakter des organisationalen Lernens. Der Fokus liegt jedoch eher auf (individuellen) Sozialisations- und Externalisationsprozessen als auf der kollektiven Kombination und organisationalen Internalisation. Die Autoren vertreten eine individuumszentrierte Perspektive, nach der organisationales Wissen erst durch die Übersetzung von subjektiv erworbenem Wissen entstehen kann. Durch die Propagierung eines idealtypischen Modells der Wissensgenerierung in Organisationen nehmen die Autoren eine normative Perspektive ein. Der Prozess der Institutionalisierung von Wissen als Überführung von individuellem in organisationales Wissen wird nicht ausreichend spezifiziert. Es bleibt zudem unklar, ob mit „organisationalem Wissen" das von den Organisationsmitgliedern geteilte Wissen, das von selbstorganisierten Teams gespeicherte Wissen oder etwas gänzlich anderes gemeint ist. Letztendlich fehlt eine Differenzierung zwischen implizitem Wissen und Fähigkeiten, was zu einer Vernachlässigung der Konzeption von organisationalem Lernen als Erwerb organisationaler Fähigkeit führt.

5.2.6 Organisationales Lernen in Communities of Practice

Spätestens seit den Arbeiten Lewins (u.a. 1948) werden Gruppen[84] als eigene soziale Entität verstanden, welche sich von der Emergenzebene „Individuum" konzeptionell unterscheidet. Die unzutreffenderweise mit der Gestalttheorie assoziierte Aussage „Das Ganze ist mehr als die Summer seiner Teile", welche eine Höherwertigkeit der Gruppe gegenüber dem Individuum impliziert, wird jedoch zurückgewiesen:

Es ist [...] nicht zutreffend, wenn man sagt, das Ganze sei mehr als die Summe seiner Teile. Vielmehr muß es heißen: Das Ganze ist etwas anderes als die Summe seiner Teile. Es kommen nicht etwa nur zu den –

---

[84] Im Rahmen der vorliegenden Arbeit wird davon ausgegangen, dass eine Ansammlung von Individuen noch keine Gruppe ausmacht. Im Einklang mit Tajfel und Turner (1986) wird unter einer eine Gruppe „a collection of individuals who perceive themselves to be members of the same social category, share some emotional involvement in this common definition of themselves, and achieve some degree of social consensus about the evaluation of their group and of their membership in it" (S. 15) verstanden. Zudem wird angenommen, dass sich Gruppen von Organisationen dadurch unterscheiden, dass persönliche soziale Interaktionen mit allen Mitgliedern möglich sind. Im Gegensatz zu einer Organisation, welche durch eine formalisierte Struktur nicht auf persönlichen Kontakt angewiesen ist, ist die Gruppe daher in ihrer Größe begrenzt.

unveränderten – Teilen Gestaltqualitäten hinzu, sondern alles, was zu einem Teil eines Ganzen wird, nimmt selbst neue Eigenschaften an. (Metzger, 1975, S. 6)

Aus dieser Perspektive fungiert eine Gruppe nicht (nur) – wie es die in Kap. 5.1.4 vorgestellten individualtheoretischen Ansätze sozialen Lernens postulieren – als mehr oder weniger unterstützender Kontext individuellen Lernens, sondern nimmt selbst neue Eigenschaften an. Lave und Wenger (1991) greifen diese Überlegungen auf und entwickeln sie zu einer eigenständigen Theorie des Lernens als soziales, kollektives Phänomen:

Common theories of learning begin and end with individuals. [...] A reconsideration of learning as a social, collective, rather than individual, psychological phenomenon offers the only way beyond the current state of affairs that I can envision at the present time. [...] The argument developed by Etienne Wenger and myself (Lave and Wenger, 1991) is that learning is an aspect of changing participation in changing communities of practice everywhere. (Lave, 1996, S. 149)

Lave (1996) wirft den Autor/-innen der psychologischen Lerntheorien vor, Lernen auf individuelle mentale Fähigkeiten zu reduzieren und bestimmte Personengruppen durch eine Vorstellung von „gutem" und „schlechtem" Lernen zu marginalisieren. Barab und Duffy (2000) kritisieren zudem den dekontextualisierten und abstrakten Charakter schulischer Lerninhalte, welcher sich diametral vom kollektiven, kontextspezifischen Lernen im Lebensalltag unterscheidet. Der Fokus der Untersuchungen von Lave und Wenger[85] liegt folglich nicht auf der Veränderung kognitiver Zustände eines lernenden Individuums durch die Aneignung dekontextualisierten Wissens, sondern wird in den sozialen Interaktionen einer Lerngemeinschaft (*Community of Practice*) verortet. Eine Community of Practice wird als Gruppe gesehen, deren Mitglieder a) gemeinsame Interessen verfolgen (*Domain*), b) sich an gemeinsamen Aktivitäten beteiligen, einander unterstützen und Informationen austauschen (*Community*) und c) ein gemeinsames Repertoire an Ressourcen, z.B. Problemlösungsstrategien, Anekdoten oder Erfahrungen (*Practice*) entwickeln (Wenger, 1998).

---

[85] U.a. Lave, 1991, 1996; Lave & Wenger, 1991; Wenger, 1998; Wenger, McDermott & Snyder, 2002; Wenger, Trayner & de Laat, 2011.

Der analytische Fokus der Theorie situierten Lernens liegt auf dem Konzept der „legitimen peripheren[86] Partizipation" (*Legitimate Periphal Participation*). Lernen ereignet sich demnach in einem Prozess von zunächst peripherer Partizipation bis hin zur vollständigen Teilhabe (*Centripetal Participation*) an den soziokulturellen Praktiken einer Community of Practice:

> *[Legitimate peripheral participation] concerns the process by which newcomers become part of a community of practice. A person's intentions to learn are engaged and the meaning of learning is configured through the process of becoming full participant in a sociocultural practice. This social process includes, indeed it subsumes, the learning of knowledgeable skills.* (Lave & Wenger, 1991, S. 29)

Lernen wird folglich als die Bildung von Identität bzw. das „Werden einer Person" innerhalb einer Community of Practice verstanden: „Participating [...] is both a kind of action and a form of belonging. Such participation shapes not only what we do, but also who we are and how we interpret what we do" (Wenger, 1998, S. 4). Die Theorie betont die Prozesshaftigkeit von Lernen als sich entwickelnde Teilhabe, in deren Verlauf ein „Newcomer" zu einem „Oldtimer" wird (*Learning Journey*). Shaffer et al. (2009) gehen davon aus, dass sich Mitglieder einer Community of Practice durch einen gemeinsamen „Epistemic Frame" auszeichnen, welcher ein spezifisches Set aus Fähigkeiten, Wissen, Identität, Werten und Legitimationsgrundlagen zur Rechtfertigung des eigenen Handelns („Epistemology") inkorporiert.

Hieraus folgt, dass sich Lernen eher in Interaktionen und Beziehungen als „in den Köpfen isolierter Individuen" (Ortmann, 2014, S. 20) vollzieht. In diesem Zusammenhang ist ein zentraler Gedanke, dass sich im Verlauf des Lernprozesses nicht nur die Newcomer, sondern alle Mitglieder einer Community und deren Praktiken wechselseitig reproduzieren und transformieren. Der – Lernen ermöglichende – soziale Kontext einer Community of Practice entwickelt sich also mit den lernenden Personen weiter und wird durch diese geprägt. Lave (1988) verweist in diesem Zusammenhang auf die strukturationstheoretische Position von Giddens (1979):

> *We have to avoid any account of socialization which presumes either that the subject is determined by the social object (the individual simply as 'moulded' by society); or, by contrast, which takes subjectivity*

---

[86] Unter „peripher" verstehen Lave und Wenger (1991) „multiple, varied, more-or-less-engaged and -inclusive ways of being located in the fields of participation defined by a community" (S. 36).

for granted as an inherent characteristic of human beings, not in need of explication. (Giddens, 1979 zit. nach Lave, 1988, S. 15)

Die strukturationstheoretische Perspektive auf die Theorie situierten Lernens eröffnet eine Sichtweise, welche das Subjekt als lernendes Individuum zwar dezentriert, sich aber nicht gänzlich von diesem distanziert. Wenn Lernen sozial eingebettet („situiert") erfolgt, stellt sich die Frage, wie der soziale Kontext einer Organisation lernförderlich gestaltet werden kann. Brown und Duguid (1991) übertragen in ihrer Arbeit „Organizational Learning and Communities of Practice"das ursprünglich aus anthropologischen Feldstudien entwickelte Konzept der Community of Practice erstmals auf das organisationale Lernen in einer modernen Arbeitswelt. Während Organisationen von Lave und Wenger (1991) anfänglich nur als Lernkontexte gesehen wurden, stellt Wenger (2009) in späteren Arbeiten die Verbindung zum organisationalen Lernen in Communities of Practice und Netzwerken explizit her. Wenger und Kolleg/-innen[87] erweitern das Konzept um theoretisch begründete Hinweise, wie Communties of Practice systematisch aufgebaut und gesteuert werden können.[88]

Die Theorie des situierten Lernens (Lave & Wenger, 1991) leitete einen Paradigmenwechsel[89] ein. Die bis in die 1990er Jahre dominante kognitivistische Sichtweise von Lernen als Akquisition von Wissen wurde abgelöst von einer Konzeption von Lernen als Partizipation in einem situierten sozialen Prozess. Eine Stärke des Ansatzes liegt in der Sichtweise, dass Wissen und praktisches Handeln selten getrennt voneinander betrachtet werden können und Lernen keine rein kognitive, sondern vornehmlich soziale Aktivität ist, welche die Person in ihrer Gesamtheit involviert. Lernen – als Partizipation an organisationalen Praktiken – wird als allgegenwärtiger Teil des Alltags in Organisationen gesehen: „Organizations always participate in, and are constituted by, such social learning systems" (Gherardi, 2012, S. 30). Es stellt sich jedoch die Frage, wie Lernen, Partizipation und Sozialisation konkret voneinander abgegrenzt werden können. Im Gegensatz zu den Lernsituationen und -bedingungen wird der eigentliche Lernprozess theoretisch wenig umrissen. Es wird nicht näher expliziert, wie Lernen auf Ebene einer Community of Practice Eingang in organisationale Lernprozesse findet. Ebenso bleibt unklar, wie unterschiedliche Lernergebnisse organisational integriert wer-

---

[87] Wenger, McDermott & Snyder, 2002; Wenger, Trayner & de Laat, 2011.
[88] Hierbei handelt es sich allerdings eher um praktische Handreichungen zur Optimierung des betrieblichen Wissensmanagements als um wissenschaftliche Publikationen.
[89] Obwohl der Theorie von Lave und Wenger (1991) ein Paradigmenwechsel zugeschrieben wird, erkannten schon frühere Arbeiten (u.a. Miller, 1986; Wygotski, 1978) die soziale Dimension des Lernens.

den. Die Theorie wurde zudem vielfach (u.a. Contu & Willmott, 2003; Cox, 2005; Mørk et al., 2010) dafür kritisiert, organisationale Machtprozesse und Konflikte außer Acht zu lassen. Nach Fuller (2007) verstelle der mit Harmonie und Zusammenhalt konnotierte Begriff der „Community" zudem den Blick auf im Arbeitsalltag auftretende Interessenskonflikte. In diesem Zusammenhang stellt sich die Frage, welche Bedeutung das Verwehren des Zugangs zu einer Community of Practice als Ausdruck machtpolitischer Prozesse in Organisationen spielt. Auch wenn sich die Theorie nicht für das Verständnis von Machtprozessen oder Konflikten in Organisationen und Communities of Practice eignet, eröffnet sie eine grundlegen neue Perspektive auf Lernen als situierte Praxis. Nach Czauderna (2014) ist sie „nicht als soziologische Beschreibung der Gruppenprozesse in Communities of Practice mit Repräsentativitätsanspruch" (S. 50), sondern als „ein abstraktes Instrument zur Analyse von Lernprozessen" (S. 52) zu lesen.

5.2.7 Organisationales Lernen als Expansion

Auch Engeström (1987) kritisiert die kognitivistischen Theorien des Lernens, nach denen Lernen im Kopf eines Individuums und weitgehend ohne Berücksichtigung des äußeren Kontexts stattfindet. Sein Ansatz basiert auf der kulturhistorischen Tätigkeitstheorie des Lernens und der mentalen Entwicklung (u.a. Wygotski, 1934, 1978, 1987 und Leontjew, 1978, 1981) sowie Holzkamps „Grundlegung der Psychologie" (1983)[90]. Die Tätigkeitstheorie[91] entstammt der kulturhistorischen Schule der Psychologie, welche in den 1920er Jahren im revolutionären Russland begründet wurde. Ihr „interdisziplinärer Arbeits- und Forschungszusammenhang" (Jödecke, 2009, S. 1) lässt sich auf organisationales Lernen übertragen und wurde von Engeström (1987) in der Theorie des „expansiven Lernens" (*expansive learning*) aufgegriffen. In einer tätigkeitstheoretischen Denkgrammatik kann ein „Verstehen sozialer Phänomene wie auch individueller Handlungen [...] nicht primär am einzelnen Subjekt ansetzen, [...] weil die Subjekte die Welt nicht nur vermittelt über ihre Präferenzen und Erfahrungen deuten, sondern über soziale Objekte (Zeichensprachen, Denkweisen, „Dispositive"), also mit gesellschaftlich vorgefertigten Bedeutungen" (Moldaschl, 2015, S. 148). Entwicklungsprozesse psychischer Vor-

---

[90] Holzkamps „Grundlegung der Psychologie" (1983) kritisiert die bis heute in der US-amerikanisch geprägten, individualistisch-kognitivistischen Psychologie vorherrschende naturwissenschaftlich orientierte, experimentell-statistische Herangehensweise. Sie stellt den Versuch der Neuausrichtung einer auf marxistischen Positionen in Philosophie und Gesellschaftstheorie basierenden Schule einer „Kritischen Psychologie" dar.
[91] Auch als „Activity Theory" oder „Cultural-Historical Activity Theory" bezeichnet.

gänge wie Denken, Erinnerung und Lernen werden als Teil der gesellschaftlich-kulturellen Entwicklung gesehen (Wygotski, 1987).

Aus Engeströms (1987) Sichtweise ereignet sich Lernen daher nicht nur durch die individuelle Aneignung von Wissen, sondern immer auch in der aktiven Interaktion mit der eigenen Umwelt und ihren Lebensbezügen. In der Tätigkeitstheorie werden individuelle Handlungen niemals isoliert, sondern als eingebettet in ein soziales „Tätigkeitssystem" (*activity system*) betrachtet. In seiner Theorie expansiven Lernens rückt Engeström (1987) die Praktiken von Tätigkeitssystemen als primäre Analyseeinheiten von Lernprozessen in den Mittelpunkt. Lernen geht stets mit weltverändernder Tätigkeit einher. „Nach außen gerichtete Tätigkeiten [Externalisierung] verändern ein (kleines) Stück Welt und wirken dadurch zurück, wodurch Aneignung = Lernen [Internalisierung] geschieht" (Pitsch, 2013, S. 62). Eine Organisation besteht nach dieser Logik aus einem oder mehreren Tätigkeitssystemen, in denen die Beschäftigten (*Subjekte*) mit Hilfe von den ihnen zur Verfügung stehenden *Instrumenten* (z.b. Problemlösungsstrategien, Moderationsmaterialien, Software etc.) auf die Organisation einwirken. Dabei treten sie nicht als isolierte Individuen auf, sondern als Mitglieder einer *Gemeinschaft* innerhalb einer Organisation mit ihren jeweiligen *Regeln* und einer *Arbeitsteilung* (Rollen, Verantwortlichkeiten, Hierarchien etc.):

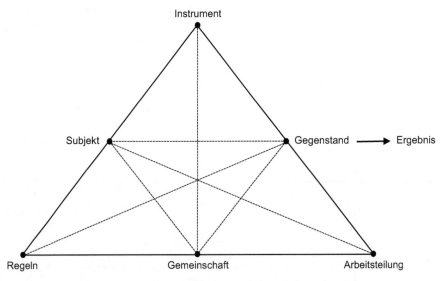

Abb. 8: *Tätigkeitssystem (nach Engeström, 2011, S. 104)*

Diese Perspektive eröffnet eine Konzeption, die organisationales Lernen weder gänzlich beim Individuum, noch im sozialen Kontext oder in einer Organisation, sondern innerhalb eines Tätigkeitssystems verortet. Engeströms (1987) Ansatz fokussiert den *Gegenstand* als Teil des Tätigkeitssystems und trägt so zur Auflösung der Kontroverse zwischen individuellem und kollektivem Lernen in Communities und Organisationen bei. In Anlehnung an Batesons (1972) Konzept des Lernens dritter Art (*Learning III*) „where a person or a group begins to radically question the sense and meaning of the context and to construct a wider alternative context" (Engeström, 2001, S. 138) bildet der Gegenstand des expansiven Lernens das gesamte Tätigkeitssystem ab. So bringt der Prozess expansiven Lernens neue soziale Praktiken hervor und führt zu einer Rekonfiguration des Tätigkeitssystems und seiner Elemente:

The object of expansive learning activity is the entire activity system in which the learners are engaged. Expansive learning activity produces culturally new patterns of activity. Expansive learning at work produces new forms of work activity. (Engeström, 2001, S. 139)

Die Lerntätigkeit konzentriert sich also nicht nur auf die lernenden Individuen, sondern bezieht die rekursive Entwicklung aller Elemente des Tätigkeitssystems mit ein. Eine Organisation wird konzipiert als Zusammenspiel von verschiedenen Tätigkeitssystemen. Diese sind jedoch *nicht* durch Individuen miteinander verbunden. Vielmehr wird Lernen in Organisationen als ein am jeweiligen Gegenstand orientierter Prozess der Ko-Konfiguration (Engeström, 2001) verschiedener Tätigkeitssysteme verstanden:

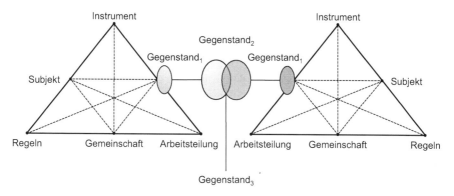

Abb. 9: *Ko-Konfiguration von zwei Tätigkeitssystemen (nach Engeström, 2001, S. 136)*

Für Engeström (2004) gestaltet sich der Prozess der Ko-Konfiguration als herausfordernd:

> *Co-configuration presents a twofold learning challenge to work organizations. First, co-configuration work itself needs to be learned [...]. In divided multi-activity terrains, expansive learning takes shape as renegotiation and reorganization of collaborative relations and practices, and as creation and implementation of corresponding concepts, tools, rules, and entire infrastructures. Second, within co-configuration work, the organisation and its members need to learn constantly from interactions between the user, the product/service, and the producers (learning in co-configuration). Even after the infrastructure is in place, the very nature of ongoing co-configuration work is expansive; the product/service is never finished. These two aspects – learning for and learning in – merge in practice.* (Engeström, 2004, S. 16)

Lernen wird angestoßen, wenn die Organisationsmitglieder Widersprüche zwischen einer auftretenden Situation und ihrer bisherigen Tätigkeit wahrnehmen. Für die Gestaltung und Weiterentwicklung von Tätigkeitssystemen sind nach der Theorie des expansiven Lernens folgende Schritte notwendig (Engeström & Sannino, 2010): Das kritische Hinterfragen existierender Standards (*questioning*) und die Analyse ihrer historischen Genese sowie der aktuellen Situation (*analysis*), die gemeinsame Erarbeitung einer alternativen Lösung (*modeling the new solution*), das Ausprobieren der neuen Lösung (*examining and testing the new model*), die Implementierung der neuen Lösung (*implementing the new model*), eine Prozessreflexion (*reflecting on the process*) sowie die Überführung der neuen Praxis in die Routinen der Organisation (*consolidating and generalizing the new practice*).

5 Lernen in und von Organisationen

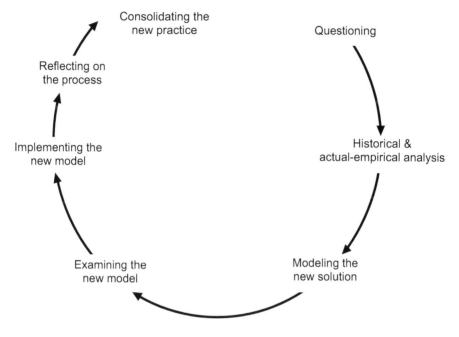

Abb. 10: *Lernen als Problemlösungszyklus
(in Anlehnung an Engeström, 2001, S. 152)*

Das Modell von Lernen als Problemlösungszyklus existierte in der wissenschaftlichen Literatur schon zuvor (z.b. Newell & Simon, 1972). Neu ist hingegen das Konzept des Tätigkeitssystems als Dreiecksbeziehung von Individuum (*Subjekt*), Gegenstand bzw. Zielstellung (*Gegenstand*) und sozialem Kontext (*Gemeinschaft*), eingebettet in Normen und Regeln (*Regeln*), Ressourcen zur Problemlösung (*Instrumente*) und professionelle Rollenzuweisungen / Verantwortlichkeiten (*Arbeitsteilung*). Das Konzept betont die Kontinuität von organisationalem Lernen und seine Verwurzelung in sozialen Praktiken, insbesondere in Kooperationsbeziehungen. Jedoch bleibt unklar, wie genau die einzelnen Elemente eines Tätigkeitssystems miteinander zusammenhängen.

5.3 Vergleichende Analyse der Lerntheorien

Wie im vorliegenden Kapitel deutlich wird, existiert eine Vielzahl von Konzepten und Theorien des Lernens. Die Literatur weist kaum integrative theoretische Elemente auf. Die meisten Ansätze fügen neue Gedanken und Perspektiven hinzu, ohne bereits vorhandene Ideen (kritisch) zu reflektieren. Dennoch lassen sich übergreifende theoretische Elemente ableiten, die von verschiedenen Ansätzen aufgegriffen werden. So unterscheiden Pawlowsky und Geppert (2005) vier Elemente organisationaler Lernprozesse welche sich – trotz ihrer prinzipiellen analytischen Trennbarkeit – wechselseitig beeinflussen (siehe Abb. 11).

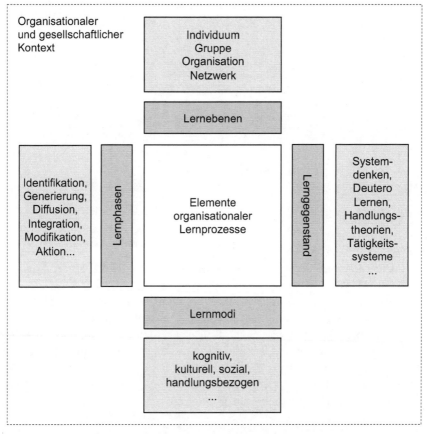

Abb. 11: *Analyseebenen organisationalen Lernens (in Anlehnung an Pawlowsky & Geppert, 2005, S. 277)*

Die Autoren differenzieren zwischen Ebenen, Gegenständen[92], Modi[93] und Phasen als wesentliche Elemente organisationaler Lernprozesse. Die einzelnen Elemente sind ihrerseits in organisationale und gesellschaftliche Kontexte eingebunden. Im Rahmen der vorliegenden Arbeit dienen sie als Analysedimensionen, anhand derer die zuvor dargestellten Theorien und Ansätze zum organisationalen Lernen im Hinblick auf ihre Aussagen zu den folgenden Fragestellungen verglichen werden:

- Auf welchen *Ebenen* wird gelernt und wie hängen diese Ebenen zusammen? (Kap. 5.3.1)
- *Was* wird gelernt? (Kap. 5.3.2)
- *Wie* gestaltet sich der Lernprozess? (Kap. 5.3.2)
- In welchen *Phasen* findet Lernen statt? (Kap. 5.3.4)
- Welchen Einfluss hat der *gesellschaftliche* bzw. *organisationale Kontext* auf den Lernprozess? (Kap. 5.3.5)

Tab. 2 illustriert wesentliche Gemeinsamkeiten und Unterschiede der betrachteten Theorien organisationalen Lernens.

---

[92] Von Pawlowsky und Geppert (2005) als „Lerntypen" bezeichnet.
[93] Von Pawlowsky und Geppert (2005) als „Lernformen" bezeichnet.

Dimension	Lernen als...		
	Anpassung	„Assumption Sharing"	„Sensemaking"
	March & Olsen (1975)	Argyris & Schön (1978, 1996)	Daft & Weick (1984)
primär fokussierte **Lernebenen**	Individuen	Individuen (Management)	Individuen (Management)
Lerngegenstände	Verhaltensweisen; später: Routinen (Levitt & March, 1988)	Bekenntnis- und Gebrauchstheorien	Wissen über Ursache-Wirkungs-Beziehungen
Lernmodi	kognitive Prozesse		
	Erfahrungslernen (Anpassung von Verhaltensweisen bzw. Routinen)	verbale Explikation mentaler Modelle im gegenseitigen Austausch	Bedeutungszuschreibung von Informationen der Organisationsumwelt
Lernphasen	Erfahrungszyklus („cycle of choice")	zustandsgebundener, nicht näher spezifizierter Lernkreislauf	Aufnehmen, Interpretieren, Lernen
organisationaler und gesellschaftlicher **Lernkontext**	organisationale Lernbarrieren	organisationales Gedächtnis (organisationale Bekenntnis- und Gebrauchstheorie)	Annahmen des Managements, organisationales Bemühen um Informationsgewinnung

Tab. 2: *Vergleichende Analyse der betrachteten Lerntheorien*

Lernen als...			
Systemdenken	**Wissenserzeugung**	**Communities of Practice**	**Expansion**
Senge (1990)	Nonaka & Takeuchi (1995)	Lave & Wenger (1991)	Engeström (1987)
Individuen; Gruppe	Individuen; selbstorganisierte Teams	Lerngemeinschaft (Community of Practice)	Tätigkeitssystem
Systemdenken	organisationsrelevantes Wissen	„Epistemic Frame" einer Community of Practice	Instrumente, Regeln, Gemeinschaft, Arbeitsteilung, Subjekte, Gegenstände
gemeinsame Reflexion mentaler Modelle	kognitive Prozesse	Partizipation in Communities of Practice	Problemlösungsprozesse in oder zwischen Tätigkeitssystemen
	Transfer von Wissen		
„Disziplinen" bzw. Stufen organisationalen Lernens	Sozialisation, Externalisation, Kombination, Internalisation	Learning Journey vom „Newcomer" zum „Oldtimer"	Phasen eines Problemlösungsprozesses
Organisation als tendenziell lernunfähiger Kontext	Hypertext-Organisation	soziokulturelle Praktiken einer Community of Practice	kultureller, sozialer, personaler und physischer Kontext als Produkt der Weltgeschichte

Tab. 2: *Vergleichende Analyse der betrachteten Lerntheorien (Fortsetzung)*

5.3.1 Ebenen

In der Diskussion der Theorien und Ansätze zum organisationalen Lernen wird deutlich, dass *Individuen* ein notwendiges Element jedweden organisationalen Lernprozesses markieren:

> *Damit sich jedoch die Wissensstrukturen einer Organisation verändern, müssen Individuen lernen. Letztlich sind es Individuen, die eine Organisation ausmachen, und Wissen wird zunächst immer auf der individuellen Ebene akquiriert oder generiert. Individuen haben die Fähigkeit zur Selbstreflexion, zur Auseinandersetzung mit sich, ihrem Handeln und ihrer Umwelt und können auf dieser Grundlage ihr Verhaltenspotential anpassen.* (Pawlowsky & Geppert, 2005, S. 261)

Andererseits wird vielfach deutlich, dass organisationales Lernen über individuelles Lernen hinausgeht. Dennoch konzentrieren sich die meisten der diskutierten Ansätze organisationalen Lernens auf individuelle Lernprozesse, welche – auf unspezifizierte Art und Weise – in die Organisation überführt werden. So liegt der Fokus in den Ansätzen von *March und Olsen* (1975) sowie bei *Argyris und Schön* (1978, 1996) auf den Reflexionsprozessen individueller Organisationsmitglieder (meist leitende Führungskräfte), welche auf unklare Art und Weise in eine organisationale Handlungstheorie eingehen. *Daft und Weick* (1984) rekurrieren in Anlehnung an Hedberg (1981) zwar auf ein überindividuelles organisationales Gedächtnis[94], allerdings setzen auch sie organisationale Interpretationsleistungen mit denen des Managements gleich: „Organizational interpretation is formally defined as the process of [...] developing shared understanding and conceptual schemes among the members of the upper management" (Daft & Weick, 1984, S. 286). Organisationales Lernen wird auf Ebene der Entscheidungsträger/-innen verortet, die Beschäftigten werden weitgehend ausgeblendet. Analog zu Daft und Weick (1984) betont auch *Senge* (1990) die Notwendigkeit, dass Entscheidungsträger/-innen ihre individuellen Fähigkeiten erweitern und ein Systemdenken etablieren, wenngleich die Bedeutung von Lernerfahrungen auf allen Hierarchieebenen gesehen wird. Anders als in den bisherigen Ansätzen führt Senge (1990) das Lernen in einer Gruppe (team learning) als unterste Stufe organisationalen Lernens ein. Auch *Nonaka und*

---

[94] „Organizations have cognitive systems [...]. Individuals come and go, but organizations preserve knowledge [...] over time" (Daft & Weick, 1984, S. 285). Die Vorstellung von einer überindividuellen geistigen Struktur geht bereits auf Durkheim (1977) zurück. Seine Überlegungen zu einem kollektiven bzw. sozialen Bewusstsein fanden später Eingang in die Arbeiten von Halbwachs (1991) zum Kollektivgedächtnis. Demnach bestimmt die Mitgliedschaft in einem sozialen Gefüge darüber, welche Erinnerungen erworben und abgerufen werden können.

Takeuchi (2005) sehen die Bedeutung selbstorganisierter Teams für Explizierung impliziten Wissens. Jedoch konzentrieren auch sie sich eher auf individuelle Sozialisations- und Externalisationsprozesse als auf die kollektive Kombination und organisationale Internalisation von Wissen. Die Autoren vertreten eine individuumszentrierte Perspektive, nach der organisationales Wissen erst durch die Externalisation von subjektiv erworbenem Wissen entstehen kann. Es bleibt zudem unklar, ob mit „organisationalem Wissen" etwa das von den Organisationsmitgliedern geteilte Wissen, das von selbstorganisierten Teams gespeicherte Wissen oder etwas gänzlich anderes gemeint ist. Aus Perspektive von *Lave und Wenger* (1991) ist organisationales Lernen nicht einseitig als individueller oder organisationaler Prozess zu begreifen, sondern ereignet sich eingebettet (situiert) in den sozialen Praktiken einer Lerngemeinschaft (Community of Practice). *Engeström* (1987) eröffnet eine Konzeption, die organisationales Lernen weder beim Individuum, noch im sozialen Kontext einer Community of Practice, sondern innerhalb eines Tätigkeitssystems verortet. Organisationales Lernen wird in diesem Zusammenhang als eine am jeweiligen konkreten Gegenstand orientierte Aktivität der Problemlösung innerhalb eines Tätigkeitssystems verstanden. Durch die gemeinsame Suche, Erprobung und Reflexion von Problemlösungen entwickeln sich nicht nur die einzelnen Beschäftigten oder sozialen Praktiken einer Organisation, sondern alle Elemente eines Tätigkeitssystems (Subjekte, Regeln, Instrumente, Gemeinschaften, Arbeitsteilungen sowie der Gegenstand bzw. die Arbeitstätigkeit) weiter. Analog zu Lave und Wenger (1991) geht Engeström (1987) davon aus, dass Lernen keine rein kognitive, sondern eine soziale Aktivität ist, welche die Organisation in ihrer Gesamtheit involviert.

Die Frage nach dem *Zusammenhang* zwischen individuellem und kollektivem Lernen wird von vielen Autor/-innen durch eine prinzipielle Gleichsetzung von individuellen und organisationalen Aneignungsprozessen umgangen. So werden die bei *Levitt und March* (1988) im Vordergrund stehenden Routinen zwar durch individuelle Organisationsmitglieder konstituiert, aber gleichzeitig auch als personenunabhängig gesehen. Es wird nicht expliziert, wie genau individuelles Lernen in die Veränderungen organisationaler Routinen einfließt. Auch bei *Argyris und Schön* (1978, 1996) bleibt unklar, wie individuelle Handlungstheorien in eine organisationale Handlungstheorie eingehen. Durch die Vorannahme, dass Beschäftigte stets im Namen der Organisation agieren, vernachlässigen sie die kollektiven Aspekte des Lernens. Auf gleiche Weise umgehen *Daft und Weick* (1984) die Frage nach dem Zusammenhang zwischen verschiedenen Lernebenen. *Senge* (1990) nimmt zwar eine Differenzierung unterschiedlicher Lernebenen vor, führt aber nicht näher aus, wie Team- und Organisationslernen konkret ineinandergreifen. Auch bei *Nonaka und Takeuchi* (1995) wird der Prozess der Institutionalisierung

5 Lernen in und von Organisationen

von Wissen als Überführung von individuellem in organisationales Wissen nicht ausreichend spezifiziert. *Lave und Wenger* (1991) können mithilfe einer strukturationstheoretischen Sichtweise auf den – Lernen ermöglichenden – sozialen Kontext einer Community of Practice, welcher sich mit den lernenden Personen weiterentwickelt und durch diese geprägt wird, zwar sehr gut erklären, wie sich kollektives Lernen innerhalb einer Community of Practice vollzieht. Andererseits bleibt unklar, wie die hieraus generierten Lernergebnisse Eingang in die Organisation als Ganzes finden. *Engeström* (1987) löst die Kontroverse des Zusammenhangs zwischen individuellem und kollektivem Lernen in Communities und Organisationen auf, indem er den Gegenstand als Teil des Tätigkeitssystems fokussiert. Lernen in Organisationen und Netzwerken konzipiert er als einen am jeweiligen Gegenstand orientierten Prozess der Ko-Konfiguration verschiedener Tätigkeitssysteme (Engeström, 2001).

5.3.2 Gegenstände

Die kognitiv orientierten Lerntheorien fokussieren vornehmlich die Entwicklung neuer Denk- und Verhaltensmuster als Gegenstände des Lernens. In dem Ansatz von *March und Olsen* (1975) steht das Erlernen alternativer (organisationaler) Verhaltensweisen als Reaktion auf erlebte Diskrepanzen zwischen erlebter und erwarteter organisationaler Realität im Vordergrund. Den Mittelpunkt der Theorie von *Argyris und Schön* (1978, 1996) bilden individuelle und organisationale handlungsleitende Bekenntnis- und Gebrauchstheorien (z.B. Ziele, Prämissen und Werte), welche im Rahmen organisationaler Double-Loop oder Deutero Lernprozesse reflektiert und ggf. verändert werden. Die Sensemaking Theorie von *Daft und Weick* (1984) richtet den Blick auf das Wissen über Ursache-Wirkungs-Beziehungen zwischen einer Organisation und ihrer externen Umwelt. *Nonaka und Takeuchi* (1995) fokussieren in ihrem normativen Ansatz jedwede Art für die Erreichung der Organisationsziele relevanten Wissens. Der Ansatz von *Senge* (1990) hebt die Metafähigkeit, die Organisation zu betrachten und organisationale Wirkmechanismen, mentale Modelle sowie typische Verhaltensmuster zu reflektieren (Systemdenken) als Gegenstand organisationalen Lernens hervor.

Andere Ansätze gehen von einem erweiterten Lerngegenstand aus, welcher neben der Ausbildung neuer Denk- und Verhaltensmuster auch soziale Praktiken, persönliche Identitätsbildung sowie organisationskulturelle Aspekte umfasst. So verorten *Lave und Wenger* (1991) den Gegenstand des Lernens in den soziokulturellen Praktiken einer Lerngemeinschaft, welche ein spezifisches Set aus Fähigkeiten, Wissen, Identität, Werten und Legitimationsgrundlagen zur Rechtfertigung des eigenen Handelns beinhalten. *Engeström* (1987) fasst den Gegenstand des Lernens noch weiter, indem er von einer Rekonfiguration aller Elemente eines Tätigkeitsystems ausgeht. Durch die Analyse von organisationalen Widersprüchen sowie die Suche und Erprobung konkreter Problemlösungen verändern sich demnach nicht nur die (sozialen) Praktiken einer Organisation, sondern ebenso die beteiligten Individuen, organisationale Normen und Regeln, der soziale Kontext, die zur Verfügung stehenden Ressourcen zur Problemlösung sowie professionelle Rollenzuweisungen und Verantwortlichkeiten.

5.3.3 Modi

In Bezug auf die Frage, *wie* eine Organisation lernt, weisen die betrachteten Theorien und Ansätze große Unterschiede auf. In dem Pionieransatz von *March und Olsen* (1975) wird organisationales Lernen als Anpassungsprozess konzipiert. Lernen findet immer dann statt, wenn Organisationsmitglieder eine Diskrepanz zwischen der von ihnen erlebten und der erwünschten sozialen Organisationswelt wahrnehmen. In kollektiven Handlungen und Entscheidungen („collective decision-making") werden angemessene Handlungen beibehalten, andere Verhaltensweisen werden verworfen. Dieses „learning from experience" (March & Olsen, 1975, S. 147) beschränkt sich auf die kognitive Wahrnehmung und Reaktion, andere Dimensionen des Lernens (z.B. Emotionen) werden nicht berücksichtigt. Auch in der kognitiv orientierten Theorie von *Argyris und Schön* (1978, 1996) werden organisationale Lernprozesse durch von den Organisationsmitgliedern wahrgenommene Diskrepanzen zwischen erlebter und erwarteter organisationaler Realität ausgelöst. Organisationales Lernen ereignet sich aus Perspektive der Autoren durch die verbale Explikation mentaler Modelle im Austausch der Organisationsmitglieder („Assumption Sharing"). Bei *Daft und Weick* (1984) lernen Organisationen, indem Entscheidungsträger/-innen in (kognitiven) Prozessen des Aushandelns geteilter Wissensstrukturen und auf Grundlage von Annahmen über Ursache-Wirkungs-Zusammenhänge den Informationen der Organisationsumwelt eine Bedeutung zuschreiben („Sensemaking"). Auch in dem Ansatz von *Senge* (1990) ereignet sich organisationales Lernen, wenn grundlegende Annahmen über die Organisation und ihre Umwelt (mentale Modelle) in einem gemeinsamen Denkprozess reflektiert werden. *Nonaka und Takeuchi* (1995) konzipieren organisationales Lernen entsprechend als Prozess der dialogorientierten Umwandlung von – zuvor durch Sozialisation erworbenem – impliziten Wissen (mentale Modelle) in explizierbare Konzepte und Modelle. Organisationales Lernen ereignet sich aus ihrer Perspektive im Wissenstransfer zwischen Individuen, Gruppen, Organisationen und interorganisationalen Netzwerken. Die Theorie des situierten Lernens von *La-*

ve und *Wenger* (1991) löste die bis in die 1990er Jahre dominante kognitivistische Sichtweise von Lernen als Akquisition von Wissen zugunsten einer Konzeption von Lernen als Partizipation in einem situierten sozialen Prozess ab. Organisationales Lernen ereignet sich aus dieser Perspektive im Prozess der sich entwickelnde Teilhabe an einer Community of Practice, in deren Verlauf ein Newcomer zu einem Oldtimer wird. Lernen wird als die Bildung von Identität bzw. das „Werden einer Person" innerhalb einer Community of Practice verstanden. In diesem Zusammenhang ist ein zentraler, an die Strukturationstheorie (Giddens, 1997) anschließender, Gedanke, dass sich im Verlauf des Lernprozesses nicht nur die Newcomer, sondern alle Mitglieder und deren Praktiken wechselseitig reproduzieren und transformieren. Der – Lernen ermöglichende – soziale Kontext einer Community of Practice entwickelt sich also mit den lernenden Personen weiter und wird durch diese geprägt. Die Autorin und der Autor vertreten die handlungstheoretische Sichtweise, dass Wissen und praktisches Handeln selten getrennt voneinander betrachtet werden können und Lernen keine ausschließlich kognitive, sondern vornehmlich soziale Aktivität darstellt, welche die Person in ihrer Gesamtheit involviert. Nach *Engeström* (1999) ist der Gegenstand des Lernens in der sozialen Lebenswelt, „in ihrer ganzen Verschiedenartigkeit und Komplexität" (S. 129) zu verorten. Auch in der Denkart der Theorie expansiven Lernens ereignet sich Lernen nicht nur im Kopf eines Individuums, sondern in der aktiven Interaktion mit der äußeren Umwelt und ihren Lebensbezügen. Nach der Theorie expansiven Lernens ereignet sich Lernen in konkreten sozialen Situationen, in denen die Beschäftigten in einem gemeinsamen Problemlösungsprozess auf die Organisation einwirken. Sie treten dabei nicht als isolierte Individuen auf, sondern als Mitglieder einer Organisation mit ihren jeweiligen Normen, Regeln und Strukturen. Lernen wird angestoßen, wenn die Organisationsmitglieder Widersprüche zwischen einer auftretenden Situation und ihrer bisherigen Tätigkeit wahrnehmen und neue Praktiken ausprobieren. Im Prozess des Lernens entwickeln sich nicht nur die lernenden Personen, sondern das gesamte Tätigkeitssystem weiter. Lernen in Organisationen ereignet sich nach Engeström (2001) aber nicht nur innerhalb eines Tätigkeitssystems, sondern manifestiert sich im Prozess der Ko-Konfiguration zwischen Tätigkeitssystemen.

5.3.4 Phasen

Die meisten der betrachteten Ansätze konzipieren organisationales Lernen als evolutionären und pfadabhängigen Prozess. Aus der Perspektive der Theorie von *March und Olsen* (1975) vollzieht sich organisationales Lernen in einem Erfahrungszyklus, in dessen Verlauf bewährte oder angemessene Handlungen beibehalten werden, während andere Verhaltensweisen verworfen werden. Individuelle Handlungen werden zu organisationalen Handlungen, die eine Reaktion der Umwelt hervorrufen, welche ihrerseits durch die Organisationsmitglieder wahrgenommen und interpretiert wird (siehe Abb. 5). Lernen vollzieht sich dabei stets zustandsgebunden vor dem Hintergrund bereits gemachter Erfahrungen und getroffener Entscheidungen. Auch *Argyris und Schön* (1978, 1996) gehen davon aus, dass sich Lernprozesse in einem zustandsgebundenen – möglicherweise unterbrochenen – Kreislauf ereignen. Sie spezifizieren allerdings keine konkreten Prozessphasen. Der Ansatz von *Daft und Weick* (1984) konzipiert Sensemaking-Prozesse in Organisationen als Phasen des Aufnehmens, Interpretierens und Lernens. Die Konsequenzen der Organisationshandlungen bilden erneut den Ausgangspunkt weiterer Sensemaking-Prozesse. *Senge* (1990) definiert verschiedene Entwicklungsstufen bzw. Disziplinen organisationalen Lernens, welche im Sinne einer Höherentwicklung durchlaufen werden. Allerdings wird nicht ersichtlich, wie diese Disziplinen aufeinander aufbauen oder zusammenhängen. *Nonaka und Takeuchi* (1995) entwerfen das dynamische Modell einer selbstverstärkenden Wissensspirale, in deren Verlauf implizites in explizites Wissen in Phasen der Sozialisation, Externalisation, Kombination und Internalisation wechselseitig umgewandelt und zwischen den Organisationsmitgliedern geteilt wird. Aus Sicht von *Lave und Wenger* (1991) ereignet sich Lernen in einem kontinuierlichen, pfadabhängigen Prozess der Re-Strukturation in dessen Verlauf sich der soziale Kontext einer Community of Practice mit den lernenden Personen weiterentwickelt und durch diese geprägt wird. Im Verlauf dieser „Learning Journey" entwickelt sich ein Newcomer zu einem Oldtimer. Nach *Engeström* (1987) ereignet sich organisationales Lernen, indem verschiedene Phasen eines kontinuierlichen Problemlösungsprozesses (siehe Abb. 10) durchschritten werden.

5.3.5 Organisationaler und gesellschaftlicher Kontext

March und Olsen (1975) gehen kaum auf organisationale oder gesellschaftliche Bedingungen von Lernen ein. In ihrem Pionieransatz taucht der organisationale Kontext allenfalls in lernbehindernder Form, z.B. durch organisationale Rollenzuweisungen, auf. Levitt und March (1988) erweitern diese Perspektive später durch die Fokussierung von Routinen als Ergebnis und Ausgangspunkt organisationalen Lernens. Das im ursprünglichen Ansatz betrachtete Erfahrungslernen wird nach diesem Verständnis ergänzt um eine Perspektive, die auch Lernen durch Sozialisation bzw. andere Arten organisationaler Praktiken integriert. In der Theorie von *Argyris und Schön* (1978, 1996) erhält der organisationale Kontext als organisationale Bekenntnis- und Gebrauchstheorie Eingang in individuelle Lernprozesse. Als handlungsleitende Theorien bilden sie das Gedächtnis der Organisation und steuern die Verhaltensweisen aller Organisationsmitglieder. Argyris (1977) unterscheidet zusätzlich zwischen (lernbeschränkenden) O-I und (lernförderlichen) O-II Handlungstheorien. Der Einfluss der Organisationskultur auf organisationale Lernprozesse wurde von Argyris und Schön (1978) zunächst nicht aufgegriffen und erst in späteren Arbeiten (Argyris, 1982, 1990) konzeptionell berücksichtigt. In diesem Zusammenhang beschriebt Argyris (1985) das Konzept der defensiven Routinen als personenunabhängige, verdeckte organisationale Abwehrroutinen, welche er als „lernwidrig und (übermäßig) protektionistisch" (Argyris, 1999, S. 132) bezeichnet. *Daft und Weick* (1984) differenzieren vier organisationale Interpretationsmodi („undirected viewing", „conditioned viewing", „enacting", „discovering"), welche sich bezüglich der Annahmen des Managements über die Analysierbarkeit der Organisationsumwelt und der unternommenen Anstrengungen einer Organisation zur Informationsgewinnung unterscheiden. Ansonsten lassen sie intraorganisationale Dynamiken weitgehend außer Acht. Der systemtheoretisch orientierte Ansatz von *Senge* (1990) sieht Organisationen als tendenziell lernunfähige Kontexte an. Aus dieser Sichtweise werden individuelle Lernpotenziale durch organisationale Lernbarrieren wie z.b. die externale Attribution von Misserfolgen, dem Verharren auf dem eigenen Status Quo (z.B. berufliche Position, Ausbildung, Fähigkeiten etc.) oder der fehlenden Verfügbarkeit von Lernchancen durch Feedback unterdrückt (Senge, 1990; Senge et al., 1994). *Nonaka und Takeuchi* (1995) gehen hingegen von einer prinzipiellen Lernfähigkeit von Organisationen aus, wenn bestimmte Bedingungen wie die Bereitschaft, sich auf Innovationsprozesse einzulassen (*Intention*), Autonomie zur Selbstorganisation der Organisationsmitglieder (*Autonomie*), eine regelmäßige Veränderung des Status Quo (*Fluktuation und kreatives Chaos*) sowie eine effektive Kommunikation durch Informations- und Rollenüberschneidungen (*Redundanz*) gegeben sind. Ihre Überlegungen fließen in das normative Modell der Hypertext-Organisation ein. In späteren Arbeiten (u.a. Nonaka, 2005) wird die Bedeutung selbstorganisierter Teams und des mittleren Managements für die Externalisation und Kombination von Wissen hervorgehoben. *Lave und Wenger* (1991) fokussieren die Community of Practice und ihre sozialen Praktiken als wesentlichen organisationalen Lernkontext. In *Engeströms* (1987) tätigkeitstheoretischer Denkweise werden Lernprozesse stets vermittelt durch Vergegenständlichungen früheren menschlichen Handelns (u.a. Raeithel 1983, 1998). So besitzen die im Arbeitshandeln verwendeten Instrumente und Gegenstände nicht nur materielle Eigenschaften, sondern weisen ebenso eine sozio-kulturelle Entstehungs- und Nutzungsgeschichte auf. Lernen in Organisationen findet demnach in einem umfassenden kulturellen, sozialen, personalen und physischen Kontext statt (Boer, van Baalen & Kumar, 2002).

5.4 Lernen im Rahmen gesundheitsfördernder Organisationsentwicklung

In der Analyse zeigt sich, dass die betrachteten Theorien jeweils unterschiedliche Aspekte des Lerngeschehens in Organisationen beleuchten. Es wird deutlich, dass ein einheitliches Verständnis organisationalen Lernens bis heute nicht vorliegt.[95] Die bisherigen Ausführungen legen nahe, dass sich die Theorie expansiven Lernens von Engeström (1987, 2001) für den Forschungsgegenstand als besonders anschlussfähig erweist.[96] Nachfolgend wird diese Annahme begründet.

Es wurde herausgearbeitet, dass Gesundheit und gesunde Arbeitsbedingungen keine objektiven Größen darstellen, sondern sich erst in der subjektiven Beurteilung durch die arbeitenden Menschen konkretisieren (Kap. 2). Betriebliche Gesundheitsförderung wird aus dieser Perspektie wirksam, wenn es gelingt, eine kontinuierliche Reflexion und Reflexivität des kollektiven Austauschs über subjektive Wirklichkeitskonstruktionen von Gesundheit und die Gestaltung von gesunder Arbeit zu ermöglichen.[97] Demnach wird „Gesundheit" nicht durch den Erwerb punktuellen Wissens, das Erkennen einzelner Zusammenhänge oder die Bearbeitung isolierter Maßnahmen gelernt. Lernen beschreibt in diesem Sinne eine soziale Aktivität, welche ihre Wirkweise unter anderem durch das „Dabeisein" und die Sozialisation in einer Gruppe entfaltet. Diese Vorstellung schließt unmittelbar an die von Lave und Wenger (1991) sowie Engeström (1987) vertretene kulturhistorische Perspektive an, welche Objekte, Regeln und Praktiken als sozial (und nicht individuell) konstruiert versteht. Hinzu kommt, dass ein Lernen im Sinne einer Reflexion und Gestaltung gesunder Arbeitsbedingungen nicht nur die Führungskräfte, sondern sämtliche Mitglieder einer Organisation berührt. Jedoch verortet – mit Ausnahme von Lave und Wenger (1991) sowie Engeström (1987) – ein Großteil der diskutierten Lerntheorien organisationales Lernen auf Ebene der Entscheidungsträger/-innen.[98]

---

[95] Garvin (1993) vertritt sogar die These, dass sich die Wahrscheinlichkeit des Zustandekommens einer einheitlichen Definition organisationalen Lernens im Zuge einer zunehmenden Kontroverse tendenziell verringern wird.

[96] Bei der von Engeström (1987, 2001) vertretenen spezifischen Konzeption von Lernen handelt es sich nicht um eine Universaltheorie, welche jegliche Formen des Lernens definiert. Da die Theorie expansiven Lernens jedoch unmittelbar an die Zielvorstellung Betrieblicher Gesundheitsförderung und an die strukturationstheoretische Betrachtungsweise von organisationalem Wandel anschließt, dient sie der vorliegenden Arbeit als forschungsleitender Bezugsrahmen.

[97] Das in Kap. 3 vorgestellte Konzept gesundheitsfördernder Organisationsentwicklung (Faller, 2017b) integriert diese Annahme in ein methodisches Interventionsdesign.

[98] Dies ist selbst dann der Fall, wenn organisationales Lernen als Lernen *aller* Mitglieder einer Organisation konzipiert wird.

Weiterhin wurde erarbeitet, dass organisationale Strukturen sowohl ein Medium als auch ein Ergebnis sozialen Handelns darstellen (Kap. 4). Übertragen auf den Kontext von Lernen bedeutet dies, dass organisationale Strukturen die Lernprozesse der Organisationsmitglieder strukturieren. Auf der anderen Seite sind sie selbst Gegenstand der organisationalen Veränderung. Aus strukturationstheoretischer Sichtweise (Giddens, 1984, 1997) können individuelle Lernprozesse zu organisationalen Lernprozessen werden, indem sie eine Reflexion bestehender organisationaler Strukturen ermöglichen und durch die reflektierte Gestaltung gesunder Arbeit wiederum in die Strukturen der Organisation eingehen. Lave (1988) greift die Annahmen der Strukturationstheorie explizit auf, indem sie davon ausgeht, dass sich der – Lernen ermöglichende – soziale Kontext einer Community of Practice mit den lernenden Personen weiterentwickelt und durch diese geprägt wird. Die Tätigkeitstheorie erweitert diese Sichtweise um die Vorstellung eines am jeweiligen Gegenstand orientierten, durch Regeln, Instrumente (Wygotski, 1978) und Arbeitsteilung vermittelten, Problemlösungsprozessen in dessen Verlauf sich nicht nur die beteiligten Individuen und ihre Gemeinschaft, sondern ebenso die sie umgebenden Organisationsstrukturen rekursiv entwickeln. Die Lerntätigkeit konzentriert sich aus dieser Perspektive nicht nur auf die lernenden Individuen, sondern bezieht die rekursive Entwicklung aller Elemente des Tätigkeitssystems „insbesondere die gegenseitigen Abhängigkeiten von Akteuren, Institution, Arbeitsmitteln, Regeln, Gemeinschaft und Produkten während der Arbeit" (Hemmecke, 2012, S. 360) mit ein. Diese Konzeption von Lernen schließt direkt an das zuvor etablierte strukturationstheoretische Verständnis von Organisationen und organisationaler Veränderung an.

Folglich wird eine tätigkeitstheoretisch begründete Perspektive auf organisationales Lernen vertreten. Die Strukturationstheorie (Giddens, 1984, 1997) und die Theorie expansiven Lernens (Engeström, 1987, 2001) bilden den forschungsleitenden Bezugsrahmen der vorliegenden Arbeit. In Kap. 6 werden die vorgenommenen organisations- und lerntheoretischen Analysen zu einem analytischen Bezugsrahmen zur Untersuchung von Lernen im Rahmen gesundheitsfördernder Organisationsentwicklung zusammengeführt.

5.5 Zusammenfassung

Im Diskurs um das Thema „Lernen" nehmen Psychologie und Pädagogik traditionell eher individuelle Lernprozesse in den Blick. In der Beschäftigung mit den Theorien des Lernens in und von Organisationen wird jedoch klar, dass sich organisationales Lernen nicht auf die Betrachtung individueller Lernerfahrungen beschränken kann. Mit dem Pionieransatz von March und Olsen (1975) wechselte die Perspektive von einer individuumszentrierten Sichtweise hin zu einer stärker auf die Erschließung von Lernprozessen sozialer Systeme fokussierenden Betrachtungsweise. Die Vielzahl der Theorien und Ansätze zum organisationalen Lernen ist schwer zu überblicken und weist nur wenige integrative Elemente auf. Daher wurde im Rahmen der vorliegenden Arbeit eine begründete Auswahl der zu betrachtenden Forschungsarbeiten[99] getroffen, welche in Bezug auf ihre Aussagen über Ebenen, Gegenstände, Modi, Phasen sowie die organisationalen und gesellschaftlichen Kontexte organisationalen Lernens verglichen und diskutiert wurden. Trotz ihrer Konzeptualisierung von Lernen als überindividuelles Phänomen vertreten die meisten der diskutierten kognitivistischen Ansätze eine subjektorientierte Perspektive, nach der individuelle Lernprozesse von Entscheidungsträger/-innen auf unspezifizierte Art und Weise in die Organisation überführt werden. Im Fokus der Betrachtung vieler Ansätze stehen überindividuelle Denk- und Verhaltensmuster als Gegenstände organisationalen Lernens. Aus Perspektive der Theorie situierten Lernens (Lave & Wenger, 1991) ist organisationales Lernen jedoch nicht einseitig als individueller oder organisationaler Prozess zu begreifen, sondern ereignet sich eingebettet in den sozialen Praktiken einer Lerngemeinschaft (Community of Practice). Lernen erstreckt sich aus dieser Sichtweise auch auf soziale Praktiken, die persönliche Identitätsbildung und die Kultur einer Organisation. Die Theorie expansiven Lernens (Engeström, 1987) eröffnet eine Konzeption, die organisationales Lernen weder beim Individuum, noch im sozialen Kontext einer Community of Practice, sondern innerhalb eines Tätigkeitssystems verortet. Demnach vollzieht sich organisationales Lernen in einem gegenstandsorientierten Problemlösungsprozess innerhalb und zwischen Tätigkeitssystemen, in dessen Verlauf sich nicht nur die beteiligten Individuen und ihre Gemeinschaft, sondern ebenso die sie umgebenden Organisationsstrukturen wechselseitig entwickeln. Da sie unmittelbar an die Zielvorstellung Betrieblicher Gesundheitsförderung und an eine strukturationstheoretische Betrachtungsweise von organisationalem Wandel anschließt, dient die Theorie expansiven Lernens der vorliegenden Arbeit als forschungsleitender Bezugsrahmen.

---

[99] March und Olsen (1975), Argyris und Schön (1978, 1996), Weick (1995) sowie Daft und Weick (1984), Senge (1990), Nonaka (1994) sowie Nonaka und Takeuchi (1995), Lave und Wenger (1991) sowie Wenger (2009) und Engeström (1987, 2004).

6 Zwischenfazit – Analytischer Bezugsrahmen

Die vorliegende Arbeit beschäftigt sich mit organisationalen Lernprozessen im Rahmen Betrieblicher Gesundheitsförderung. Im Mittelpunkt der theoretisch-empirischen Analyse steht die übergeordnete Frage, *wie sich individuelle und organisationale Lernprozesse im Rahmen Betrieblicher Gesundheitsförderung vollziehen.*

In einer Gesellschaft, welche wesentlich von Organisationen beeinflusst wird (Ortmann, Sydow & Türk, 1997; Perrow, 1989; Schimank, 2001; Sydow & Wirth, 2014; Türk, 1995), üben Organisationen einen bedeutsamen Einfluss auf die Bedingungen von Gesundheit aus. Betriebliche Gesundheitsförderung ist damit als Organisationsentwicklung zu konzipieren. Sie beschreibt eine umfassende Strategie, welche sowohl eine Weiterentwicklung von Organisationen als auch von Personen beinhaltet. Es wurde herausgearbeitet, warum sich Gesundheit in Organisationen nicht durch Lösungen herstellen lässt, sondern als Resultat eines kontinuierlichen Prozesses der gesundheitsorientierten Auseinandersetzung mit den eigenen Arbeitsbedingungen und äußeren Umweltanforderungen verstanden wird. Gesundheit ist aus dieser Perspektive als Resultat eines organisationalen Lernprozesses zu begreifen. Eine Konzeption Betrieblicher Gesundheitsförderung sollte daher neben einem organisationstheoretischen Verständnis auch lerntheoretische Erkenntnisse integrieren. Die Strukturationstheorie (Giddens, 1984, 1997) und die Theorie expansiven Lernens (Engeström, 1987, 2001) bilden den forschungsleitenden Bezugsrahmen der vorliegenden Arbeit.

Im Folgenden werden die in den vorherigen Kapiteln angestellten organisations- und lerntheoretischen Überlegungen reflexiv auf den Untersuchungsgegenstand angewendet (Kap. 6.1) und in eine erste Konzeption von Lernen im Rahmen gesundheitsfördernder Organisationsentwicklung bzw. organisationales Gesundheitslernen überführt (Kap. 6.2). Das erarbeitete Modell ist als sensibilisierendes Konzept (*sensitizing concept*; Blumer, 1954) zu verstehen, welches zwar einen heuristischen und somit sensibilisierenden Deutungsrahmen für die empirische Analyse darstellt, aber ebenso zur Überarbeitung und theoretischen Weiterentwicklung einlädt.[100] Der entwickelte analytische Bezugsrahmen bildet die Grundlage für eine Konkretisierung der Forschungsfragen (Kap. 6.3).

---

[100] Denn „there is nothing esoteric or basically unusual in correcting and refining sensitizing concepts in the light of stubborn empirical findings" (Blumer, 1954, S. 9).

Die vorliegende Arbeit unterscheidet sich von anderen normativen Konzepten der „lernenden Organisation" darin, dass weder davon ausgegangen wird, dass Individuen oder Organisationen über eine grundsätzliche Lernbereitschaft und -fähigkeit verfügen, noch wird angenommen, dass die Organisationsmitglieder oder die Organisation lernen (wollen), was sie lernen sollen. Nach Brandi und Elkjaer (2011) bestehen Organisationen nicht aus idealtypischen Individuen, sondern aus realen Menschen mit ihren jeweils eigenen Erfahrungen, Geschichten, Hoffnungen und Zukunftsvorstellungen. Die Annahme, dass Beschäftigte stets „on the organization's behalf" (Argyris & Schön, 1996, S. 16) agieren, erscheint vor diesem Hintergrund nicht haltbar. Angesichts einer tendenziell defizitären Betrieblichen Gesundheitspolitik (Beck, 2011) wird vermutet, dass sich organisationales Gesundheitslernen – zumindest in Deutschland – eher in der Ausnahme als in der Regel ereignet.

6.1 Zusammenführung der Theorieperspektiven

Zuvor wurde argumentiert, dass organisationales Gesundheitslernen *soziale Praktiken der Reflexion und Gestaltung gesunder Arbeitsbedingungen* beschreibt. Aus Perspektive der vorliegenden Arbeit vollzieht sich organisationales Gesundheitslernen in einem gegenstandsorientierten Problemlösungsprozess, in dessen Verlauf sich nicht nur die beteiligten Individuen und ihre Gemeinschaft, sondern ebenso die sie umgebenden Organisationsstrukturen wechselseitig entwickeln. Nachfolgend wird die dargelegte Auffassung in sechs Thesen theoretisch begründet.

Erstens *stellt organisationales Gesundheitslernen ein überindividuelles Phänomen dar.* Aus der Sichtweise von Larisch, Ritter und Müller (2010) zeichnen sich Lernprozesse im Arbeits- und Gesundheitsschutz dadurch aus, dass sich gesundheitsbezogenes Wissen unabhängig von den Organisationsmitgliedern generieren und reproduzieren kann. Ein theoretisch fundiertes Konzept organisationalen Gesundheitslernens kann sich daher nicht auf die Konzeptualisierung individueller Lernprozesse von Expert/-innen, Führungskräften oder Beschäftigten beschränken, sondern sollte Lernen als ein überindividuelles Phänomen konzeptualisieren.

Wenn Lernen im Rahmen gesundheitsfördernder Organisationsentwicklung auf Ebene der Organisation zu verorten ist, stellt sich die Frage, wie individuelles und organisationales Gesundheitslernen zusammenhängen. Dies wird jedoch von keiner der diskutierten organisationalen Lerntheorien ausreichend expliziert. An dieser Stelle leistet die Strukturationstheorie (Giddens, 1997) einen zentralen Erklärungsbeitrag. Eine strukturationstheoretische Sichtweise geht von handelnden Akteuren aus, welche in ein Geflecht aus Regeln, Werten und Normen eingebunden sind und gleichzeitig dieses Geflecht in sozialen Praktiken beeinflussen, verändern, produzieren und reproduzieren. Folglich verortet die Strukturationstheorie Lernen nicht allein auf der Subjektebene. Gleichermaßen vermeidet sie, Lernen der Objektebene zuzuschreiben.[101] Stattdessen wird von einer Dualität von individuellen und korporativen Akteuren ausgegangen. Diese „handeln sozial, kommunikativ, machtausübend oder -verarbeitend und sanktionsabhängig" (Erpenbeck, 2007, S. 298). Organisationalen Strukturen und Prozessen kommt also eine doppelte Funktion zu: Einerseits strukturieren sie die Lernprozesse der beteiligten Individuen, auf der anderen Seite sind sie selbst Gegenstand der organisationalen Veränderung.[102] Die Strukturationstheorie ermöglicht eine Erklärung von organisationalem Lernen jenseits der Dichotomie von Subjektivismus (Handeln) und Objektivismus (Struktur). Der scheinbare Gegensatz zwischen objektivistischen Theorien, die von einem Primat der Struktur sozialer Systeme ausgehen (z.B. Parsons, 1949), und subjektivistischen Theorien, deren Priorität auf den Subjekten liegt (z.B. Garfinkel, 1967; Schütz, 1993), wird auf diese Weise aufgelöst. Aus strukturationstheoretischer Sicht werden individuelle Lernprozesse zu organisationalen Lernprozessen, indem sie eine Reflexion bestehender organisationaler Strukturen ermöglichen und durch die reflektierte Gestaltung gesunder Arbeit wiederum in die Strukturen der Organisation eingehen.

Zweitens *setzt organisationales Gesundheitslernen organisations- und hierarchieübergreifende diskursive Prozesse voraus.* Betriebliche Gesundheitsförderung wird wirksam, indem sie „Gesundheitspotenziale und Krankheitsrisiken der Arbeit zum Gegenstand der Reflexion und Veränderung macht und dabei auf die Gestaltung einer gesunden Arbeit zielt" (Beck, 2011, S. 63). Gesunde Arbeitsbedingungen stellen demnach keine objektive Größe dar, sondern konkretisieren sich erst in der subjektiven Beurteilung durch die arbeitenden Menschen (siehe Kap. 2). Die Gestaltung gesunder Arbeitsbedingungen erfordert folglich die Entwicklung eines gemeinsamen Verständnisses der Zusammenhänge von Arbeit und Gesundheit durch die Organisationsmitglieder (Faller, 2017b). Eine Konzeption organisationa-

---

[101] Ein korporativistisches Lernverständnis, das Lernen auf der Objektebene verortet, spiegelt sich z.B. in einem ressourcenbasierten Kompetenzverständnis (u.a. Freiling, 2004; Freiling, Gersch & Goeke, 2008; Klein, Edge & Kass, 1991; Schreyögg & Eberl, 2015) oder im Ansatz der Kernkompetenz (Prahalad & Hamel, 1990) wider.
[102] Dementsprechend ergibt die in Kap. 5 vorgenommene Differenzierung zwischen „Gegenstand" und „Kontext" des Lernens allenfalls auf analytischer Ebene Sinn.

len Gesundheitslernens sollte daher nicht nur die Führungskräfte, sondern sämtliche Organisations- und Hierarchieebenen berücksichtigen.[103]

Nach Königswieser und Hillebrand (2009) bilden Gruppen und Netzwerke ein ideales Setting für die Reflexion und Bearbeitung komplexer Themen. Indem sie die Komplexität der Organisationsumwelt adäquat integrieren und verarbeiten können, stellen Gruppen und Netzwerke insbesondere in Veränderungsprozessen zentrale Orte des Lernens dar (Königswieser & Hillebrand, 2009). Zudem eröffnen sie den beteiligten Akteuren neue Erfahrungen und Möglichkeiten der Zusammenarbeit, die in den Routinen der etablierten Alltagsorganisation meist nicht realisiert werden können. Vor diesem Hintergrund erscheinen soziale Gemeinschaften als geeignete Kontexte für ein Lernen im Rahmen gesundheitsfördernder Organisationsentwicklung.

Drittens *vollzieht sich organisationales Gesundheitslernen zustandsgebunden vor dem Hintergrund bereits gemachter Erfahrungen und getroffener Entscheidungen.* In jeder der diskutierten Theorien organisationalen Lernens wird davon ausgegangen, dass jeweils geschaffene Realitäten die Möglichkeiten einer weiteren Entwicklung präformieren (aber nicht gänzlich determinieren[104]). In einer tätigkeitstheoretischen Denkweise kann eine Betrachtung des Sozialen daher nicht am einzelnen Subjekt ansetzen (Moldaschl, 2015). Individuelle Deutungen der Welt werden vermittelt über Objekte, welche mit gesellschaftlich vorgefertigten Bedeutungen versehen sind.[105] Es wird davon ausgegangen, dass soziale Sinnangebote bestimmte individuelle Deutungen wahrscheinlicher machen, sie aber nicht gänzlich determinieren. Obwohl die Tätigkeitstheorie die Rekursion von individueller Sinngebung einerseits und gesellschaftlich vermittelten symbolischen Ordnungen und Sinnsystemen andererseits untersucht, geht sie von einer relativen Autonomie beider Systeme aus (Moldaschl, 2015). Das Mensch-Umwelt Verhältnis wird aus dieser Perspektive durch Objekte vermittelt, welche eine sozial-kulturelle Historie

---

[103] Mit Ausnahme der Arbeiten von Lave und Wenger (1991) sowie Engeström (1987) verorten die diskutierten Lerntheorien organisationales Lernen jedoch auf Ebene der Entscheidungsträger/-innen. Engeström (2001) kritisiert diesen Umstand unter Bezugnahme auf das Modell von Nonaka und Takeuchi (1995), die von einem konflikt- und störungsfreien Lernprozess ausgehen, dessen Gestaltung und Inhalte im Wesentlichen vom Management definiert werden.

[104] Wie sämtliche Ansätze der Selbstorganisation grenzt sich die Pfadtheorie von einem mechanistischen Weltbild ab. So wird davon ausgegangen, dass Entwicklungen in einer von Komplexität und Interdependenz gekennzeichneten Gesellschaft nicht vollständig determiniert und vorhersehbar sind.

[105] Giddens (1997) greift diese Idee in seiner Theorie der „doppelten Hermeneutik" auf.

aufweisen.[106] Entwicklungsprozesse psychischer Vorgänge wie Denken, Erinnerung und Lernen werden als Teil der gesellschaftlich-kulturellen Entwicklung gesehen (Wygotski, 1987). Lernen ist in diesem Sinne kontext- und pfadabhängig (u.a. Arthur, 1994; David, 1985, 1994).

Lernen ist folglich nicht als Höherentwicklung zu verstehen. Da sich eine Handlung oder getroffene Entscheidung immer wieder in der organisationalen Alltagswelt (Berger & Luckmann, 1982) bewähren muss und unter Umständen unabhängig von ihrer Güte verstärkt oder aussortiert wird, dürfen vorgefundene Ordnungen in Organisationen keinesfalls als „rationale Optima von Koordinationsproblemen" (Moldaschl, 2015, S. 146) missinterpretiert werden. Insofern können sich auch dysfunktionale bzw. weniger gesundheitsförderliche Entscheidungen oder Verhaltensmuster in pfadabhängigen Prozessen verfestigen. Zudem wird die Gestaltbarkeit einer Organisation und das Handlungsrepertoire ihrer Mitglieder durch pfadabhängige Prozesse beschränkt. So kann es sein, dass pfadabhängige Prozesse zwar bestimmte Handlungsweisen ermöglichen, aber auf der anderen Seite zur Verhinderung alternativer Handlungen beitragen.[107] Daher setzt Lernen in einigen Fällen auch ein Verlernen voraus (u.a. Baecker, 2003; Hedberg, 1981).

Viertens *findet organisationales Gesundheitslernen nicht unabhängig von einem sozialen, gesellschaftlichen Kontext statt.* Im Rahmen der vorliegenden Arbeit wird eine integrative Perspektive auf Lernen vertreten, welche kognitive Prozesse ebenso berücksichtigt wie dessen soziale und organisationale Situiertheit.

Wie bereits argumentiert wurde, beschreibt organisationales Gesundheitslernen eine soziale Aktivität, welche ihre Wirkweise durch die Teilhabe und Sozialisation in einer Gruppe entfaltet. Es liegt nahe, dass sich die betrachteten kognitivistischen organisationalen Lerntheorien (Argyris & Schön, 1978, 1996; Daft & Weick, 1984; March & Olsen, 1975; Nonaka & Takeuchi, 1995; Senge, 1990) zwar als wertvoll für die Erklärung von kognitiven Prozessen der Reflexion mentaler Schemata erweisen. Dennoch können sie damit nur einen Teil des Lerngeschehens im Rahmen gesundheitsfördernder Organisationsentwicklung abbilden. Die sozialen Lerntheorien (u.a. Brandi & Elkjaer, 2011; Lave & Wenger, 1991) erweitern die kognitiven, tendenziell individuumsorientierten Perspektiven um eine umfassendere Vorstellung von organisationalem Lernen als in einem sozialen, gesellschaftlichen Kontext situiert. Aus dieser Betrachtungsweise werden Lerninhalte in

---

[106] Dieser Gedanke steht im Mittelpunkt der kulturhistorischen Schule, in deren Arbeitszusammenhang die Tätigkeitstheorie entwickelt wurde.
[107] In der Kompetenzforschung wird dieses Phänomen auch als „Lock-In" oder „Core rigidities" (Leonard-Barton, 1992) bezeichnet.

einem Sozialisationsprozess des Miterlebens und Dabeiseins absorbiert und internalisiert (Schreyögg & Eberl, 2015).

Die Rolle des organisationalen Kontexts wird in den diskutierten Lerntheorien unterschiedlich thematisiert. So wird das organisationale Umfeld in den Ansätzen von March und Olsen (1975), Argyris und Schön (1978, 1996), Daft und Weick (1984), Nonaka und Takeuchi (1995) sowie Senge (1990) hauptsächlich im Hinblick auf seine hinderliche oder – seltener – förderliche Wirkung für (individuelles) Lernen betrachtet. Andere Arbeiten erweitern den Fokus dieser Theorien um Aspekte der Organisationskultur, formaler Strukturen und mikropolitischer Prozesse.

Nach Schein (1985) geht organisationales Lernen mit einer Veränderung und Entwicklung der *Organisationskultur* einher, welche er als Gesamtheit der organisationalen Annahmen, Orientierungen und Werte definiert. Nach Schreyögg und Eberl (2015) lenkt die Kultur einer Organisation als kollektiv wirksamer Bezugsrahmen die Wahrnehmung und alltäglichen Handlungen ihrer Mitglieder in besonderem Maße. Für das organisationale Gesundheitslernen erscheint die Organisationskultur besonders bedeutsam, weil sie die kognitiven Prozesse der Problemwahrnehmung und -lösung beeinflusst (Gioia, 1986). Zudem strukturieren Organisationskulturen die Emotionen ihrer Mitglieder indem sie z.B. vorgeben, was gehasst oder geliebt wird (Trice & Beyer, 1993). Aus der empirischen Forschung ist zudem bekannt, dass generalisierte organisationale Muster im Sinne einer organisationalen Emotionalität die Bereitschaft der Organisationsmitglieder, alternative Formen der Zusammenarbeit zu explorieren und Kontakte außerhalb der formalen Organisationsstrukturen zu knüpfen, beeinflussen können (u.a. Edmondson, 2012).

Während die Organisationskultur vor allem informale Erwartungen transportiert, beinhalten *formale Strukturen* explizite organisationale Regeln (im Sinne einer Bekenntnistheorie; Argyris & Schön, 1978), welche das Verhalten der Organisationsmitglieder koordinieren (Schreyögg & Eberl, 2015). Einerseits definieren und legitimieren formale Strukturen die Arbeitsprozesse sowie die organisationalen Kommunikations- und Entscheidungswege. Sie reduzieren auf diese Weise die Komplexität in einer Organisation auf ein handhabbares Maß (Luhmann, 1973). Andererseits wird insbesondere hierarchischen Strukturen eine lernhemmende Wirkung zugeschrieben (Faulstich & Tymister, 2002; Hiestand, 2017).

Nach Auffassung des politischen Prozessansatzes (u.a. Crozier & Friedberg, 1979; Küpper & Ortmann, 1986; Neuberger, 1988, 2015; Pettigrew, 1979) stellen Entscheidungen in Organisationen ein Ergebnis komplexer Machtspiele dar. Obwohl – oder gerade weil – Gesundheit einen weithin akzeptierten Wert darstellt, sind Entscheidungen zur Veränderung und Gestaltung von Arbeitsbedingungen hiervon nicht ausgenommen. *Mikropolitische Prozesse* ereignen sich, indem Organisationsmitglieder sich durch soziale Beziehungen eröffnende Handlungs- und Entscheidungsspielräume gezielt zur Durchsetzung individueller Interessen nutzen. Während die Theorien sozialen Lernens mikropolitische Prozesse in Organisationen weitgehend außer Acht lassen, liefert die Strukturationstheorie differenziertere Aussagen über den Einfluss von sozialen Signifikations-, Herrschafts- und Legitimationsansprüchen. Nach Erpenbeck (2007) liegt eine Stärke der Strukturationstheorie in der Erfassung und Beschreibung von Regeln und Ressourcen als „soziale Ordner" (S. 302). Damit kommt der Strukturationstheorie bei der Modellierung von Macht und mikropolitischen Prozessen eine besondere Bedeutung zu.

Fünftens *ereignet sich organisationales Gesundheitslernen vor allem im Handeln der Akteure.* Aus tätigkeitstheoretischer Perspektive geht Lernen stets mit weltverändernder Tätigkeit einher. „Nach außen gerichtete Tätigkeiten [Externalisierung] verändern ein (kleines) Stück Welt und wirken dadurch zurück, wodurch Aneignung = Lernen [Internalisierung] geschieht" (Pitsch, 2013, S. 62). Im Gegensatz zur kognitivistischen Sichtweise werden Objekte, Regeln und Praktiken als sozial (und nicht individuell) konstruiert verstanden. Lernen kann daher nicht ausschließlich im Kopf eines Menschen verortet werden, sondern beschreibt nach Brandi und Elkjaer (2011)

> *a way of enacting artifacts, routines, experiences, rules, etc. competently in the organization instead of something that resides inside the human mind ready to be used whenever needed.* (Brandi & Elkjaer, 2011, S. 36)

Nach Moldaschl (2015) werden sozial geprägte Deutungsschemata erst dann handlungswirksam, wenn sie in sozialen Praktiken angeeignet werden. Diese Aneignung findet stets in einem konkreten Kontext statt. Aufgrund ihres hohen Kontextbezugs birgt Aneignung stets die Möglichkeit „der Variation, der Innovation und des Scheiterns" (Moldaschl, 2015, S. 149). Auch in der Strukturationstheorie liegt der Schwerpunkt auf dem Handeln der Akteure. Nach Giddens (1984) reproduzieren die individuellen Akteure in und durch ihr Handeln die Bedingungen eben dieses Handelns. Soziale Praktiken werden aus dieser Sichtweise erst im konkreten Handeln existent. Sie beschreiben geordnete, stabile Muster sozialer Aktivitäten (Giddens, 1976).[108]

---

[108] Sowohl die Tätigkeits- als auch die Strukturationstheorie nehmen eine Unterscheidung zwischen Handeln und Tätigkeit bzw. sozialer Praxis vor. Beide verstehen Handeln als eher situative Aktivitäten, während die Tätigkeit oder soziale Praxis als situationsübergreifendes, kol-

Sechstens *ist organisationales Gesundheitslernen eingebettet in die sozialen Praktiken innerhalb und zwischen Tätigkeitssystemen.* Wie bereits deutlich wurde, werden individuelle Handlungen nach einer tätigkeits- und strukturationstheoretischen Logik niemals isoliert gesehen, sondern als in einen sozialen und organisationalen Kontext eingebettet betrachtet.

Engeström (1987) rückt in seiner Theorie expansiven Lernens die sozialen Praktiken von Tätigkeitssystemen als primäre Einheiten der Analyse von Lernprozessen in den Mittelpunkt. Im Fokus stehen die sich im Handeln aktualisierenden sozialen Praktiken sowie der organisationale und gesellschaftliche Kontext. Die Lerntätigkeit konzentriert sich nach der Theorie expansiven Lernens nicht nur auf die lernenden Individuen, sondern bezieht die rekursive Entwicklung aller Elemente des Tätigkeitssystems[109] mit ein. Expansives Lernen entsteht, wenn Individuen „die ihnen gegeben Kontexte überschreiten"[110] (Engeström, 1999, S. 50) und hierdurch neue Formen der Tätigkeit erschließen. Übertragen auf den Kontext in Organisationen besteht expansives Lernen in der Produktion neuer Formen der Arbeitstätigkeit (Engeström, 2001).

Aus Engeströms (2001) Perspektive ereignet sich expansives Lernen vor allem dann, wenn ein zunächst individuelles Hinterfragen von Widersprüchen und die Suche nach neuartigen Wegen und Normen in einen „kollektiven Kreationsprozess" (Hemmecke, 2012, S. 397) zwischen interagierenden Tätigkeitssystemen münden. Engeström (2004) bezeichnet diesen Prozess als Ko-Konfiguration interagierender Tätigkeitssysteme, welche sich rekursiv weiterentwickeln. Diese Sichtweise ist kompatibel mit der Konzeption systemischer Organisationsentwicklung von Königswieser und Hillebrand (2009), nach der sich Klientensystem und Beratersystem durch eine strukturelle Kopplung auszeichnen. Im Laufe des Beratungsprozesses entwickeln sich beide Systeme in einem ko-evolutionären, durch Kommunikation gekennzeichneten, Prozess weiter bzw. „wachsen mental zusammen" (S. 118). Neues Wissen entsteht aus Spannungen, Überraschungen, Widersprüchen und Konflikten – ein Konsens der beteiligten Akteure erscheint daher weder erstrebenswert noch möglich (Hemmecke, 2012).

Engeströms (2001) Vorstellung von Lernen schließt unmittelbar an die Zielvorstellung von Betrieblicher Gesundheitsförderung an. Demnach ereignet sich Lernen nicht nur durch den Erwerb punktuellen Wissens, das Erkennen einzelner Zusammenhänge oder die Bearbeitung isolierter Maßnahmen, sondern durch eine

---

lektiv ausgeführtes Handlungsmuster konzipiert wird, in welches einzelne individuelle Handlungen integriert sind.
[109] Für eine ausführlichere Darstellung des Konzepts des Tätigkeitssystems siehe Kap. 5.2.7.
[110] Engeström (1999) bezieht sich hierbei auf das „Learning III" Konzept von Bateson (1972).

kontinuierliche Reflexion und Reflexivität des Austauschs über und die Gestaltung von gesunder Arbeit. *Eine Organisation hat in diesem Sinne gelernt, wenn es ihr gelingt, neuartige soziale Praktiken der Reflexion und Gestaltung gesunder Arbeitsbedingungen zu institutionalisieren.* Nachfolgend wird die dargelegte Argumentation zu einer Gesamtkonzeption organisationalen Gesundheitslernens verdichtet.

6.2 Heuristisches Rahmenmodell

Das nachfolgend entwickelte heuristische Rahmenmodell eröffnet einen konzeptuellen Zugang, welcher die Untersuchung konkreter empirischer Phänomene des Lernens im Rahmen gesundheitsfördernder Organisationsentwicklung ermöglicht. Die Strukturationstheorie dient hierbei als übergeordnetes theoretisches Fundament. Ein zentrales Bestreben der Strukturationstheorie liegt in Konzeptualisierung des Verhältnisses zwischen Handeln und Struktur. Als missing link überbrückt eine strukturationstheoretische Betrachtungsweise die konzeptionelle Lücke zwischen sozialen Akteuren und den sie umgebenden Strukturen. Sie erlaubt es, das komplexe Zusammenspiel zwischen individuellem Lernen und organisationalem Lernen im Sinne einer Veränderung organisationaler Strukturen zu explizieren und zu konzeptualisieren. Als allgemeine Theorie des Sozialen beschreibt die Strukturationstheorie ein Analyseraster, in das sich die diskutierten lerntheoretischen Perspektiven integrieren lassen.

So tragen die dargestellten individuellen und organisational-kognitiven Lerntheorien (Argyris & Schön, 1978, 1996; Daft & Weick, 1984; March & Olsen, 1975; Nonaka & Takeuchi, 1995; Senge, 1990) dazu bei, Lernen auf Ebene der Aneignung und Veränderung mentaler Schemata des *Subjekts* beschreiben. Obwohl sie sich als wertvoll erweisen, können diese Theorien nur einen Teil des Lerngeschehens im Rahmen gesundheitsfördernder Organisationsentwicklung abbilden.

Das heuristische Rahmenmodell berücksichtigt den Einfluss organisationaler Strukturen auf den Lernprozess, indem es sich auf die von Giddens (1984) als Dimensionen des Sozialen definierten Regeln und Ressourcen bezieht. Durch die system- und situationsspezifische Anwendung von Regeln und Ressourcen vermitteln Akteure zwischen Struktur- und Interaktionsebene. Die von Engeström (1987) als Elemente eines Tätigkeitssystems benannten Instrumente, Arbeitsteilung und Regeln entsprechend in ihrer Gesamtheit weitgehend den Giddens'schen Regeln und Ressourcen, sodass sie im vorliegenden heuristischen Rahmenmodell nicht explizit ausgewiesen werden. In einer strukturationstheoretischen Denklogik definieren

Regeln, welche sozialen Verhaltensweisen erlaubt sind bzw. sanktioniert werden (Legitimation). Sie begründen die „normative Ordnung" (Ortmann, Sydow & Windeler, 2000, S. 320) einer Organisation. Andererseits wirken Regeln sinnkonstituierend, indem sie Sachverhalten eine Bedeutung zuweisen (Signifikation). Als „kognitive Ordnung" (Ortmann, Sydow & Windeler, 2000, S. 320) einer Organisation umfassen Regeln sämtliche Interpretationen der Umwelt. *Ressourcen* beschreiben das Vermögen der Akteure, in Geschehnisse eingreifen zu können. Giddens (1997) unterscheidet allokative und autoritative Ressourcen. Allokative Ressourcen ermöglichen den Organisationsmitgliedern, soziale Situationen zu gestalten oder zu kontrollieren. Sie umfassen materielle Ressourcen ebenso wie immaterielle Ressourcen, wie z.b. die zur Nutzung von Rohstoffen erforderliche Fachexpertise (Hiestand, 2017). Autoritative Ressourcen erlauben eine Machtausübung über Personen oder Akteure, wie z.b. durch die Festlegung von Arbeitsabläufen oder -zeiten (Ortmann et al., 1990).

Regeln und Ressourcen werden sinnvoll ergänzt durch die Annahmen der Theorie des situierten Lernens (Lave & Wenger, 1991), welche Lernen als eingebetteten Prozess der Teilhabe an einer sozialen *Gemeinschaft* beschreiben.

Zusätzlich erweitert die Theorie expansiven Lernens (Engeström, 1987, 2001) das Analyseraster der Strukturationstheorie um die Vorstellung eines am jeweiligen *Gegenstand* aufgehängten Problemlösungsprozesses innerhalb und zwischen Tätigkeitssystemen, in dessen Verlauf sich nicht nur die beteiligten Individuen und ihre Gemeinschaft, sondern ebenso die sie umgebenden Organisationsstrukturen rekursiv entwickeln.

Die Strukturationstheorie (Giddens, 1984, 1997) und die Tätigkeitstheorie expansiven Lernens (Engeström, 1987, 2001) eröffnen eine Sicht auf organisationales Lernen, welche die Subjekte als handelnde Akteure zwar dezentriert, sich aber – z.B. im Gegensatz zur Systemtheorie – nicht gänzlich von diesen distanziert. Die vorliegende Konzeption organisationalen Gesundheitslernens erweitert den Fokus einzelner Lerntheorien und integriert diese in einen gemeinsamen Zusammenhang. Abb. 12 fasst die bisherigen Überlegungen zusammen:

6 Zwischenfazit – Analytischer Bezugsrahmen

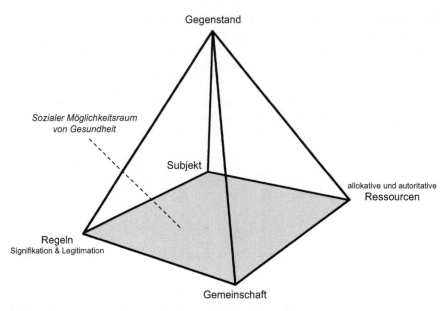

Abb. 12: *Heuristisches Rahmenmodell*

Das skizzierte heuristische Rahmenmodell greift Engeströms (1987) Konzept des Tätigkeitssystems auf. Die zuvor benannten Aspekte werden als Elemente des Tätigkeitssystems in das Modell integriert. Es ergibt sich ein *sozial konstruierter Möglichkeitsraum* von Gesundheit, welcher durch die einzelnen Elemente des Tätigkeitssystems begrenzt wird und in den soziokulturellen Praktiken einer Gemeinschaft verortet ist. In sozialen Interaktionen erschließen die Akteure diesen Möglichkeitsraum. Der Möglichkeitsraum markiert eine Art organisationale Subkultur, in der alternative Handlungsweisen sowie Formen der Kommunikation und Zusammenarbeit erprobt werden können. Indem sich die Akteure auf die gegebenen Regeln und Ressourcen beziehen, gestalten sie den sozialen Möglichkeitsraum willentlich oder unbeabsichtigt. Mit der rekursiven Weiterentwicklung von Regeln, Ressourcen, Subjekten, Gegenstand und Gemeinschaft vergrößert sich der soziale Möglichkeitsraum. Das Handlungsrepertoire der Organisationsmitglieder erfährt auf diese Weise eine Erweiterung. Ebenso ist denkbar, dass sich ein sozialer Möglichkeitsraum, z.B. infolge einer Veränderung organisationaler Regeln, verkleinert.

Die gesundheitsfördernde Organisationsentwicklung markiert aus dieser Perspektive eine integrative Strategie zur Unterstützung organisationalen Gesundheitslernens, indem sie die (Neu-)formierung und Weiterentwicklung von Tätigkeitssystemen als soziale Möglichkeitsräume anregt und Interaktionsprozesse zwischen Tätigkeitssystemen etabliert.

Wie bereits dargelegt wurde, wird davon ausgegangen, dass die Kapazitäten einer Organisation und ihrer Mitglieder zur Selbstbeobachtung und -reflexion beschränkt sind. Eine Außensicht kann möglicherweise dazu beitragen, neue Sichtweisen und Wirklichkeiten auf bestehende organisationale Regeln und Ressourcen zu eröffnen und zur Erprobung alternativer Tätigkeiten anzuregen. In der systemischen Beratungsforschung wird diese Außensicht in der Regel in einer strukturierten Moderation und einer Begleitung durch eine externe Organisationsberatung gesehen, welche die (selbst)reflexiven Prozesse der Organisation durch das Einbringen eigener Wahrnehmungen und Beobachtungen fördert. Hierfür ist es erforderlich, das Thema „Gesundheit" in systemrelevante Kommunikation zu überführen und für die Organisation anschlussfähig zu machen (Königswieser & Hillebrand, 2009). Organisationsberatung versteht sich in diesem Zusammenhang als eine „Dienstleistung, die Organisationen bei der Gestaltung ihrer Lern- und Veränderungsprozesse mit fachlichem und methodischen Know-How unterstützt" (von Ameln & Kramer, 2007, S. 4). Durch die Einführung neuartiger dialogischer und reflexiver Werkzeuge zur Gestaltung der eigenen Arbeitsbedingungen (wie z.B. die strukturierte Moderation) kann eine externe Organisationsberatung dazu beitragen, soziale Möglichkeitsräume für eine Reflexion und Gestaltung gesunder Arbeitsbedingungen zu öffnen und zu vergrößern.[111]

Das entwickelte lerntheoretische Konzept von gesundheitsfördernder Organisationsentwicklung dient als analytischer Bezugsrahmen, welcher im weiteren Verlauf der Studie anhand empirischer Daten überarbeitet und weiterentwickelt wird.

6.3 Zusammenfassung und Forschungsfragen

Die Anwendung unterschiedlicher theoretischer Perspektiven auf den Untersuchungsgegenstand zeigt auf, dass eine Konzeption von organisationalem Gesundheitslernen als soziale Praxis der Reflexion und Gestaltung gesunder Arbeitsbedingungen den besonderen Bedingungen der Thematisierung von Gesundheit im Be-

---

[111] Gleichwohl wird im Rahmen der vorliegenden Arbeit davon ausgegangen, dass es für Veränderungsprozesse in Organisationen auch andere Anlässe als eine Intervention durch eine externe Beratung geben kann (z.B. Anforderungen der Shareholder, neue gesetzliche Auflagen etc.). Dennoch liegt nahe, dass Interventionen im Rahmen von Organisationsberatung oder -entwicklung eine Anregung von Veränderungsprozessen wahrscheinlicher machen, indem sie durch das Einbringen einer Außensicht neue Perspektiven auf organisationale Dynamiken eröffnen.

trieb am ehesten gerecht wird. Organisationales Gesundheitslernen vollzieht sich aus Sichtweise der vorliegenden Arbeit in einer *kollektiven, kontextgebundenen, situierten, rekursiven und pfadabhängigen Praxis des Problemlösens innerhalb und zwischen Tätigkeitssystemen.* Den Elementen des Tätigkeitssystems kommt hierbei eine doppelte Funktion zu: Einerseits strukturieren sie die Lernprozesse der Individuen, auf der anderen Seite sind sie selbst Gegenstand organisationaler Veränderung. In sozialen Interaktionen erschließen die beteiligten Subjekte einen sozial konstruierten Möglichkeitsraum von Gesundheit, welcher durch die einzelnen Elemente des Tätigkeitssystems begrenzt wird und in den sozialen Praktiken der Organisationsmitglieder verortet ist.

Auf Grundlage lern- und organisationstheoretischer Überlegungen wurde eine Konzeption organisationalen Gesundheitslernens erarbeitet. Es wurde argumentiert, warum *organisationales Gesundheitslernen*

- *... ein überindividuelles Phänomen beschreibt.* Ein theoretisch fundiertes Konzept von organisationalem Gesundheitslernen kann sich nicht auf die Konzeptualisierung individueller Lernprozesse beschränken, sondern ist auf Ebene der Organisation zu verorten. Es wird davon ausgegangen, dass organisationale Regeln und Ressourcen die Lernprozesse der beteiligten Individuen strukturieren. Auf der anderen Seite sind organisationale Strukturen selbst Gegenstand einer organisationalen Veränderung durch reflexiv handelnde Akteure.
- *... diskursive Prozesse auf allen Organisationsebenen voraussetzt.* Gesunde Arbeitsbedingungen stellen keine objektive Größe dar, sondern konkretisieren sich erst in der Beurteilung und Auseinandersetzung der Organisationsmitglieder. Organisationales Gesundheitslernen setzt folglich hierarchie- und bereichsübergreifende Kommunikations- und Reflexionsprozesse voraus. Das Konzept der gesundheitsfördernden Organisationsentwicklung (Faller, 2017b) markiert eine mögliche Strategie zur systematischen Steuerung und Gestaltung diskursiver Prozesse unter der Prämisse von Gesundheit.
- *... sich zustandsgebunden vollzieht.* Vergangene Handlungen, Erfahrungen und Entscheidungen präformieren die Möglichkeiten einer weiteren Entwicklung (determinieren diese jedoch nicht gänzlich). Organisationales Gesundheitslernen ereignet sich folglich in einem pfadabhängigen Prozess.
- *... nicht unabhängig von einem sozialen, gesellschaftlichen Kontext stattfindet.* Lernen wird als eingebetteter Prozess der Teilhabe an einer sozialen Gemeinschaft verstanden. Ebenso hat der organisationale Kontext eine strukturierende Wirkung auf den organisationalen Lernprozess.

6 Zwischenfazit – Analytischer Bezugsrahmen

- *... sich im Handeln der Akteure ereignet.* Organisationale Strukturen aktualisieren sich in den sozialen Praktiken der betrieblichen Akteure. Organisationale Lernprozesse realisieren sich daher erst im konkreten Handeln der Organisationsmitglieder.
- *... in die sozialen Interaktionen innerhalb und zwischen Tätigkeitssystemen eingebettet ist.* Organisationales Gesundheitslernen vollzieht sich in einem gegenstandsorientierten Problemlösungsprozess, in dessen Verlauf sich nicht nur die beteiligten Individuen und ihre Gemeinschaft, sondern ebenso die sie umgebenden Organisationsstrukturen bzw. Regeln und Ressourcen rekursiv entwickeln.

Wie bereits herausgestellt wurde, ereignet sich organisationales Gesundheitslernen vermutlich eher in der Ausnahme als in der Regel. Daher erscheint von besonderem Interesse, in welchen Tätigkeitssystemen ein organisationales Gesundheitslernen stattfindet und wie sich diese Tätigkeitssysteme von anderen Tätigkeitssystemen unterscheiden. Insbesondere geht es um die Frage:

Welche Eigenschaften eines Tätigkeitssystems beeinflussen die Entstehung sozialer Möglichkeitsräume zur Reflexion und Gestaltung gesunder Arbeitsbedingungen?

Gesundheit im Sinne einer überdauernden Handlungsfähigkeit (Ducki & Greiner, 1992) ist gegeben, wenn eine Reflexion und Gestaltung gesunder Arbeitsbedingungen in einer Organisation institutionalisiert wurde. Nach Giddens (1979) ist dieser Zustand erreicht, wenn sich anfänglich entstehende Regelhaftigkeiten und Muster der Reflexion und Gestaltung gesunder Arbeitsbedingungen zu raumzeitlich stabilen, sozialen Praktiken verfestigt haben. Strukturen reproduzieren sich demnach nicht in einzigen isolierten Handlungen. So analysiert Cohen (1989):

Of course no single act of social reproduction is sufficient in itself to reconstitute structural properties. But the continual repetition and recognition of familiar modes of conduct by numerous members of a social collectivity or group embeds an awareness of these practices deep within their tacit memories of the familiar features of social praxis in the circumstances of their daily lives. (Cohen, 1989, S. 46)

Vor diesem Hintergrund erscheint von besonderem Interesse, welche sozialen Praktiken zu einer Institutionalisierung der Reflexion und Gestaltung gesunder Arbeitsbedingungen in einer Organisation beitragen. Entsprechend lautet die zweite Forschungsfrage:

Welche sozialen Praktiken tragen zu einer Institutionalisierung der Reflexion und Gestaltung gesunder Arbeitsbedingungen bei?

6 Zwischenfazit – Analytischer Bezugsrahmen

Zur Untersuchung der benannten Forschungsfragen werden im folgenden Teil der Arbeit Strukturen und Prozesse organisationalen Gesundheitslernens am Beispiel eines Organisationsentwicklungsprojekts im Feuerwehrwesen empirisch rekonstruiert und analysiert.

7 Fallstudie

Im vorausgegangenen Kapitel wurde theoretisch-konzeptionell erarbeitet, dass sich organisationales Gesundheitslernen als kollektive, kontextgebundene, situierte, rekursive und pfadabhängige Praxis des Problemlösens innerhalb und zwischen Tätigkeitssystemen vollzieht. In sozialen Interaktionen erschließen die beteiligten Subjekte einen sozial konstruierten Möglichkeitsraum von Gesundheit, welcher durch die einzelnen Elemente des Tätigkeitssystems begrenzt wird und in den sozialen Praktiken der Organisationsmitglieder verortet ist. Indem sich die Akteure auf die gegebenen Regeln und Ressourcen beziehen, gestalten sie den sozialen Möglichkeitsraum willentlich oder unbeabsichtigt. Mit der rekursiven Weiterentwicklung von Regeln, Ressourcen, Subjekten, Gegenstand und Gemeinschaft verändert sich der soziale Möglichkeitsraum. Im empirischen Teil der Arbeit soll nun untersucht werden,

- *welche Eigenschaften eines Tätigkeitssystems die Entstehung sozialer Möglichkeitsräume zur Reflexion und Gestaltung gesunder Arbeitsbedingungen beeinflussen,*
- *welche sozialen Praktiken zu einer Institutionalisierung der Reflexion und Gestaltung gesunder Arbeitsbedingungen beitragen.*

Ein Anliegen der empirischen Untersuchung besteht in der Verfeinerung und Weiterentwicklung der entwickelten theoretischen Konzeption. So ist das entwickelte Rahmenmodell als Sensitizing Concept (Blumer, 1954) zu verstehen, welches zwar einen heuristischen und somit sensibilisierenden Deutungsrahmen für die empirische Analyse darstellt, aber ebenso zur Überarbeitung und theoretischen Weiterentwicklung einlädt. Darüber hinaus ermöglicht die empirische Untersuchung einen Zugang zur sozialen Wirklichkeit sowie eine methodisch kontrollierte Darstellung des Forschungsfelds. Prozesse des Lernens bzw. Nichtlernens im Rahmen gesundheitsfördernder Organisationsentwicklung können auf diese Weise illustriert und einer dezidierteren Analyse zugänglich gemacht werden.

Ausgehend von dem in Kap. 6 entwickelten heuristisch-theoretischen Rahmenmodell (siehe Abb. 12, S. 134) wird die Konzeption und Durchführung des Forschungsprozesses der qualitativen Analyse organisationalen Gesundheitslernens nachfolgend genauer beschrieben. Ausgehend von der Annahme, dass sich organisationales Gesundheitslernen erst in konkreten Handlungssituationen und Prozessen vollzieht, kommt eine Untersuchung des Phänomens nicht ohne Praxis- und Situationsbezug aus. Den Ausgangspunkt der empirischen Analyse bildet ein Projekt zur gesundheitsfördernden Organisationsentwicklung in einer Berufsfeuerwehr (Kap. 7.1 und 7.2). Es wird erörtert, warum das Feuerwehrwesen für die Untersuchung von organisationalem Gesundheitslernen geeignet erscheint (Kap. 7.1.5). Die Untersuchung wurde als Fallstudie konzipiert. In Kap. 7.3 wird aufgezeigt, welche Überlegungen für die Wahl des Forschungsdesigns leitend waren. Datenerhebung (Kap. 7.4) und -auswertung (Kap. 7.5) erfolgten mit Methoden der qualitativen Datenanalyse (Hopf et al., 1995; Witzel, 1982) sowie der strukturellen wie qualitativen Netzwerkanalyse. Abschließend wurde der Forschungsprozess einer kritischen Reflexion unterzogen, um mögliche ergebnisverzerrende Effekte zu identifizieren (Kap. 7.6).

7.1 Forschungsfeld Berufsfeuerwehr

Den Ausgangspunkt der Untersuchung bildete ein Projekt zur gesundheitsfördernden Organisationsentwicklung in einer Berufsfeuerwehr mit ca. 140 Mitarbeitenden. Die Organisation wurde von einer Beratergruppe des Instituts für interdisziplinäre Arbeitswissenschaft der Leibniz Universität Hannover für einen Zeitraum von zwei Jahren kontinuierlich begleitet.[112] Zunächst wird näher auf die formalen Strukturen, den Arbeitsalltag und die Kultur der Organisation Berufsfeuerwehr eingegangen.

Noch im 19. Jahrhundert wurden im Brandfall alle (männlichen) Bürger einer Stadt durch die Sturmglocke zur Hilfe gerufen. Doch spätestens mit fortschreitender Industrialisierung und der Zunahme „feuergefährlicher Produktionsweisen" (Engelsing, 1990, S. 11) entstanden Berufsfeuerwehren als Produkt der Moderne. Heute erscheint die Feuerwehr neben der Polizei und dem Rettungsdienst als eine in modernen Gesellschaften selbstverständliche Einrichtung (Ellebrecht & Jenki, 2014). In Deutschland existieren gegenwärtig 106 Berufsfeuerwehren.[113] Innerhalb der deutschen Bevölkerung genießen Feuerwehrleute mit 96 %[114] noch vor Ärzt/-innen, Pilot/-innen und Polizist/-innen seit langem das höchste Vertrauen (GfK, 2015). Demgegenüber erfahren Feuerwehren, z.B. im Gegensatz zur Polizei, eine geringe sozial- und kulturwissenschaftliche Aufmerksamkeit (Yildirim-Krannig, Mähler & Wucholt, 2014).[115] Die Selbstverständlichkeit der Organisationsform, die

---

[112] Das Konzept und die Vorgehensweise im Projekt werden in Kap. 7.2 beschrieben.
[113] Feuerwehr-Magazin, Ausgabe 07/2016.
[114] Relativer Anteil der Antworten in der Kategorie „Vertraue ich voll und ganz/überwiegend" der Studie „Trust in Professions" der Gesellschaft für Konsumforschung e.V. (N=1978).
[115] Erwähnenswerte Ausnahmen stellen u.a. die Arbeiten von Apelt (2014), Morgenroth und Schindler (2012, 2014) sowie Yildirim-Krannig, Mähler und Wucholt (2014) dar. Die Untersuchungen von Gorißen (2003), Bilhuber (2011) und Overhagen (2007) setzen sich mit physi-

Natürlichkeit der von ihr zu beseitigenden Gefahren und die ihr zugeschriebene hohe technische Funktionalität bedingen vermutlich das geringe Interesse (Ellebrecht & Jenki, 2014). Lange galten Feuerwehren als „stark durchrationalisierte Organisation[en], die technische Hochleistung und selbstlose Disziplin gegen als natürlich-stofflich begriffene Gefahren wie Brände, ausgetretene Schadstoffe und unfreiwillige Gefängnisse (Unfallautos, eingestürzte Häuser) in Anschlag bringen" (Ellebrecht & Jenki, 2014, S. 11). Als Organisationen, die in dynamischen Umwelten flexibel und offen agieren (müssen), geraten sie derzeit in den Fokus der Forschung zu High Reliability Organizations[116].

7.1.1 Strukturen und Funktionen

Bei der Betrachtung des Feldes „Feuerwehrwesen" werden von der Freiwilligen Feuerwehr über private Werksfeuerwehren bis hin zur Berufsfeuerwehr unterschiedliche Organisationstypen ersichtlich, die jeweils differente Strukturen und Kulturen aufweisen (Yildirim-Krannig, Mähler & Wucholt, 2014). *Berufsfeuerwehren* bestehen aus hauptamtlichen Einsatzkräften, die ausschließlich als Feuerwehrleute tätig sind. Sie werden dort eingesetzt, wo aus fachlichen oder organisatorischen Gründen der Bedarf nicht mehr mit freiwilligen Feuerwehren zu decken ist (Bilhuber, 2011). Dementsprechend ist diese Form der Feuerwehr[117] vorwiegend in Städten mit einer größeren Einwohnerzahl (in der Regel über 100.000 Einwohner[118]) zu finden. Der Feuerwehr obliegt die Organisation des Brandschutzes der Städte und Gemeinden (Apelt, 2014; Bilhuber, 2011). Die meisten Berufsfeuerwehren sind daher in formale Verwaltungsstrukturen von Städten oder Kommunen eingebettet. Demnach bestimmen die Strukturen des öffentlichen Dienstes zum großen Teil die Organisationsstruktur und -kultur von Feuerwehren (Bilhuber, 2011).

---

schen und psychischen Belastungen des Feuerwehrberufs und somit ansatzweise mit sozialwissenschaftlichen Themen auseinander.

[116] Das Konzept der „High Reliability Organizations" (HRO) geht zurück auf die Arbeiten von Rochlin, La Porte und Roberts (1987), welche das HRO-Paradigma mit ihren Untersuchungen zu Flugzeugträgern der U.S. Navy eingeführt haben. High Reliability Organisationen agieren in Umwelten, welche hochgradig dynamisch, komplex und risikobehaftet sind. Sie zeichnen sich im Umgang mit offenen Situationen durch eine hohe Flexibilität und Achtsamkeit aus (Weick & Sutcliffe, 2007).

[117] Mit dem Begriff „Feuerwehr" werden im Folgenden – in Abgrenzung zu anderen Arten wie der Freiwilligen Feuerwehr oder der Werksfeuerwehr, welche jeweils relevante strukturelle Unterschiede aufweisen – ausschließlich Berufsfeuerwehren bezeichnet.

[118] siehe hierzu z.B. § 8 (1) des niedersächsischen Brandschutzgesetzes (NBrandSchG): „Gemeinden mit mehr als 100.000 Einwohnern müssen, andere Gemeinden können eine Berufsfeuerwehr aufstellen".

Die Beschäftigten sind zum größten Teil Beamt/-innen, welche eine Ausbildung zur Brandmeisterin oder zum Brandmeister absolviert haben. Sie unterliegen den Verordnungen und Gesetzgebungen des öffentlichen Dienstes und des Beamtenrechts (Bilhuber, 2011). Ihre Hauptaufgaben, die in den Brandschutz- und Hilfeleistungsgesetzen der Länder definiert sind, können im Wesentlichen in die Tätigkeitsfelder Retten, Bergen, Löschen und Schützen unterteilt werden (Bilhuber, 2011; Apelt, 2014). Die Organisationsstruktur einer Feuerwehr besteht in der Regel aus den Abteilungen Vorbeugender Brand- und Immissionsschutz, Abwehrender Brandschutz, Technik, Ausbildung und Verwaltung (siehe Abb. 13). Sie entspricht einer klassischen Linienorganisation, welche ein schnelles Reagieren im Notfall sicherstellen soll (Rönnfeldt, 2003). In der vorliegenden Studie wurde vorwiegend der Aufgabenbereich „Abwehrender Brandschutz" betrachtet. Er beinhaltet die unterschiedlichen Feuer- und Rettungswachen, die strategisch über ein Gebiet verteilt sind (Gorißen, 2003).

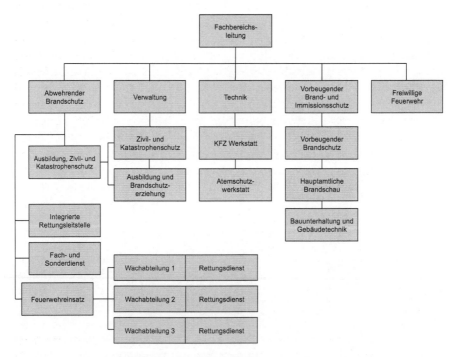

Abb. 13: *Exemplarisches Organigramm einer Berufsfeuerwehr*

7 Fallstudie

Berufsfeuerwehren sind für die „Produktion von Sicherheit" (Apelt, 2014, S. 69) verantwortlich. Als bürokratische Organisationen der Stadtverwaltung zeichnen sie sich durch Arbeitsteilung, hierarchische Strukturen, Spezialisierung und Qualifikation aus (Apelt, 2014). Im Gegensatz zu bürokratischen Organisationen besteht ihre Aufgabe allerdings in der Reaktion und der Bearbeitung von unvorhersehbaren Ereignissen – anstatt im Umgang mit weitgehend stabilen planbaren Umwelten und Anforderungen. Hieraus ergibt sich ein ambivalentes Verhältnis zur hierarchisch-statischen Organisationsform, welches in dem Versuch resultiert, das Unerwartete weitgehend zu antizipieren und durch die Entwicklung von Handlungsroutinen (Standard-Einsatz-Regeln) für den Ernstfall planbar zu machen.

Die besonderen Anforderungen von Berufsfeuerwehren sind in den Verwaltungsstrukturen der Städte und Gemeinden schwer abzubilden, was nicht selten zu Konflikten zwischen der Fachbereichsleitung und der Stadtverwaltung führt. So sind beispielsweise Karrierewechsel in andere Tätigkeitsfelder des öffentlichen Dienstes aufgrund der fachlichen Spezialisierung als Feuerwehrmann bzw. Feuerwehrfrau erschwert (Bilhuber, 2011). Als kommunale Einrichtungen sind Feuerwehren von der finanziellen Lage der Stadt oder des Landkreises abhängig. Insofern stehen auch sie unter dem Druck, wirtschaftlich zu handeln. Gegenstand der Auseinandersetzung mit der Stadtverwaltung ist immer häufiger das Verhältnis zwischen notwendigem Aufwand für die Sicherheit (z.B. Personalausstattung) und was diese kosten darf (Bilhuber, 2011). Weiterhin ist ein zunehmender Trend der Dezentralisierung von Feuerwehren zu verzeichnen. Für die Feuerwachen erwächst hieraus die Notwendigkeit zur Überarbeitung bisheriger Einsatzkonzepte. Hiervon betroffen sind u.a. die Bestimmung neuer Bedarfe der personellen Einsatzplanung sowie eine Überarbeitung der Aus- und Fortbildungskonzepte, damit die Beschäftigten multifunktional einsetzbar sind.

7.1.2 Arbeitszeiten und -inhalte

Eine Feuerwache setzt sich in der Regel aus drei Wachabteilungen zusammen, die im Rotationsprinzip und unabhängig voneinander die Wache besetzen (Bilhuber, 2011; Gorißen, 2003). Um die Funktionsfähigkeit der Feuerwehr gewährleisten zu können, ist die Wache im 24-Stunden Schichtdienst besetzt. Im Schichtdienst ist zwischen aktiver Arbeitszeit, Bereitschaftszeit und Einsatzzeit zu unterscheiden (Morgenroth & Schindler, 2014). In der *aktiven Arbeitszeit* (ca. acht Stunden) werden die im Dienstbetrieb anfallenden Tätigkeiten und Aufgaben, wie z.B. Aus- und Fortbildung, Fahrzeug- und Gerätewartung oder hauswirtschaftliche Tätigkeiten erledigt (Morgenroth & Schindler, 2012, 2014; Nachreiner, Rohmert &

Rutenfranz, 1982). In der *Bereitschaftszeit* können die Feuerwehrleute ihren eigenen Interessen bzw. „freizeitähnlichen Aktivitäten" (Morgenroth & Schindler, 2014, S. 108) nachgehen, wie z.b. Sport treiben, lesen, ruhen oder gemeinsam fernsehen. Anzumerken ist hier, dass die Bereitschaftszeit als Arbeitszeit zählt und diese daher auf der Wache verbracht wird, welche während dieser Zeit nicht verlassen werden darf (Gorißen, 2003). Bei einer Einsatzalarmierung werden sowohl in der Arbeits- als auch in der Bereitschaftszeit alle Tätigkeiten augenblicklich unterbrochen und die Einsatzkräfte rücken zum Einsatzort aus *(Einsatzzeit)*. Feuerwehrmänner und -frauen sind darauf eingerichtet, jederzeit einsatzbereit zu sein. Ständige Unterbrechungen durch Einsätze gehören für sie zur Normalität (Morgenroth & Schindler, 2014). Nach der Rückkehr vom Einsatzort wird die Arbeit wieder aufgenommen. Der *Einsatz*, also das Ausrücken der Feuerwehr bei einer Alarmierung, umfasst ca. 20 % bis 30 % der Arbeitszeit (Gorißen, 2003). Aufgrund der ständigen Einübung und der Bereitstellung von Handlungsroutinen für unterschiedlichste Notfallszenarien stellen die meisten Einsätze, die Betroffene häufig in den Ausnahmezustand versetzen, routinierte Operationen dar. Nur wenige Einsätze werden als Ausnahmesituationen betrachtet (Ellenbrecht & Jenki, 2014). Wie alle Organisationen des Notfalls und der Rettung verschieben Feuerwehren „erfolgreich die Grenze zwischen Planbarem und Unplanbarem, zwischen Routine und Notfall" (Apelt, 2014, S. 74), indem Notfälle beständig geübt und Einsatzstatistiken in der Kapazitätsberechnung berücksichtigt werden. Im Einsatz sind Feuerwehrleute zahlreichen physischen Belastungen, u.a. durch die Persönliche Schutzausrüstung (PSA), unter Umständen mangelnder Sicht und Atemluft sowie extremen Temperaturen, ausgesetzt. Auch psychische Belastungen, wie Arbeiten unter enormem Zeitdruck, hohe Verantwortung anderen gegenüber und der Umgang mit Verletzten, spielen eine Rolle (Bilhuber, 2011; Gorißen, 2003). Die Löschung von Bränden rückt jedoch aufgrund stetiger Fortschritte und Weiterentwicklungen im Brandschutz zunehmend in den Hintergrund.[119] Mit der geringeren Belastung durch risikobehaftete Einsätze, sinkt auch die Einsatzerfahrung der Beschäftigten. Dieser Umstand macht ein ressourcenintensives Training und Simulation erforderlich (Yildirim-Krannig, Mähler & Wucholt, 2014). Häufiger werden andere Hilfeleistungen wie z.B. die Rettung von Personen, technische Nothilfe oder die Beseitigung von Sturmschäden erbracht (Morgenroth & Schindler, 2014; Yildirim-Krannig, Mähler & Wucholt, 2014). Entgegen der medialen Aufmerksamkeit fin-

---

[119] Zudem handelt es sich in den meisten Fällen um Fehlalarmierungen. Beispielsweise lag im Landkreis München die Falschalarmrate von Brandmeldeanlagen im Jahr 2007 bei 91 % (Merkur-Online, 2009).

det also der größte Teil der Arbeit in Berufsfeuerwehren außerhalb des Einsatzortes statt.

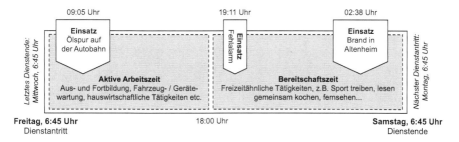

Abb. 14: *Exemplarischer Ablauf eines Arbeitstags auf der Feuerwache*

Abb. 14 illustriert exemplarisch den Arbeitstag auf der Feuerwache (Wachalltag und Einsätze). Eine Besonderheit des Schichtsystems stellt die starke, geplante Verschränkung von Arbeit und Leben dar. Feuerwehrleute verbringen einen Großteil ihres Arbeitslebens in sozialen Gefügen. Der Gemeinschaft als soziale Dimension der Lebensführung kommt ein hoher Stellenwert zu: „Arbeit und Leben sind im Wachalltag immer in irgendeiner Weise von der Gemeinschaft und den darin verankerten sozialen Beziehungen geprägt" (Morgenroth & Schindler, 2014, S. 118 f.). In ihrer Studie zur Lebensführung von Feuerwehrleuten betrachten Morgenroth und Schindler (2012) unterschiedliche Formen der Organisation im Wachalltag. Auch wenn sich individuelle Unterschiede in der Gestaltung des Wachalltags feststellen lassen, orientiert sich die Lebensführung eines überwiegenden Teils der befragten Feuerwehrleute am Gemeinschaftsleben. Hinzu kommt, dass Feuerwehrleute in der Ausführung ihrer Arbeit im Einsatz den Arbeitskolleg/-innen ihr Leben anvertrauen. Dies setzt eine starke Verbundenheit voraus, welche sich in zahlreichen freundschaftlichen Beziehungen am Arbeitsplatz (Morgenroth & Schindler, 2014) äußert. Angesichts der Tatsache, dass der Wachalltag außerhalb der Einsätze mit 70 % einen großen Anteil der Arbeit ausmacht, erscheint es nicht verwunderlich, dass – trotz höherer Anforderungen im Einsatz – soziale Konflikte und Spannungen das psychische Wohlbefinden von Feuerwehrleuten deutlich mehr beeinträchtigen (Gorißen, 2003).

7.1.3 Führung und Hierarchie

In den Anfängen orientierten sich die Führungsstrukturen von Feuerwehren vor allem am Militär (Bilhuber, 2011). Noch heute dominiert insbesondere im Einsatz ein hierarchisch-autoritärer Führungsstil, welcher eindeutige Kommandostrukturen vorgibt. Abb. 15 skizziert die Hierarchiestrukturen in einer Feuerwehr. Zunächst wird zwischen höherem, gehobenem und mittlerem Dienst unterschieden. Die Leitung der Feuerwehr obliegt der Fachbereichsleitung (höherer Dienst). Die weiteren Führungsfunktionen werden von den Abteilungsleitungen sowie von der Sachgebietsleitung oder Wachleitung bzw. Zugführung (gehobener Dienst) wahrgenommen. Um eine größtmögliche Flexibilität zu gewährleisten, sieht das Rollenkonzept bei der Feuerwehr ein hohes Maß an Austauschbarkeit von Positionen durch gleichartige Qualifikationsstände vor (Ellebrecht & Jenki, 2014). Ein Feuerwehrmitglied sollte daher alle Aufgaben im eigenen Besoldungsbereich beherrschen (Gorißen, 2003). So sind die Beschäftigten prinzipiell in der Lage, sowohl im abwehrenden Brandschutz als auch in der Leitstelle oder im Rettungsdienst tätig zu werden.

Neben der Besoldungsgruppe wird zwischen Tages- und Einsatzdienst unterschieden. Die hauptamtlich im *Tagesdienst* Beschäftigten sind in der Regel zu den regulären Bürozeiten von 7:30 Uhr bis 16:00 Uhr tätig. Sie erledigen einerseits die in der Verwaltung des Fachbereichs anfallenden Aufgaben. Andererseits unterstützen sie tagsüber die Kolleg/-innen der 24-Stunden Schicht im Falle eines Einsatzes. Zu den Beschäftigten im Tagesdienst gehören die Fachbereichsleitung, ihre Stellvertretung, die Abteilungsleitungen, die Sachgebietsleitungen, die Sachbearbeiter/-innen und die Gerätewartung (z.B. in der Kfz- oder Atemschutzwerkstatt). Die Wachleitungen sind ebenfalls im Tagesdienst tätig, wechseln aber im Anschluss in die 24-h Schicht (Einsatzdienst). 87 % der Feuerwehrleute im mittleren Dienst sind im *Einsatzdienst* tätig (Morgenroth & Schindler, 2012). Die kleinste Feuerwehreinheit ist der *Trupp*. Er besteht aus in der Regel aus zwei Feuerwehrleuten, einer Truppführung und einem Truppmitglied. Der Trupp ist Teileinheit einer *Gruppe*, welche üblicherweise aus neun Feuerwehrmitgliedern (inklusive der Gruppenführung) besteht. Sie ist die taktische Grundeinheit zur Durchführung von Einsätzen. Die Gruppe ist wiederum Teileinheit eines *Zugs*, der sich normalerweise aus zwei Gruppen und dem Zugtrupp, welcher auch die Zugführung stellt, zusammensetzt.

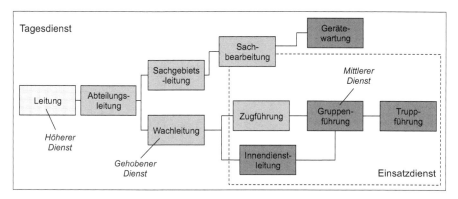

Abb. 15: *Hierarchiestrukturen in Feuerwehren
(in Anlehnung an Morgenroth & Schindler, 2012, S. 56)*

Das Thema „Personalführung" sorgt in vielen Feuerwehren für Diskussionen und Konflikte (Dickenhorst, 2006). Wie alle Organisationen des Notfalls und der Rettung, sollen Feuerwehren schnell und professionell auf unterschiedlichste Umweltereignisse reagieren können (Apelt, 2014). Es ist daher einsichtig, dass in den Einsätzen vorwiegend hierarchische Strukturen zur Anwendung kommen.[120] Indes sind im Wachalltag vor allem kooperative Verhaltensstile gefordert:

Gerade die besondere Gruppendynamik der Feuerwachen erfordert von den Führungskräften während der Bereitschaftszeiten empathische und integrative Fähigkeiten. Es geht in den Gesprächen nicht selten um private und sehr persönliche Probleme, aber auch um Aspekte des Zusammenlebens auf den Wachen (z.B. die Frage, wer sein Bett nicht gemacht oder den Abwasch nicht erledigt hat). Hier ist die Führungskraft als Sozialberater, Streitschlichter und Primus inter pares gefragt.
(Bilhuber, 2011, S. 73)

Die professionelle Ausbildung der Feuerwehrleute steht zuweilen in einem ambivalenten Verhältnis zu den hierarchisch-autoritären Führungsstrukturen. Nach

---

[120] Nach der Feuerwehr-Dienstvorschrift „Führung und Leitung im Einsatz" (FwDV 100, 2008) sind kooperative Führungsstile jedoch auch im Einsatz wenn möglich zu bevorzugen. So heißt es in Artikel 2.3.1 – „Führungsstile": „Die Führungskraft soll zur Vertrauensbildung und Motivation der Geführten überwiegend kooperativ führen. Die Einsatzkräfte sollen deshalb auch im Einsatz – wenn immer möglich – an der Entscheidungsfindung beteiligt werden. Es ist jedoch zu berücksichtigen, dass beispielsweise bei akut auftretenden Gefahrensituationen die Führungskraft in Form eines schnellen Entschlusses und eines knappen Befehls reagieren muss".

Apelt (2014) besteht eine wesentliche Anforderung darin, „eigenständig zu handeln und jederzeit selbst das Kommando über eine Gruppe zu übernehmen, sich aber auch ohne Widerspruch dem Kommando eines anderen unterzuordnen" (S. 77). Feuerwehren versuchen diesem Paradox zu begegnen, indem alle Beschäftigten die gleiche Grundausbildung absolvieren und Führungskräfte in der Regel aus den eigenen Reihen rekrutiert werden.

Von den Führungskräften wird erwartet, situativ zwischen autoritärer Führung durch Befehlsgebung und kooperativen, mitarbeiterorientierten Verhaltensweisen zu wechseln (FwDV 100, 2008, Absatz 2.3). Dies stellt für viele Führungskräfte eine Herausforderung dar, welche mit hohem Rollenstress (Kahn & Byosiere, 1992) und Überforderung bzw. Unsicherheit verbunden ist (Udris & Frese, 1988). Aus der Sichtweise von Apelt (2014) besteht eine Funktion hierarchischer Strukturen in der Sicherstellung von Gefolgschaft und Einheitlichkeit des Handelns, wenn seitens der Vorgesetzten keine besonderen Führungsqualitäten vorhanden sind. Während Hierarchien also personenunabhängig gelten, erfordert ein kooperativer Führungsstil besondere kommunikative und soziale Fähigkeiten. Gorißen (2003) kommt in ihrer Studie zu psychischen Belastungen des Wachalltags von Berufsfeuerwehrleuten zu dem Ergebnis, dass sich die Auswahl und Schulung von Führungskräften bei der Feuerwehr vorwiegend an den Anforderungen des Einsatzes orientiert. Der in den Einsätzen praktizierte hierarchisch-autoritäre Führungsstil prägt daher häufig den Wachalltag, auch wenn diese Form – insbesondere von den jüngeren Beschäftigten – nicht immer gewünscht oder gewollt ist (Bilhuber, 2011; Gorißen, 2003). Hinzu kommt, dass überfachliche Qualifikationsangebote zum kooperativen Führungsverhalten im Wachalltag kaum vorhanden sind. Hiervon würde nach einer Studie von Erez et al. (2008) insbesondere die mittlere Führungsebene (Wachleitungen und Zugführung) als Schnittstelle zwischen Mannschaft und Feuerwehrleitung profitieren, da diese die Organisationskultur besonders nachhaltig beeinflusse. Auch im Einsatz stößt ein autoritärer Führungsstil an seine Grenzen, wenn Routinen, z.B. in extremen Situationen, verlassen werden. Nach einer Studie von Weick (1993) setzt ein Handeln entgegen der eingeübten Verhaltensweisen auch ein Vertrauen in die Führungskraft voraus. Das Funktionieren der Organisation Feuerwehr fußt also nicht nur auf professionellem Handeln innerhalb zu respektierender Führungsstrukturen, sondern auch auf einer stark ausgeprägten Organisationskultur.

7.1.4 Organisationskultur

Aus der historischen Betrachtung heraus sind Feuerwehren konservative Organisationen, in denen Veränderungen kritisch gesehen werden und sich nur langsam vollziehen. Laut Bilhuber (2011) ist dies auf „die lebensnotwendige Vertrautheit der Arbeitsmittel und -strukturen" (S. 71) zurückzuführen. Wie bereits deutlich wurde, machen jedoch ständige Veränderungen wie der Wandel des Tätigkeitsspektrums oder der gesetzlichen Rahmenbedingungen die Entwicklung neuer Handlungsstrategien notwendig, sodass sich Feuerwehren permanent verändern.

In ihrer kulturtheoretischen Betrachtung von Feuerwehren im Wandel unterscheiden Yildirim-Krannig, Mähler und Wucholt (2014) zwischen einer „Feuerwehrkultur" und einer „Feuerwachenkultur" (S. 134). Erstere bezeichnet eine abstraktere, institutionelle Ebene, die durch einheitliche, bundesweite gesetzliche Vorgaben, Verordnungen[121] sowie identitätsstiftende Merkmale wie z.B. die Bekämpfung von Feuer- und Brandgefahren, Uniformen oder Leitbilder (z.B. Flori an[122]) gekennzeichnet ist. Nach außen lassen diese Gemeinsamkeiten den Eindruck einer homogenen, standardisierten Organisation entstehen – ein einheitliches Bild, das auch in den Medien transportiert wird. Gleichzeitig lässt sich bei näherer Betrachtung feststellen, dass es sich um heterogene Gruppen mit jeweils eigenen Kulturen handelt. So konstatieren Yildirim-Krannig, Mähler und Wucholt (2014):

Zwar lässt es sich aus der Organisationszugehörigkeit der Feuerwachen schließen, mit welchen kulturellen Gewohnheiten sie vertraut, welche Verhaltensweisen oder Denkkonzepte ihnen bekannt sein könnten; was die einzelne Feuerwache jedoch daraus macht, welche Vorstellungen, Meinungen und Praktiken sie für sich selbst ableitet, bleibt vollständig offen und kontextgebunden. (Yildirim-Krannig, Mähler & Wucholt, 2014, S. 140)

Die Unterschiede lassen sich zum einen dadurch erklären, dass die meisten Gesetze und Normen keine bundesweite Geltung haben. So findet die Definition von Aufgaben, Befugnissen und Handlungsspielräumen von Feuerwehren größtenteils auf Ebene der Bundesländer statt. Die Feuerwehr-Dienstvorschriften (FwDV) stellen hier den kleinsten gemeinsamen Nenner dar, welcher in seiner tatsächlichen Ausgestaltung wiederum von den vor Ort vorherrschenden Rahmenbedingungen abhängig ist (Yildirim-Krannig, Mähler & Wucholt, 2014). Zudem spielen die Größe und Umgebungsbedingungen einer Feuerwehr eine wichtige Rolle für die

---

[121] FwDV, z.B. zur „Führung und Leitung im Einsatz" (FwDV 100, 2008).
[122] Schutzpatron der Feuerwehr und noch heute ein üblicher Funkrufname zur Identifizierung einer mobilen oder stationären Funkstelle.

Ausgestaltung der organisationalen Strukturen. Auch das Aufgabenspektrum kann in Abhängigkeit der regionalen Gegebenheiten variieren.[123] Die in der Öffentlichkeit dominierende Annahme, es gäbe eine einheitliche Feuerwehrkultur, wird angesichts dieser Unterschiede relativiert. Wahrscheinlicher ist, dass die allgemeine Feuerwehrkultur durch unterschiedliche Wachenkulturen ausgestaltet wird. Diese beinhaltet nach Yildirim-Krannig, Mähler und Wucholt (2014) u.a. „die in Aushandlungsprozessen entstandenen Kommunikations- und Führungsstile, die AAO[124] etc. und Identifikationsangebote, die dem jeweiligen Kontext, den regionalen Gegebenheiten entspringen und sich damit auf die lokale Gruppe beziehen" (S. 140). Jede Feuerwehr entwickelt ein eigenes kollektives Gedächtnis als Teil der Organisationskultur, vor dessen Hintergrund vergangene Erlebnisse eingeordnet und neue Erfahrungen interpretiert werden (Yildirim-Krannig, Mähler & Wucholt, 2014).

Weiterhin stellen Kameradschaft und Zusammenhalt wichtige kulturprägende Merkmale dar, welche in dem notwendigen wechselseitigen Vertrauen im Einsatz begründet sind und durch das gemeinsame Leben auf der Wache (z.B. Gemeinschaftszimmer, lange Bereitschaftszeiten) geformt werden (Bilhuber, 2011). Der Kameradschaft als Teil einer informellen unterstützenden Struktur kommt eine tragende Rolle für die Organisation und das Individuum zu (Apelt, 2014). Einerseits geben Kollegialität und Kameradschaft – insbesondere in Extremsituationen – emotionale Unterstützung bei der Verarbeitung psychisch beanspruchender Ereignisse. Andererseits spornen sie dazu an, auch über die formalen Anforderungen und Erwartungen hinausgehende Leistungen zu erbringen (Dohse, Jürgens & Malsch, 1985). Die mit der zumeist starken Identifikation der Feuerwehrleute mit ihrem Beruf verbundene hohe Arbeitsmoral trägt dazu bei (Morgenroth & Schindler, 2014). Nicht zuletzt gleichen kollegiale Beziehungen die Defizite hierarchischer Strukturen aus, indem sie Kommunikation und Kooperation auch jenseits der Linienorganisation ermöglichen. Auf diese Weise leisten (horizontale) Kameradschaft und Kollegialität einen nicht zu unterschätzenden Beitrag zur Stabilisierung der (vertikalen) Organisationshierarchien (Ellebrecht & Jenki, 2014).

7.1.5 Feuerwehren im Spannungsfeld von Hierarchie und Agilität

In ihrer Funktion, die Sicherheit der Bürger herzustellen, zählen Feuerwehren zu den Gewährleistungsorganisationen. Sie sind einerseits durch Merkmale büro-

---

[123] So kann das reguläre Aufgabenrepertoire einer Feuerwehr z.B. durch die Spezialbereiche Höhenrettung, Tauchrettung oder Strahlenschutz ergänzt werden.
[124] Alarm- und Ausrückeordnung (AAO), welche von jeder Feuerwehr standortgebunden ausgestaltet wird.

kratischer Organisationen (Hierarchie, Spezialisierung etc.) gekennzeichnet, die auf die Stabilität ihrer Umwelt setzen. Andererseits sind Feuerwehren auf Extremsituationen ausgerichtet und agieren in dynamischen Kontexten. Sie bewegen sich im Spannungsfeld zwischen Planbarkeit und Unplanbarkeit von Ereignissen. In nicht vorhersehbaren Notsituationen besteht die Anforderung, routiniert sowie sicher zu handeln und damit das Unvorhergesehene zu bearbeiten (Apelt, 2014). Es ist nicht planbar, wann der nächste Großbrand gelöscht oder der nächste Verletzte aus einem Unfallauto geborgen werden muss. Feuerwehren sind daher aus der Perspektive von Apelt (2014) darauf angewiesen, hochgradig agil und umweltoffen mit den an sie gestellten (teilweise widersprüchlichen) Anforderungen umzugehen:

[Feuerwehren] müssen flexibel sein, zugleich aber Handlungsroutinen entwickeln, sie müssen hierarchisch strukturiert und zugleich offen für eigenständige Entscheidungen vor Ort sein und sie müssen eine besondere Organisationskultur herausbilden, damit ihre Mitglieder bereit sind, die besonderen Anstrengungen und Belastungen auf sich zu nehmen und zugleich diesen Belastungen gewachsen zu sein. (Apelt, 2014, S. 81)

Bei allen deutlich gewordenen Besonderheiten und Spezifika erscheinen Feuerwehren als hybride Organisationen (Apelt & Senge, 2013) zwischen hierarchischer Struktur und rascher Anpassung an sich ständig verändernde Umweltanforderungen nahezu prototypisch für viele Wirtschaftsunternehmen. Ebenso kennzeichnend für viele gegenwärtige Arbeitsformen ist die mit dem Beruf einhergehende Verschränkung von Arbeit und Freizeit. Durch das 24-Stunden Schichtsystem ist die Feuerwache nicht nur ein Gebäude, in dem gearbeitet wird, sondern stellt auch einen Ort des Zusammenlebens dar. Viele der im Rahmen der vorliegenden Studie interviewten Feuerwehrleute vergleichen das soziale Gefüge in der Wache mit einer großen Familie. Auch außerhalb der Feuerwache engagieren sich die meisten Feuerwehrleute in der freiwilligen Feuerwehr. Der Beruf wird häufig als *Berufung* und weniger als Erwerbstätigkeit betrachtet. Apelts (2014) Feststellung, dass die Organisationskultur im Feuerwehrwesen einen besonderen Beitrag zum Erhalt der Arbeitsfähigkeit leistet, lässt sich letztlich auf viele Organisationen verallgemeinern, in denen eine Leistungserbringung über die Maßen gefordert ist (u.a. Badura et al., 2013; Baumanns, 2009). Hinzu kommt, dass eine hierarchische Arbeitsorganisation in nahezu allen Organisationsformen anzutreffen ist, auch wenn Hierarchien abgebaut und mehr oder weniger selbstständig agierende Untereinheiten geschaffen wurden (Moldaschl, 2004, S. 3). Nach Kühl, Schnelle und Schnelle (2004) wäre es naiv, ein Ende hierarchischer Strukturen zu proklamieren.

Solange es Organisation gibt, wird es auch Sicht der Autoren auch Hierarchien geben. Das Feuerwehrwesen erscheint für die Untersuchung von organisationalem Gesundheitslernen aus verschiedenen Gründen geeignet. Zum einen können soziale Systeme aus einer systemtheoretischen Betrachtung vor allem entwickelt werden, wenn „relevante Unterschiede" (Grossmann & Scala, 1994, S. 77) eingeführt werden. Die Einführung von Betrieblicher Gesundheitsförderung stellt für die untersuchte Organisation ein Novum dar, sodass mit einer Unterbrechung bekannter Routinen und Muster zu rechnen ist. Die im Rahmen gesundheitsfördernder Organisationsentwicklung etablierten hierarchieübergreifenden Kommunikations- bzw. Kooperationswege nehmen in den traditionellen Strukturen im Feuerwehrwesen bislang keine bedeutsame Rolle ein. Die im Rahmen des Projektes eingeführte dienstebenen- und abteilungsübergreifende direkte Kommunikation in Projektgruppen wurde bislang nicht praktiziert. Hinzu kommt, dass die einzelnen Wachabteilungen nahezu unabhängig voneinander arbeiten und auch zwischen den Feuerwehrleuten verschiedener Wachabteilungen kaum Kontakt besteht. *Daher ist eine Mobilisierung und Reorganisation organisationaler Lernstrukturen in besonderem Maße zu erwarten.*

Zudem spielen interpersonelle Beziehungen in Feuerwehren eine größere Rolle als in anderen Arbeitsbereichen. Nach Morgenroth und Schindler (2014) sind Arbeit und Leben „im Wachalltag immer in irgendeiner Weise von der Gemeinschaft und den darin verankerten sozialen Beziehungen geprägt" (S. 119). Durch die gesteigerten, teilweise (über-)lebensnotwendigen Kooperationsanforderungen in Einsätzen, aber auch durch das gemeinsame Verbringen von 24-Stunden Schichten unterliegen zwischenmenschliche Beziehungen im Feuerwehrwesen einer erheblichen Intensivierung. Dies stellt einen *Vorteil für die Erhebung relationaler Daten* dar, weil die Mitarbeitenden die sozialen Beziehungen innerhalb der Feuerwache gut kennen und einschätzen können. Somit können relationale Daten gewonnen werden, ohne dass eine Vollerhebung sämtlicher Organisationsmitglieder stattfindet.

7.2 Projekt „Betriebliche Gesundheitsförderung in der Feuerwehr"

Anhand des Projekts „Betriebliche Gesundheitsförderung in der Feuerwehr"[125] wird der Ablauf von gesundheitsfördernder Organisationsentwicklung in einer Berufsfeuerwehr von der Auftragsklärung bis zur Evaluation skizziert. Nachdem in Kap. 3 wesentliche Strukturen und Prozesse von gesundheitsfördernder Organisationsentwicklung dargelegt wurden, werden die konkreten Projektschritte im Folgenden exemplarisch beschrieben. Hierzu wird zunächst auf die Ausgangssituation in der Organisation (Kap. 7.2.1) eingegangen, bevor der Projektverlauf (Kap. 7.2.2) und die Begleitung des Projekts durch die Beratergruppe (Kap. 7.2.3) geschildert werden.

7.2.1 Ausgangssituation und Ziele

In der Vergangenheit wurden in der Feuerwehr bereits vielfältige Maßnahmen zur personenbezogenen Gesundheitsförderung, wie z.b. eine Befragung der Mitarbeitenden zu den Angeboten des Dienstsports, Massageangebote oder Rückenschulkurse, ergriffen. Die angebotenen Maßnahmen erschienen der Leitung jedoch nicht ausreichend, um den wahrgenommenen Belastungen in der Organisation zu begegnen. So klagten viele Mitarbeitende über ein schlechtes Arbeitsklima, fehlende Wertschätzung, zunehmende Demotivation sowie Mängel am Gebäude. In der Vergangenheit gab es bereits Ansätze zur Verbesserung der Arbeitssituation, die aus Sicht der Beschäftigten jedoch nicht zielführend waren. Daher fehlte an vielen Stellen in der Belegschaft die Zuversicht, etwas bewirken zu können. Ein sehr hoher Abgang von Mitarbeitenden führte zu einem Personalmangel, der durch ausreichend qualifizierte Nachwuchskräfte kaum mehr ausgeglichen werden konnte.[126] Dies hatte zur Folge, dass die gesetzlich vorgeschriebenen Mindeststandards für Einsatzzeiten nicht eingehalten werden konnten. Hinzu kamen Konflikte mit der Stadtverwaltung. Ein zentrales Thema waren lange Beförderungszeiten von Feuerwehrleuten. Ein weiteres Ärgernis ergab sich aus der Abschaffung der freien

---

[125] Das Projekt „Betriebliche Gesundheitsförderung in der Feuerwehr" wurde von einer *Beratergruppe* aus sieben Studierenden und zwei Mitarbeitenden des Instituts für interdisziplinäre Arbeitswissenschaft im Zeitraum von zwei Jahren (10/2013 bis 10/2015) begleitet. Die begleitete Berufsfeuerwehr dient als Fall der vorliegenden Studie.

[126] Die Gewinnung von ausreichend qualifizierten Nachwuchskräften stellt für viele Berufsfeuerwehren ein Problem dar. Zudem trägt ein Wandel des Engagements für ehrenamtliche Tätigkeiten dazu bei, dass vielerorts nicht genügend freiwillige Kräfte zur Verfügung stehen (Ellebrecht & Jenki, 2014).

Heilfürsorge.[127] Die internen Konflikte wurden durch die lokale Presse nach außen getragen und öffentlich diskutiert.

Die Leitung der Feuerwehr nahm die Entwicklungen zum Anlass, ihre Aktivitäten zur Gestaltung gesundheits- und motivationsförderlicher Arbeitsbedingungen zu verstärken. Grundsätzlich sollte auch eine Sensibilisierung der Führungskräfte für die Aufgaben gesundheitsorientierter Führung, insbesondere im Hinblick auf die Prävention psychischer Fehlbelastungen und den Umgang mit psychisch belasteten Mitarbeitenden, erfolgen. Sie beauftragte einen Mitarbeiter des gehobenen Dienstes[128], sich um professionelle Unterstützung für die Entwicklung von Maßnahmen zum Erhalt der Gesundheit der Mitarbeitenden zu kümmern.

Während der Projektlaufzeit ereignete sich in der Berufsfeuerwehr ein Wechsel der Fachbereichsleitung. Die Nachfolge war bereits bekannt und im Rahmen der Qualifizierung für den höheren feuerwehrtechnischen Dienst bereits auf der Wache tätig. Dies führte dazu, dass bei den Beschäftigten Unklarheit bestand, welcher Führungskraft gefolgt werden sollte. Es war zu beobachten, dass festgestellte Missstände häufig auf das Verhalten der bisherigen Fachbereichsleitung zurückgeführt wurden. Mit dem Führungswechsel wurden viele – teilweise unerfüllbare – Wünsche, Erwartungen und Hoffnungen verbunden. In der Beratergruppe stellte sich die Frage, wie die zukünftige Fachbereichsleitung in den Prozess integriert werden konnte. Es wurde mit der zukünftigen Führung vereinbart, dass sie über den laufenden Prozess zwar informiert würde, aber aufgrund der uneindeutigen Rolle nicht aktiv in den Prozess einbezogen werde.

7.2.2 Projektverlauf

Nach der Kontaktaufnahme durch die Feuerwehr mit dem Institut für interdisziplinäre Arbeitswissenschaft erfolgte ein erstes Gespräch mit dem designierten Projektkoordinator[129] und der Verfasserin. Themen des *Vorgesprächs* waren Hintergründe und Zielsetzungen des Auftrags, Stakeholder und Rahmenbedingungen sowie die Erwartungen der Beteiligten. Es wurde vereinbart, dass die Einführung

---

[127] Als „Heilfürsorge" wird die vollständige Übernahme von entstehenden Krankheitskosten durch den Dienstherrn bezeichnet. Die Heilfürsorge gilt für bestimmte Beamtengruppen mit erhöhtem Berufsrisiko, bei denen eine private Gesundheitsvorsorge mit höheren Kosten verbunden wäre (z.B. Polizei, Bundeswehr, Feuerwehr etc.).
[128] Im Folgenden „Projektkoordinator" genannt.
[129] Da die Aufgabe der Prozessbegleitung nur von männlichen Organisationsmitgliedern wahrgenommen wurde, wird im Folgenden ausschließlich die Bezeichnung „Prozessbegleiter" verwendet.

gesundheitsfördernder Organisationsentwicklung in Form eines Projektkurses mit Mitarbeitenden und Studierenden erfolgen sollte. Ein zweites Gespräch zur *Auftragsklärung* fand in den Räumen der Feuerwehr mit dem Projektkoordinator, der Leitung, einem Wachabteilungsleiter und einem Mitglied des Personalrats statt. Es diente der Vertiefung der Fragestellungen aus dem Vorgespräch. Zudem wurde die Zusammensetzung der einzurichtenden Steuerungsgruppe besprochen. Auf Basis der Informationen aus der Auftragsklärung erstellte die Beratergruppe ein erstes Konzept, welches im weiteren Verlauf mit den Teilnehmenden der *Steuerungsgruppe* (siehe Kap. 3.2) weiterentwickelt wurde (siehe Abb. 16). Die Aufgabe der Steuerungsgruppe bestand in der Planung und Koordination des Projekts sowie dem Treffen der hierfür nötigen Entscheidungen. Folglich tagte die Steuerungsgruppe über den gesamten Projektzeitraum in etwa monatlichem Abstand. Sie setzte sich aus Vertreter/-innen der Feuerwehr, der Stadtverwaltung sowie der Beratergruppe zusammen.[130] Auch die Prozessbegleiter waren teilweise in der Steuerungsgruppe vertreten. Zu Beginn des Projektes erstellte die Beratergruppe im Vorfeld eine ausführliche Tagesordnung und übernahm die Moderation und Protokollierung der ersten Sitzungen. Im weiteren Verlauf wurden diese Aufgaben zunehmend von der Projektkoordination übernommen.

Im Vordergrund der ersten konstituierenden Sitzung der Steuerungsgruppe standen das gegenseitige Kennenlernen aller Beteiligten sowie die Erarbeitung eines gemeinsamen Verständnisses von Betrieblicher Gesundheitsförderung. Die Kerninhalte und Ziele des Projektes wurden hierarchieübergreifend und intensiv diskutiert sowie vor dem Hintergrund vorhandener Ängste und Erwartungen betrachtet. Nach einer Verständigung über gemeinsame Projektziele wurde in den folgenden Steuerungsgruppensitzungen ein *Projektplan* erstellt. Das gemeinsam mit allen Beteiligten erarbeitete Konzept integriert die bereits skizzierten Anforderungen an die Struktur und Prozesse gesundheitsfördernder Organisationsentwicklung (Kap. 3) und übersetzt diese in einen detaillierten, an den Rahmenbedingungen der Organisation Feuerwehr orientierten Projektplan. Der Projektplan bildete die Grundlage des gemeinsamen Verständnisses für die Umsetzung von Betrieblicher Gesundheitsförderung in der Berufsfeuerwehr und stellte eine kontinuierliche Ausrichtung der Vorgehensweisen im Projekt sicher. Bei der Entwicklung des Projektplans ging es insbesondere darum, das Konzept für die handelnden Personen in der Einrichtung nachvollziehbar und plausibel zu machen, sodass es letztendlich

---

[130] In der Steuerungsgruppe waren die Feuerwehrleitung, der örtliche Personalrat, der Projektkoordinator und sein Stellvertreter, die Fachkraft für Arbeitssicherheit, der Referent für Personalentwicklung, einzelne Mitarbeitende aus den Wachabteilungen sowie die Beratergruppe als externe Projektbegleitung vertreten.

für alle Beteiligten als Orientierungsrahmen dienen konnte. Mit seinen Phasen „Vorbereitung", „Diagnose & Lösungssuche", „Durchführung" und „Evaluation" entspricht der Projektplan dem Handlungszyklus der Feuerwehr mit den Schritten „Lagefeststellung" bzw. „-erkundung", „Planung", „Befehlsgebung" zum Einsatz und „Kontrolle" bzw. „erneute Lagefeststellung" sowie „Dokumentation" (Absatz 3.3, FwDV 100, 2008). Abb. 16 visualisiert das in der Steuerungsgruppe entwickelte Konzept.

7 Fallstudie

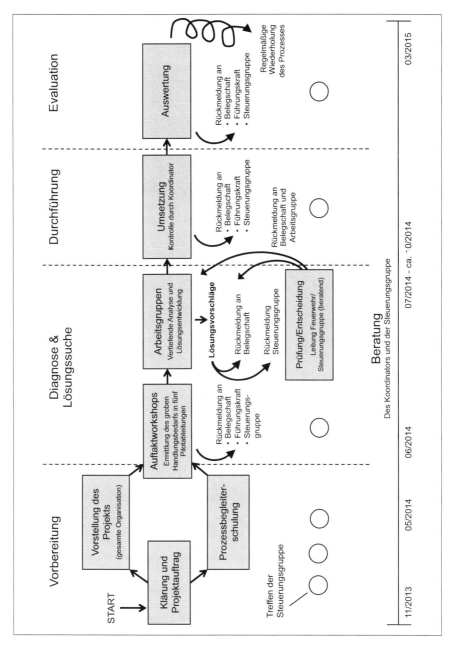

Abb. 16: *Projektplan „Betriebliche Gesundheitsförderung in der Feuerwehr"*

7 Fallstudie

Den Ausgangspunkt der *Vorbereitungsphase* bildete die Auftragsklärung durch die Beteiligten im Rahmen einer konstituierenden Sitzung der neu gebildeten Steuerungsgruppe. Nachdem sich die Steuerungsgruppe auf die Ziele und Vorgehensweise verständigt hatte, wurde das Projekt in der gesamten Organisation in mehreren Informationsveranstaltungen vorgestellt. Die Vorbereitung und auch Entscheidung darüber, wie viele Informationsveranstaltungen in welchen Organisationseinheiten stattfinden sollten, wurde in der Steuerungsgruppe anhand einer Betriebslandkarte (Pieck, 2012) erarbeitet. Zudem wurden hierarchieübergreifend einzelne Personen aus der Belegschaft für die Tätigkeit als Prozessbegleiter (siehe Kap. 3.2) gewonnen und von der Beratergruppe in einem zweitägigen Workshop ausgebildet. Im Vordergrund der Prozessbegleiterschulung standen die Vermittlung von Grundlagenwissen zu den Zusammenhängen von Arbeit und Gesundheit sowie die praktische Übung von Techniken der Moderation. Außerdem wurde der Moderationsplan für die Diagnosephase im Austausch mit den Prozessbegleitern konzipiert.

Die geschulten Prozessbegleiter moderierten im nächsten Projektschritt Auftaktworkshops zur *Diagnose* von Ressourcen und Belastungen sowie zur Ermittlung des Handlungsbedarfs. Mittels Arbeitssituationsanalysen (Nieder, 2013) wurde in einer Punktabfrage ermittelt, in welchen Bereichen ihrer Arbeitssituation sich die Beschäftigten eine Veränderung wünschen. Im Anschluss wurden die genannten Punkte vertieft und konkretisiert (siehe Abb. 17). Abschließend wurden die gemeinsam erarbeiteten Themen von den Beschäftigten priorisiert und eine Liste der fünf wichtigsten Punkte erstellt.

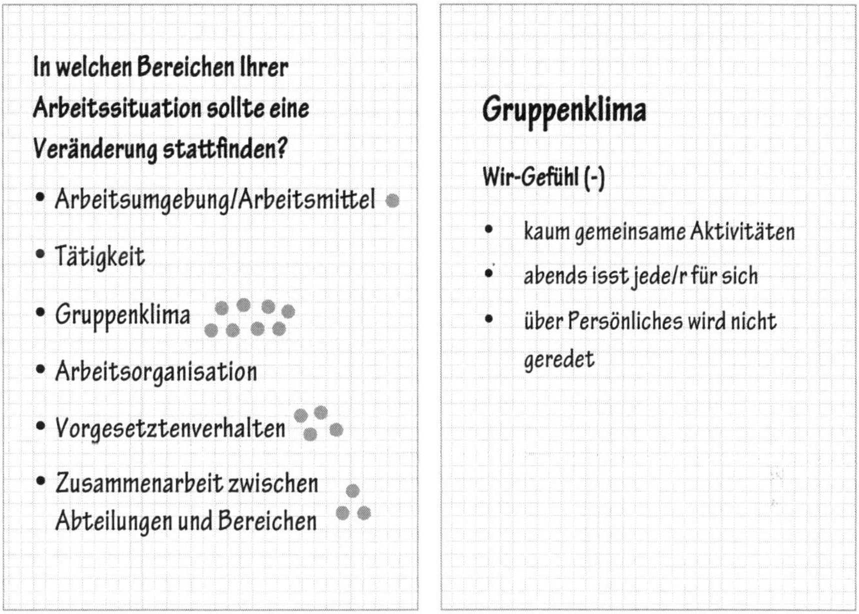

7 Fallstudie

In welchen Bereichen Ihrer
Arbeitssituation sollte eine
Veränderung stattfinden?

• Arbeitsumgebung/Arbeitsmittel ●

• Tätigkeit

• Gruppenklima ●●●●
              ●●●●

• Arbeitsorganisation

• Vorgesetztenverhalten ●●●●

• Zusammenarbeit zwischen ●
  Abteilungen und Bereichen ●●

Gruppenklima

Wir-Gefühl (-)

• kaum gemeinsame Aktivitäten
• abends isst jede/r für sich
• über Persönliches wird nicht geredet

Abb. 17: *Arbeitssituationsanalyse im Auftaktworkshop (fiktives Beispiel)*

Nach den Auftaktworkshops erfolgte eine Rückmeldung der Ergebnisse an die Führungskräfte, die Belegschaft und die Steuerungsgruppe. Der größte Veränderungsbedarf wurde in den Handlungsfeldern „Vorgesetztenverhalten", „Arbeitsorganisation" und „Arbeitsmittel / Arbeitsumgebung" gesehen. Für die eigentliche Tätigkeit als Feuerwehrmann bzw. -frau sahen die Beschäftigten hingegen kaum Handlungsbedarf. So stellte sich heraus, dass die Belastungen durch die sozialen Aspekte des Wachalltags einen deutlich höheren Stellenwert einnehmen, als die Belastungen durch Einsätze. Abb. 18 illustriert die in den Auftaktworkshops der Wachabteilungen sichtbar gewordenen Veränderungsbedarfe.

7 Fallstudie

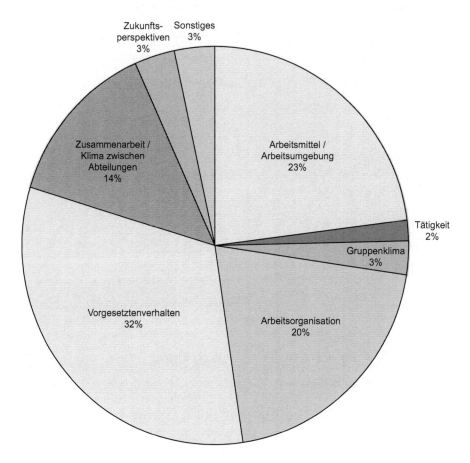

Abb. 18: *Veränderungsbedarfe aus den Auftaktworkshops*
(relativer Anteil der Nennungen aus den Arbeitssituationsanalysen)

Infolge formierten sich von den Prozessbegleitern moderierte Arbeitsgruppen, die sich vertieft mit den im Auftaktworkshop priorisierten Themen auseinandersetzten und nach Lösungen für die zuvor formulierten Problemstellungen suchten. Für die Bildung der Arbeitsgruppen wurden die Themen aus den Auftaktworkshops zu groben Handlungsfeldern wie z.B. Arbeitsmittel, Führung oder Leitstelle zusammengefasst. Auf diese Weise entstanden insgesamt neun Arbeitsgruppen mit jeweils unterschiedlichen Themenstellungen. Die Mitarbeit in den Arbeitsgruppen erfolgte auf freiwilliger Basis. Die Mitglieder rekrutierten sich abteilungsübergreifend aus den Teilnehmenden der Auftaktworkshops. Bedingt durch das Dreischichtsystem (siehe Kap. 7.1.2) nahmen in der Regel zwei Drittel der Belegschaft in ihrer Freizeit an den Treffen teil. Die hierdurch entstehenden Überstunden konnten ausgeglichen werden. Das Vorgehen in den Arbeitsgruppen orientierte sich im Wesentlichen am Ablauf eines Gesundheitszirkels (u.a. Friczewski, 2017). Nach der Erörterung der Themen aus den Auftaktworkshops wurde zunächst das Ziel der zu entwickelnden Maßnahme formuliert, um zu beschreiben, was genau die Maßnahme bewirken und wie der gewünschte Zustand aussehen soll (Bundesanstalt für Arbeitsschutz und Arbeitsmedizin, 2014). Die Ziele wurden anhand folgender Fragen und Merkmale auf ihre Eignung geprüft (Schichterich, 2006, S. 37):

- Spezifisch: *Wie genau soll der [angestrebte] Zustand sein oder aussehen?*
- Messbar: *Woran können wir erkennen, dass sich etwas geändert hat?*
- Akzeptabel: *Können alle Betroffenen mit der Lösung leben?*
- Realistisch: *Ist der Zustand mit den verfügbaren Mitteln zu erreichen?*
- Terminiert: *Wann soll der Zustand erreicht sein?*

Auf Basis der Zieldefinitionen wurden im nächsten Schritt Maßnahmen und Konzepte entwickelt. Vorrangig wurde bei der Maßnahmenentwicklung darauf geachtet, dass verhältnisorientierte Maßnahmen bevorzugt vor verhaltensbezogenen Maßnahmen festgelegt werden (Gemeinsame Deutsche Arbeitsschutzstrategie, 2016). Aufbauend auf den zuvor beschriebenen Soll- und Zielzustandsdefinition wurden in der Arbeitsgruppe einzelne Schritte zur Erreichung des Ziels erörtert und diskutiert. Für jede Maßnahme und ggf. jeden dazu nötigen Arbeitsschritt wurde festgelegt, welche konkreten Aufgaben erledigt werden sollten und welche Fristen, Verantwortlichkeiten sowie welche materiellen, finanziellen und personellen Ressourcen zu berücksichtigen sind (Schichterich, 2006). Die einzelnen Zwischenschritte wurden auf einer Pinnwand oder in anderer Form dokumentiert.

Die Konzeption der Maßnahmen erfolgte in der Regel in Absprache mit Führungskräften sowie internen und externen Expert/-innen, welche zu den jeweiligen Sitzungen dazu geholt wurden. Auch außerhalb der Arbeitsgruppensitzungen fand ein Austausch mit Führungskräften, Kolleg/-innen und anderen Arbeitsgruppen oder Personen statt. Die Arbeitsgruppen wurden in der Regel von einem Mitglied der Beratergruppe begleitet. Die Projektbegleitung hatte insbesondere die Aufgabe, dem Prozessbegleiter im Anschluss an die Sitzung ein Feedback zu geben und über weitere Schritte zu beraten. Vor Beginn einer Arbeitsgruppensitzung besprach sie den Ablauf und Inhalt mit dem Prozessbegleiter (Briefing). Sie arbeitete, wenn gewünscht, aktiv in der Gruppe mit und gab auf Nachfrage kurze Hinweise, welche Moderationsmethode für die Situation in der Gruppe geeignet wäre. Nach der Sitzung erfolgten ein kurzes Feedback, die Planung der weiteren Schritte und eine kurze Aufarbeitung und Nachbereitung der Sitzung (Debriefing).

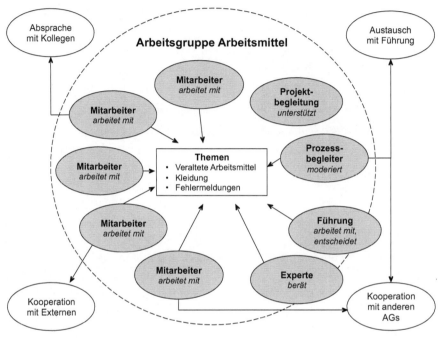

Abb. 19: *Modell einer Arbeitsgruppe (Beispiel)*

Die in der Arbeitsgruppe konzipierten Lösungsvorschläge wurden durch die Prozessbegleiter an die Belegschaft, die Führungskräfte und die Steuerungsgruppe zurückgemeldet und dokumentiert (siehe Abb. 20), sodass nachvollziehbar war, welche Maßnahme durch wen und bis wann umgesetzt werden sollte. Dieser Maßnahmenplan diente der Steuerungsgruppe als Entscheidungsgrundlage über die Umsetzung oder Ablehnung der erarbeiteten Vorschläge (Pieck, 2012; Schichterich, 2006). Maßnahmen, die nicht von den direkten Führungskräften beschlossen werden durften, wurden durch die Feuerwehrleitung geprüft und entschieden. In jedem Fall sollten vorgeschlagene Maßnahmen ernsthaft geprüft werden, bevor über eine Umsetzung entschieden wurde. Nach der Entscheidung durch die Führungskräfte oder die Fachbereichsleitung erfolgte eine Rückmeldung und Begründung, welche Maßnahmenvorschläge kurz-, mittel-, langfristig oder gar nicht umgesetzt werden können. Der Projektkoordinator koordinierte und kontrollierte die

Durchführung und Umsetzung der beschlossenen Maßnahmen durch die jeweils benannten Fachpersonen und Führungskräfte.

Maßnahmenplan: Defekte Arbeitsmittel

Ziel	Aktivität	Bis wann	Umsetzungs-verantwortlich	Beteiligen / Informieren	Entscheidung durch
Funktionierende Ausrüstung in der KFZ Werkstatt	1. Bestände listen	01.10.2014	Manfred Muster	Meister KFZ Werkstatt	keine Entscheidung notwendig
	2. Bedarfe erheben + priorisieren	01.02.2015	Burkhard Beispiel	Alle Mitarbeiter der KFZ Werkstatt	Meister
	3. Beschaffung neuer Ausrüstung	15.04.2015	Bruno Beschaffer, Burkhard Beispiel		Steuerungsgruppe
...	1. ...				
	2. ...				
...	1. ...				
	2. ...				

Abb. 20: *Maßnahmenplan einer Arbeitsgruppe (fiktives Beispiel)*

Im Anschluss erfolgte eine *Evaluation* des Projekts. Sie bildet die Grundlage für die kontinuierliche Weiterführung des Prozesses. Die Evaluation orientierte sich an dem Stufenmodell von Fritz (2014), welches drei Stufen der Wirksamkeitskontrolle von Maßnahmen der Betrieblichen Gesundheitsförderung vorsieht. Zunächst wurde anhand der Dokumentationen der Arbeitsgruppen gesichtet, ob die beschlossenen Maßnahmen umgesetzt wurden (*quantitative Umsetzungsabfrage*). In einem Workshop mit der Projektkoordination und den Prozessbegleitern wurde reflektiert, was sich bei der Umsetzung der Maßnahme als förderlich / hinderlich erwiesen hat und was beim nächsten Mal anders gemacht werden sollte (*qualitative Umsetzungsanfrage mit Reflexion*). Zudem wurden die Beteiligten in qualitativen Interviews nach ihrer Einschätzung der Wirkungen der umgesetzten Maßnahmen befragt.

7.2.3 Externe Begleitung

Ein kontinuierliches Aufgabenpaket im Projektplan umfasste die Beratung und Begleitung der im Projekt involvierten Akteure durch die Beratergruppe. Begleitet wurden die Projektgruppen, die Prozessbegleiter und die Fachbereichsleitung. Nach Moldaschl (2004) eröffnet die Beratung von Organisationen den Mitgliedern neue Sichtweisen und Wirklichkeiten, welche zur Veränderung rigider Handlungsmuster und Einstellungen sowie zur Erhöhung der Selbstreflexivität des Individuums und der Organisation beitragen. Zudem weisen externe Berater/-innen eine größere Distanz zum Problem auf. Während interne Akteure als „Propheten im eigenen Land" häufig einen schweren Stand haben, wird Externen in der Regel eine größere Objektivität und Neutralität zugeschrieben. Dies resultiert in einem höheren Einflussniveau und verringerten Widerständen seitens der Beschäftigten (Michalk, 2005). Eine zentrale Fähigkeit von professioneller Beratung ist die Abstimmung des jeweiligen Vorgehens auf den Kontext der zu beratenden Organisation. Aus diesem Grund stellte die Anfangsphase der Auftragsklärung eine der arbeitsintensivsten Abschnitte im Prozess dar. Eine Zielsetzung der Projektbegleitung war es, sich durch die Befähigung der Organisation und ihrer Akteure zur selbstinitiierten Gestaltung gesundheitsförderlicher Arbeitsbedingungen schrittweise zurückzuziehen. So war das Projekt von vornherein darauf angelegt, die Akteure für ihre neuen Aufgaben so zu qualifizieren, dass sie die Realisierung von Betrieblicher Gesundheitsförderung auch nach Anschluss des Projekts eigenständig fortführen können.

Während der Fokus in den Schulungen auf der Entwicklung fachlicher Kompetenzen wie Moderation und Projektmanagement lag, erfolgte in den begleitenden Coaching- und Supervisionsprozessen eine Klärung der eigenen Rolle und des professionellen Selbstverständnisses zur Erweiterung der eigenen Handlungsmöglichkeiten. Eine Zielsetzung der *Supervision*[131] mit der Projektkoordination und den Prozessbegleitern war die Reflexion des bisherigen Projektverlaufs aus Innen- und Außenperspektive sowie die Besprechung schwieriger Fälle in der Moderation. Gleichzeitig sollten offene Fragen bearbeitet werden. Die Supervisionstreffen wurden über den Projektverlauf hinaus von bedarfsorientierten Coaching- und Feedbackprozessen der beteiligten Akteure flankiert. Anfangs erhielten die Prozessbe-

---

[131] Bei einer „Supervision" handelt es sich um eine Sonderform der Beratung. Durch die angeleitete Reflexion der beruflichen Arbeit können die Ratsuchenden neue Perspektiven gewinnen und ihr persönliches Handlungswissen für die eigene Praxis weiterentwickeln. Die Ziele von Supervision bestehen in der Förderung der beruflichen Handlungsfähigkeit, der Stärkung des professionellen Selbstverständnisses und der Erweiterung der Selbstwirksamkeit im Berufsalltag. Es geht vornehmlich um Reflexions- und Klärungsprozesse (Schlee, 2008).

gleiter nach jedem Auftaktworkshop und jeder Arbeitsgruppe ein persönliches *Feedback* zu ihrer Moderation durch ein anwesendes Mitglied der Beratergruppe. Der Projektkoordination wurde nach jeder Steuerungsgruppensitzung eine Rückmeldung sowie die Möglichkeit zum Austausch gegeben. Durch die intensive Begleitung wurde die Erweiterung der persönlichen Handlungs- und Moderationskompetenzen im Sinne eines Lernens im Prozess der Arbeit (Dehnbostel, 2007) wesentlich vorangetrieben. Lernziel der *Coachingprozesse* war die individuelle Unterstützung bei der Klärung und Findung der eigenen Rolle als Koordinator, Führungskraft oder Prozessbegleiter im Projekt. Wie sich zeigte, standen die neuen Rollen in einem ambivalenten Verhältnis zur hierarchischen Struktur. So machte die neue Aufgabe in der Koordination oder Prozessbegleitung zuweilen feuerwehrunübliche Verhaltensweisen erforderlich. Die Akteure berichteten in manchen Belangen direkt an die Abteilungs- oder Fachbereichsleitungen, was in Teilen der Belegschaft für Irritationen sorgte.[132] Gleichzeitig brauchten die Beteiligten selbst Zeit, das mit der neuen Rolle einhergehende Selbstverständnis für sich integrieren zu können und den Mut aufzubringen, eine oder mehrere Hierarchiestufen zu überspringen, wenn es um Projektthemen geht. Eine zentrale Zielsetzung der im Projekt angebotenen Schulung und Coachings lag daher in der Anregung zur Beschäftigung mit der eigenen Rolle und dem dahinterstehenden Selbstverständnis.

7.3 Forschungsdesign

Im Folgenden wird aufgezeigt, welche Überlegungen für die Wahl des Forschungsdesigns zur Untersuchung organisationaler Lernprozesse im Rahmen gesundheitsfördernder Organisationsentwicklung leitend waren. Wie bereits argumentiert wurde, spielen soziale, reflexive Akteure sensu Giddens (1997) eine bedeutsame Rolle für die Entwicklung von organisationalem Lernen. Um die Prozesse organisationalen Gesundheitslernens in ihrer Gesamtheit, Dynamik und Pfadabhängigkeit (David, 1985) zu betrachten und rekonstruieren zu können, erscheint es daher notwendig, nah an den beteiligten *Individuen* mit ihren subjektiven Konstruktionen, Deutungen, Relevanzsetzungen, Interaktionen und Handlungsorientierungen anzusetzen (Hollstein, 2006). Hierfür ist der Einsatz qualitativer Interviews als zentrale Methode der Sozialforschung, welche eine vertiefte Auseinandersetzung mit dem Untersuchungsgegenstand ermöglicht, vonnöten. In Anlehnung an die von Engeström (2001, S. 133) vorgeschlagene Methodik zur Untersuchung von Tätigkeitssystemen leiten folgende Fragestellungen die empirische Analyse:

---

[132] Die Beteiligten berichteten u.a. von Äußerungen wie „Gehst du *schon wieder* zum Chef?".

1. *Who* are the subjects of learning?
2. *Why* do they learn?
3. *What* do they learn?
4. *How* do they learn?

Im Gegensatz zu vielen normativ geprägten Ansätzen organisationalen Lernens oder der Betrieblichen Gesundheitsförderung wird nicht angenommen, dass die Organisationsmitglieder oder die Organisation lernen (wollen), was sie lernen sollen. Vielmehr wird davon ausgegangen, dass das Gelernte eher in der Ausnahme als in der Regel den Idealvorstellungen einer Betrieblichen Gesundheitsförderung entspricht.

Zudem wird angenommen, dass sich organisationales Lernen vornehmlich in *Tätigkeitssystemen* ereignet. Sie dienen der vorliegenden Untersuchung als primäre Analyseeinheiten. Die Rekonstruktion und Analyse der Tätigkeitssysteme erfolgt über Netzwerkkarten, in den problemzentrierten Interviews und durch teilnehmende Beobachtung. Weiterhin ist davon auszugehen, dass der *organisationale Kontext* die Lernprozesse der Projektbeteiligten in bedeutsamen Maße strukturiert. Daher liegt ein weiterer Schwerpunkt auf der Erhebung der formalen Strukturen, mikropolitischen Prozesse sowie der Organisationskultur, welche in problemzentrierten Interviews, durch teilnehmende Beobachtung und durch die Analyse schriftlicher Dokumente ermittelt werden.

Analyseebene	Untersuchungs-einheit	Gegenstand der Analyse	Daten-erhebung	Auswertungs-methoden
Organisationale Strukturen	Feuerwehr	Regeln und Ressourcen	schriftliche Dokumente	Auswertung schriftlicher Dokumente
			teilnehmende Beobachtung	Auswertung von Beobachtungs-protokollen
			problem-zentrierte Interviews	Thematisches Kodieren
Tätigkeits-system	formale Projektgruppen; informelle Netzwerke inner- und außerhalb der Organisation; Beratersystem	soziale Strukturen	Erhebung sozialer Netzwerke	Soziale Netzwerk-analyse
		Gegenstände, Gemeinschaft, soziale Praktiken	problem-zentrierte Interviews	Thematisches Kodieren
			teilnehmende Beobachtung	Auswertung von Beobachtungs-protokollen
Individuum	Projektbeteiligte	Sinnstrukturen, Wahrnehmungen, Interpretationen	problem-zentrierte Interviews	Thematisches Kodieren

Tab. 3: *Forschungsdesign*

7.3.1 Fallstudie

Die Untersuchung ist als Fallstudie konzipiert. Nach Yin (2014) untersucht eine Fallstudie ein zeitgenössisches Phänomen in seinem natürlichen Kontext. Die Durchführung einer Fallstudie eignet sich vor allem dann, wenn die Fragestellung das „Wie" und „Warum" eines Forschungsgegenstands näher beleuchten soll. Fall-studien haben einen Mehrwert, da sie Aspekte beleuchten, die randonomisiert-kontrollierten Experimenten nicht zugänglich sind (Cook & Payne, 2002; Shavel-son & Towne, 2002). Anstelle der Untersuchung eines definierten Einzelzusam-menhangs unter Laborbedingungen, geht es dem Forschenden darum, ein umfas-sendes Bild von einem Phänomen in einem komplexen, realen Kontext zu erhalten.

7 Fallstudie

Fallstudien ermöglichen es, „den Fall in seiner Ganzheit und Komplexität zu erhalten, um so zu genaueren und tiefgreifenderen Ergebnissen zu gelangen" (Mayring, 1999, S. 29). Nach Faller (2018) entspricht diese Herangehensweise den Anforderungen einer wissenschaftlichen Fundierung Betrieblicher Gesundheitsförderung: „Wenn es gelingt, den Fokus der Forschung nicht nur auf das „Was" zu richten, sondern auf das „Wie" kommen wir der Frage näher, ob BGF/BGM [Betriebliche Gesundheitsförderung bzw. Betriebliches Gesundheitsmanagement] einen Beitrag zu mehr Gesundheit bei der Arbeit leisten kann" (Faller, 2018, S. 284). Aufgrund der hohen Komplexität des Untersuchungsgegenstands gestaltet sich die Durchführung von Fallstudien anspruchsvoll. So konstatiert Yin (2014): „Doing case study research remains one of the most challenging of all social science endeavours" (S. 3).

Im Fokus der vorliegenden Untersuchung stehen die im Projekt initiierten Gruppen als Orte des Austauschs und der sozialen Interaktion. Abb. 21 illustriert die Struktur der Steuerungs-, Prozessbegleiter- und Arbeitsgruppen. Die im Laufe der Zeit aus dem Projekt ausgeschiedenen Personen sind als hellgraue Punkte dargestellt.

7 Fallstudie

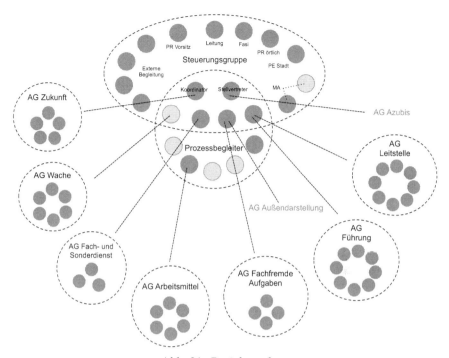

Abb. 21: *Projektstruktur*

Insgesamt wurden sieben von ursprünglich vorgesehenen neun Arbeitsgruppen durchgeführt. Die Mitgliederzahl pro Arbeitsgruppe variierte zwischen elf und drei Teilnehmenden. Es ist davon auszugehen, dass organisationale Strukturen das Handeln der Organisationsmitglieder beeinflussen (Giddens, 1997). Um den organisationalen Kontext als Einfluss konstant zu halten, konzentrierte sich die Untersuchung auf einen Fall (*Berufsfeuerwehr*), innerhalb dessen einzelne Analyseeinheiten (*Tätigkeitssysteme*) und Unteranalyseeinheiten (*am Projekt beteiligte Akteure*) untersucht wurden (*Single-Case-Embedded-Design*; Yin, 2014). Abb. 22 illustriert die einzelnen Analyseebenen der Fallstudie.

7 Fallstudie

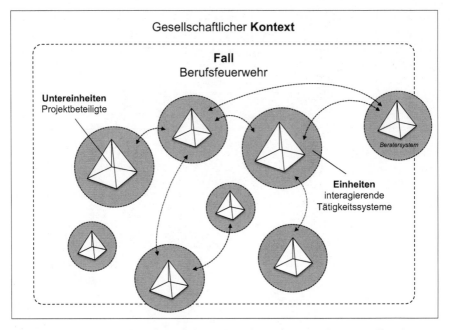

Abb. 22: *Analyseebenen der Fallstudie (schematische Darstellung)*

7.3.2 Gütekriterien

In der vorliegenden Arbeit wird die Annahme vertreten, dass sich die Qualitätskriterien qualitativer Forschung von den für quantitative Studien angelegten Maßstäben Objektivität, Reliabilität und Validität (Döring & Bortz, 2016) unterscheiden.[133] Das gewählte Vorgehen orientiert sich an den von Mayring (1999, S. 119 ff.) formulierten Gütekriterien qualitativer Forschung: Verfahrensdokumentation, Argumentative Interpretationsabsicherung, Regelgeleitetheit, Nähe zum Gegenstand, Kommunikative Validierung und Triangulation.

Die Forderung nach einer umfangreichen *Verfahrensdokumentation* wurde durch eine detaillierte Beschreibung des Vorgehens bei der Auswahl des Forschungsdesigns und der Durchführung der Untersuchung realisiert. Auch bei der

---

[133] Die Debatte um die Universalität bzw. Spezifität von Gütekriterien in der qualitativen und quantitativen Forschung wurde in der Vergangenheit kontrovers geführt (z.B. Flick, 2007; Lamnek, 2010; Mayring, 1999 oder Steinke, 2007) und soll an dieser Stelle nicht weiter vertieft werden.

Dokumentation der teilweise sehr umfangreichen Interpretationen wurde darauf geachtet, dass diese ausführlich begründet werden und auch für außenstehende Leser/-innen nachvollziehbar sind (Kirk & Miller, 1986; Steinke, 1999). Während bei quantitativ orientierten Vorgehensweisen hierfür in der Regel die Angabe des (meist standardisierten) Erhebungsinstruments und der Auswertungsmethode genügt, bedarf es in der qualitativen Forschung einer detaillierten, weitreichenden Verfahrensdokumentation. Die Notwendigkeit einer hinreichenden Explikation gilt insbesondere für die verwendeten Methoden der Erhebung und Analyse sozialer Netzwerke (Kap. 7.4.2 und 7.5.2), welche speziell für den Untersuchungszweck angepasst bzw. entwickelt wurden. Nach Mayring (1999) sind „Interpretationen nicht gesetzt, sondern [sollten] argumentativ begründet werden" (S. 119). Die Forderung nach einer *argumentativen Interpretationsabsicherung* bezieht sich nicht nur auf die Datenauswertung und -interpretation, sondern auf den gesamten Forschungsprozess. „Auch qualitative Forschung muss sich an bestimmte Verfahrensregeln halten, systematisch ihr Material bearbeiten" (Mayring, 1999, S. 120). Daher wurde bereits im Vorfeld definiert, welche Erhebungs- und Auswertungsverfahren eingesetzt werden sollen und in welchen Schritten vorgegangen wird. Nach Freikamp (2008) bedeutet *Regelgeleitetheit* allerdings nicht, „dass Regeln sklavisch befolgt werden, denn die Forderung nach der Gegenstandsangemessenheit hat Vorrang" (S. 223). Die *Nähe zum Gegenstand* ist in der Arbeitswissenschaft als angewandte, an konkreten sozialen Problemstellungen ansetzende, Disziplin in der Regel sichergestellt. So knüpfte die vorliegende Untersuchung direkt an die Alltagswelt der Berufsfeuerwehr an. Neben der Untersuchung der Forschungsfragen wurde das gesamte Projekt einer Evaluation unterzogen. Diese Zielsetzung war auch im Interesse der Beteiligten und stellte für diese einen Mehrwert dar. Zur *kommunikativen Validierung* (Heinze & Thiemann, 1982) wurden die gefundenen Ergebnisse in der Steuerungsgruppe und in Gesprächsrunden in Teilen vorgestellt und mit den Organisationsmitgliedern rückgekoppelt (*Member Checking*).[134] Ferner fand über den gesamten Projektzeitraum ein regelmäßiger Austausch mit außenstehenden Expert/-innen und der Beratergruppe statt (*Peer Debriefing*). Ziel war es, ein möglichst breites Spektrum an Perspektiven zu integrieren, um voreilige Fehlinterpretationen oder das Übersehen wichtiger Aspekte zu vermeiden. Die *Triangulation* (Denzin, 1989) von qualitativen Interviews, Methoden der sozialen Netzwerkanalyse, teilnehmender Beobachtung und Auswertung schriftlicher Do-

---

[134] Nach Freikamp (2008) dürfe die kommunikative Validierung der Ergebnisse mit den untersuchten Subjekten allerdings nicht als einziges Kriterium herangezogen werden, „sonst bliebe die Analyse bei den subjektiven Bedeutungen der Betroffenen stehen" (S. 224). Daher sei es auch im Sinne einer objektiven Hermeneutik (Oevermann et al., 1979) bedeutsam, den Individuen weniger zugängliche, unbewusste Regeln oder Prozesse in den Blick zu nehmen.

kumente eröffnete ein breites Perspektivenspektrum auf den Forschungsgegenstand „Lernen im Rahmen gesundheitsfördernder Organisationsentwicklung".

Ein weiteres Anliegen besteht darin, gezielt sicherzustellen, dass die gefundenen Ergebnisse nicht nur situationsbedingte Befunde in einer Berufsfeuerwehr darstellen. Vielmehr sollen über die Fallstudie hinaus Aussagen getroffen werden können. Auch in der qualitativen Forschung stellen die Übertragbarkeit und die Verallgemeinerung von Ergebnissen auf externe Kontexte zentrale Kriterien dar (Flick, 2009). Ziel qualitativer Studien ist es, eine Theorie zu generalisieren und zu erweitern (*analytische Generalisierung*) anstatt – wie in quantitativen Studien – Wahrscheinlichkeiten zu extrapolieren (*statistische Generalisierung*) (Bromley, 1986; Donmoyer, 1990; Mitchell, 1983). Ein wichtiger Schritt stellt in diesem Zusammenhang die Reflexion von Möglichkeiten und Grenzen der Übertragbarkeit auf andere Organisation(-sformen) dar. Daher wurde argumentiert, warum Feuerwehren als hybride Organisationen (Apelt, 2014; Apelt & Tacke, 2012) in vielen Punkten mit modernen Unternehmen verglichen werden können und für die Untersuchung geeignet erscheinen. Gleichzeitig wird durch die Darstellung der für Organisationen des Notfalls und der Rettung geltenden Spezifika deutlich, an welchen Stellen ein Vergleich mit anderen Organisationsformen nicht ohne Weiteres zulässig ist.

7.4 Datenerhebung

In Anlehnung an das Forschungsdesign (Abb. 22) stand in der Phase der Datenerhebung die Rekonstruktion der im Projekt relevanten Tätigkeitssysteme und ihrer Dynamiken im Fokus. Zudem wurden subjektive Wahrnehmungen, Wirklichkeitskonstruktionen und Deutungsmuster der beteiligten Akteure erhoben. Weiterhin ging es darum, den organisationalen Handlungskontext als komplexes, in sich strukturiertes soziales System zu erfassen. Nach Hopf (1979) erweisen sich hierfür vor allem das qualitative Interview, die unstrukturierte Beobachtung sowie die Erhebung und Analyse von Dokumenten (z.B. formale organisationale Regelungen, Sitzungsprotokolle, Zeitungsberichte etc.) als geeignete Methoden. Das Forschungsvorhaben bediente sich daher eines Mixed-Methods-Ansatzes (Creswell & Plano Clark, 2007), welcher die Durchführung problemzentrierter Interviews (Kap. 7.4.1), die teilnehmende Beobachtung (Kap. 7.4.3) sowie die Sichtung und Analyse unterschiedlicher Dokumente (Kap. 7.4.4) umfasst. Zusätzlich wurden im Rahmen des problemzentrierten Interviews relationale Daten mittels einer Netzwerkkarte (Kap. 7.4.2) erhoben.

7.4.1 Problemzentrierte Interviews

Das Rückgrat der Erhebung bildeten qualitative, problemzentrierte Interviews, welche im Zeitraum von Januar bis November 2017 mit den Projektbeteiligten, der Beratergruppe sowie weiteren zentralen Personen geführt wurden.[135] Bei der Methode des *problemzentrierten Interviews* (Witzel, 1982) handelt es sich um ein Verfahren, dass einerseits erlaubt, bereits vorhandenes theoretisches Wissen über den Untersuchungsgegenstand als heuristisch-analytischen Rahmen für die Befragung zu nutzen (Deduktion). Andererseits ermöglicht es die Suche nach neuen Mustern in den Darlegungen und Relevanzsetzungen der Interviewten, welche durch Narration angeregt werden (Induktion). Trotz theoretischer Vorannahmen bleibt so die Konzeptgenerierung durch die Interviewten als dominantes Prinzip erhalten. Theoretische Konzepte werden im Verlauf des Interviews durchgehend modifiziert und geprüft (Lamnek, 2005). Der Erkenntnis- und Lernprozess orientiert sich an einer festgelegten relevanten Problemstellung welche im Laufe der Kommunikation immer präziser auf das Forschungsproblem zugespitzt wird. Die interviewten Personen werden als Expert/-innen begriffen, deren individuelle Handlungen, subjektive Wahrnehmungen und Verarbeitungsweisen von Interesse sind (Witzel, 2000). Ein weiterer Vorteil des problemzentrierten Interviews liegt darin, dass es mit verschiedenen Methoden, z.B. dem Einsatz eines Kurzfragebogens, kombiniert werden kann. Der Problembereich kann so aus verschiedenen Perspektiven untersucht werden. Wie bereits festgestellt, ereignet sich Lernen erst im konkreten Handeln der Akteure und zeichnet sich somit durch eine hohe Kontextspezifität aus. Es ist davon auszugehen, dass sich die Organisationsmitglieder individueller und organisationaler Lernprozesse in den wenigsten Fällen bewusst sind und diese explizit benennen können (Nonaka, 1991). Eine Herausforderung in der Erhebung der Dynamiken und Prozesse von Tätigkeitssystemen liegt folglich in der Erschließung anhand kontextspezifischer Fragen.

7.4.1.1 Organisation und Durchführung

Die Organisation der Interviewtermine erfolgte in der Regel über den Koordinator des Projekts, welcher die Ansprache der Beteiligten und die Terminplanung übernahm. Die Mitglieder der Beratergruppe wurden direkt durch die Verfasserin kontaktiert. Sämtliche Interviews mit den Beschäftigten der Feuerwehr wurden vor Ort in der Wache geführt. Die Interviews fanden in der Regel nach Feierabend im Anschluss an eine 24-Stunden Schicht gegen 7:00 Uhr morgens statt. Personen, die nicht der Feuerwehr angehören, wurden an ihrem jeweiligen Arbeitsort oder am

---

[135] Eine Übersicht der geführten Interviews sowie der Personencodes findet sich in Anhang A.

Arbeitsort der Verfasserin interviewt. Die durchschnittliche Dauer eines Interviews betrug 69 Minuten, wobei die benötigte Zeit zwischen 21 und 95 Minuten variierte. Mit Ausnahme der Fachbereichs- und Abteilungsleitungen wurden alle Beteiligten – wie in der Feuerwachenkultur üblich – geduzt. Den Teilnehmenden wurde im Vorfeld und vor Beginn mitgeteilt, dass es im Interview um die Evaluation des Projekts „Betriebliche Gesundheitsförderung in der Feuerwehr" geht.[136]

> Beispiel: *„Erst einmal vielen herzlichen Dank für deine Bereitschaft, zu einem Interview zur Verfügung zu stehen. Wie du weißt, ist die Betriebliche Gesundheitsförderung bei der Feuerwehr nach einer intensiven Phase des Projekts langsam wieder in ruhigere Fahrwasser geraten. Ich möchte gerne auswerten, welche Erfahrungen durch das Projekt in der Feuerwehr gemacht wurden, vor allem mit der Arbeit in den Arbeitsgruppen. Daher habe ich dich für das Interview ausgewählt."*

Die Erhebung und Verarbeitung der im Interview erhobenen personenbezogenen Daten orientierte sich an den Empfehlungen von Gebel et al. (2015) und der Deutschen Forschungsgemeinschaft (2013) zur Sicherung guter wissenschaftlicher Praxis.[137] Die Interviewten wurden hierüber in einer für das Projekt verfassten Datenschutzerklärung informiert. Die Einwilligung zur Teilnahme am Interview erfolgte schriftlich gemäß § 4 NDSG. Das Interview wurde mit Einverständnis der Interviewten auf Tonband aufgezeichnet und anschließend verschriftlicht.[138] Im Anschluss jedes Interviews wurde ein *Postscript* angefertigt, welches den Inhalt der Gespräche vor und nach der Tonbandaufzeichnung sowie die Rahmenbedingungen des Interviews oder nonverbale Reaktionen der Interviewten dokumentierte.

7.4.1.2 Interviewphase I

In einer ersten Phase wurde zu jeder der neun Arbeitsgruppen sowie der Steuerungsgruppe ein Interview geführt. Dies schließt auch die nicht zustande gekommenen Arbeitsgruppen „Azubis" und „Außendarstellung" (siehe Abb. 21) mit ein.

---

[136] Die verwendeten Interviewleitfäden finden sich in Anhang B.
[137] Demnach wurden die aus den Interviews gewonnenen Roh- bzw. Primärdaten nach Projektabschluss für einen Zeitraum von 10 Jahren verschlossen abgelegt. Eine elektronische Speicherung der Primärdaten fand nicht statt. Um Datenmissbrauch zu verhindern, wurden die aus den Rohdaten gewonnenen aggregierten, anonymisierten Datensätze verschlüsselt auf Servern des Rechenzentrums der Leibniz Universität Hannover abgelegt und sind nur zugriffsberechtigten Personen zugänglich.
[138] Die Verschriftlichung orientiert sich an den für die computergestützte Auswertung optimierten Transkriptionsregeln nach Kuckartz et al. (2007). Eine nähere Beschreibung des Vorgehens findet sich in Kap. 7.5.1.1.

Da ein Prozessbegleiter teilweise zwei Arbeitsgruppen leitete, wurden in zwei Fällen zwei Interviews mit der gleichen Person geführt. In einem ersten Schritt wurden die Prozessbegleiter der jeweiligen Arbeitsgruppen in Einzelinterviews gebeten, den Entwicklungsverlauf der Zusammenarbeit in den Arbeitsgruppen von der ersten konstitutiven Sitzung bis zum Projektabschluss mit allen wichtigen Ereignissen und Erkenntnissen detailliert darzustellen. Das Interview begann mit einer erzählgenerierenden, breit ausgelegten und offen formulierten Einstiegsfrage:

Beispiel: *„Erzähl' mir doch bitte, wie sich die Arbeitsgruppe „Führung" mit der Zeit entwickelt hat."*

Im weiteren Verlauf der Kommunikation (*allgemeine Sondierung*) griff die Verfasserin einzelne thematische Aspekte der Erzählphase durch weitere erzählgenerierende Nachfragen auf (z.B. *„Kannst du mir mehr / genauer über ... erzählen?"*). Neben der Offenlegung der subjektiven Problemsicht und den Sinnstrukturen der Interviewten diente diese Phase auch der Detaillierung und Klärung des Gesagten. Die im Projektverlauf erstellten Protokolle sowie wichtige Ereignisse in dieser Zeit konnten von der Verfasserin als Gedächtnisstütze ins Interview eingebracht werden. Durch das Hervorbringen konkreter Beispiele sollten die Erinnerungsfähigkeit angeregt und abstrakte, fehlende oder unklare Aussagen verdeutlicht werden. Es sollten zudem konkrete Bezüge zu den Kontextbedingungen des Handelns hergestellt werden (Witzel, 2000). Die Fragen folgten im Wesentlichen dem Interviewleitfaden.[139] Wenn bestimmte interessierende Themenbereiche vom Interviewten ausgeklammert wurden, stellte die Verfasserin infolge weitere Ad-Hoc Fragen (*spezifische Sondierung*).

7.4.1.3 Interviewphase II

In einer zweiten Phase wurden weitere von den Prozessbegleitern benannte Personen sowie vier Mitglieder der Beratergruppe interviewt. Aufbauend auf den Informationen aus der ersten Interviewphase wurden interessierende Aspekte im problemzentrierten Interview (Witzel, 1982) vertiefend betrachtet. Analog zur ersten Interviewphase erhielten die Teilnehmenden die Information, dass es im Interview um die Evaluation des Projekts „Betriebliche Gesundheitsförderung in der Feuerwehr" gehen soll. Das Interview wurde auch in dieser Phase mit einer erzählgenerierenden, breit ausgelegten und offen formulierten Einstiegsfrage eröffnet.

Beispiel: *„Erzähl' mir doch bitte, wie sich das Projekt mit der Zeit entwickelt hat."*

---

[139] Die verwendeten Interviewleitfäden finden sich in Anhang B.

7 Fallstudie

Nach einer Phase der allgemeinen Sondierung konzentrierte sich das Interview im Wesentlichen auf die nähere Erkundung der in Interviewphase I deutlich gewordenen Prozesse und Dynamiken innerhalb und zwischen Tätigkeitssystemen. Die hierzu gestellten konkretisierenden Fragen waren im Wesentlichen dem Interviewleitfaden entlehnt. Wieder behielt die Verfasserin sich vor, bei Bedarf weitere Ad-Hoc Fragen zu stellen.

7.4.2 Erhebung sozialer Netzwerke

Wie im vorangegangenen Kapitel herausgearbeitet wurde, werden die Tätigkeitssysteme einer Organisation als zentrale Settings organisationalen Gesundheitslernens betrachtet. Entsprechend lag ein Augenmerk der Untersuchung auf der Identifikation, Beschreibung und Analyse der im Projekt relevanten Tätigkeitssysteme. Nach Engeström (1987, 1999) erfordert die Erforschung von Tätigkeitssystemen zunächst die Erstellung einer Phänomenologie des Tätigkeitssystems. Hierfür ist es notwendig, „Personen, Orte und Grenzen des konkreten Systems" (Hemmecke, 2012, S. 398) zu identifizieren. Für die Beschreibung und Analyse des Tätigkeitssystems ist es wichtig, „eine [...] Einsicht in die Natur seines Diskurses und seiner Probleme zu gewinnen, wie sie von jenen erlebt werden, die in diese Tätigkeit involviert sind" (Engeström, 2011, S. 336). Die Aufgabe des Forschenden besteht u.a. darin, „die Notlage und den primären Widerspruch unter der Oberfläche der Probleme, Zweifel und Ungewissheiten zu erfassen" (Engeström, 1999, S. 294).

Die Wahl der Methode zur Identifikation, Beschreibung und Analyse von Tätigkeitssystemen wurde daher von verschiedenen Zielsetzungen geleitet. Einerseits sollte eine möglichst vollständige Darstellung der Tätigkeitssysteme in der Organisation erreicht werden (*deskriptiv-systematische Funktion*). Es wird davon ausgegangen, dass neben den im Rahmen des Projekts formell implementierten Strukturen weitere Tätigkeitssysteme entstanden sind. Die eingesetzte Methode sollte in der Lage sein, auch diese informellen Tätigkeitssysteme zu erfassen. Andererseits sollte das Instrument einfach zu handhaben sein und sich nahtlos in den Interviewdialog einfügen. Als Gesprächsimpuls sollte es eine Reflexion über die Struktur und Prozesse der sozialen Praktiken innerhalb eines Tätigkeitssystems anregen (*dialogische Funktion*). Zudem sollte es den Interviewten helfen, soziale Praktiken zu erkennen und im Dialog zu vertiefen (*analytische Funktion*). Nicht zuletzt sollte ein möglichst offenes Vorgehen ohne die Vorgabe von festgelegten Kategorien verfolgt werden (Straus, 2002). Unter Berücksichtigung der genannten Kriterien fiel die Entscheidung auf ein kombiniertes Verfahren der *sozialen Netzwerkanalyse*

(Dominguez & Hollstein, 2014) zur strukturellen und qualitativen Identifikation, Beschreibung und Analyse von Tätigkeitssystemen. Der Fokus der Netzwerkforschung liegt auf der Struktur und der Beschaffenheit sozialer Beziehungen sowie den „daraus resultierenden strukturellen Positionen, die den Akteuren mehr oder weniger Handlungsspielraum, Ressourcenzugriff und Macht ermöglichen" (Rürup et al., 2015, S. 22). Individuelle Eigenschaften (wie z.B. Geschlecht, Alter etc.) spielen eher eine untergeordnete Rolle (Emirbayer & Goodwin, 1994; Rürup et al., 2015). Zunächst wurden die sozialen Interaktionen im Projekt aus der Perspektive einzelner Akteure mittels Netzwerkkarte erfasst (*egozentrierte Netzwerkanalyse*[140]). Im zweiten Schritt wurden die erhobenen Daten der einzelnen Akteure zu einem *Gesamtnetzwerk* zusammengeführt. Das Gesamtnetzwerk bildet die Struktur der im Projekt entstandenen formellen und informellen Tätigkeitssysteme ab.

7.4.2.1 Netzwerkkarte (Egozentrierte Netzwerke)

Im Rahmen der vorliegenden Untersuchung wurden die sozialen Interaktionen in der Organisation zunächst aus der Perspektive einzelner Akteure betrachtet. Zur Rekonstruktion der im Projekt entstandenen Tätigkeitssysteme wurden hierzu im mittleren Teil des problemzentrierten Interviews explizit Fragen zu den sozialen Interaktionen des Interviewten gestellt und gemeinsam als *Netzwerkkarte* visualisiert. Häussling (2006) beschreibt die Wirkungsweise dieser Methode folgendermaßen:

Mit der qualitativen Netzwerkanalyse erschließt man das Netzwerk der Interaktionen, wie es sich aus der Sicht des befragten Akteurs ergibt. Genau diese Sicht liegt auch seinen Interventionen zu Grunde. Insofern ist es für das Verständnis dieser Interventionen unabdingbar notwendig, die Perspektive dieses Akteurs auf das Netzwerk nachzuvollziehen. (Häussling, 2006, S. 148)

Die qualitative Erhebung relationaler Daten mittels Netzwerkkarte blickt auf eine lange Tradition zurück (u.a. Freeman, 2000; Northway, 1940), sodass mittlerweile von einer breiten Erfahrungsgrundlage auszugehen ist (Straus, 2006). Die vielfältigen Erfahrungen mit dem Einsatz von Netzwerkkarten[141] zeigen, dass sich das Verfahren gut mit qualitativen Interviews kombinieren und sich unabhängig

---

[140] Nach Herz (2012) ist ein egozentriertes Netzwerk definiert als die „Beziehungen eines fokalen Akteurs (Ego) zu anderen Akteuren (Alteri) der direkten Netzwerkumgebung, sowie den Beziehungen zwischen diesen Akteuren (Alter-Alter-Beziehungen)" (S. 134).
[141] u.a. Bernardi, Keim & von der Lippe, 2006; Hintermair, Lehmann-Tremmel & Meiser, 2000; Höfer, Keupp & Straus, 2006; Hollstein, 2002; Keupp et al., 2001; Kühnel & Matuschek, 1995; Reisbeck et al., 1993; van Santen & Seckinger, 2003; Schütze, 2006.

vom Alter und vom Bildungsniveau anwenden lässt (Straus, 2002). Netzwerkkarten[142] sind Landkarten sozialer Strukturen (Herz, 2012), welche die partizipative Beschreibung und Visualisierung sozialer Beziehungen ermöglichen. Für die Interviewten entsteht eine Landkarte, welche soziale Beziehungen und ihren Stellenwert strukturiert und übersichtlich darstellt. Die Visualisierung hilft den Befragten bei der Benennung der Interaktionspartner/-innen. Sie dient als Gedankenstütze, regt aber als partizipatives Verfahren gleichzeitig auch selbst zu einer Erzählung an (Bernardi, Keim & von der Lippe, 2006; Höfer, Keupp & Straus, 2006; Straus, 2002). Diese „kognitive Erleichterung" (Straus, 2006, S. 484) war für die vorliegende Untersuchung vor allem deshalb wichtig, weil die Arbeit in den Projektgruppen zum Zeitpunkt der Erhebung in vielen Fällen schon über ein Jahr zurücklag.

Die Datenerhebung egozentrierter Netzwerke gliedert sich im Allgemeinen in die Schritte „Nennung von relevanten Personen", „Beschreibung der Beziehungen zu den Personen" sowie „Beschreibung der Beziehungen zwischen den Referenzpersonen" (Herz, 2012). Daneben können auch Eigenschaften und Merkmale des Interviewten sowie der Personen im Netzwerk erhoben werden. Ausgangspunkt der sozialen Netzwerkanalyse bildeten die im Projekt formal eingerichteten Arbeits-, Steuerungs- und Prozessbegleitergruppen. Die interviewten Personen wurden zunächst gebeten, alle Vornamen der anfangs an der Projektgruppe teilnehmenden Gruppenmitglieder zu nennen (*Namensgenerator*).

> Beispiel: *„Ich möchte mit dir zunächst noch einmal näher auf die Arbeit innerhalb der AG Führung schauen. Könntest du mir hierzu erzählen, wer alles in der Arbeitsgruppe war?"*

Die Namen (inklusive des Namens des Interviewten) wurden von der Verfasserin jeweils auf runde Karten geschrieben und auf den Tisch gelegt:

---

[142] In der Literatur werden Netzwerkkarten auch als „Netzkarten" (Sommer et al., 2010) oder „Social Maps" (Herz & Gamper, 2012) bezeichnet.

7 Fallstudie

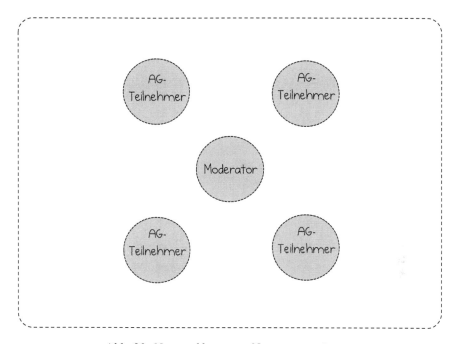

Abb. 23: *Netzwerkkarte zur Namensgenerierung*

Im Folgenden wurde gefragt: *„Welche dieser Personen waren für die Arbeitsgruppe besonders wichtig?"* (*Namensinterpretator*). Die Frage nach dem Grad der Wichtigkeit einer Person hat sich in der qualitativen Netzwerkanalyse als besonders geeignet erwiesen, da die Beantwortung in der Regel leicht fällt und gleichzeitig Raum für subjektive Bewertungsmaßstäbe im Relevanzsystem der Interviewten gelassen wird (Straus, 2006). Ebenso wurde gefragt: *„Wer hat eher gebremst?"* ... *„Wie hat sich das konkret bemerkbar gemacht?"*. Zur näheren Erkundung der Beziehungen zwischen den Mitgliedern einer Arbeitsgruppe wurde gefragt: *„Wie würdest du die Kontakte zwischen den Mitgliedern der Arbeitsgruppe beschreiben?"* ... *„Wie haben diese sich mit der Zeit verändert?"*. Die interviewte Person wurde gebeten, die Kärtchen entsprechend der gemachten Angaben auf dem Tisch anzuordnen:

7 Fallstudie

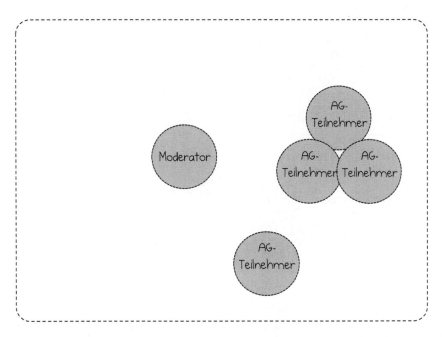

Abb. 24: *Netzwerkkarte zur Interpretation sozialer Interaktionen*

Im Folgenden wurde nach relevanten Personen außerhalb der Arbeitsgruppe gefragt[143]: *„Welche Personen außerhalb der Arbeitsgruppe haben die Arbeitsgruppe unterstützt oder vorangebracht?"* bzw. *„Welche Personen außerhalb der Arbeitsgruppe haben die Arbeitsgruppe eher gebremst?"*. Die genannten Personen wurden von der Verfasserin jeweils auf runde Karten geschrieben und auf ein Blatt Papier gelegt. Als unterstützend wahrgenommene Personen wurden auf grüne Kärtchen geschrieben während die „Bremser" auf roten Kärtchen notiert wurden. Die Interviewten wurden im Anschluss erneut gebeten, die Personenkärtchen entsprechend ihrer Beziehungen zu den anderen Akteuren auf dem Tisch zu platzieren. Die Aufzeichnung des Interviews wurde während der Bearbeitung der Netzwerkkarte fortgeführt, die Interviewten waren keiner Reglementierung unterworfen. Die Netzwerkkarte lag während des gesamten Interviews offen und konnte jederzeit bearbeitet werden. Häufig wurde das anfänglich erstellte Bild im Laufe des Interviews von den befragten Personen selbst noch verändert und ergänzt, so-

---

[143] Eine ähnliche Vorgehensweise findet sich in der Studie von Hintermair, Lehmann-Tremmel und Meiser (2000).

dass sich der Prozess der Netzwerkkartenerstellung dynamisch gestaltete. Abb. 25 illustriert die auf diese Weise sukzessive entstandene Netzwerkkarte anhand eines anonymisierten Beispiels:[144]

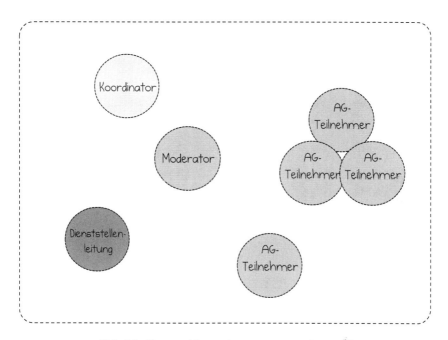

Abb. 25: *Netzwerkkarte (anonymisiertes Beispiel)*

Anschließend wurden die interviewten Personen gebeten, ihre Netzwerkkarte zu erläutern. Die Karte diente als Anregung, vertiefende Fragen zu den einzelnen sozialen Interaktionen zu stellen, z.B.: *„Dein Kollege, Herr XY, der ganz außen... War der dir schon immer so fern?"* oder *„Wie lange kennst du Herrn XY schon?"*. Neben ihrer dialogischen-reflexiven Funktion diente die Arbeit mit den Netzwerkkarten der Identifikation von „Schlüsselpersonen". Hierzu zählten einerseits Mitarbeitende, welche als zentrale Akteure im Prozess benannt wurden. Andererseits waren auch solche Personen von Interesse, die im Laufe des Projekts ausgeschieden waren oder von den Prozessbegleitern als passive bzw. aktive „Unruhestifter" beschrieben wurden. Erstere können bei der genaueren Rekonstruktion organisati-

---

[144] In der vorliegenden Netzwerkkarte sind grüne Kärtchen in hellgrau und rote Kärtchen in dunkelgrau dargestellt.

onaler Lernprozesse behilflich sein, während die Beschäftigung mit der letztgenannten Gruppe möglicherweise Einblicke eröffnet, welche Dynamiken und Rahmenbedingungen zu Widerstand in der Gruppe oder im Projekt geführt haben. Die auf diese Weise ermittelten Schlüsselpersonen wurden in einer zweiten Interviewphase mittels problemzentrierter Interviews (siehe Kap. 7.4.1) befragt. Im Unterschied zu der ersten Interviewphase fand in der zweiten Befragungswelle keine grafische Erarbeitung der Gruppensoziometrie statt.

Ein Großteil der attributionalen Daten (Dienstgrad, Geschlecht, Alter) wurde bereits über die im Projekt anderweitig gewonnenen Informationen (Sitzungsprotokolle, dokumentierte Hospitationen etc.) abgebildet und wurde daher nicht zusätzlich abgefragt.

7.4.2.2 Verknüpfung zu einem Gesamtnetzwerk

Geht es wie im vorliegenden Fall um die Identifikation, Beschreibung und Analyse von Tätigkeitssystemen und ihren Relationen, so sind egozentrierte Netzwerke zwar interessant, im Mittelpunkt steht aber das Gesamtnetzwerk der Organisation. Aus der Netzwerktheorie ist bekannt, dass die Positionierung einzelner Akteure sowie die Beschaffenheit der sozialen Interaktionen Aufschluss über die Kooperationsstrukturen sowie Dependenzen und Machtverhältnisse innerhalb einer Organisation geben können (Jansen, 2006; Rürup et al. 2015). Daher wurde auch die *strukturelle* Ebene der Tätigkeitssysteme in den Blick genommen. Hierzu wurden relevante Informationen aus den Interviewtranskripten ausgelesen und zu einem Gesamtnetzwerk[145] zusammengefügt (siehe Kap. 7.5.2).

7.4.3 Teilnehmende Beobachtung

Bei der teilnehmenden Beobachtung handelt es sich um eine Methode, welche die Erfassung der „Erklärungen, Handlungsgründe und Absichten von Handelnden [...] durch kommunikative Interaktion mit den Handelnden" (Köckeis-Stangl, 1980, S. 348) zum Ziel hat. Ursprünglich wurde sie zur Erforschung fremder, ansonsten nur schwer zugänglicher Kulturen und Völkergruppen – später auch in Milieustudien zu Subkulturen oder Randgruppen – eingesetzt. Mittlerweile gehört die Methode zu den etablierten Grundlagen qualitativer Sozialforschung (Lamnek, 2005). Der Forschende begibt sich in die natürliche Umgebung der interessierenden Personen oder Gruppen und nimmt an ihrem Alltagserleben teil indem er

---

[145] Als Gesamtnetzwerk werden in diesem Zusammenhang „alle im Hinblick auf eine bestimmte Fragestellung erforderlichen Beziehungen und Akteure" (Rürup et al., 2015, S. 23) betrachtet.

selbst zum Bestandteil des zu untersuchenden sozialen Feldes wird (Lamnek, 2005). Teilnehmende Beobachtung vollzieht sich in „a period of intense social interaction between the researcher and the subjects, in the milieu of the latter. During this period, data are unobtrusively and systematically collected" (Bogdan & Taylor, 1975, S. 5). Teilnehmende Beobachtung lässt sich nicht auf den Aspekt des reinen Beobachtens reduzieren. Vielmehr wird versucht, „die Sinnstrukturen der Feldsubjekte situativ zu erschließen" (Lamnek, 2005) und zu verstehen. So wird teilnehmende Beobachtung erst dann „sinnvoll, wenn die gemachten Aussagen und Verhaltensweisen so interpretiert werden, dass sie versteh- und nachvollziehbar sind" (Lamnek, 2005, S. 575). Das untersuchte soziale System wird nicht als „naturhaft-objektive" (Bonß, 1982, S. 44) Wirklichkeit, sondern gesellschaftlich-sozial konstruierte Welt betrachtet, die sich erst über die Interaktionsmuster und subjektiven (Wert-)vorstellungen der Subjekte erschließt. Die teilnehmende Beobachtung als wissenschaftlich-empirische Methode grenzt sich von der naiven Alltagsbeobachtung im Wesentlichen dadurch ab, dass sie eher „kognitiv-betrachtend und analytisch" (Lamnek, 2005, S. 552) als emotional-pragmatisch geprägt ist. Das durch die Methode angestrebte Sinn- bzw. Fremdverstehen soll methodisch kontrolliert erfolgen. Konkret bedeutet dies, dass die gemachten Beobachtungen vor allem einem bestimmten Forschungszweck dienen sowie systematisch geplant, erhoben und analysiert werden (Jahoda, Deutsch & Cook, 1966).

7.4.3.1 Beobachtungsform

Innerhalb der wissenschaftlichen Methode der teilnehmenden Beobachtung werden verschiedene Vorgehensweisen unterschieden, wobei zwischen strukturierter und unstrukturierter sowie offener und verdeckter Beobachtung unterschieden wird. Bei dem im vorliegenden Fall gewählten Vorgehen handelt es sich um die unstrukturierte, teilnehmende Beobachtung nach Girtler (1992). Die *unstrukturierte* Beobachtung folgt keinem a priori entwickelten Beobachtungsschema, sondern ist durch eine offene Haltung gegenüber dem Untersuchungsgegenstand gekennzeichnet. Sie erscheint für ein qualitativ orientiertes Forschungsvorhaben geeigneter, da der Prozess der Kategorien- und Hypothesenbildung im Sinne eines interpretativen Paradigmas[146] nicht vorab, sondern anhand des Datenmaterials erfolgt. Hypothesen können während des Forschungsprozesses erstellt, geprüft und durch weitere Beobachtungen modifiziert werden. So wird die in der qualitativen Sozial-

---

[146] Der Begriff des „interpretativen Paradigmas" (Wilson, 1982) beschreibt eine grundlagentheoretische Position in der qualitativen Sozialforschung, welche auch der vorliegenden Arbeit zugrunde liegt. Die soziale Realität wird hierbei als interpretativ konstruierte Wirklichkeit der handelnden Subjekte – und nicht als Resultat objektivierbarer Tatbestände – begriffen.

forschung unabdingbare Offenheit für unerwartete Ereignisse gewahrt. Es handelt sich um eine *offene* (im Gegensatz zu einer verdeckten) Beobachtung, wenn den zu beobachtenden Personen die Rolle und Zielsetzung des Forschenden bekannt ist. Im vorliegenden Fall wurde die teilnehmende Beobachtung offen durchgeführt. Die Offenlegung der Forschungsabsicht gegenüber den Organisationsmitgliedern legitimiert das Vorhaben, folgt forschungsethischen Standards und erleichtert die Aufzeichnung durch Mitschriften während des Prozesses.

7.4.3.2 Untersuchungsfeld und Zugang

Der Zugang zum Untersuchungsfeld Berufsfeuerwehr erfolgte über einen Beratungsauftrag zur Umsetzung von Betrieblicher Gesundheitsförderung. Obwohl vorab keine theoretischen Kategorien formuliert wurden, standen zunächst vor allem die sozialen Situationen im Projekt im Fokus des Interesses. Mit zunehmendem Feldzugang erweiterte sich der Blick der Verfasserin auf andere, außerhalb des Projekts stattfindende, soziale Situationen. Die Rolle der Verfasserin variierte zwischen den Anteilen „Beraterin" und „Forscherin". Hieraus ergab sich die Herausforderung, allen Rollenanteilen angemessen gerecht zu werden (siehe Kap. 7.6.2). Ansprechpartner war zunächst der für das Projekt zuständige Koordinator. Mit der Zeit entwickelten sich teilweise direkte Kontakte zu anderen beteiligten Akteuren, vor allem zu den Prozessbegleitern, sodass neben den formalen Projektsitzungen mit der Zeit zahlreiche natürliche und zwanglose Kommunikationssituationen entstanden. Das ernsthafte Bemühen, sich in die Situation der Feuerwehrleute hineinzuversetzen und die Bereitschaft, unvoreingenommen und allparteilich zu beraten, führte schnell zum Aufbau vertrauensvoller Kooperationsbeziehungen, welche über den Projektzeitraum hinaus bestehen. Die Möglichkeit zur Hospitation im Rahmen einer 24-Stunden Schicht (siehe Abb. 14) lieferte durch die Teilnahme am Gruppen- und Gemeinschaftsleben wertvolle Einblicke in den Wachalltag sowie in die innerbetrieblichen Abläufe, Hierarchien, Regeln und Strukturen.

7.4.3.3 Aufzeichnung der Beobachtungsdaten

Während des gesamten Zeitraums im Untersuchungsfeld wurden die erlebten sozialen Situationen, Interaktionen und Praktiken von der Beratergruppe in Protokollen festgehalten. Gegenstand der Protokolle waren insbesondere die Steuerungs- und Arbeitsgruppensitzungen, Treffen der Prozessbegleiter, Gespräche mit der Projektkoordination und der Fachbereichsleitung sowie Hospitationen während einer 24-Stunden Schicht. Die Protokollierung erfolgte in der Steuerungsgruppe meist während der Sitzung, während die anderen Situationen erst im Nachhinein, wenn möglich unmittelbar im Anschluss, festgehalten wurden. Insbesondere folgende Aspekte einer sozialen Situation wurden in Anlehnung an Girtler (1992) protokolliert:

a) an der sozialen Situation beteiligte Akteure,
b) Strategien zur Zielerreichung der jeweiligen Akteure,
c) Einfluss der äußeren Bedingungen oder Umgebung auf die Situation,
d) Situationsdeterminierende Normen bzw. Handlungszwänge,
e) Regelmäßigkeit der sozialen Situation,
f) Reaktionen oder Sanktionen, wenn ein Akteur den in einer Situation an ihn gerichteten Erwartungen *nicht* entspricht und
g) Unterschiede bzw. Widersprüche zwischen Behauptetem oder Getanem.

Diese Strukturierung war hilfreich, um die soziale Situation und die sich in ihr ereignenden Prozesse in ihren wesentlichen Inhalten und ihrer Dichte zu erfassen. Eine exakte Erfüllung des Schemas war – besonders in sehr komplexen sozialen Situationen – nicht in allen Fällen möglich. Neben den genannten Punkten wurde in der Regel ein Ergebnisprotokoll geführt, welches alle projektrelevanten Entscheidungen und Fotos der auf Flipcharts und Metaplanwänden festgehaltenen Notizen enthielt. Es diente in erster Linie als Gedankenstütze für die Projektbeteiligten.

Die im Rahmen des Forschungsprojekts geführten qualitativen Interviews dienten auch der Kontrolle der während der Phase der teilnehmenden Beobachtung gesammelten Erkenntnisse. Die Kombination aus teilnehmender Beobachtung und Überprüfung der Ergebnisse in den Interviews erlaubte der Verfasserin, sich dem handlungsdeterminierenden Alltagswissen der Akteure in der Berufsfeuerwehr, und somit der sozialen Wirklichkeit, schrittweise anzunähern. Diese Herangehensweise erwies sich keinesfalls als banal, sondern als „harter Job, der ein hohes Maß an sorgfältiger und ehrlicher Sondierung verlangt, kreative und doch disziplinierte Vorstellungskraft, Erfindungsgabe [...], ständiges Nachdenken über die Ergebnisse und die permanente Bereitschaft, die eigene Sichtweise und die Vorstellung über einen Bereich zu prüfen und abzuändern" (Blumer, 1979, S. 53 f.). Daher war es hilfreich, dass mehrere Personen aus der Beratergruppe an der Dokumentation der erlebten sozialen Situationen mitwirkten.

7.4.4 Schriftliche Dokumente

Ergänzend zu den bereits genannten Methoden der Datenerhebung erfolgte eine Sichtung und Analyse von schriftlichen Dokumenten, welche über den Projektzeitraum gesammelt wurden. Ziel war die nähere Erkundung der formalen Strukturen sowie Regeln und Normen (im Sinne einer *espoused theory*; Argyris &

Schön, 1978) der untersuchten Berufsfeuerwehr. Gesichtet wurden die im Projektzeitraum erschienenen Geschäftsberichte, Zeitungsartikel in der lokalen Presse, (Eigen-)Darstellungen in den sozialen Medien sowie Organigramme.

7.5 Datenauswertung

Die Auswertungsstrategie verfolgte das Ziel, die erhobenen Daten zu allgemeinen Erkenntnissen zu verdichten und analytisch zu abstrahieren. Das in Kap. 6 erarbeitete heuristische Rahmenmodell diente als sensibilisierendes Konzept (Blumer, 1954), welches die Verfasserin für die Wahrnehmung relevanter Daten sensibilisieren sollte, ohne jedoch die Relevanzsetzungen der befragten Akteure zu überblenden (Kelle & Kluge, 2010). Es dient als „empirisch gehaltlose" (Kelle & Kluge, 2010, S. 70) Theorie mittlerer Reichweite, welche auf einer abstrakten Ebene verbleibt und es ermöglicht, „empirische Sachverhalte theoretisch einzuordnen" (Kelle & Kluge, 2010, S. 62). Um eine Einengung der Erkenntnisse durch die verwendeten Kategorien[147] zu vermeiden, wurde auf eine offene Vorgehensweise und eine Sensibilität für theoretische Widersprüche geachtet. Demnach beschränkte sich das Vorgehen nicht auf die theoretisch sensibilisierte ex ante Festlegung von Auswertungskategorien. Vielmehr wurde ein Teil der Auswertungskategorien ad hoc aus dem Material abgeleitet, wenn entsprechende empirisch gehaltvolle Zusammenhänge vorlagen. Im Folgenden wird die gewählte Auswertungsstrategie näher beschrieben.

7.5.1 Thematisches Codieren

Die Auswertung der problemzentrierten Interviews aus beiden Phasen erfolgte in Anlehnung an die Methode des Thematischen Codierens[148] nach Hopf (u.a. Hopf et al., 1995). In zahlreichen Veröffentlichungen wird das Thematische Codieren meist ohne methodische Begründungen oder Vorgehensbeschreibungen im Sinne

---

[147] Eine Kategorie wird in diesem Rahmen verstanden als „Gruppe, in die jemand oder etwas eingeordnet wird" („Kategorie" auf Duden Online: http://www.duden.de/rechtschreibung/Kategorie [Zugriff am 01.08.2017]). Als Hilfsmittel der qualitativen Inhaltsanalyse dient sie der Kennzeichnung bzw. Klassifizierung von Inhalten. Im Folgenden werden in Anlehnung an Kuckartz (2016) die Begriffe „Kategorie" und „Code" synonym gebraucht als dass sie in der deutschen Forschungsliteratur austauschbar und uneinheitlich verwendet werden.
[148] Der Begriff des Codierens wird in Abhängigkeit der gewählten Analysemethode unterschiedlich verwendet. Während in der Grounded Theory (Glaser & Strauss, 1998) vornehmlich die Entwicklung von Kategorien gemeint ist, bezeichnet „Codieren" im vorliegenden Zusammenhang die „Zuordnung des Materials zu Auswertungskategorien" (Kuckartz, 2010, S. 91).

einer „Common-sense-Technik" (Kuckartz, 2010, S. 84) verwendet. Mit Blick auf die methodische Nachvollziehbarkeit und im Sinne eines wissenschaftlichen Vorgehens wird die Methode im Folgenden detailliert beschrieben und somit einer (kritischen) Reflexion zugänglich gemacht. Die Vorgehensweise der Datenauswertung gestaltet sich beim Thematischen Codieren explizit theorieorientiert. Dies bedeutet, dass sie – z.b. im Gegensatz zur Grounded Theory (Glaser & Strauss, 1998) – wesentlich mehr theoretisches Vorwissen erlaubt bzw. voraussetzt. Ziel ist die fallbezogene „Überprüfung und Weiterentwicklung einer als aussichtsreich eingeschätzten Theorie" (Kuckartz, 2010, S. 85). Die Wahl fiel auf die Methode des Thematischen Codierens, weil mit dem erarbeiteten heuristischen Rahmenmodell (Kap. 6.2) bereits theoretisches Vorwissen in Form eines Sensitizing Concept (Blumer, 1954, S. 7) vorliegt. Zudem stellt die von Hopf et al. (u.a. 1995) entwickelte Methode eine „explizite, gut ausgearbeitete und methodisch kontrollierte Form des thematischen Codierens" dar (Kuckartz, 2010, S. 85), welche in vielfältigen wissenschaftlichen Studien erprobt und reflektiert wurde (u.a. Hopf & Hartwig, 2001; Hopf & Hopf, 1997; Hopf, Nevermann & Schmidt, 1985; Hopf & Schmidt, 1993). Analog zur Grounded Theory werden alle Auswertungsschritte unmittelbar am Material vorgenommen. Dieses wird durch den Codierprozess nicht obsolet, sondern dient der Weiterentwicklung und Ausdifferenzierung von Kategorien im weiteren Auswertungsprozess. Die Methode gliedert sich in die Teilschritte „Entwicklung der Auswertungskategorien", „Konsensuelle Codierung des Datenmaterials", „Erstellung von vergleichenden Übersichten" und „vertiefende Analysen". Vor Beginn der Auswertung wurde das aus den Interviews gewonnene Audiomaterial zunächst vollständig transkribiert und zur computergestützten Analyse in das Softwareprogramm MAXQDA Version 12[149] importiert. Im Folgenden werden die konkrete Vorgehensweise bei der Vorbereitung der Interviewdaten und die Durchführung der vier Auswertungsphasen näher beschrieben.

---

[149] QDA („Qualitative Data Analysis") Software dient der computergestützten Analyse von qualitativen Daten, z.B. von Texten, Bildern oder Videos, indem sie die Interpretation und Auswertung des zu untersuchenden Materials durch verschiedene Codier-, Such- und Verknüpfungsfunktionen unterstützt. Die Verwendung von QDA-Software ist unabhängig von der gewählten Auswertungsmethode, wenngleich sich die Programme in ihren Auswertungsfunktionen unterscheiden und somit in Abhängigkeit des methodischen Ansatzes unterschiedlich gut geeignet sind. In der vorliegenden Untersuchung fiel die Wahl auf die Software MAXQDA, weil sie eines der im deutschsprachigen Raum am weitesten verbreiteten Programme ist (Kuckartz, 2010) und sie die gewählte Methode des Thematischen Codierens (Hopf et al., 1995) mit ihren zur Verfügung stehenden Funktionen gut unterstützt.

7.5.1.1 Vorbereitung der Interviewdaten

In einem ersten Schritt wurden die Audiodateien der Interviews wörtlich transkribiert. Die Verschriftlichung orientierte sich an den für die computergestützte Auswertung optimierten Transkriptionsregeln nach Kuckartz et al. (2007). Im Allgemeinen wurde auf die Transkription von sprachlichen Färbungen bzw. Dialekten verzichtet. Der Text wurde sprachlich leicht geglättet und somit an das Schriftdeutsch angepasst. Im Anschluss wurden alle personen- bzw. organisationsbezogenen Daten anonymisiert, indem die Namen der befragten und weiterer Personen durch ein eindeutiges Kürzel (z.B. „P14") ersetzt wurden.[150] Nach der Transkription wurde jedes Interview noch einmal angehört und auf Richtigkeit überprüft. Die transkribierten Texte wurde im .docx Format gespeichert und zur weiteren Auswertung in die QDA-Software importiert. Die bereits bei der Abhörung und Transkription entstandenen Auswertungsideen und Hypothesen wurden in Form von Memos in MAXQDA festgehalten.

7.5.1.2 Entwicklung der Auswertungskategorien

Ein Teil der Auswertungskategorien wurde bereits in Auseinandersetzung mit dem theoretischen Vorwissen abgeleitet. So wurden einzelne, grobe Kategorien wie z.b. „Regeln" oder „Gegenstand" in Anlehnung an das heuristische Rahmenmodell bereits vor der Datenerhebung festgelegt. Diese bildeten die Grundlage der Interviewleitfäden (siehe Anhang B) und sollten die Verfasserin für die Wahrnehmung relevanter Daten sensibilisieren, ohne jedoch die Relevanzsetzungen der Befragten zu überblenden (Kelle & Kluge, 2010). Im Zuge des weiteren Codierprozesses wurden die Kategorien in interpretativer Auseinandersetzung mit der empirischen Realität ausdifferenziert, verändert und weiterentwickelt sowie um induktiv abgeleitete Kategorien ergänzt. So differenzierte sich beispielsweise die Kategorie *Gemeinschaft* im weiteren Auswertungsprozess in folgende Ausprägungen:

- *Konflikte* (konfliktbehaftete Auseinandersetzungen)
- *Gruppenkohäsion* (emotionaler Zusammenhalt)
- *Diversität* (Unterschiedlichkeit der Erfahrungshintergründe der Gruppenmitglieder)
- *Zielorientierung* (Ausrichtung der Gruppenaktivitäten an den Projektzielen)

Aufgrund der Erfahrungen aus den ersten Interviews wurden die auf diese Weise differenzierten Kategorien in einen vorläufigen Codierleitfaden (Hopf et al.,

---

[150] Für eine detailliertere Schilderung der verwendeten Transkriptionsregeln siehe Kuckartz et al. (2007, S. 27).

1995) integriert. In einem nächsten Schritt erfolgte eine moderierte, diskursive Überprüfung der Anwendbarkeit der Kategorien in der Beratergruppe, welche in einer Überarbeitung und der Erstellung eines finalen Codierleitfadens resultierte.

7.5.1.3 Konsensuelle Codierung des Datenmaterials

Mithilfe des finalen Codierleitfadens erfolgte die Auswertung aller geführten Interviews. Hierfür wurden die entwickelten Auswertungskategorien in MAXQDA zunächst als Codes bzw. Subcodes (Haupt- und Unterkategorien / Ausprägungen) definiert. Die inhaltlichen Beschreibungen der Codes und Subcodes wurden als Code-Memos gespeichert. Textpassagen, die (explizite oder implizite) Informationen zu den Kategorien enthielten, wurden den entsprechenden Codes und Subcodes zugewiesen. Zur Überprüfung der Güte der Codierungen (siehe Kap. 7.3.1) wurden die Interviewtexte von jeweils zwei Mitgliedern der Beratergruppe sowie weiteren ausgewählte Expert/-innen mit dem gleichen Codierleitfaden unabhängig voneinander codiert.[151] Dabei wurden auch Fragen und Probleme bei der Codierung festgehalten. Die Einzelinterpretationen wurden anschließend in der Gruppe verglichen und Differenzen mit dem Ziel der Konsensfindung diskutiert. Bei Uneinigkeit wurde eine zuvor nominierte dritte Person (Supervisor/-in) herangezogen, welche nach Anhörung der Beteiligten bestimmte, welche Codierung vorgenommen werden sollte. Teilweise wurden daraufhin die Kategoriendefinitionen angepasst und optimiert.

7.5.1.4 Erstellung von vergleichenden Übersichten

Als nächstes erfolgte die Erstellung von tabellarischen Übersichten zum Vergleich der Merkmalskonstellationen ausgewählter Kategorien. Gegenstand des Vergleiches bildeten hierbei die Tätigkeitssysteme und ihre Elemente als Einheiten bzw. Untereinheiten der Fallstudie. Die vergleichenden Darstellungen dienten der Herstellung von Transparenz und der Offenlegung der Materialbasis, welche auf diese Weise einer intersubjektiven Überprüfung zugänglich gemacht wird (Schmidt, 1997). Ein weiteres Ziel dieses Arbeitsschrittes bestand darin, (unbewussten) selektiven Wahrnehmungen und kognitiven Verzerrungen durch eine (Neu-)zusammenstellung von Informationen vorzubeugen. Zudem sollte die Auf-

---

[151] Ein solches Verfahren wird in der Literatur auch als „konsensuelles Codieren" (Hopf & Schmidt, 1993, S. 61) oder „subjective assessment" (Guest, MacQueen & Namey, 2012, S. 89) bezeichnet. Der Anspruch auf Übereinstimmung bezieht sich stets auf die *Anwendung* der Codes und *nicht* auf den Codierleitfaden selbst, welcher auf den Konstruktionen, dem Vorwissen sowie den Erfahrungen und Weltanschauungen der Erstellenden beruht und für den daher keine perfekte Übereinstimmung zu erwarten ist (Kuckartz, 2016).

merksamkeit der Verfasserin auf bisher noch nicht bedachte Zusammenhänge, Widersprüche oder Ausreißer gelenkt werden. Die Übersichten bildeten die Basis für eine begründete Auswahl einzelner Tätigkeitssysteme für die sich anschließende vertiefende Analyse.

7.5.1.5 Vertiefende Analysen

Auf Grundlage der im vorangehenden Arbeitsschritt getroffenen Auswahl wurden im Folgenden einzelne interessierende Tätigkeitssysteme für eine vertiefende Interpretation der gefundenen Ergebnisse aufbereitet. Dabei wurden auch solche Tätigkeitssysteme bewusst berücksichtigt, deren Merkmalskonstellationen im scheinbaren Widerspruch zu den anhand des restlichen Materials gewonnenen Erkenntnissen standen (Schmidt, 1997). Der Schwerpunkt lag auf der fokussierten Beantwortung der Forschungsfragen durch die Aufstellung und textnahe Überprüfung von Hypothesen. Ziel war es, die gefundenen Ergebnisse unter Bezugnahme auf den Interviewtext für Außenstehende nachvollziehbar und verständlich zu machen. Die vertiefenden Analysen wurden auf die Erkenntnisse aus der Soziometrie sowie auf weitere, im Projektverlauf gesammelte Daten (z.b. Protokolle, Arbeitsergebnisse) bezogen, bis ein konsistentes Gesamtbild entstand.

7.5.2 Soziale Netzwerkanalyse

Die Auswertung und Interpretation der in den Interviews gewonnenen Daten zur Identifikation und Beschreibung der Tätigkeitssysteme erfolgte mit qualitativen und quantitativen Methoden der sozialen Netzwerkanalyse. Hierbei handelt es sich um eine bestimmte „Form der Aufbereitung und Analyse von Daten über Personen oder Organisationen und ihre Beziehungen" (Rürup et al., 2015, S. 19). Ziel dieses Analyseschritts war die Erstellung einer vorläufigen phänomenologischen Skizze der einzelnen Tätigkeitssysteme und ihren Relationen zu anderen Tätigkeitssystemen (Engeström, 1987, 2001). Zunächst wurden die Netzwerkkarten visuell ausgewertet (Kap. 7.5.2.1) und um relevante Informationen aus den Interviewtranskripten ergänzt (Kap. 7.5.2.2). Anhand der relationalen Daten aus den Interviewtranskripten wurde das Gesamtnetzwerk der sozialen Beziehungen grafisch rekonstruiert und statistisch ausgewertet (Kap. 7.5.2.3).

7.5.2.1 Visuelle Auswertung der Netzwerkkarten

Eine erste Annäherung an die Beschaffenheit und Struktur der Tätigkeitssysteme wurde durch die Sichtung der im Interview erstellten Netzwerkkarten erreicht. Hierzu wurden die Netzwerkkarten im Hinblick auf ihr Gesamtbild sowie die Art und Anzahl der sozialen Beziehungen (z.b. hierarchieübergreifend – kollegial; eingebunden – isoliert; abteilungsübergreifend – lokal; unterstützend – bremsend; homogen – heterogen; sternförmig – kreisförmig) vergleichend analysiert. Wiederkehrende Darstellungsmuster wurden in Anlehnung an die Arbeiten von Keupp et al. (2001) und Hollstein (2002) zu Typen zusammengefasst. Die Netzwerkkarten wurden jeweils von der Verfasserin und einer weiteren Person der Beratergruppe unabhängig voneinander ausgewertet. Die Einzelinterpretationen wurden anschließend verglichen und Differenzen mit dem Ziel der Konsensfindung diskutiert. Nach Straus (2002) sollten diese „Interpretationen aber nicht überbewertet werden. Sie [...] sind nur Hypothesen generierende Hinweise, die zusätzlicher Validierung durch das Transkript bedürfen" (S. 252).

7.5.2.2 Inhaltliche Analyse der Interviewtranskripte

Im nächsten Auswertungsschritt wurden die aus den Netzwerkkarten generierten Hypothesen und Fragestellungen um relevante Informationen aus den Interviewtranskripten ergänzt. Die Auswertung der Interviewtranskripte orientierte sich an den Forschungsfragen. Sie erfolgte im Rahmen der in Kap. 7.5.1 beschriebenen thematischen Codierung und wird daher an dieser Stelle nicht weiter vertieft. Die Netzwerkkarte diente als „wichtige Interpretationsunterstützung" (Straus, 2002, S. 243), um die im Interview genannten Informationen besser verorten zu können. In Anlehnung an die Auswertungsstrategie der Studie von Hollstein (2002) wurden die Netzwerkkarten während des Auswertungsprozesses selbst noch einmal bearbeitet und um neue Informationen (z.b. Qualität der Beziehung, Kooperationsformen, Differenzen und Konflikte etc.) ergänzt. Vermerkt wurden zudem Informationen zur Anzahl der Mitglieder pro Arbeitsgruppe, Anzahl der Außenkontakte, Zusammensetzung der Gruppe sowie zu Konflikten und weiteren zentralen Themen. Auf Grundlage der gewonnenen Erkenntnisse wurden die betrachteten Netzwerke zu Tätigkeitssystemen zusammengefasst und in Bezug auf ihre Grundmuster des Lernens kategorisiert.

7.5.2.3 Rekonstruktion und Analyse des Gesamtnetzwerks

Abschließend wurden die in den Interviews erhobenen sozialen Beziehungen zwischen den Akteuren im Projekt mithilfe der Software Gephi[©152] zu einem Gesamtnetzwerk verknüpft und grafisch dargestellt. Hierfür wurden die in den Inter-

---

[152] Hierbei handelt es sich um ein javabasiertes Open-Source Programm zur Netzwerkanalyse. Neben der grafischen Analyse von Netzwerken ermöglicht es die Berechnung einschlägiger Netzwerkparameter wie z.b. Netzwerkdichte, Betweenness-Zentralität und Clusterkoeffizienten. Verwendet wurde Version 0.9.1. (2016), verfügbar unter https://gephi.org/.

views benannten Personen zunächst in eine Datenmatrix übertragen. Zur visuellen Erleichterung der Auswertung erhielten die in den Interviews benannten Akteure in MAXQDA jeweils einen eigenen Code (Person A; Person B; ...).

		Empfänger				
		Simon	Tino	David	Finn	Lutz
Sender	Simon					
	Tino					
	David					
	Finn					
	Lutz					

Tab. 4: *Datenmatrix zur Analyse des Gesamtnetzwerks*

Jede Zelle der Datenmatrix steht für die Beziehung zwischen zwei Personen. Jede Person kommt in der Datenmatrix als Sender und Empfänger vor. Die Zeilen beschreiben die Beziehungen der Sender, während in den Spalten die Beziehungen der Empfänger eingetragen werden. Im Folgenden wurden die in den Interviews beschriebenen Interaktionen mithilfe der Interviewtranskripte ausgewertet, codiert und in die Datenmatrix übertragen. Dieser Auswertungsschritt war Teil der oben beschriebenen thematischen Codierung (siehe Kap. 7.5.1) und wurde dementsprechend ebenfalls von zwei Personen vorgenommen. Beispielsweise wurde die Aussage[153]...

> *Aus der Arbeitsgruppe resultierte eine kleine Projektarbeitsgruppe, um diese Software herzustellen und einzuführen. Wir brauchten einen, der damals die Kontakte zum Chef [Simon] hatte. Das war Tino, der halt auch schon einen Arbeitsauftrag hatte, einen Terminkalender zu bauen. David hatte Ahnung von EDV und konnte die Ideen von Finn in Software umsetzen. Und ich [Lutz] war für die Projektierung verantwortlich. Da hatte jeder seine Rolle und das hat auch ganz gut geklappt. Zu viert haben wir das Ganze eingeführt.*

---

[153] Die Namen der genannten Personen wurden geändert und sind fiktiv.

... folgendermaßen dargestellt:

		Empfänger				
		Simon	Tino	David	Finn	Lutz
Sender	Simon	--	1	0	0	0
	Tino	1	--	1	1	1
	David	0	1	--	1	1
	Finn	0	1	1	--	1
	Lutz	0	1	1	1	--

Tab. 5: *Datenmatrix (dichotome Daten)*

In der obenstehenden Datenmatrix wurde eine vorhandene Beziehung mit „1", eine nicht vorhandene Beziehung mit „0" codiert. Es handelt sich um eine symmetrische Datenmatrix mit ungerichteten Beziehungen – dies bedeutet, dass davon ausgegangen wird, dass zwei Personen im Sinne eines reziproken Austauschs *miteinander* kommunizieren.[154] Dem Interviewzitat ist zu entnehmen, dass Tino als einzige Person Kontakt zu Simon hat. Dementsprechend ist die vorhandene Beziehung zwischen Simon und Tino bzw. Tino und Simon mit einer „1" versehen, während die Beziehungen von David, Finn und Lutz zu Simon (und umgekehrt) nicht vorhanden sind und dementsprechend mit „0" codiert wurden. Die Aussage *„Zu viert haben wir das Ganze eingeführt"* verdeutlicht, dass innerhalb der Projektarbeitsgruppe ein Austausch oder gar Kooperation stattgefunden hat. Entsprechend wurden die Beziehungen zwischen David, Finn und Lutz mit einer „1" versehen. Belege für die Annahme einer Kooperationsbeziehung innerhalb der Projektarbeitsgruppe finden sich auch in weiteren Aussagen. Im Folgenden wurden auch die weiteren Aussagen in den Interviewtranskripten codiert und in der Datenmatrix ergänzt:

Beispiel: *„Finn habe ich [Lutz] direkt angesprochen, weil ich gesagt habe, ich brauche noch irgendeinen in der Arbeitsgruppe, mit dem man konstruktiv reden kann. Den habe ich bewusst reingeholt."*

---

[154] Um eine „gerichtete Beziehung" würde es sich beispielsweise handeln, wenn eine Person die andere um Rat fragt, umgekehrt aber kein Rat eingeholt wird.

7 Fallstudie

Die Aussage verdeutlicht, dass die Beziehung zwischen Finn und Lutz offenbar auch in mindestens einem weiteren Zusammenhang vorhanden ist. In der Datenmatrix wird dies mit einer zusätzlichen „1" vermerkt:

		Empfänger				
		Simon	Tino	David	Finn	Lutz
Sender	Simon	--	1	0	0	0
	Tino	1	--	1	1	1
	David	0	1	--	1	1
	Finn	0	1	1	--	2
	Lutz	0	1	1	2	--

Tab. 6: *Ergänzte Datenmatrix (Beziehungsstärke)*

Die Beziehung zwischen Finn und Lutz erhält demnach eine „2" und unterscheidet sich folglich in ihrer Gewichtung von den anderen Beziehungen innerhalb der Projektgruppe. In der auf diese Weise ergänzten Datenmatrix zeigen die Zellenwerte die Anzahl der Kooperationsbeziehungen im Rahmen des Projekts an. Sie können als Stärke der Beziehung interpretiert werden (Rürup et al., 2015). Grafisch lässt sich das Netzwerk als Soziogramm[155] darstellen:

---

[155] Die grafische Darstellung von Beziehungsnetzwerken geht auf die Arbeiten von Moreno (1934, 1996) zurück. Hierbei werden die Akteure als Punkte (*Nodes*) und die zwischen ihnen bestehenden Beziehungen als Linien visualisiert. Ungerichtete Beziehungen werden als Kanten (*Edges*), gerichtete Beziehungen als Pfeile (*Arcs*) bezeichnet. Die Stärke der Verbindung zwischen Akteuren repräsentiert die Stärke der Beziehung (z.B. Intensität, Ausmaß des Ressourcentransfers, Kontakthäufigkeit, Wichtigkeit) (Jansen, 2006). Die Anordnung der Punkte ist im Soziogramm nicht festgelegt, sodass ein und dasselbe Netzwerk unterschiedlich visualisiert werden kann. Häufig werden zentrale Akteure mit vielen Beziehungen für eine bessere Übersichtlichkeit in der Mitte angeordnet (Jansen, 2006).

7 Fallstudie

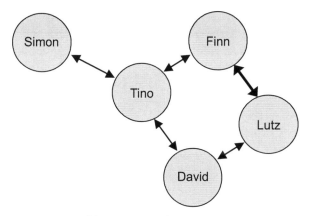

Abb. 26: *Beispielsoziogramm*

Auch wenn Soziogramm und Datenmatrix den gleichen Sachverhalt darstellen, fällt eine grafische Interpretation meist leichter (Jansen, 2006). Daher wurden die aggregierten Daten anschließend in Gephi© importiert und visualisiert.[156] Die auf diese Weise entstandene Annäherung an die einzelnen Tätigkeitssysteme und ihre Relationen illustriert sowohl die *Stärke und Reziprozität der sozialen Beziehungen* als auch die *Dichte* des Netzwerks sowie die *Netzwerkpositionen* einzelner Akteure (Gatekeeper, Broker, ...). Zur Unterstützung der Auswertung wurden in Gephi© die Netzwerkdichte sowie verschiedene Zentralitätsmaße (Degree-, Closeness- und Betweenness-Zentralität einzelner Akteure) berechnet.

7.5.3 Aufbereitung von Beobachtungsprotokollen

Die Phase der Analyse und Re-Analyse der im Verlauf des Projekts gewonnenen Felddaten verlief bereits während des Forschungsprozesses und orientierte sich an dem Vorgehen von Girtler (1992). In einem ersten Schritt wurden die in den Beobachtungsprotokollen dokumentierten Situationen auf Regeln und Regelmäßigkeiten untersucht. Anschließend wurde anhand weiterer Erfahrungen aus dem Feld geprüft, ob die entdeckten Konzepte typischen sozialen Regeln und Strukturen des untersuchten organisationalen Kontextes entsprechen. Auf diese Weise wurden Hypothesen erstellt, geprüft und durch weitere Beobachtungen modifiziert. Theoretische Bezüge wurden bereits während der Erhebungsphase hergestellt und

---

[156] Die Visualisierung erfolgte unter Verwendung des Force Atlas 2 Algorithmus (Einstellungen: Prevent Overlap; Edge Weight Influence = 1.0; Scaling = 50; Gravity = 1.0; Nodes' size = 20).

"durch intensive Prüfung in der empirischen Welt identifiziert" (Girtler, 1992, S. 148). Ergänzend wurden auch die mit den einzelnen Personen geführten problemzentrierten Interviews hinzugezogen und mit den Erkenntnissen aus der teilnehmenden Beobachtung verknüpft. Die Erkenntnisse wurden während der Treffen der Beratergruppe über den Projektzeitraum reflektiert und unter Einbeziehung entsprechender theoretischer Konzepte diskutiert. In einem letzten Schritt wurden die gesammelten Daten und Hypothesen aufeinander bezogen, um „das Sozialsystem als Ganzes" (Girtler, 1992, S. 145) zu erfassen.

7.5.4 Auswertung schriftlicher Dokumente

Ziel dieses Auswertungsschrittes war es, mehr über die formalen Strukturen sowie Regeln und Normen (im Sinne einer *espoused theory*; Argyris & Schön, 1978) in der untersuchten Berufsfeuerwehr zu erfahren. Gegenstand der Analyse waren Geschäftsberichte, Zeitungsartikel in der lokalen Presse, Darstellungen in den sozialen Medien sowie Organigramme. Auch in diesem Fall erfolgte die Auswertung der Dokumente ohne a priori formulierte theoretische Kategorien. Analog zu der inhaltsanalytischen Auswertung der problemzentrierten Interviews wurden zunächst übergeordnete Themen induktiv aus dem Material abgeleitet und im laufenden Prozess weiter ausdifferenziert. Die gefundenen Ergebnisse dienten in erster Linie der Überprüfung der aus den Interviews und der teilnehmenden Beobachtung gewonnenen Erkenntnisse, lieferten aber auch ihrerseits neue Impulse.

7.6 Reflexion des Forschungsprozesses

Abschließend soll der beschriebene Forschungsprozess einer kritischen Betrachtung unterzogen werden. Eine solche Reflexion erscheint notwendig, um mögliche ergebnisverzerrende Effekte bei der Datenerhebung und -auswertung zu identifizieren. Für die Gewinnung valider Daten erscheint weiterhin die Auseinandersetzung mit der eigenen Rolle als Forscherin und Projektbegleiterin im Sinne einer reflektierten Subjektivität wichtig. Hierzu gehört es, die eigene Rolle als Subjekt und Teil des untersuchten sozialen Kontexts methodisch zu reflektieren und mögliche Niederschläge von Subjektivität aufzuzeigen (Steinke, 2000).

7.6.1 Reflexion der Datenerhebung und -auswertung

Mit einer Teilnahmequote von 100 % in der ersten Interviewphase und 91,7 % in der zweiten Interviewphase nahmen die meisten der von der Verfasserin ausgewählten Personen an der Erhebung teil. Die etwas geringere *Teilnahmebereitschaft* in der zweiten Interviewphase lässt sich darauf zurückführen, dass auch Personen angefragt wurden, die nicht direkt mit dem Projekt zu tun hatten oder dieses sogar boykottierten. Insbesondere Personen der letztgenannten Gruppe waren nicht in jedem Fall bereit, an einem Interview teilzunehmen. Dies führte dazu, dass nicht immer Informationen aus erster Hand vorlagen, sondern nur die Sichtweisen der anderen Beteiligten (vor allem der Prozessbegleiter) erhoben werden konnten. In einem Fall hatte die Verfasserin Zweifel an der Freiwilligkeit des Interviewten, da dieser erwähnte „vom Koordinator zur Teilnahme gezwungen worden zu sein". Trotz des erneuten Hinweises auf die Freiwilligkeit und Anonymität als Teilnahmevoraussetzungen entschied sich die Person für ein Interview. Im Interview selbst konnte sich die Person kaum noch an das Projekt und die Arbeit in der Projektgruppe erinnern, sodass sich der anfängliche Widerstand in Bezug auf die Teilnahme an der Studie vermutlich in passiv-verbaler Form im Interview manifestierte.

Die Erhebung sozialer Strukturen und Prozesse erfordert eine Beurteilung kollegialer Beziehungen mit Personen, die unter Umständen bis ins Rentenalter präsent sind. Sie setzt daher – insbesondere in einer Organisation wie der Berufsfeuerwehr, in der Kollegialität überlebenswichtig sein kann – viel *Vertrauen* gegenüber der Verfasserin voraus. Dass dies in den meisten Fällen gegeben war, zeigt sich an den freien Äußerungen der Interviewten. Auffällig ist jedoch, dass hierarchieübergreifende Beziehungen häufig eher kritisch gesehen wurden, während die Bewertung auf kollegialer Ebene tendenziell positiv-indifferent ausfiel. So lautete eine häufige Antwort auf die Frage, welche Personen für die Arbeitsgruppe besonders wichtig waren: „Alle!". Unter Umständen ist die auf diese Weise demonstrierte Loyalität gegenüber den Kolleg/-innen (auch) auf den hohen Wert von Kameradschaft und Zusammenhalt in der Feuerwehr zurückzuführen. Bei weiteren konkretisierenden Nachfragen konnte in der Regel herausgearbeitet werden, wer in der Gruppe welchen Beitrag geleistet hatte. Einige Teilnehmende wirkten zu Beginn des Interviews aufgeregt (oder teilten dies der Verfasserin mit). Die anfängliche Nervosität legte sich in der Regel nach wenigen Minuten und stellte daher kein nennenswertes Problem dar.

Die Arbeit mit der *Netzwerkkarte* erwies sich – wie erhofft – als Stimulus für den weiteren Austausch über die Kommunikations- und Kooperationsbeziehungen im Projekt. Gemäß den bisherigen Erfahrungen mit dem Instrument (u.a. Straus, 2002) boten die Kärtchen den Teilnehmenden eine gute Möglichkeit, sich über Akteure und Themen zu kommentieren. Die meisten Interviewten konnten die Methode problemlos umsetzen. Bei einigen Interviewten war zu beobachten, dass sie die Kärtchen während des Interviews ständig hin- und herschoben. Vermutlich diente die Karte in diesen Fällen der Strukturierung der eigenen Gedanken und Erinnerungen. Die Aufforderung, die Kärtchen auf dem Tisch anzuordnen, konnte von einigen Interviewten gut ausgeführt werden, anderen fiel sie jedoch ungleich schwerer. Dies hat Auswirkungen auf die Interpretation der Netzwerkkarten, welche nur mit großer Vorsicht vorgenommen wurde.

Die *Rahmenbedingungen* für die Interviews in den Räumlichkeiten der Berufsfeuerwehr variierten stark und entsprachen nicht immer den Anforderungen der Verfasserin. Aufgrund der knappen Raumsituation wurden einige Interviews in Zweierbüros geführt. Obwohl die Teilnehmenden vor Interviewbeginn ausdrücklich gefragt wurden, ob sie das Interview in Anwesenheit der Kolleg/-innen führen wollten (was in jedem Fall bejaht wurde), könnte diese Situation zu einer Verzerrung der Aussagen geführt haben. In einem Fall wies die interviewte Person im Anschluss des Interviews darauf hin, dass die Anwesenheit eines Kollegen ihre Antworten im Interview beeinflusst habe. Die Auskunft auf die Nachfrage, welche Antworten unterschiedlich ausgefallen wären, wurde im Postscript festgehalten und in der Auswertung berücksichtigt. Oft kam es vor, dass der Interviewfluss durch das Ertönen des Alarms oder des Ausrufs von Personen über Lautsprecher unterbrochen wurde. Diese Störungen irritierten jedoch eher die Verfasserin als die interviewten Personen, welche die Durchsagen und Alarme gewöhnt waren und diese meist völlig ausblenden konnten.

Die Beantwortung der gestellten Fragen fiel den Teilnehmenden unterschiedlich schwer bzw. leicht. So konnten die anfänglichen Fragen zur Berufsbiografie und die abschließenden allgemeinen Fragen zu den Auswirkungen des Projekts ohne Probleme beantwortet werden. Die spezifischeren Fragen zu den Prozessen in den Arbeits-, Steuerungs- und Prozessbegleitergruppen bereiteten jedoch vielen Interviewten Schwierigkeiten. Unter Umständen spielt hier die *Retrospektivität* der erhobenen Daten eine nicht zu unterschätzende Rolle. Für die Rekonstruktion der interessierenden Prozesse anhand retrospektiv gewonnener Daten ist zu beachten, dass die Gültigkeit und Zuverlässigkeit der Antworten durch Erinnerungslücken oder -verzerrungen beeinträchtigt sein könnte. Eventuell haben die Beteiligten zurückliegende Ereignisse vergessen, fehlerhaft erinnert, verdrängt oder im Nachhinein beschönigt. Zum Zeitpunkt der Befragung lag die Hauptphase der Arbeitsgruppen schon über ein Jahr zurück, sodass die Rekonstruktion konkreter Ereignisse oder Verläufe teilweise schwer fiel. Dies war insofern ein Problem, als dass gerade die „Art und Weise, wie man mit ‚Irrwegen' und der Vielfalt anderer Möglichkeiten und Interpretationsweisen umgegangen ist und sich durch diese verändert hat, in der Art wie man Schwierigkeiten bewältigt und Unstimmigkeiten beigelegt hat" (Manger, 2006, S. 229) Aufschluss über die Transformation eines Tätigkeitssystems gibt. Zur Verbesserung der Validität der retrospektiv gewonnenen Interviewdaten wurden den Interviewten daher bei Bedarf die über den Verlauf des Projekts erstellten Protokolle und Notizen der Arbeitsgruppen als Erinnerungsstützen vorgelegt. Zudem wurden die Interviews in den Räumlichkeiten der Berufsfeuerwehr durchgeführt, um die Erinnerung an die dort stattgefundenen Ereignisse zu erleichtern. Außerdem wurde versucht, die Erinnerung an bestimmte Ereignisabfolgen durch die Aufforderung zu detaillierten Schilderungen (Schütze, 1983) anzuregen. Darüber hinaus wurde versucht, die Sichtweisen mehrerer Personen auf bestimmte Ereignisse zu erheben und dadurch eventuelle Erinnerungslücken auszugleichen. Die Protokolle der teilnehmenden Beobachtung durch die Beratergruppe stellten an dieser Stelle eine wichtige Ergänzung dar. Allerdings lagen nicht für alle Arbeitsgruppensitzungen dokumentierte Beobachtungen vor. Hier wäre eine kontinuierlichere Begleitung wünschenswert gewesen. Die Retrospektivität der erhobenen Ereignisse könnte auch die Wahrnehmung und Interpretation der Verfasserin selektiv beeinflusst haben. Gerade wenn die Ergebnisse aus den Arbeitsgruppen als „Ausgang der Geschichte" (Manger, 2006, S. 228) bekannt sind, besteht unter Umständen die Tendenz, unternommene Lösungsversuche als intentional zu bewerten und umgekehrt den Einfluss von Zufällen zu unterschätzen. Zudem erscheint es problematisch, den Erfolg bzw. die Ergebnisse einer Arbeitsgruppe als Kriterium für die Manifestation organisationalen Gesundheitslernens heranzuziehen. Eine (in diesem Fall zirkuläre) Erklärung von Erfolg unter Rekurs auf Lernen vernachlässigt den Zufall (Ortmann, 2014).

Weitere mögliche Wahrnehmungsfehler resultieren aus der teilnehmenden Beobachtung (u.a. Atteslander, 2010). Hier ist „keine noch so objektiv gemeinte Deskription sozialer Tatbestände frei von selektiven Vorverständnissen, Vorurteilen oder Annahmen über das Feld" (Friedrichs & Lüdtke, 1973, S. 15). Persönliche Vorstellungen, Einstellungen, Sympathien und Antipathien lassen sich nicht vollständig ausblenden. Erschwerend hinzu kam die Tatsache, dass es sich bei den Beobachtungsprotokollen in der Regel nicht um wörtliche Mitschriften handelte (Lamnek, 2005). Sich möglicher Verzerrungen durch selektive Wahrnehmungen bewusst zu werden und diese zu reflektieren, ist hingegen ein Merkmal professioneller Tätigkeit. Daher wurde versucht, eventuelle Wahrnehmungsverzerrungen durch teilnehmende Beobachtung und Reflexion in der Beratergruppe auszugleichen, wenngleich sich diese nicht vollständig ausschalten lassen.[157]

---

[157] Bedenkenswert ist auch das Argument von Dechmann (1984), dass es keine objektive, vorurteilsfreie Beobachtung geben kann und die Vorinformationen des Beobachtenden sogar eine wichtige Grundlage der Interpretation und Auswertung darstellen.

Hinzu kommt die Schwierigkeit, erfolgsgebundenes Verhalten im Nachhinein als solches zu erkennen. Wenn Lernprozesse auf eine pfadabhängige Verkettung einzelner kleiner Ereignisse und Verhaltensweisen zurückzuführen sind, sind sie auch für die Betroffenen meist nicht zurückführbar. Fragen wie *„Welche Aha-Erlebnisse gab es in der Arbeitsgruppe?"*, *„Wie haben sich aus deiner Sicht die anderen Mitglieder der Arbeitsgruppe im Laufe des Projekts entwickelt?"* oder *„In welchen Situationen hast du selbst dazugelernt?"*[158] konnten selbst von sehr reflektierten Personen kaum beantwortet werden, sodass diese im weiteren Verlauf der Interviews weggelassen wurden. Auch hier stellten die Beobachtungen der Beratergruppe zu den Lern- und Entwicklungsprozessen innerhalb des Tätigkeitssystems eine unverzichtbare Ergänzung dar.

Das *konsensuelle Codieren* (Hopf et al., 1995) der Interviewtranskripte erwies sich teilweise als zeitintensiv und mühevoll. Dies war insbesondere der Fall, wenn eine dritte Person zur Supervision hinzugezogen wurde. Gleichzeitig erwies sich der Austausch der Argumentationen für oder gegen eine bestimmte Kategorie aber auch als erkenntnisreich und führte in vielen Fällen zu einer Optimierung des Codierleitfadens. Als hilfreich erwies sich das konsensuelle Codieren auch bei der Übertragung der im Interview (nicht immer eindeutig) dargestellten Kooperations- und Kommunikationsbeziehungen in die Datenmatrix. Mit der Zeit erwuchs eine gewisse Routine, welche sinnvollerweise durch einen Wechsel der Codierenden unterbrochen wurde.

Die *Triangulation* der Forschungsmethoden erwies sich – insbesondere bei der Erhebung von informellen Lern- und Entwicklungsprozessen und der Rekonstruktion bedeutsamer sozialer Situationen im Projektverlauf – als sinnvolle Strategie. Die Integration unterschiedlicher Perspektiven und „Facetten der Realität" (Franke & Wald, 2006, S. 162) ermöglichte eine insgesamt komplexere Darstellung und Erklärung der beobachteten Entwicklungsprozesse. Auf der anderen Seite erwies sich der Einsatz unterschiedlicher Methoden und Auswertungsverfahren als deutlich aufwändiger und zeitintensiver, daher sollte die Triangulation von Verfahren kein Selbstzweck sein. Sie setzt eine präzise Planung voraus (Franke & Wald, 2006). Die *kommunikative Validierung* (Heinze & Thiemann, 1982) zur Absicherung der Erkenntnisse im Forschungsprojekt erwies sich als hilfreich, nicht zuletzt um „wichtige Argumente zur Relevanz der Ergebnisse [zu] gewinnen" (Mayring, 1999, S. 121).

---

[158] Häufig wurde diese Frage im Sinne einer „formalen" Lernerfahrung im schulischen Setting interpretiert und im Hinblick auf die Lernerfahrungen aus der angebotenen Prozessbegleiterschulung beantwortet.

7.6.2 Rollenkonflikte

Die vorliegende Studie beschreibt ein Projekt partizipativer Organisationsforschung.[159] Eine besondere methodische Herausforderung ergibt sich aus dem Umgang mit den verschiedenen Rollen, welche die Verfasserin im Laufe des Forschungsprojekts einnahm. In der qualitativen Forschung stellt die *Subjektivität* des Forschenden ein notwendiges Medium für die Konstituierung des Gegenstands und die Theoriebildung dar. Sie wird in den Forschungsprozess einbezogen: „Objektivität entsteht aus der Subjektivität durch den Prozess der Analyse" (Kleining, 1982, S. 246).[160] „In der qualitativen Forschung spielt die Subjektivität von Forschenden und Beforschten eine wichtige Rolle im Erkenntnisprozess und kann nicht eliminiert werden" (Legewie, 2017, S. 7). „Deshalb entsteht Objektivität im qualitativen Paradigma eben nicht durch die Ausblendung der Subjektivität, sondern durch deren Berücksichtigung" (Lamnek, 2005, S. 254). Vor diesem Hintergrund erscheint es wichtig, die „konstituierende Rolle der Subjektivität der Forscher[in] für die Theoriebildung" (Steinke, 1999, S. 231) zu reflektieren.

Insbesondere im Rahmen der teilnehmenden Beobachtung wurde die Verfasserin selbst zum Erhebungs- und Wahrnehmungsinstrument. Ihre Aufgabe bestand darin, den Forschungsgegenstand „möglichst weitgehend zu verstehen, d.h. von innen kennenzulernen, und das Verstandene anderen mitzuteilen und für sie überprüfbar zu machen" (Gerdes & von Wolffersdorff-Ehlert, 1974, S. 29). Einerseits soll der Untersuchungsgegenstand „durch die Augen des Handelnden gesehen werden" (Wilson, 1973, S. 62). Der Forschende soll sich möglichst mit der untersuchten Welt identifizieren, um sie angemessen verstehen zu können. Andererseits geht es darum, den Untersuchungsgegenstand reflektiert und neutral zu beobachten, was eine gewisse Distanz zum Forschungsfeld erfordert. Das methodologische Problem liegt im Dilemma der Unvereinbarkeit von *Identifikation und Distanz*. Die Frage nach dem richtigen Verhältnis von Identifikation und Distanz ist allerdings „weder abstrakt, noch allgemein, noch gegenstandsbezogen zu beantworten" (Lamnek, 2005, S. 638). Die Verfasserin war also angehalten, sich während der

---

[159] Für weitergehende Ausführungen zu den Prinzipien einer partizipativen Forschungspraxis sei auf die Arbeiten von Bergold und Thomas (2010) sowie von Unger (2014) verwiesen.
[160] Kleining (1982) geht von einem emergentistischen Objektivitätsbegriff der qualitativen Sozialforschung aus. Im Gegensatz zum naturwissenschaftlichen Paradigma, in dem Objektivität durch die, „Entsubjektivierung des Forschungsobjekts" (Lamnek, 2005, S. 254) erzielt wird, wird die subjektive Betrachtungsweise des Forschenden im Analyseprozess sukzessive von einer intersubjektiv nachvollziehbaren Deutung abgelöst. Intersubjektive Nachvollziehbarkeit (Steinke, 1999) entsteht u.a. durch die ständige Weiterentwicklung des Forschungsgegenstands am Material, die vergleichende Analyse und die Einbeziehung mehrerer Perspektiven, z.B. im Diskurs mit anderen Forschenden.

Beobachtung im Feld intuitiv auf dem Kontinuum zwischen den beiden Positionen einzuordnen. Der begleitende Austausch in der Beratergruppe half, die Frage nach dem erforderlichen Maß von Identifikation und Distanz zu reflektieren.

„Die Übernahme von Rollen ist konstitutiv für die Methode der teilnehmenden Beobachtung" (Kantowsky, 1969, S. 428). Die teilnehmende Beobachtung in einem sozialen Kontext erfordert von den Forschenden die Übernahme einer bestimmten Rolle. Im vorliegenden Fall erfolgte der Zugang zum Forschungsfeld über einen Beratungsauftrag zur Umsetzung Betrieblicher Gesundheitsförderung in einer Berufsfeuerwehr. Die tendenziell konfligierenden Rollen der Projektbegleiterin und Forscherin machten ein stetiges Ausbalancieren von Engagement im Beratungsprojekt einerseits und der Einnahme einer kritisch-reflektierten Beobachtungsposition andererseits erforderlich. Im Gegensatz zu der von Schwartz und Jacobs (1979) für teilnehmende Beobachtende empfohlenen Position des „marginal man" bzw. der „marginal woman" war im Projekt zeitweilig die Übernahme einer prominenten, exponierten Rolle erforderlich – insbesondere dann, wenn es um die Moderation von Steuerungsgruppensitzungen, den Kontakt mit Führungskräften oder die Durchführung von Schulungen ging. Diese direkte Beteiligung an den sozialen Praktiken im Feld erschwerte die Beobachtung.

Ein weiteres Problem ergab sich aus den rollenimmanenten, unterschiedlichen Interessenlagen. Die Projektbegleiterin ist an einer reibungslosen Durchführung des Projektes interessiert. Sie freut sich über Erfolge und entwickelt mit der Zeit Kooperationsbeziehungen mit den Beteiligten, die ihr mehr oder weniger sympathisch sind. Potenzielle Misserfolge berühren auch ihr berufliches Selbstbild. Die Forscherin verhält sich hingegen neutral-distanziert. Ihr Interesse gilt vornehmlich der Beobachtung, Erfassung und Analyse der im Projekt entstandenen sozialen Situationen. Für die Forscherin war es eine Herausforderung, die Rolle der Projektbegleiterin in den Interviews abzulegen und ausschließlich mit den Ohren der Forscherin zu hören und die Inhalte vor dem Hintergrund der Forschungsfrage – unabhängig von den Wünschen und Vorstellungen der Projektbegleiterin – zu interpretieren. Auch vor diesem Hintergrund erwiesen sich das konsensuelle Codieren und der begleitende Austausch mit der Beratergruppe als wichtig, um mögliche Wahrnehmungsfehler zu identifizieren.

7.7 Zusammenfassung

Die empirische Analyse soll dazu beitragen, einen Zugang zur sozialen Wirklichkeit zu schaffen und Prozesse des Lernens bzw. Nichtlernens im Rahmen gesundheitsfördernder Organisationsentwicklung zu illustrieren. Darüber hinaus bie-

7 Fallstudie

tet sie die Möglichkeit, das Forschungsfeld in methodisch-kontrollierter Weise darzustellen und den Untersuchungsgegenstand vor dem Hintergrund lern- und organisationstheoretischer Überlegungen zu interpretieren.

Die vorliegende Studie basiert auf einem Organisationsentwicklungsprojekt zur Umsetzung Betrieblicher Gesundheitsförderung in einer Berufsfeuerwehr. Als hybride Organisationen agieren Feuerwehren zwischen hierarchischer Struktur und rascher Anpassung an sich ständig verändernde Umweltanforderungen. Durch das 24-Stunden Schichtsystem ist die Feuerwache nicht nur ein Gebäude, in dem gearbeitet wird, sondern stellt auch einen Ort des Zusammenlebens dar. Der Kameradschaft als Teil einer informellen unterstützenden Struktur kommt eine tragende Rolle für die Organisation und das Individuum zu.

Die Studie wurde als Fallstudie konzipiert. Um den organisationalen Kontext als Einfluss konstant zu halten, konzentrierte sich die Untersuchung auf einen Fall (Berufsfeuerwehr), innerhalb dessen einzelne Analyseeinheiten (Tätigkeitssysteme) und Unteranalyseeinheiten (Projektbeteiligte) betrachtet wurden (Single-Case-Embedded-Design). Zur empirischen Rekonstruktion der Strukturen und Prozesse organisationalen Gesundheitslernens in ihrer Gesamtheit, Dynamik und Pfadabhängigkeit wurde ein Mixed-Methods-Ansatz verfolgt. Ein Fokus der Studie liegt auf den am Projekt beteiligten Individuen mit ihren subjektiven Konstruktionen, Deutungen, Relevanzsetzungen, Interaktionen und Handlungsorientierungen. Diese wurden über problemzentrierte Interviews erhoben. Im Mittelpunkt der Untersuchung stehen die sozialen Praktiken von Tätigkeitssystemen als primäre Einheiten der Analyse. Die Identifikation, Beschreibung und Analyse der Tätigkeitssysteme erfolgte über Netzwerkkarten, in problemzentrierten Interviews und durch teilnehmende Beobachtung. Weiterhin ist davon auszugehen, dass der organisationale Kontext die Lernprozesse der Projektbeteiligten in bedeutsamen Maße strukturiert. Daher lag ein weiterer Schwerpunkt auf der Erhebung der formalen Strukturen, mikropolitischen Prozesse sowie der Organisationskultur. Diese wurden in problemzentrierten Interviews, durch teilnehmende Beobachtung und durch die Analyse schriftlicher Dokumente ermittelt. Ein konsensuelles Codieren sowie der begleitende Austausch mit der Beratergruppe, außenstehenden Expert/-innen und dem Untersuchungsfeld erwiesen sich als wichtige Strategie, um mögliche ergebnisverzerrende Effekte bei der Datenerhebung und -auswertung zu identifizieren und voreilige Fehlinterpretationen zu vermeiden.

8 Strukturen und Prozesse organisationalen Gesundheitslernens

Zur Untersuchung der Forschungsfragen werden im folgenden Teil der Arbeit Strukturen und Prozesse organisationalen Gesundheitslernens am Beispiel eines Organisationsentwicklungsprojekts im Feuerwehrwesen empirisch rekonstruiert und analysiert. Die empirische Untersuchung konzentriert sich vor allem auf die Aufdeckung von Zusammenhängen und Mustern.[161] Folgende Fragen stehen im Mittelpunkt der Analyse:

Welche Eigenschaften eines Tätigkeitssystems beeinflussen die Entstehung sozialer Möglichkeitsräume zur Reflexion und Gestaltung gesunder Arbeitsbedingungen?

Zunächst erscheint von besonderem Interesse, in welchen Tätigkeitssystemen ein organisationales Gesundheitslernen stattfindet und wie sich diese Tätigkeitssysteme von anderen Tätigkeitssystemen unterscheiden.

Welche sozialen Praktiken tragen zu einer Institutionalisierung der Reflexion und Gestaltung gesunder Arbeitsbedingungen bei?

Gesundheit im Sinne einer überdauernden Handlungsfähigkeit (Ducki & Greiner, 1992) ist gegeben, wenn eine Reflexion und Gestaltung gesunder Arbeitsbedingungen in einer Organisation institutionalisiert wurde. Nach Giddens (1979) ist dieser Zustand erreicht, wenn sich anfänglich entstehende Regelhaftigkeiten und Muster der Reflexion und Gestaltung gesunder Arbeitsbedingungen zu raumzeitlich stabilen, sozialen Praktiken verfestigt haben. Vor diesem Hintergrund erscheint von besonderem Interesse, welche sozialen Praktiken zu einer Institutionalisierung der Reflexion und Gestaltung gesunder Arbeitsbedingungen in einer Organisation beitragen.

In einem ersten Auswertungsschritt wurde mittels der erhobenen Daten rekonstruiert, welche Tätigkeitssysteme sich im Projektverlauf gebildet haben. Abb. 27 und Abb. 28 stellen die im Projektplan vorgesehene und die beobachtete Struktur der Projektgruppen gegenüber. Die einzelnen Tätigkeitssysteme werden schematisch als Kreise dargestellt. Die Größe der Kreise stellt eine Annäherung an die Anzahl der im jeweiligen Tätigkeitssystem beteiligten Subjekte dar.

---

[161] Angesichts der angenommenen Rekursivität von Handeln und Struktur erscheint eine Identifikation linearer Ursachen und monokausaler Erklärungen für den vorliegenden Untersuchungszusammenhang unangemessen.

8 Strukturen und Prozesse organisationalen Gesundheitslernens

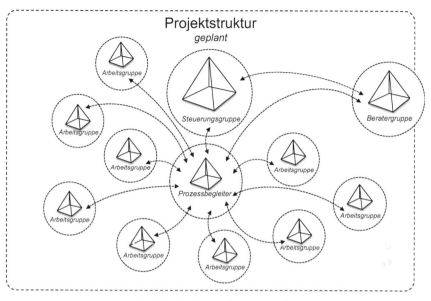

Abb. 27: *Geplante Projektstruktur*

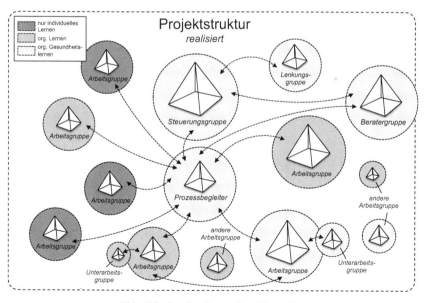

Abb. 28: *Beobachtete Projektstruktur*

Es fällt auf, dass sich die geplante und die beobachtete Projektstruktur unterscheiden. Die Skizze verdeutlicht, dass nur sieben der ursprünglich vorgesehenen neun Arbeitsgruppen stattgefunden haben. Aus den problemzentrierten Interviews und der sozialen Netzwerkanalyse geht hervor, dass sich über die ursprünglich geplante Struktur hinaus sechs eigenständig arbeitende Gruppen gebildet haben. Teilweise handelt es sich um *Unterarbeitsgruppen*, welche mit der vertieften Bearbeitung eines in der Arbeitsgruppe beschlossenen Themas betraut sind. Aus der Steuerungsgruppe entstand eine *Lenkungsgruppe*, welche sich aus dem Projektkoordinator und den Prozessbegleitern zusammensetzt. Die untenstehende Beschreibung des Projektkoordinators verdeutlicht die Aufgaben der neu gebildeten Lenkungsgruppe:

Die Steuerungsgruppe ist das Gremium, um über die Vorschläge aus den Arbeitsgruppen zu beraten und diese abzulehnen oder zuzustimmen. Aber die eigentliche Arbeit zur Weiterführung des Projekts findet nun in der Lenkungsgruppe gemeinsam mit den Prozessbegleitern statt. Um den Arbeitsaufwand in der Steuerungsgruppe zu erleichtern, bereitet die Lenkungsgruppe die zu bearbeitenden Themen vor. Das ist sehr viel effektiver, weil die Prozessbegleiter wissen, wo es hakt und wo die Probleme sind. [KFP 1]

Darüber hinaus bildeten sich *weitere Arbeitsgruppen*, welche nicht direkt aus den Projektgruppen entstanden sind, aber die Struktur und Moderationsweise des Projekts übernommen haben. Wie die untenstehende Aussage unterstreicht, stellen diese Gruppen für die Feuerwehr eine soziale Innovation dar:

Wir haben auch außerhalb des Projekts andere Arbeitsgruppen gegründet. Ein Beispiel ist die Arbeitsgruppe zur Fahrzeugbeschaffung. Letzten Endes hat der neue Chef die Arbeitsgruppe auf mehrfache Bitte aus der Mannschaft ins Leben gerufen und gesagt: „Wir probieren das hier jetzt mal aus." Vorher hat es das hier noch nie gegeben. Wir haben strukturiert gearbeitet, Arbeitsaufträge vergeben und diese erledigt. [A2]

Die Pfeile verdeutlichen die im Projektplan vorgesehenen bzw. in der Studie beobachteten Kommunikations- und Arbeitszusammenhänge[162]. Es fällt auf, dass auch zwischen Arbeitsgruppen neue Kommunikations- und Arbeitszusammenhänge etabliert wurden.

---

[162] Es handelt es sich hierbei um eine vereinfachte Darstellung, welche nur die projektbezogenen Kommunikationswege und Arbeitszusammenhänge berücksichtigt.

Im nächsten Schritt wurden die beobachteten Lernprozesse in interpretativer Auseinandersetzung mit dem empirischen Material kategorisiert. Tab. 7 illustriert das zu Einordnung der beobachteten Lernprozesse angewandte Codierschema und führt beispielhaft, einige der beobachteten Lernergebnisse auf. Wie erwartet zeigt sich, dass organisationale Lernprozesse im Sinne einer Veränderung organisationaler Strukturen nicht in allen Projektgruppen angestoßen wurden. So beschränken sich die beobachteten Lernprozesse in den *dunkelgrau* markierten Tätigkeitssystemen auf die Veränderung individueller kognitiver Schemata oder Verhaltensweisen. Die in den *mittelgrau* markierten Tätigkeitssystemen beobachteten Lernprozesse zeichnen sich dadurch aus, dass sie über die individuelle Ebene hinausgehen. In diesen Gruppen werden organisationale Strukturen in Single-Loop oder Double-Loop Lernprozessen verändert. In den *hellgrau* markierten Tätigkeitssystemen können darüber hinaus Lernprozesse zur Etablierung sozialer Praktiken der kontinuierlichen Reflexion und Gestaltung gesunder Arbeitsbedingungen („organisationales Gesundheitslernen") beobachtet werden. Diese Lernprozesse ereignen sich auf einer Metaebene, welche im Wesentlichen dem von Bateson (1972) beschriebenen Deutero-Lernen oder dem expansiven Lernen nach Engeström (1987, 2001) entspricht.

Lernform	Beschreibung	Lernergebnisse (Beispiele)
individuelles Lernen	Veränderung individueller kognitiver Schemata und / oder Verhaltensweisen, z.B. durch Sozialisation, Erfahrung oder Vermittlung	• Lernen von Moderationstechniken • Lernerfahrung: „Verbesserungsversuche scheitern" • Weiterentwicklung kollegialer Beziehungen • Wissenserwerb über fachbezogene Themen oder organisationale Abläufe
Organisationales Lernen	Veränderung organisationaler Strukturen durch Erprobung alternativer, gesundheitsfördernder Handlungsweisen (Single-Loop Lernen) und / oder Thematisierung, Reflexion und Veränderung organisationaler Ziele, Prämissen und Werte (Double-Loop Lernen)	• Einführung eines neuen Feuerwehrwappens • Veränderung des Beschaffungssystems • Beleuchtung des Parkplatzes • Neugestaltung des Küchenreinigungsplans • Einführung eines digitalen Fehler- und Terminmanagements • Erarbeitung von Arbeitsabläufen zur Begrüßung und Einarbeitung neuer Beschäftigter
Organisationales Gesundheitslernen	soziale Praktiken der Reflexion und Gestaltung gesunder Arbeitsbedingungen (Deutero Lernen / expansives Lernen)	• Kultur der beteiligungsorientierten Erarbeitung organisationaler Thematiken in Arbeitsgruppen • organisations-, hierarchie- und abteilungsübergreifende Austauschnetzwerke • Führungskräfteentwicklungsprozess • Steuerungs- und Lenkungsgruppe als Gremien, welche den BGF-Prozess koordinieren, reflektieren und ständig weiterentwickeln • (Weiter)entwicklung eines Intranet-Tools als Plattform zur Thematisierung und Gestaltung gesunder Arbeitsbedingungen

Tab. 7: *Lernformen im Projekt*

Nachfolgend wird die rekursive Entwicklung der Elemente eines Tätigkeitssystems anhand zwei kontrastierender Beispiele aus der untersuchten Organisation illustriert (Kap. 8.1). In einer vergleichenden Analyse wird untersucht, wie sich die Eigenschaften der untersuchten Tätigkeitssysteme auf den organisationalen Lernprozess auswirken (Kap. 8.2). Im Anschluss wird betrachtet, welche Prozesse zu einer Institutionalisierung der Reflexion und Gestaltung gesunder Arbeitsbedingungen in der untersuchten Organisation beitragen (Kap. 8.3).

8.1 Lerntrajektorien

Es wurde bereits argumentiert, warum sich Gesundheit in Organisationen nicht durch Lösungen herstellen lässt, sondern als Resultat eines institutionalisierten, überindividuellen Lernprozesses der Reflexion und Gestaltung gesunder Arbeitsbedingungen zu begreifen ist. Ein Anliegen der vorliegenden Arbeit besteht in der Konkretisierung dieses organisationalen Lernprozesses.

Ausgehend von der vorausgegangenen lern- und organisationstheoretischen Betrachtung wird organisationales Gesundheitslernen in den sozialen Interaktionen innerhalb und zwischen Tätigkeitssystemen verortet. Es vollzieht sich in einem gegenstandsorientierten Problemlösungsprozess, in dessen Verlauf sich nicht nur die beteiligten Individuen und ihre Gemeinschaft, sondern ebenso die sie umgebenden Organisationsstrukturen wechselseitig entwickeln. Den Elementen des Tätigkeitssystems kommt hierbei eine doppelte Funktion zu: Einerseits strukturieren sie die Lernprozesse der beteiligten Individuen, auf der anderen Seite sind sie selbst Gegenstand organisationaler Veränderung.

Um den Zugang zu den empirischen Befunden zu erleichtern, wird das komplexe – sonst im Abstrakten verbleibende – Zusammenwirken der Elemente eines Tätigkeitssystems zunächst anhand von zwei Lerntrajektorien im Projekt „Gesundheitsförderung in der Feuerwehr" illustriert.[163] Die Beispiele wurden gewählt, weil hierzu besonders viele, ausführliche Äußerungen, Dokumente und Beobachtungen vorliegen, anhand derer sich das konkrete Geschehen rekonstruieren lässt. Ein weiteres Auswahlkriterium bezieht sich auf die Unterschiedlichkeit der beobachteten Lernprozesse. Das erste Beispiel („Tuchhalter") illustriert einen Arbeitsgruppenprozess, der sich auf (negative) individuelle Lernerfahrungen beschränkt, während

---

[163] Eine Beschreibung sämtlicher beobachteter Prozesse organisationalen Gesundheitslernens würde den Rahmen der vorliegenden Arbeit überschreiten. Gleichwohl erscheint der Verfasserin die detaillierte Niederlegung von zwei Beispielen hilfreich. Um eine konsistente Erzählung zu erzeugen, wurden Schilderungen aus mehreren Interviews und Beobachtungsnotizen entnommen, ggf. leicht sprachlich geglättet und zusammengefügt, sodass eine Zuordnung der Interviewpartner/-innen nicht vorgenommen wird.

das zweite Beispiel („Intranet-Tool") als „organisationales Gesundheitslernen" bezeichnet werden kann.

8.1.1 Tuchhalter

Wie die Schilderungen eines Prozessbegleiters unterstreichen, dominierten Konflikte den nachfolgend betrachteten Prozess in der Arbeitsgruppe:

> *Die Arbeitsgruppe hat mit fünf bis sechs Treffen stattgefunden. Letztendlich sind die Aufgaben an mir hängen geblieben. Ich bin oft aus der Freizeit hergekommen und habe Überstunden gemacht. Von den Gruppenmitgliedern ist so gut wie nichts gekommen. Als ich zu den Teilnehmenden sagte: „Leute, ihr müsst auch was machen" waren auf einmal alle mit anderen Dingen beschäftigt. Als es um Terminschwierigkeiten ging, haben mir die Teilnehmenden hinter meinem Rücken die Schuld zugeschoben. Als ich die Kollegen direkt angesprochen habe, haben sie sich rausgeredet.*

Infolge der Passivität der Teilnehmenden wurde ein Großteil der Aufgabenerledigung in der Arbeitsgruppe von dem Prozessbegleiter übernommen:

> *Die Teilnehmenden waren bereit Vorschläge zu machen, aber niemand wollte sich um die Bearbeitung dieser Vorschläge kümmern. Es gab keine Unterstützer, weil keiner gewillt war, zu den Führungskräften hinzugehen. Letztendlich habe ich mir einen Kopf gemacht und Vorschläge eingereicht. Ich bin zu den Entscheidern gegangen und habe gefragt: „Was spricht dagegen?". Teilweise lautete die Antwort: „Dagegen spricht nichts. Aber wir machen es nicht so". Wenn die Kollegen nicht auf Vorschläge reagieren, dann kann ich es mir sparen. Letztendlich wurde ein Tuchhalter für die Werkstatt bestellt, wahrscheinlich weil ich einfach zu viel genervt habe.*

Die Arbeitsgruppe kommt nach einigen Treffen zum Erliegen. Neben dem mühsam errungenen Tuchhalter bleiben die kritischen Stimmen der Teilnehmenden.

> *Ich habe tatsächlich ernsthaft geglaubt, dass man hier an der Wache viel umreißen kann. Die anderen aus der Gruppe sind jetzt noch mehr dagegen, irgendwelche Verbesserungsversuche zu unternehmen. Aus deren Sicht ist das Projekt gescheitert. Die Kollegen waren schon bei anderen Dingen dabei und haben versucht, hier etwas zu verbessern.*

Im Vorfeld wurden sehr viele Stimmen laut, die gesagt haben: „Das Projekt scheitert genauso wie alle vorherigen Versuche auch".

Die Fallbeschreibung verdeutlicht, dass im vorliegenden Beispiel ein Lernen vor allem auf individueller Ebene stattgefunden hat. Abgesehen von der Beschaffung des Tuchhalters beschränken sich die Lernerfahrungen der Teilnehmenden auf die Erkenntnis, dass Veränderungsversuche in der Feuerwehr notwendigerweise scheitern. Es bleibt unklar, warum die Teilnehmenden nicht zu einer Kontaktaufnahme mit den Führungskräften bereit sind. Möglicherweise spielt die Angst vor Sanktionen eine Rolle. Wie die Schilderungen verdeutlichen, beschränken sich die Lernerfahrungen der Teilnehmenden auf die Bestätigung bereits vorhandener kognitiver Schemata. Vor diesem Hintergrund erhält die Aussage „Das Projekt scheitert genauso wie alle vorherigen Versuche auch" den Charakter einer sich selbst erfüllenden Prophezeiung, welche vor dem Hintergrund vergangener negativer Erfahrungen mit Verbesserungsversuchen im organisationalen Gedächtnis fortgeschrieben wird.

8.1.2 Intranet-Tool

Im Folgenden wird das Beispiel einer Arbeitsgruppe zum Thema „Führungsverhalten" betrachtet. Wie die Schilderungen unterstreichen, fiel den Teilnehmenden der Einstieg in die Thematik zunächst schwer:

Die erste Zeit bestand aus Konfliktgesprächen. Wir mussten viel miteinander reden, um ins Arbeiten zu kommen. Am Anfang jeder Sitzung diskutierten die Teilnehmenden die aktuellen Ereignisse in der Dienststelle. Das tat den Leuten gut, um sich zu beruhigen und runterzukommen. Durch die Moderationsmethoden konnte ich sie wieder ins Arbeiten bringen. Das hat mich überrascht, das hätte ich nicht so gedacht. Es war auffällig, dass an der Arbeitsgruppe einige Kollegen teilnahmen, die immer wieder bei Personalgesprächen waren, weil es Konflikte mit den Führungskräften gab. Meine anfängliche Skepsis gegenüber diesen Kollegen hat sich im Nachhinein fairerweise relativiert. Auch von diesen Teilnehmenden kamen später überraschenderweise Ideen, die Sinn machen.

Die Arbeitsgruppe durchlief mehrere Schleifen der Problemfindung und -bearbeitung. Einen Ausgangspunkt markierte das in den Auftaktworkshops benannte Problem, dass viele Führungskräfte den Mitarbeitenden nicht regelmäßig zum Geburtstag oder Jubiläum gratulieren würden. Gemäß dem im Moderationsworkshop gelernten Vorgehen (siehe Kap. 7.2.2) definierte der Prozessbegleiter ein

Ziel, auf dessen Grundlage Maßnahmen zur Erreichung des angestrebten Zustands konzipiert wurden. Abb. 29 illustriert die ursprünglich in der Arbeitsgruppe angestellten Überlegungen.

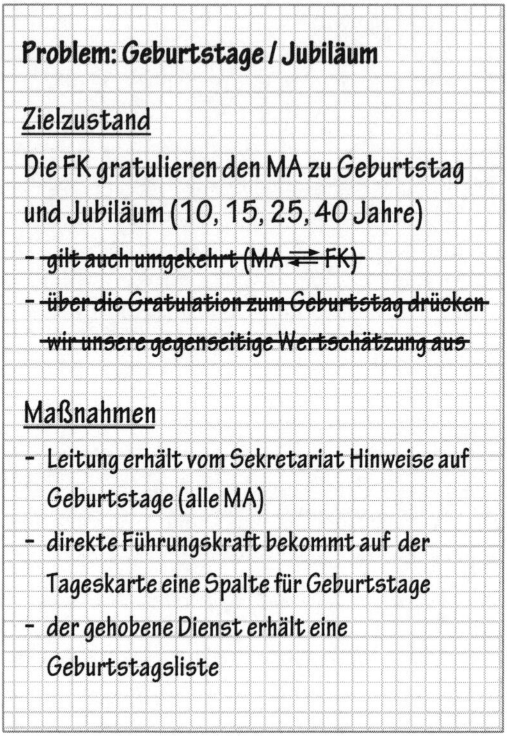

> **Problem: Geburtstage / Jubiläum**
>
> **Zielzustand**
> Die FK gratulieren den MA zu Geburtstag und Jubiläum (10, 15, 25, 40 Jahre)
> - ~~gilt auch umgekehrt (MA ⇌ FK)~~
> - ~~über die Gratulation zum Geburtstag drücken wir unsere gegenseitige Wertschätzung aus~~
>
> **Maßnahmen**
> - Leitung erhält vom Sekretariat Hinweise auf Geburtstage (alle MA)
> - direkte Führungskraft bekommt auf der Tageskarte eine Spalte für Geburtstage
> - der gehobene Dienst erhält eine Geburtstagsliste

Abb. 29: *Notizen der Arbeitsgruppe Intranet-Tool*

Den Teilnehmenden wurde im weiteren Verlauf bewusst, dass Geburtstage und Jubiläen nur eine Facette des umfänglicheren Themas „Mangelnde Wertschätzung" abbilden. In der Diskussion wurde herausgearbeitet, dass sich mangelnde Wertschätzung aus Sicht der Arbeitsgruppenmitglieder vor allem in einer fehlenden Transparenz und Rückmeldung im Kontakt zwischen Führungskräften und Mitarbeitenden niederschlägt. Die nachfolgende Schilderung gibt einen Einblick über die in der Gruppe diskutierten Themen:

> *Wir haben verschiedene Probleme auf Moderationskarten aufgeschrieben und gesammelt. Ein Punkt lautete „mangelnde Transparenz*

im Führungsverhalten". Vielen Kollegen war beispielsweise nicht klar, warum eine Idee abgelehnt wird. Ein weiterer Punkt lautete "Keine Reaktion auf Verbesserungsvorschläge". Bis jetzt war es so, dass Ideen bei der direkten Führungskraft angebracht wurden. Die Vorschläge sind entweder im Sande verlaufen, wurden abgelehnt oder die Führungskraft sagte: "Mensch, total super! So machen wir das." Zudem gab es vorher keinen gemeinsamen Kalender. Es gab unterschiedliche Stellen, wo man verschiedene Informationen erfragen konnte. Unser „Fehlermanagement" bestand aus DIN-A5 Zetteln. Da wurde ein Fehler draufgeschrieben und in die Technik gegeben. Im Ergebnis war nicht klar, welcher Fehler schon behoben wurde oder noch vorhanden war.

Ausgehend von diesen Überlegungen veränderte die Arbeitsgruppe ihre Zielstellung. Die Teilnehmenden entschieden sich für die Entwicklung eines webbasierten Intranet-Tools für Verbesserungsvorschläge, Termine und Fehlermeldungen.

Die Idee mit dem Intranet-Tool entstand durch die Diskussion. Wir haben smarte Ziele aufgeschrieben und überlegten, wie wir diese realisieren können. In der Diskussion erwähnte ein Teilnehmer, dass es bei seinem alten Arbeitgeber eine Softwarelösung für Verbesserungsvorschläge gibt, wo man transparent reinschreiben konnte. Diese Maßnahme ermöglichte es, mehrere Zielstellungen gleichzeitig abzuarbeiten oder zu bündeln. Wir entwickelten Ideen, wie man so etwas programmieren kann. Jemand kannte eine IT-Mitarbeiterin im Rathaus, die wir daraufhin kontaktierten.

Infolge erweiterte sich die anfängliche Gruppenkonstellation um eine ausgegliederte Arbeitsgruppe, welche sich ausschließlich mit der Konzeption des geplanten Intranet-Tools beschäftigte.

Es resultierte eine kleine Projektarbeitsgruppe, deren Aufgabe darin bestand, das Intranet-Tool herzustellen und einzuführen. Wir haben im Vorfeld überlegt, welche Teamrollen wir benötigen. Wir brauchten einen aus der Arbeitsgruppe, der den Arbeitsauftrag kennt und die Inhalte liefert. Wir brauchten außerdem Kontakte zur Führung. Also kamen wir auf eine Führungskraft zu, die von der Fachbereichsleitung schon den Arbeitsauftrag hatte, einen Terminkalender zu erstellen. Wir brauchten jemanden, der sich mit EDV auskennt und unsere Ideen in Software umsetzt. Und schließlich brauchten wir jemanden für die Projektierung und Moderation. Jeder hatte seine Rolle, das hat auch ganz gut geklappt. Zu viert haben wir das Ganze eingeführt. Zwischendurch wurden die Ergebnisse immer wieder in die Arbeitsgruppe hereingespiegelt, um festzustellen, ob die Zwischenstände noch den ursprünglichen Anforderungen entsprechen.

Nach der Fertigstellung wurde das Intranet-Tool in die Arbeitsabläufe der Dienststelle implementiert:

Nun gibt es eine Tagesübersicht, auf der jeder Mitarbeiter genau sehen kann, welche Termine anliegen. Fehler werden jetzt digital ins Intranet-Tool eingegeben. Die Technikabteilung erhält dadurch ganz klare Arbeitsaufträge, welche sie an die Werkstätten delegieren kann. Wir können Verbesserungsvorschläge nun transparent in das Intranet-Tool eintragen. Die Fachbereichsleitung leitet unsere Vorschläge an die zuständige Führungskraft weiter, welche eine transparente Rückmeldung gibt indem sie einen Vorschlag über das Tool annimmt oder mit Begründung ablehnt. Zusätzlich werden die Vorschläge in der Leitungsrunde besprochen. Das klappt auch gut, das Intranet-Tool wird angenommen und von fast allen täglich genutzt. Auffällig ist, dass auch die Mitarbeiter, die von dem Projekt nicht sehr viel halten, das Tool häufig nutzen.

Einige Monate später wurde das neu konzipierte Intranet-Tool, welches bisher nur von der Feuerwehr genutzt wurde, flächendeckend in der Stadtverwaltung eingeführt.

Ursprünglich ging es denen um den Terminkalender. Dann ist die Stadtverwaltung auch auf die anderen Funktionen aufmerksam geworden. Wenn man den Workflow verfolgt, stellt man fest, dass die bereits Vorschläge abarbeiten, umsetzen oder im Zweifel auch mal ablehnen.

Tab. 8 und Tab. 9 skizzieren die einzelnen Elemente des betrachteten Tätigkeitssystems vor, während und nach der Arbeitsgruppenphase.

Die Beschreibung verdeutlicht, wie sich einerseits die beteiligten Individuen und ihre Gemeinschaft, aber auch die organisationalen Strukturen wechselseitig entwickeln. Die Elemente des betrachteten Tätigkeitssystems strukturieren die individuellen Lernprozesse. Gleichzeitig sind sie selbst Gegenstand organisationaler Veränderung. Besonders deutlich zeigt sich diese Entwicklung am *Gegenstand*. Die Ausgangsproblematik „Geburtstage / Jubiläen" wird in der Diskussion zugunsten eines umfassenderen Problembewusstseins verworfen. Die Teilnehmenden reflektieren, was „mangelnde Wertschätzung" für sie konkret bedeutet. Auf diese Weise gelangt die Gruppe zu der Erkenntnis, dass sie sich vor allem auf die Bearbeitung des Themas „Fehlende Transparenz und Rückmeldung" im Führungsverhalten konzentrieren möchte. Basierend auf einer gemeinsam vorgenommenen Zielformulierung werden Ideen zur Erreichung des Soll-Zustands erarbeitet. Infolge entwickelt die Arbeitsgruppe ein Intranet-Tool zur Herstellung von Transparenz und Rückmeldung im Arbeitsprozess.

Eine Entwicklung ist auch auf Ebene der *Subjekte* sowie der *Gemeinschaft* erkennbar. So wird der Beginn der Arbeitsgruppenphase von Konflikten dominiert. Einigen Teilnehmenden geht es vor allem darum, ihren Unmut über die bestehenden Arbeitsbedingungen zu äußern, was wiederum zu Frustration aufseiten der anderen Gruppenmitglieder führt. Im Verlauf der Arbeitsgruppe gelingt es dem Prozessbegleiter, die Arbeitsgruppe durch die Anwendung von Moderationstechniken (z.B. Sammlung von Themen auf Moderationskarten oder Zieldefinition nach dem SMART Schema) in einen konstruktiven Arbeitsprozess zu überführen.

	Vor der Arbeitsgruppe	während der Arbeitsgruppenphase	Abschluss der Arbeitsgruppe
Gegenstand	—	• salutogene und pathogene Arbeitsbedingungen bei der Feuerwehr ➔ • Geburtstage / Jubiläen ➔ • mangelnde Wertschätzung durch fehlende Transparenz und Rückmeldung im Kontakt zwischen Mitarbeitenden und Führungskräften	Intranet-Tool (digitales Management von Terminen, Fehlermeldungen und Verbesserungsvorschlägen)
Subjekte	teilweise unzufrieden mit bestehenden Arbeitsbedingungen	zunächst vorwiegend konfrontativ, später „beruhigt"	motiviert
Gemeinschaft	—	zunächst konfliktbehaftet, später ins Arbeiten gekommen	konstruktiv

Tab. 8: *Entwicklung von Gegenständen, Subjekten und Gemeinschaft (Arbeitsgruppe Intranet-Tool)*

Die Beschreibung zeigt, dass sich die Entwicklung des Intranet-Tools nicht auf rein technische Aspekte beschränkt, sondern grundlegendere organisationale *Regeln* berührt. Nach wie vor werden Entscheidungen auf der Führungsebene getroffen. Während Vorschläge früher jedoch nur an die direkte Führungskraft gerichtet werden konnten, darf nun jeder Mitarbeitende Ideen für alle Organisationsmitglieder sichtbar und hierarchieübergreifend einbringen. Die Fachbereichsleitung delegiert die Vorschläge an die zuständigen Mitarbeitenden, welche angehalten sind, den Vorschlag ernsthaft zu prüfen und die Entscheidung über die Umsetzung zurückzumelden. Zusätzlich werden die Vorschläge in der Leitungsrunde besprochen. Eine Entscheidung und Rückmeldung über die Umsetzung eines Vorschlags kann transparent von allen Organisationsmitgliedern eingesehen werden. Ähnlich verhält es sich mit dem Bearbeitungsstatus von Fehlermeldungen sowie von Informationen über Räume und Termine, welche fortan für jedes Organisationsmitglied – und nicht mehr nur für die Führungsebene – einsehbar sind. Wie die folgenden Aussagen verdeutlichen, liefert das Intranet-Tool auch nach seiner Implementierung Anlass zu diskursiven Prozessen:

Was ist, wenn jemand einen Verbesserungsvorschlag zu einem Thema einstellt, das acht von neun Leute für irrelevant halten? Aus den ersten Erfahrungen haben wir gelernt und eine Kommentarfunktion eingefügt, sodass sich auch andere Kollegen zu dem Vorschlag äußern können. [KFP1]

Ein Problem ist, dass nicht alle Kollegen täglich in die Verbesserungsvorschläge reinschauen. Bei manchen Dingen ist das in Ordnung. Aber bei manchen Themen finde ich es wichtig, dass alle erreicht werden und sich dazu äußern können. Eine Möglichkeit wäre, alle per Email zu benachrichtigen und einen Zeitraum für Rückmeldungen zu definieren. Diese Lösung finde ich persönlich sehr gut. [P5]

Die Zitate verdeutlichen, dass es in der Diskussion um das Tool um mehr als die Programmierung von Kommentarfunktionen oder Benachrichtigungen geht. Berührt werden grundlegende organisationale Regeln der Teilhabe an Veränderungsprozessen. Beispielsweise geht es um die Frage, wie viele Organisationsmitglieder ein Thema für wichtig halten müssen, damit es bearbeitet wird. Die Diskussion, welche Themen eine Beteiligung aller Organisationsmitglieder erfordern, berührt organisationale Ziele, Prämissen und Werte (*Double-Loop Lernprozess*). Gleichzeitig werden bisherige organisationale Regeln der Entscheidungsfindung thematisiert, reflektiert und verändert. Dieser Prozess kann als *Deutero Lernen* (Bateson, 1972) bezeichnet werden, da eine Reflexion des Lernvorgangs an sich stattfindet. Voraussetzung für den Prozess in der Arbeitsgruppe bilden die im Rahmen des Projekts zur gesundheitsfördernden Organisationsentwicklung eingeführten Regeln, dass sich alle Mitarbeitenden mit ihren Vorschlägen einbringen dürfen und eine hierarchieübergreifende, eigenverantwortliche Zusammenarbeit und Vernetzung möglich ist.

Weiterhin lässt sich feststellen, dass sich die *Ressourcen*basis der beteiligten Arbeitsgruppenmitglieder, aber auch der gesamten Organisation, verändert hat. Während ein Einbringen von Vorschlägen und ein Zugang zu Informationen zuvor nur über gute Kontakte zur Führung möglich war, haben über das Intranet-Tool nun alle Organisationsmitglieder die prinzipielle Möglichkeit, Entscheidungsprozesse zu beeinflussen und Informationen transparent einzusehen. Die neuen Rollen als Prozessbegleiter oder Arbeitsgruppenmitglied ermöglichen das Einholen von

Informationen und eine hierarchieübergreifende Kontaktaufnahme. Wie die folgende Aussage illustriert, eröffnen die neuen Rollen im Projekt auch die Möglichkeit einer persönlichen Entwicklung:

Im Alltag ist jeder in seiner Rolle und damit in der Hierarchie natürlich auch weiter vorne oder weiter hinten. Es ist schwierig, von hinten nach vorne zu kommen. Im Rahmen des Projekts konnten auch die Mitarbeiter „von hinten" zeigen: „Ich bin auch in der Lage, eine Arbeitsgruppe zu moderieren oder ein Thema vorzustellen". In den Steuerkreissitzungen hat man gemerkt, dass die Mitarbeiter sich persönlich weiterentwickelt haben. Das fand ich interessant. Ich denke, da hat die Feuerwehr auch etwas davon. [F2]

Zudem unterstützen ein strukturierter Austausch und Moderationstechniken den Arbeitsprozess. Auf diese Weise können neue Ressourcen (z.B. Kontakte zur Führung, IT-Expertise in der Stadtverwaltung) erschlossen werden, welche wiederum zur Entwicklung einer weiteren neuen Ressource (Intranet-Tool) beitragen.

8 Strukturen und Prozesse organisationalen Gesundheitslernens

	Vor der Arbeitsgruppe	während der Arbeitsgruppenphase	Abschluss der Arbeitsgruppe
Regeln	• Ideen werden bei der direkten Führungskraft angebracht, Rückmeldung erfolgt unsystematisch • Informationen über Räume / Termine werden an unterschiedlichen Stellen erfragt • Fehlermeldungen werden auf Zetteln notiert und in die Technik gegeben (Bearbeitung ungewiss)	Regeln im Projekt erlauben: • Einbringen der eigenen Expertise • hierarchieübergreifendes Arbeiten und Vernetzung • eigenverantwortliches Handeln • Treffen der Arbeitsgruppen	• Jeder Mitarbeitende darf Vorschläge transparent und hierarchieübergreifend einbringen • Jeder Vorschlag wird geprüft und zurückgemeldet • Alle Mitarbeitenden dürfen sehen, welche Räume belegt sind und welche Termine anstehen • Der Status der Fehlerbearbeitung darf von allen Mitarbeitenden eingesehen werden
	Entscheidungen werden durch die Führungskräfte getroffen		
Ressourcen	• *Führungskräfte*: hierarchische Position ermöglicht Zugang zu Informationen, Einbringen und Umsetzen von Vorschlägen • *Mitarbeitende*: ggf. gute Kontakte zur Führung (ermöglicht Zugang zu Informationen und Einbringen von Vorschlägen)	• Raum und Zeit für Ideenentwicklung • strukturierter Austausch und Moderation zur Themenbearbeitung • neue Projektrollen ermöglichen Nutzung vorhandener Ressourcen und Kommunikation über Hierarchieebenen hinweg • Erfahrung bei früherem Arbeitgeber (Softwarelösung für Verbesserungsvorschläge) • IT / EDV-Experte • Fähigkeiten in Projektmanagement und Moderation • Kontakte zur Führung	• Intranet-Tool ermöglicht Nutzung der Expertise der Mitarbeitenden und hierarchieübergreifende Beeinflussung von Entscheidungsprozessen • salutogene Faktoren von Arbeit: - transparente Rückmeldung über Vorschläge ermöglicht Nachvollziehen von Entscheidungen - transparente Informationen über Räume und Termine ermöglichen eigenständige Planung - transparente Informationen über Fehlerbearbeitung ermöglichen zielgerichteteres Arbeiten

Tab. 9: *Entwicklung von Regeln und Ressourcen (Arbeitsgruppe Intranet-Tool)*

In sozialen Interaktionen erschließen die Teilnehmenden der Projektgruppe einen sozial konstruierten Möglichkeitsraum von Gesundheit (siehe Kap. 6.2), welcher durch die einzelnen Elemente des Tätigkeitssystems begrenzt wird und in den soziokulturellen Praktiken der Gruppe verortet ist. Von *organisationalem Gesundheitslernen* kann gesprochen werden, wenn die in der Projektgruppe entwickelten Ideen aus dem sozialen Möglichkeitsraum in die Organisation transzendieren. So entfaltet das Intranet-Tool seine strukturierende Wirkung erst durch die Nutzung der Mehrheit der Organisationsmitglieder. Die Nutzung des Tools markiert eine innovative Praxis, welche einerseits eine neue organisationale Ressource darstellt, aber auch neue Regeln inkorporiert und transportiert. Auf diese Weise verändern sich nicht nur die am kollektiven Kreationsprozess beteiligten Individuen, sondern auch die Strukturen der Organisation. Durch das Tool wird der Prozess des Nachdenkens und des Austauschs über gesunde Arbeitsbedingungen institutionalisiert.

Die empirischen Daten weisen darauf hin, dass eine Reflexion und Gestaltung der eigenen Arbeitsbedingungen nahezu ausschließlich im Rahmen strukturierter Kommunikationsprozesse in den Projektgruppen erfolgt bzw. initiiert wird. Das Beispiel „Intranet-Tool" illustriert, wie sich organisationales Gesundheitslernen in einem aus sozialen Interaktionen bestehenden, gegenstandsorientierten Problemlösungsprozess innerhalb und zwischen Tätigkeitssystemen vollzieht. Tab. 7 (S. 208) skizziert weitere Beispiele, in denen ein organisationales Gesundheitslernen im Sinne einer institutionalisierten Reflexion und Gestaltung gesunder Arbeitsbedingungen stattgefunden hat. Aufgeführt sind nur diejenigen sozialen Praktiken, welche über den Projektzeitraum hinaus bestehen oder sich erst nach Ablauf des Projektzeitraums entwickelt haben.

Gleichzeitig weist das Beispiel „Tuchhalter" darauf hin, dass individuelle und organisationale gesundheitsbezogene Lernprozesse nur in einem Teil der Projektgruppen stattfinden. Wie sich zeigen wird, üben der organisationale Kontext, die Projektgruppe und die Organisationsmitglieder einen wesentlichen Einfluss auf den Lernerfolg in den Projektgruppen aus. Nachfolgend wird näher betrachtet, welche Eigenschaften eines Tätigkeitssystems sich als förderlich bzw. hinderlich für organisationales Gesundheitslernen erweisen.

8.2 Lernförderliche und -hinderliche Faktoren

Die vorhergehenden Ausführungen illustrieren die rekursive Weiterentwicklung der Elemente eines Tätigkeitssystems im Rahmen eines gegenstandsorientierten Problemlösungsprozesses anhand zwei kontrastierender Beispiele. Die erhobenen Daten belegen, dass es sich bei der Reflexion und Gestaltung gesunder Arbeitsbedingungen um einen voraussetzungsvollen Prozess handelt, der sich nur in einem Teil der beobachteten Tätigkeitssysteme ereignet.

Um herauszufinden, welche Eigenschaften eines Tätigkeitssystems sich für eine Etablierung sozialer Praktiken zur Reflexion und Gestaltung gesunder Arbeitsbedingungen als förderlich oder hinderlich erweisen, wurden die einzelnen Elemente der rekonstruierten Tätigkeitssysteme im weiteren Auswertungsverlauf näher untersucht. In interpretativer Auseinandersetzung mit dem empirischen Material wurden Kategorien abgeleitet, welche anschließend zu Typen von Subjekten (Kap. 8.2.1), Gemeinschaften (Kap. 8.2.2), Regeln (Kap. 8.2.3), Ressourcen (Kap. 8.2.4) und Lerngegenständen (Kap. 8.2.5) verdichtet wurden. Die Ergebnisse dieser Analyse werden nachfolgend dargestellt und in Kap. 8.2.6 zusammengefasst.

8.2.1 Subjekte

Wie bereits herausgestellt wurde, markieren Individuen im Verständnis der vorliegenden Arbeit eine Ausgangsbasis für organisationales Lernen. Im zugrunde gelegten heuristischen Rahmenmodell gehen sie als Subjekte in die Theoriebildung ein. In Bezug auf die von Engeström (2001, S. 133) zur Analyse von Tätigkeitssystemen vorgeschlagenen Fragestellungen „Who are the subjects of learning?", „Why do they learn?", „What do they learn?" und „How do they learn?" können fünf grundlegende Orientierungen der Organisationsmitglieder unterschieden werden. Tab. 10 und Tab. 11 skizzieren das angewandte Codierschema.

8 Strukturen und Prozesse organisationalen Gesundheitslernens

Subjekte		passiv-resignativ	passiv-neutral	konfrontativ	neugierig-interessiert	motiviert
Who are the subjects of learning?	**Selbstwirksamkeitserwartung** Ausmaß der Überzeugung, gezielt Einfluss auf die Arbeitssituation in der Organisation nehmen zu können	▼ niedrig	▼ niedrig / ◀▶ moderat	▼ niedrig	◀▶ moderat / ▲ hoch	▲ hoch
	Veränderungsmotivation Ausmaß der Bereitschaft, die Arbeitssituation in der Organisation zu verändern	▼ niedrig	▼ niedrig	▼ niedrig / ◀▶ moderat	▼ niedrig / ◀▶ moderat	▲ hoch
	Beteiligung Grad der Beteiligung am Projekt „Betriebliche Gesundheitsförderung"	▼ niedrig	▼ niedrig	▲ hoch	◀▶ moderat	▲ hoch

Tab. 10: *Handlungsorientierungen der Subjekte*

Ein größerer Teil der Mitarbeitenden nimmt eine eher *passiv-resignative*[164] Haltung gegenüber dem Projekt ein. Diese – vorwiegend dienstälteren – Mitarbeitenden haben in der Vergangenheit bereits erfolglose Versuche unternommen, die eigene Arbeitssituation zu verbessern:

> *Wir haben einen ganz erträglichen Teil an Mitarbeitern, für die es in der Vergangenheit nicht so positiv gelaufen ist. Die haben eine negative Einstellung ihrer Arbeit gegenüber und kommen hier wirklich nur noch her, um ihren Job zu machen und Geld zu verdienen.* [KFP1]

---

[164] Auch wenn die Bezeichnungen der subjektiven Handlungsorientierungen als „passiv-resignativ" oder „motiviert" eine Wertung nahelegen, soll an dieser Stelle keine Beurteilung stattfinden. Die beschriebenen Strategien ermöglichen den Beteiligten ein „Überleben" im Organisationsalltag. Ihre jeweilige Funktion für die Integrität der Person erscheint vor dem Hintergrund individueller Erfahrungen nachvollziehbar.

Subjekte	passiv-resignativ	passiv-neutral	konfrontativ	neugierig-interessiert	motiviert
Lernmotive *Why* do they learn?	Status Quo erhalten und (weiteren) Kontrollverlust vermeiden			Verändern	
Lernmodi *How* do they learn?	Bestätigung eigener kognitiver Schemata und Erwartungen durch Passivität	Fokus auf andere Lebensbereiche	Bestätigung eigener kognitiver Schemata und Erwartungen durch aktives Gegensteuern	aktives Konstruieren von neuen Sinn- und Wissensstrukturen durch Erfahrung und sozialen Kontakt; Mitgliedschaft in einer Community	
Lerngegenstände *What* do they learn?	—	—	—	im Arbeitsalltag und im Privaten nutzbare Techniken und Instrumente (z.B. strukturierte Moderation)	Möglichkeiten der Einflussnahme auf organisationale Veränderungsprozesse; Bewusstheit über Regeln und Machtverhältnisse; Motive und Beweggründe der Beteiligten

Tab. 11: *Handlungsorientierungen der Subjekte (Forsetzung)*

Die Wahrnehmung, nicht zur Gestaltung der eigenen Arbeitssituation beitragen zu können, resultiert mit der Zeit in einem Gefühl der erlernten Hilflosigkeit (Seligman, 1979) und des Kontrollverlusts. Infolge gehen die betroffenen Personen in die innere Kündigung und Resignation. Die einzige Möglichkeit, sich selbst zu schützen, sehen die Betroffenen in der Vermeidung eines (weiteren) Kontrollverlusts. Für das Organisationsentwicklungsprojekt erscheinen diese Mitarbeitenden kaum zugänglich. Die passiv-resignative Haltung der Betroffenen steht einer Teilnahme an den Projektgruppen – und somit neuen, potenziell korrigierenden Lernerfahrungen – entgegen.

Auch bei den im Folgenden als *passiv-neutral* bezeichneten Mitarbeitenden besteht nur eine geringe Bereitschaft zur Veränderung der Arbeitssituation in der Organisation. Während die Organisationsmitglieder mit einer passiv-resignativen Haltung bestrebt sind, die eigene Kontrollfähigkeit aufrecht zu erhalten, zeichnen sich diese Mitarbeitenden – wie die folgende Interviewaussage illustriert – eher durch eine gleichgültige Haltung aus:

> *Ehrlich gesagt tue ich nicht viel dafür, dass es hier besser wird. Ich nehme die Dinge einfach so hin, wie sie sind. Ich mache meine Arbeit, dafür bin ich ja da – keine Frage. Aber ich beschwere mich auch nicht. Ich bin nicht so, dass ich meckere.* [P5]

Wie bei den passiv-resignativen Mitarbeitenden findet kaum eine Beteiligung an den Projektgruppen statt. Die über Jahre etablierte Einstellung „Jeder ist sich selbst der nächste" [P1] verhindert, dass kollektive Anstrengungen zur Verbesserung der Arbeitssituation unternommen werden. Meist werden die eigenen Möglichkeiten der Veränderung kritisch gesehen. Stattdessen werden persönliche Interessen prioritär verfolgt. Indem Mehrarbeit vermieden wird, sollen eigene Ressourcen geschont werden. Diese Beobachtung passt zum theoretischen Modell der Ressourcenerhaltung (Hobfoll, 1998), nach dem das Motiv zur Vermeidung von Verlusten gegenüber einem Streben nach einem Aufbau neuer Ressourcen überwiegt. Stress entsteht aus dieser Perspektive, wenn ein Verlust individueller Ressourcen (z.B. Selbstwert) eintritt oder potenziell bevorsteht. Die Mitarbeitenden haben sich in ihrer Arbeitssituation arrangiert und nehmen wahrgenommene Missstände hin, ohne diese gestalten zu wollen. Der Privatsphäre, welcher eine hohe Bedeutung zugeschrieben wird, kommt eine kompensierende Funktion zu. Die Arbeitszufriedenheit in dieser Gruppe erweist sich daher weder als besonders hoch noch besonders niedrig.

Während die genannten Organisationsmitglieder durch ein tendenziell passives Verhalten gegenüber dem Organisationsprojekt gekennzeichnet sind, fällt ein Teil der Mitarbeitenden in den Projektgruppen durch eine *konfrontative* Haltung auf. Auch diesen Mitarbeitenden geht es darum, eigene Anliegen voranzubringen. Im Gegensatz zu den anderen beiden Gruppen zeichnen sie sich durch ein hohes Maß an Aktivität in den Projektgruppen aus. Die eigenen Ansichten werden dominant vertreten, sodass die Verfolgung kollektiver Zielsetzungen in den Projektgruppen in den Hintergrund gerät und von den Prozessbegleitern ein hohes Maß an Strukturierung, Moderation und Konfliktmediation verlangt, wie die folgende Schilderung verdeutlicht:

> *Der Kollege ist sehr dominant in seinen Belangen und versucht, seine Themen nach vorne zu bringen. Dann wird er natürlich sehr ausführend und lässt sich schlecht unterbrechen. Die anderen in der Gruppe interessieren ihn nicht. Das macht es schwer, die anderen Themen zu bearbeiten.* [P4]

Die geringe Bereitschaft, konkrete Ideen zur Veränderung der Arbeitssituation beizusteuern führt zu Konflikten in der Projektgruppe:

Es kam nicht eine produktive Meinung, wie es besser laufen könnte oder an welchen Schrauben wir drehen müssen. Das war wirklich ärgerlich. Der Kollege hat seine Meinung vertreten, aber nichts anderes zugelassen. [P2]

Wie das letztgenannte Zitat verdeutlicht, geht es den Mitarbeitenden mit konfrontativer Handlungsorientierung vor allem um eine Kritik an den bestehenden Verhältnissen in der Organisation. Die Unzufriedenheit mit der eigenen Arbeitssituation erweist sich als starker Motivator für eine Beteiligung an den Projektgruppen. Die mit der hervorgebrachten Kritik einhergehende Emotionalisierung legt nahe, dass es den Beteiligten nicht nur um eine Bemängelung der bestehenden Verhältnisse geht. Unter Umständen spielt auch die Möglichkeit zur Regulation der eigenen Emotionen im Dialog mit anderen eine bedeutsame Rolle für die Beteiligung am Projekt. Eine Veränderung der Arbeitsbedingungen erscheint den Betroffenen weniger erstrebsam. Möglicherweise ist dies der Fall, weil die eigenen Möglichkeiten der Veränderung aufgrund vergangener Erfahrungen als eher gering eingeschätzt werden. Entsprechend zielt das Verhalten dieser Organisationsmitglieder darauf ab, eigene kognitive Schemata und Erwartungen über die Organisationsumwelt im Sinne einer sich selbst erfüllenden Prophezeiung[165] zu bestätigen, um den Status Quo zu erhalten und einen (weiteren) Kontrollverlust zu vermeiden.

Die haben überhaupt kein Interesse daran, dass es besser wird. Denn das ist eine Gruppe, die sich darin suhlt, ständig über die Wache, die Vorgesetzten, den Ablauf, die Technik und die Fahrzeuge zu schimpfen. Für die gäbe es nichts Schöneres, als wenn dieses Projekt scheitern würde. Das ist dann eine selbsterfüllende Prophezeiung: Sie reden das Projekt bei jeder sich bietenden Gelegenheit schlecht und sorgen hintenherum dafür, dass es scheitert. [KFP1]

Eine weitere Gruppe von Mitarbeitenden zeichnet sich durch eine *neugierig-interessierte* Haltung zum Projekt aus. Die Mitarbeitenden weisen in der Regel eine moderate bis hohe Arbeitszufriedenheit auf. Es geht ihnen weniger darum, die

---

[165] Das Konzept der sich selbst erfüllenden Prophezeiung geht auf die Arbeit von Merton (1948) zurück: „The self-fulfilling prophecy is, in the beginning, a false definition of the situation evoking a new behavior which makes the original false conception come true. This specious validity of the self-fulfilling prophecy perpetuates a reign of error. For the prophet will cite the actual course of events as proof that he was right from the very beginning" (S. 195). Eine weitere Erklärung bezieht sich auf das Konzept der Kontrollüberzeugungen (Rotter, 1966; Kap. 5.1.4). Demnach stellt das gezeigte Verhalten der Beteiligten den Versuch dar, durch das Herbeiführen des vorhergesagten Ereignisses eine internale Kontrollüberzeugung aufzubauen.

Arbeitsbedingungen zu verändern. Im Vordergrund ihrer Beteiligung am Projekt steht der unspezifische Wunsch, etwas Neues zu lernen oder mitzunehmen:

> *Bei mir war das eher die Neugier: „Was wird da gemacht?" Und ich fand es, ehrlich gesagt, gut. Das ist eine Erfahrung mehr. Man lernt ja nie aus.* [P1]

Für die Mitarbeitenden stellt die Beteiligung am Projekt an sich schon eine gesundheitsfördernde Maßnahme dar. Der Wunsch, die Arbeitsverhältnisse in der Organisation zu verändern, steht weniger im Vordergrund. Die primäre Zielsetzung der Beteiligten besteht darin, für sich zu profitieren. Dennoch sehen die Mitarbeitenden das Projekt als sinnvoll an und sind in der Regel gewillt, einen Beitrag zu den Projektzielen zu leisten:

> *Primär ging es mir um die Schulung für die Prozessbegleiter. So etwas bringt im Arbeitsalltag auch andere Vorteile mit sich. Und als ich dann die Schulung mitgemacht habe, habe ich natürlich gesagt: „Dann kann ich auch eine Gruppe moderieren".* [PF]

Darüber hinaus sind in der Organisation Mitarbeitende mit einer *motivierten* Haltung anzutreffen. Diese zeichnen sich vor allem durch eine hohe Veränderungsmotivation aus:

> *Ich bin so ein Typ, der gerne möchte, dass bei der Berufsfeuerwehr etwas gut läuft. Ich wollte einfach, dass es irgendwie weitergeht, besser weitergeht und nicht so, wie es zu dem Zeitpunkt gerade lief. Man kann natürlich sagen: „Ich finde gut, dass es so etwas gibt und ich lass' die anderen mal machen." Aber irgendwie wollte ich mich mit einbringen.* [P2]

Die Mitarbeitenden, welche in der Regel zu den dienstjüngeren Organisationsmitgliedern zählen, sind überzeugt, die Arbeitssituation in der Organisation beeinflussen zu können. Ihr Ziel besteht vor allem darin, die Arbeitsbedingungen für alle Organisationsmitglieder zu verändern. Die Beteiligten erhoffen sich hierdurch einerseits eine Verbesserung ihrer persönlichen Arbeitssituation. Jedoch werden eigene Interessen zugunsten des Gemeinwohls tendenziell zurückgestellt. Im Fokus der Mitarbeitenden steht eine Verbesserung von Strukturen und Abläufen im Auftrag sämtlicher Beschäftigter. Die subjektive Überzeugung, über genügend Fähigkeiten, Fertigkeiten oder Ressourcen zur Realisierung dieses Ziels zu verfügen, resultiert in einer regen Beteiligung am Projekt.[166] Gleichzeitig können die Beteilig-

---

[166] Der festgestellte Zusammenhang zwischen einer hohen Beteiligung am Projekt und einer hohen wahrgenommenen Verhaltenskontrolle fügt sich in die Forschungsergebnisse zur Theorie

ten ihre Vorstellungen über die zu erreichenden Ziele präzise verbalisieren. Im Einklang mit der Zielsetzungstheorie von Locke und Latham (2002) haben die gesetzten Ziele zur Verbesserung der Arbeitssituation eine motivierende Wirkung:

Viele aus der Arbeitsgruppe wollen einen schönen Arbeitsplatz haben. Die wollen sagen: "Ich bin stolz, hier zu arbeiten." Wir reden nicht über utopische Maßnahmen. Wir haben realistische Ziele vor Augen, wo wir sagen: „Wir machen das jetzt einfach mal. Wir haben die Kompetenz, das zu machen." Das motiviert schon. [P6]

Die identifizierten Handlungsorientierungen sind nicht als Persönlichkeitseigenschaften, sondern vielmehr als Ergebnis individueller Lern- und Entwicklungsprozesse zu sehen. Beispielsweise wird deutlich, dass einige der als passiv-resignativ eingestuften Organisationsmitglieder in der Vergangenheit durchaus gewillt und motiviert waren, Veränderungen herbeizuführen. Die wiederholt gemachte Erfahrung erfolgloser Gestaltungsversuche führte zu einer Veränderung der Haltung der Betroffenen und zur Ausbildung eines Schutzmechanismus, um einen weiteren Kontrollverlust zu vermeiden. Ebenso lässt sich feststellen, dass manche zu, Beginn des Projekts motivierte, Personen eine zunehmend resignierte Haltung einnehmen:

Weil ich immer wieder ausgebremst wurde, hatte ich einfach keine Lust mehr. Ich habe resigniert und abgeschaltet. Es ist genau das eingetreten, was einige Kollegen schon vor dem Projekt bemängelt haben: Dass man durch die eigenen Reihen, aber auch durch die Führungskräfte, immer wieder blockiert wird. [P5]

Andererseits berichten einige der interviewten Personen, dass ihr Engagement zunächst nur auf ein allgemeines Interesse bzw. Neugier zurückzuführen war und sich die Motivation zur Veränderung der Arbeitssituation erst im Projektverlauf entwickelte.

Wie bereits vermutet, lässt sich feststellen, dass nur ein kleiner Teil der Organisationsmitglieder im Sinne von Argyris und Schön (1996) „on the organization's behalf" (S. 16) lernt. Vielmehr verschließt sich die Mehrheit der Beschäftigten vor neuen Lernerfahrungen. Es liegt nahe, dass die Einnahme einer passiv-resignativen, passiv-neutralen und konfrontativen Haltung einen subjektiven Versuch darstellt, eigene Vorstellungen und Erwartungen bezüglich der Organisation

---

geplanten Verhaltens („theory of planned behavior"; Ajzen, 1991; Ajzen & Fishbein, 2005) ein. So konnte gezeigt werden (u.a. Albarracin et al., 2001; Sheeran, 2002), dass die wahrgenommene Verhaltenskontrolle einer Person die Wahrscheinlichkeit zur Ausführung einer Handlung erhöht.

(z.B. dass man durch die Führungskräfte immer wieder blockiert wird) zu bestätigen, um auf diese Weise einen Kontrollverlust zu vermeiden. Die Wahl der Strategie zur Erreichung dieses Zustands fällt unterschiedlich aus. Während sich die Organisationsmitglieder mit passiv-resignativer und passiv-neutraler Haltung gänzlich einer Beteiligung am Projekt entziehen, fallen die konfrontativ orientierten Personen durch eine hohe Beteiligung und ein aktives Verhindern der Realisierung der Projektziele auf. Zudem bestätigt sich die These, dass das Gelernte eher in der Ausnahme als in der Regel den Idealvorstellungen einer Betrieblichen Gesundheitsförderung entspricht. So erlernen die als neugierig-interessiert eingeordneten Personen tendenziell die Techniken und Instrumente, welche für sie auch in anderen Kontexten als nützlich erlebt werden:

Für mich habe ich im Projekt durchaus positive Erfahrungen gesammelt. Ich habe ein paar andere Herangehensweisen kennengelernt, z.B. Dinge zu konkretisieren oder dergleichen. Das kann ich für mich privat nutzen und vielleicht auch für meine spätere berufliche Karriere. [P4]

Das von Senge (1990) propagierte Systemdenken als Fähigkeit, die Organisation und ihre Funktionsweise als Ganzes zu reflektieren, findet sich nur bei den motivierten Organisationsmitgliedern. Diese Personen verfolgen die kollektive Zielsetzung, die Arbeitssituation in der Organisation zu verbessern. Durch die Erfahrungen im Projekt erlernen die Organisationsmitglieder, welche individuellen Möglichkeiten der Einflussnahme auf organisationale Veränderungsprozesse zur Verfügung stehen. Wie das Beispiel „Intranet-Tool" verdeutlicht, werden solche Lernerfahrungen vor allem im praktischen Handeln und im sozialen Kontakt erworben. Die untenstehende Aussage illustriert, dass Lernerfahrungen auch dann gemacht werden, wenn eine Handlung nicht den vom Handelnden intendierten Effekt erzielt:

Das Thema ist uns entglitten. Keiner hatte damit gerechnet, dass das so rasant Fahrt aufnahm und regelrecht an uns vorbeizog. Von einem Treffen zum nächsten wurde unsere Idee umgesetzt – leider nicht so, wie wir uns das vorgestellt hatten. Gut, das war ein Fehler... Wir hätten schneller einen konkreten Vorschlag nachlegen müssen. [P3]

Es wird deutlich, dass viele Beteiligte durch die Erfahrungen im Projekt eine größere Bewusstheit über die Regeln und Machtverhältnisse in der Organisation erlangen. Sie erlernen, wie organisationale Rahmenbedingungen die Möglichkeiten einer organisationalen Veränderung strukturieren und für diese nutzbar gemacht werden können. Die folgende Aussage eines Beschäftigten aus dem mittleren

Dienst verdeutlicht, auf welche Weise organisationale Machtverhältnisse und implizite Regeln nach dem Projekt reflektiert werden:

Aus meiner Sicht ist es wichtig, die entsprechenden Leute mit ins Boot zu holen. Es gibt hier in der Feuerwehr ein paar Schlüsselfunktionen, die eine Idee mit tragen oder dagegen steuern können. Und es gibt die Mannschaft, den „normalen" Feuerwehrmann. Wenn man die an einen Tisch bringt und allen den gleichen Wissensstand vermittelt, ist es wesentlich einfacher, etwas umzusetzen. [A1]

Einen weiteren Lerngegenstand bilden die im Projekt aufgebauten sozialen Beziehungen. So berichten viele der im Projekt involvierten Akteure von der Erfahrung, ihre Kolleg/-innen oder Kooperationspartner/-innen auf eine andere Art und Weise kennengelernt zu haben:

Was einen menschlich voranbringt sind eigentlich nicht die Sitzungen. Das sind eher die Pausen, wo man einen Keks isst, einen Kaffee trinkt und sich nebenbei unterhält. Natürlich erfährt man dann etwas über sein Gegenüber, auch Privates. Mit der Zeit entwickelt sich eine Vertrautheit. Dadurch lernt man einen Menschen, den man vorher nur am Telefon hatte, ganz anders kennen. [KFP1]

Die Ergebnisse unterstreichen, dass individuelles Lernen im Rahmen gesundheitsfördernder Organisationsentwicklung als aktives Konstruieren von neuen Sinn- und Wissensstrukturen zu verstehen ist. Individuelles Lernen erfolgt aus dieser konstruktivistischen Sichtweise (z.B. Siebert, 1996) vor dem Hintergrund der Erfahrungen, Werte und Überzeugungen einer Person. Nur Lerninhalte, welche sich für das Relevanzsystem einer Person als anschlussfähig erweisen, werden integriert. Jedoch bilden die beobachteten Lernformen nicht nur kognitive Prozesse ab. Vielmehr liegt nahe, dass viele der berichteten Lernerfahrungen erst durch die Partizipation an einem sozialen Kontext erworben werden. Die Gemeinschaft einer Projektgruppe erfüllt in diesem Fall die Funktion einer Community of Practice. Im Folgenden wird näher auf die im Projekt etablierten Gemeinschaften eingegangen.

8.2.2 Gemeinschaft

Ausgehend von der These, dass organisationales Gesundheitslernen eingebettet in soziale Interaktionen erfolgt, liegt ein Fokus der empirischen Untersuchung auf den Charakteristika von Gemeinschaften. Auf Grundlage der empirischen Analyse werden vier Gemeinschaftstypen unterschieden. Tab. 12 illustriert das angewandte Codierschema.

Gemeinschaft	emotions-bezogen	konflikt-behaftet	beziehungs-orientiert	konstruktiv
Konflikte Ausmaß konfliktbehafteter Auseinandersetzungen	▲ hoch	▲ hoch	▼ niedrig	▼ niedrig / ◀▶ moderat
Kohäsion Ausmaß des emotionalen Zusammenhalts	▼ niedrig	▼ niedrig / ◀▶ moderat	▲ hoch	◀▶ moderat / ▲ hoch
Diversität Ausmaß der Unterschiedlichkeit der Erfahrungshintergründe der Mitglieder	▲ hoch	▲ hoch	▼ niedrig	◀▶ moderat
Zielorientierung Ausmaß der Ausrichtung der Gruppenaktivitäten an den Projektzielen	▼ niedrig	◀▶ moderat	◀▶ moderat	▲ hoch

Tab. 12: *Gemeinschaften*

Ein Teil der Projektgruppen, welcher infolge als *emotionsbezogen* bezeichnet wird, hat nicht oder nur mit wenigen Treffen stattgefunden. Im Vordergrund dieser Gruppen steht eine Artikulation eigener Bedürfnisse und negativer Emotionen. Die meisten Teilnehmenden sind nicht daran interessiert, konstruktive Ideen oder Vorschläge zur Gestaltung der Arbeitsbedingungen beizusteuern. Wie die folgende Aussage verdeutlicht, wird die Auseinandersetzung in der Gruppe vor allem durch eine negative Emotionalität dominiert.

Es hat nie ein Treffen gegeben, weil sich die Teilnehmer nicht einig waren. Ich denke, die haben das einfach nur als „Meckerrunde" gesehen. Das waren Kollegen, die gerne meckern und andere Leute anschieben, aber selber nichts machen wollen. Die wollten Dampf ablas-

sen. Und wenn man das in einer Gruppe tut, kann man sich hochschaukeln. Es war keiner bereit, aus der Freizeit zu kommen. [P5]

Infolge kommt die Zusammenarbeit in der Gruppe, soweit diese gestartet war, zum Erliegen. Es bestehen keine oder nur sehr wenige Kontakte zu anderen Projektgruppen oder Organisationsmitgliedern.

Während die emotionsbezogenen Projektgruppen die Zusammenarbeit in der Regel nach wenigen Treffen abbrechen oder gar nicht erst zustande kommen, finden die *konfliktbehafteten* Projektgruppen häufiger oder teilweise über den gesamten Projektzeitraum statt. Auch in diesen Gruppen fällt die Bereitschaft der Teilnehmenden zur Übernahme anfallender Aufgaben gering aus. Allerdings sind die Beiträge zeitweilig konstruktiv, sodass eine Arbeitsgrundlage vorhanden ist. Die Arbeitsergebnisse werden jedoch in der Regel durch Anstrengungen einzelner Gruppenmitglieder erzielt. Das Arbeiten in der Gruppe wird daher – trotz vorhandener Arbeitsergebnisse – von vielen Prozessbegleitern als emotional anstrengend und demotivierend empfunden:

Die Arbeit in der Projektgruppe hat nicht gut funktioniert. Ich bin oft aus der Freizeit gekommen und habe Überstunden gemacht. Die Vorschläge waren relativ konstruktiv. Aber die Bereitschaft, etwas zu tun, war einfach auch nicht da. [P5]

Die Kommunikation zwischen den Gruppenmitgliedern erweist sich aufgrund kaum vorhandener kollektiver Initiativen als mäßig. Es bestehen keine oder nur sehr wenige Kontakte zu anderen Gruppen oder Organisationsmitgliedern.

Im Gegensatz zu den beiden erstgenannten Typen gestaltet sich die Zusammenarbeit in den *beziehungsorientierten* Projektgruppen als angenehm, harmonisch und nahezu konfliktfrei:

Wir hatten Spaß in der Gruppe. Die Stimmung war immer gut. Die Leute wollten mitarbeiten und eine Verbesserung erzielen. Wir waren uns bestimmt nicht immer einig, aber es war ein super lockeres Zusammenarbeiten. Wir haben uns auch zwischen den Treffen unterhalten. Die anderen wurden aufgeklärt, wenn mal jemand gefehlt hat. Weil wir wirklich sehr engagiert waren, war das möglich. [P2]

Die Teilnehmenden kennen sich bereits aus vielfältigen beruflichen und privaten Kontexten, was zu einer hohen Kommunikationsdichte innerhalb der Gruppe beiträgt. Der einheitliche Hintergrund und die ähnlichen Sozialisationserfahrungen der Mitglieder führen jedoch dazu, dass die Arbeitsergebnisse teilweise oberflächlich erarbeitet werden und eine Umsetzung der erarbeiteten Maßnahmen eher ausbleibt:

> *Wir waren uns schon in der ersten Sitzung bei vielen Sachen einig. Dadurch, dass wir schnell fertig waren, ging es teilweise zu schnell, sodass die Themen teilweise abgehandelt wurden. Teilweise haben wir Lösungen ausgearbeitet, wo wir selber schmunzeln mussten, weil wir genau wussten, dass es ein sehr schwieriges Unterfangen wird, das umzusetzen.* [P2]

Durch die hohe Beziehungsorientierung dieses Gemeinschaftstyps spielen Konstruktivität und Produktivität eine tendenziell untergeordnete Rolle, sodass zurückgewiesene Maßnahmenvorschläge von den Teilnehmenden als weniger relevant empfunden werden.

Auch in den nachfolgend als *konstruktiv* bezeichneten Projektgruppen verläuft die Zusammenarbeit harmonisch und weitgehend konfliktfrei. Im Gegensatz zu den anderen Gemeinschaftstypen sind das Engagement und die Arbeitsmotivation der Teilnehmenden sehr hoch, sodass ein zielorientiertes und produktives Arbeiten möglich ist.

> *Die Stimmung war nie besonders gut oder schlecht. Den Teilnehmern war daran gelegen, gute Ergebnisse zu erzielen. Die Leute haben mitgearbeitet und hatten Ideen. Wir hatten Spaß, haben dummes Zeug geredet – wir haben aber auch vernünftig zusammengearbeitet.* [PF]

Die Teilnehmenden holen viele Informationen aus anderen Kontexten ein und vernetzen sich mit anderen Akteuren oder Gruppen außerhalb der Projektgruppe. Wie in den beziehungsorientierten Gruppen ist der Zusammenhalt aufgrund bereits bestehender, teilweise freundschaftlicher Kontakte in den konstruktiven Projektgruppen hoch. Die Teilnehmenden ähneln sich in Bezug auf ihre Zielsetzungen und Vorstellungen, haben jedoch unterschiedliche Erfahrungshintergründe, sodass ein konstruktiver Austausch vielfältiger Perspektiven entstehen kann:

> *Die Gruppe konnte sehr gut arbeiten. Es gab kaum persönliche Konflikte. Die Teilnehmer gehen auch alle im Alltag freundschaftlich miteinander um, treffen sich zum Kaffee und sind auch teilweise befreundet. Es wurde durchaus diskutiert, es gab verschiedene Ansichten. Wenn alle dieselbe Meinung haben, dann wird es schwierig, etwas Konstruktives zu schaffen. Wenn einer sehr abgeschweift ist, haben sich die Teilnehmer gegenseitig zurückgenommen. Die wollten nach vorne, waren konstruktiv und hatten das Ziel vor Augen. Als wir im Arbeiten waren und Maßnahmen umgesetzt wurden, war die Stimmung super. Der harte Kern trifft sich weiter und will auch weitermachen.* [P6]

Die benannten Gemeinschaftstypen sind nicht als statische Größen, sondern als Ergebnis dynamischer Entwicklungsprozesse zu verstehen. So war es nicht unüblich, dass eine anfangs eher konfliktbehaftete Projektgruppe im Laufe des Arbeitsprozesses zu einer konstruktiven Zusammenarbeit findet:

Die erste Zeit bestand aus Konfliktgesprächen. Dann sind wir ins Arbeiten gekommen. Die Teilnehmer haben gemerkt, dass sie plötzlich mitgenommen wurden. Die Gespräche am Anfang wurden deutlich weniger, weil wir schon Maßnahmen hatten, auf die wir sofort wieder einsteigen konnten. Das kam dann, das lief dann. [P6]

Auf der anderen Seite ist zu beobachten, dass zunächst konstruktiv agierende Projektgruppen angesichts ausbleibender Ergebnisse zeitweise eine demotivierte Haltung einnehmen:

Es gab zwischendurch einen Punkt, wo es nicht voranging... Wo man merkt: Es passiert nichts, wir kommen zu keinem Ergebnis. Dann bricht die Stimmung natürlich ein bisschen ein. Aber ich kann sagen, dass wir bis zum Ende gut zusammengearbeitet haben – bis auf diese kleinen Ausreißer zwischendurch, wo es stockte. [P3]

Darüber hinaus beschreiben einige der Beteiligten das Gefühl der Zugehörigkeit zu einer sozialen Gruppe und die Entdeckung gemeinsamer Vorstellungen und Werte im Sinne eines Epistemic Frame (Shaffer et al., 2009) als Teil des Lernprozesses. Die Projektgruppen fungieren in diesen Fällen als Communities of Practice (Lave & Wenger, 1991), welche ihren Mitgliedern ein Lernen durch Teilhabe ermöglichen:

Für mich ist der besondere Erfolg, dass ich mit Kollegen zusammengearbeitet habe, die es hier in der Feuerwehr wirklich besser laufen lassen wollen. Das sind Kollegen, die möchten, dass die Feuerwehr intern und extern wieder im rechten Licht dasteht. Es tut gut zu wissen, dass es doch relativ viele sind, die nicht nur hierherkommen, um Geld zu verdienen und dann unbeschadet wieder nach Hause zu gehen. Zu merken, dass es immer noch Leute gibt, die nicht nur auf die Älteren mit ihren Äußerungen „Es bringt sowieso nichts" hören. Das sind Kollegen, die meinen, dass wir etwas bewirken können, wenn wir alle an einem Strang ziehen. [P2]

Die Aussage verdeutlicht, dass viele der berichteten Lernerfahrungen erst durch die Partizipation an einer Community of Practice und die damit verbundene Entwicklung einer gemeinsamen Identität (z.B. „Kollegen, die etwas bewirken können") ermöglicht werden.

8.2.3 Regeln

Der vorliegenden Arbeit liegt ein strukturationstheoretisches Verständnis von Regeln und Ressourcen (Giddens, 1984, 1997) zugrunde. Die Verknüpfungspunkte zwischen der Strukturationstheorie und der empirischen Forschung liegen in der inhaltlichen Konkretisierung der abstrakten Konzepte „Handeln" und „Struktur" (Jäger & Meyer, 2003). Entsprechend besteht ein Anliegen der empirischen Studie in der inhaltlichen Füllung und Explikation von Regeln und Ressourcen. Tab. 13 und Tab. 14 kontrastieren die in der Organisationsstruktur angelegten Regeln der Legitimation und Signifikation mit den im Rahmen des Projekts eingeführten Werten, Normen und Grundannahmen.[167] Diese Regeln werden nachfolgend expliziert und im Hinblick auf ihre Auswirkungen auf den organisationalen Lernprozess interpretiert.

---

[167] Wie bereits angemerkt wurde, hat eine Unterscheidung zwischen Regeln und Ressourcen einen allenfalls analytischen Charakter und kann nicht vollständig trennscharf erfolgen. Die nachfolgend dargestellten Schemata reduzieren die gesellschaftliche Realität zugunsten einer Systematisierung.

Regeln	Modalitäten	Organisationsstruktur Funktion: Systemerhaltung	Projektstruktur Funktion: Systemveränderung
Legitimation / Sanktion	rechtliche Normen	• Feuerwehr- Dienstvorschriften (FwDV) • Brandschutzgesetze (BrandSchG)	• Arbeitsschutzgesetz (ArbSchG) • Grundgesetz • Ottawa-Charta
	formelle Regeln	• Laufbahnen und Hierarchien (BBesG) • Dienstgrade und Verantwortlichkeiten (FwVO) • Alarm- und Ausrückeordnung (AAO) • Standard-Einsatz-Regeln (SER)	• Projektplan • festgelegte Gremien: Steuerungsgruppe, Arbeitsgruppen • festgelegte Funktionen: Koordination, Prozessbegleitung, Projektgruppenmitglied • ggf. Regeln der Projektgruppen
	informelle Regeln	• Berichte ausschließlich an die nächsthöhere Ebene (auch außerhalb des Einsatzes) • Befehl / Gehorsam • Kollegiale Beziehungen sichern vertikalen und horizontalen Kommunikationsfluss („Flurfunk") • Sitzungen werden *geleitet*	• hierarchieübergreifendes Arbeiten auf Augenhöhe • vertikale und horizontale Vernetzung erwünscht • Sitzungen werden *moderiert*

Tab. 13: *Regeln der Legitimation (Organisations- und Projektstruktur)*

Die Einführung einer *Projektstruktur* zur gesundheitsfördernden Organisationsentwicklung markiert den Versuch, neue Regeln und Deutungsmuster zu etablieren. Die im Projekt aufgestellten Regeln und Rahmenbedingungen legitimieren ein eigenverantwortliches Handeln der Organisationsmitglieder. Auf diese Weise sollen sie hierarchie- und abteilungsübergreifende Kooperations- und Kommunikationsformen ermöglichen. Sie transportieren das neue Selbstbild des mündigen Individuums, das als Expert/-in der eigenen Arbeit Einfluss auf die Gestaltung organisationaler Rahmenbedingungen nimmt.

Regeln	Modalitäten		Organisationsstruktur Funktion: Systemerhaltung	Projektstruktur Funktion: Systemveränderung
Signifikation	Deutungsmuster	Selbstbild	• Retter/-innen und Helfer/-innen in der Not • Stolz und Identifikation: Feuerwehr als *Berufung* • Befehlsempfänger/-in	• eigenverantwortlich handelndes Individuum • Expert/-in der eigenen Arbeit
		Führungs-verständnis	• charismatisch, männlich, heldenhaft • Führung = Fachkompetenz und Entscheidungsmacht • Anweisung und Überwachung als Handlungsgrundlage • organisationale Veränderung als top-down initiierter Prozess	• unterstützend, mitarbeiterorientiert • organisationale Veränderung durch diskursive Prozesse auf allen Ebenen
		kollektive, sinnstiftende Werte	• Kameradschaft, Kollegialität und Zusammenhalt • Tapferkeit • „Männlichkeit" • Konservativismus und Tradition	• „Gesundheit für alle" • Befähigung (Empowerment) und Teilhabe • Eigenverantwortung und Selbstbestimmung • Chancengleichheit

Tab. 14: *Regeln der Signifikation (Organisations- und Projektstruktur)*

Das nachfolgend dargestellte Beispiel aus dem Steuerkreis illustriert, wie sich subjektive Regelsysteme in der Projektarbeit verändern können.

Es ging darum, dass wir unsere Schreibmaterialien immer von zu Hause mitbringen mussten. Also lautete der Vorschlag der Arbeitsgruppe, einen Vorrat Blöcke, Bleistift und Kugelschreiber in der Abteilung zu deponieren. Die Fachbereichsleitung reagierte überrascht und erwiderte: „Ist doch kein Problem. Im Sekretariat gibt es einen Schrank mit Büromaterial. Sagen Sie, was Sie brauchen, dann wird das bestellt." Jeder weiß, dass das Sekretariat das Büromaterial verwaltet. Es hätte einfach nur mal jemand dorthin gehen müssen, um einen Stapel Blöcke, Bleistifte und Kugelschreiber zu bestellen. Um dieses Problem zu lösen, brauchte es keine Arbeitsgruppe. Hinterher haben wir alle gedacht: „Das hätten wir einfach mal machen können, dann wäre das Problem gar nicht aufgetreten". [KFP1]

Die von vielen Beteiligten internalisierte Regel lautet: „Die Fachbereichsleitung entscheidet in sämtlichen Belangen – auch, über die Beschaffung von Schreibmaterial". Die in diesem Zusammenhang an die Fachbereichsleitung herangetragene Bitte impliziert eine in hohem Maße patriarchalische Sicht auf Führung. In der Diskussion wird diese Deutung abgelöst durch eine alternative Regel: „Mitarbeitende dürfen eigenverantwortlich handeln und sich selbstständig um ihre Schreibmaterialien kümmern".

Die Gegenüberstellung der Regelsysteme macht deutlich, dass Feuerwehren für andere Zwecke als die Gesundheitsförderung ihrer Beschäftigten geschaffen wurden und nach anderen Logiken operieren. Während die im Projekt etablierten Strukturen und Prozesse auf eine Veränderung durch die Einführung systemrelevanter Unterschiede und alternativer Verhaltensweisen abzielen, tragen die in der Organisationsstruktur angelegten Regeln weitgehend zur Stabilisierung der bestehenden Strukturen bei. Die Einführung von gesundheitsfördernder Organisationsentwicklung stellt eine Irritation des etablierten Regelsystems in der Feuerwehr dar. Nach Heintel und Krainz (2000) besteht die Funktion von Projekten in einer Aufdeckung von Defiziten der bestehenden hierarchischen und bürokratisch-funktionalen Arbeitsorganisation. Aus Sicht von Grossmann und Scala (1994) ist es jedoch wichtig, dass die Differenz zwischen Organisations- und Projektkultur nicht zu groß wird, damit eine Anschlussfähigkeit des Projekts an die Organisation gewährleistet bleibt.

In der *Organisationsstruktur* spiegeln sich die Regeln der Signifikation und Legitimation zunächst in einer allgemeinen Feuerwehrkultur (Yildirim-Krannig, Mähler & Wucholt, 2014) wider, welche durch einheitliche gesetzliche Vorgaben, Verordnungen sowie identitätsstiftende Merkmale wie z.B. die Bekämpfung von Feuer- und Brandgefahren, Uniformen oder Leitbilder gekennzeichnet ist. Die Strukturen und Abläufe in der untersuchten Wache entsprechen weitgehend den zuvor ausgeführten Schilderungen zum Wachalltag von Feuerwehrleuten (siehe Kap. 7.1). Wie erwartet, lässt sich eine hohe Identifikation eines Großteils der Beschäftigten mit ihrer Tätigkeit als Berufsfeuerwehrmann bzw. -frau ausmachen. Die berufliche Identität der Feuerwehrleute manifestiert sich in aller Deutlichkeit in der Diskussion um die Einführung eines neuen Wappens:

Das Wappen ist ein Alleinstellungsmerkmal für die Feuerwehr. Ein Wappen trage ich mit Stolz geschwellter Brust, nah am Herzen. Es steht „Berufsfeuerwehr" drauf. Das ist mein Job, den repräsentiere ich nach außen. So ein Wappen hebt mich von der freiwilligen Feuerwehr ab. Ich habe das als Beruf gelernt und nicht als Hobby. [KFP2]

Kameradschaft und Gemeinschaft spielen wie erwartet auch in der untersuchten Organisation eine bedeutsame Rolle, was sich in der Verwendung der Bezeichnung „Kamerad/-in" oder dem in den Interviews häufig gezogenen Vergleich zwischen den Kolleg/-innen und der eigenen Familie niederschlägt. Dies erscheint nicht weiter verwunderlich, als dass nahezu alle Organisationsmitglieder eine Ausbildung bei der Bundeswehr durchlaufen haben, wo Kameradschaft zu den Dienstpflichten gehört.[168] Die Sozialisationserfahrungen bei der Bundeswehr prägen das Führungsverständnis vieler Organisationsmitglieder:

> *Ich bin immer noch so ein bisschen bundeswehrstrukturiert. Wir haben hier eine Befehlskette. Wenn es Probleme gibt, gehe ich zu meinem direkten Vorgesetzten und nicht zu den Abteilungsleitungen oder der Fachbereichsleitung, auf gar keinen Fall. Ich stelle mich lieber hinten an.* [P2]

Auch außerhalb des Einsatzes ist der Wachalltag in starkem Maße durch Hierarchien geregelt. Deutlich wird dies an der häufig betonten Unterscheidung zwischen den Laufbahnen „mittlerer", „gehobener" und „höherer" Dienst sowie an der häufigen Verwendung der Bezeichnungen „Untergebene", „einfacher Feuerwehrmann", „unter jemandem arbeiten" oder gar „Niedriggestellte" bzw. „Hochgestellte". Als prominente Denkkategorien stellen Hierarchien in Feuerwehren eine zentrale Grundlage zur Legitimation des Handelns der Organisationsmitglieder dar. Die nachfolgende Aussage verdeutlicht, wie die hierarchisch-autoritäre Ordnung das eigene Selbstbild prägen kann:

> *In meinen Augen ist es nun mal mein Vorgesetzter, ob der mir nun passt oder nicht. Dann habe ich das zu tun, was er mir sagt. Sicherlich nur in einem gewissen Rahmen, aber das ist einfach meine Aufgabe als Nicht-Führungskraft oder als Untergebener.* [P5]

Die Aussagen der Interviewten bestätigen die Einschätzung von Yildirim-Krannig, Mähler und Wucholt (2014), dass sich jede Feuerwehr durch eine eigene Feuerwachenkultur auszeichnet, welche insbesondere die im Organisationsalltag praktizierten Kommunikations- und Führungsstile umfasst und organisationsspezifische Normen sowie Muster der Sinnzuschreibung hervorbringt. An den Äußerungen der Interviewten wird deutlich, dass auch außerhalb des Einsatzes ein hierarchisch-autoritärer Führungsstil dominiert:

---

[168] So heißt es nach §12 Soldatengesetz (SG): „Der Zusammenhalt der Bundeswehr beruht wesentlich auf Kameradschaft. Sie verpflichtet alle Soldaten, die Würde, die Ehre und die Rechte des Kameraden zu achten und ihm in Not und Gefahr beizustehen. Das schließt gegenseitige Anerkennung, Rücksicht und Achtung fremder Anschauungen ein".

Wir haben hier Wachabteilungsleiter, Bereichsleiter und Fachdienstleiter. Die sind ausgebildet und werden bezahlt, um Entscheidungen zu treffen. Das ist der normale Gang. [PF]

Auch wenn sich die Organisationsmitglieder in Bezug auf ihre Machtdistanz[169] unterscheiden und manche der Interviewten die Unterscheidung zwischen den Laufbahnen „mittlerer", „gehobener" und „höherer" Dienst als „Kastendenken" [KFP2] bezeichnen, wird die Entscheidungsmacht der Führungskräfte in der Regel nicht in Frage gestellt. Dennoch kritisieren die interviewten Organisationsmitglieder die bestehende Führungskultur vielfach:

Es gibt gewisse Führungskräfte, die hier „herrschen". Das sind keine Führungskräfte, das sind kleine Fürsten und Könige. Sobald man die in ihrem Bereich nur ein kleines bisschen kritisiert, vergessen die das nicht. [KFP2]

Obwohl die organisationalen Strukturen als gesundheitlich belastend wahrgenommen werden, lässt sich feststellen, dass einige Mitarbeitende und Führungskräfte – willentlich oder unwillentlich – bestrebt sind, das bestehende System zu *erhalten*. In diesen Fällen findet ein gesundheitsbezogenes Lernen weder auf individueller noch auf organisationaler Ebene statt. Mögliche individuelle Gründe für diese *Akteurblockaden*[170] (Schimank, 2011, S. 172) wurden in Kap. 8.2.1 diskutiert. Die Beobachtung, dass organisationale Veränderungen am Widerstand der Organisationsmitglieder scheitern können, erklärt jedoch nicht, warum in der betrieblichen Gesundheitsförderung häufig eine Lücke zwischen dem Engagement und der Weiterentwicklung von Individuen einerseits und andererseits einem Nicht-Lernen auf organisatorischer Ebene zu verzeichnen ist. Daher ist zu vermuten, dass auch organisationale Routinen und Strukturen gesundheitsbezogene Lern- und Veränderungsprozesse verhindern oder behindern können. Im Folgenden werden diese, von Schimank (2011) als *Organisationsblockaden* bezeichneten Phänomene, näher betrachtet. Von besonderer Relevanz für die Erklärung von Organisationsblockaden erscheinen vor allem solche handlungsleitenden Regeln, die normalerweise unausgesprochen und verdeckt bleiben (theories-in-use; Argyris & Schön, 1978, 1996).

---

[169] Nach Hofstede und Hofstede (2011) bezeichnet „Machtdistanz" eine Kulturdimension, welche das Ausmaß anzeigt, in dem eine Ungleichverteilung von Macht erwartet bzw. akzeptiert wird.

[170] Hiermit sind solche Phänomene gemeint, bei denen „der primäre Blockadefaktor in den Akteuren, also deren Handlungsorientierungen, oder in der Art von Konstellation, in der sie sich befinden" (Schimank, 2011, S. 172) zu verorten ist. Analog unterscheidet Argyris (1977) zwischen einer „primären Hindernisschleife", welche Lernhindernisse auf individueller Ebene beschreibt und einer „sekundären Hindernisschleife", welche Lernhindernisse auf überindividueller Ebene verortet.

Eine in der untersuchten Organisation unter nahezu allen befragten Organisationsmitgliedern verbreitete defensive Routine[171] stellt die Attribution jeglicher organisationaler Missstände auf die Fachbereichsleitung dar:

Die ehemalige Fachbereichsleitung war immer der „Buh-Mann". Das war immer Thema. Die Leute haben gesagt: "Ich würde ja gerne. Ich kann aber nicht, wegen der [ehemaligen] Fachbereichsleitung." Nun hat die Fachbereichsleitung gewechselt, diese Personen müssten jetzt eigentlich aktiv werden. Bis jetzt ist aber noch nicht viel passiert. [P6]

Auch wenn sie Lernen und Veränderung entgegenstehen, erweisen sich defensive Routinen zunächst als funktional. Die Zurückführung der eigenen Untätigkeit auf das Verhalten der Fachbereichsleitung entlastet die Organisationsmitglieder und schützt vor Gesichtsverlust, wenn beispielsweise eine Aufgabe nicht oder nur unzureichend erledigt wurde.

Insbesondere in konservativen Organisationen wie der Feuerwehr sprechen hierarchische Strukturen das Bedürfnis vieler Beschäftigter nach Gewissheit, Sicherheit und Ordnung an. Als besonders handlungsleitend erweisen sich die mit Führung implizit verknüpften, unreflektierten Bilder, Vorstellungen und Wünsche. Sie bieten den Individuen Sinnangebote für sie bewegende Themen und reduzieren die Komplexität der Organisationsumwelt. Sie vereinfachen den Berufsalltag durch die Einordnung von Werten, Verhalten oder Situationen. Andererseits stiften geteilte Vorstellungen von Führung Identität und Gemeinschaft, indem sie – neben der Möglichkeit das Selbst zu definieren – subjektive Handlungen verzahnen und eine Bindung zwischen den Organisationsmitgliedern erzeugen. Sie rechtfertigen die bestehende soziale Ordnung und die daraus resultierenden Macht- und Herrschaftsansprüche. Im Folgenden werden zwei zentrale *implizite Führungstheorien* (Eden & Leviathan, 1975, 2005) der Organisationsmitglieder analysiert.

---

[171] *Defensive Routinen* beschreiben „jegliche Handlung oder Politik, die Menschen vor negativen Überraschungen, Gesichtsverlust oder Bedrohung bewahrt und gleichzeitig die Organisation daran hindert, die Ursachen der Überraschungen, Gesichtsverluste und Bedrohungen zu reduzieren oder zu beseitigen. Organisationsbezogene Abwehrroutinen sind lernwidrig und (übermäßig) protektionistisch" (Argyris, 1999, S. 132). Im Gegensatz zu (offenem) Widerstand, Kritik oder Ablehnung handelt es sich um verdeckte organisationale Handlungsmuster (Carstensen, 2004). Baecker (1996) bezeichnet sie als jene „Mechanismen, mit denen sich ein Unternehmen davor bewahren kann, die eigenen Probleme zu lösen" (S. 71). Defensive Routinen beschreiben kein individualpsychologisches Phänomen, sondern wirken personenübergreifend. So stellen Argyris und Schön (1996) fest, dass defensive Routinen in Organisationen unabhängig von soziodemografischen Aspekten handlungsleitend wirken. Die Bearbeitung und Entkräftigung defensiver Routinen setzt nach Carstensen (2004) zunächst ein Erkennen derselben voraus. Erst die Reflexion der eigenen Praktiken ermögliche einen konstruktiven Umgang mit organisationalen Veränderungsprozessen.

8 Strukturen und Prozesse organisationalen Gesundheitslernens

„*Führung ist entschlossen, männlich, heldenhaft.*" Für die Mitarbeitenden in der untersuchten Organisation zeichnet sich Führung durch ein energisches, entschlossenes Auftreten und eine hohe Durchsetzungskraft aus. Auffällig ist, dass zur Beschreibung eines guten Führungsverhaltens in der Regel männlich konnotierte Attribute herangezogen werden. Die folgenden Aussagen pointieren, was viele Organisationsmitglieder mit einer guten Führungskraft verbinden.[172]

Keiner hat etwas dagegen, auch mal einen Anschiss zu kriegen. Es muss nicht immer alles nur Butterblumen sein und duften. Sich nicht alles gefallen zu lassen ist meiner Meinung nach auch eine Art von Chefsein. [P2]

Und dann hat der neue Fachbereichsleiter Luft geholt und sich verbal mit dem Personalrat ‚geprügelt'. Der Fachbereichsleiter ist ja auch eine sehr imposante Erscheinung und verfügt über ein starkes Organ. Alle dachten: „Boah, ist das ein geiler Chef! Der schaut nicht nur auf den Boden und hält den Mund, sondern gibt auch mal Gegenfeuer". [KFP1]

Die Beschreibungen verdeutlichen die Wunschvorstellung einer heroischen Führungskraft, welche entschlossen die Ziele der Organisation und der Mitarbeitenden verfolgt.

„*Führung ist allmächtig.*" Allgemein lässt sich feststellen, dass der Einfluss der Fachbereichsleitung insbesondere durch die Basis der Mitarbeitenden im mittleren Dienst zulasten der Beachtung anderer Kontextfaktoren deutlich überschätzt wird. Meindl, Ehrlich und Dukerich (1985) beschreiben diesen Effekt als *Romance of leadership* (Herrmann & Felfe, 2009; Meindl, Ehrlich & Dukerich, 1985). Organisationale Veränderungen werden den Handlungen einer einzelnen Person zugeschrieben. Besonders deutlich wird die Romantisierung von Führung in Äußerungen wie „Neue Besen kehren gut" [P1], „Der Fisch fängt immer vom Kopf an zu stinken" [KFP2] oder „Das Problem liegt an der Führungsebene" [P1]. Viele Beschäftigte sehen den Austausch der obersten Führungskraft als (einzig) probates Mittel zur Lösung organisationaler Problematiken an. Missstände und Erfolge werden auf diese Weise personalisiert, eigene Möglichkeiten der Einflussnahme unterschätzt. Auf den höheren Führungsebenen relativiert sich das Bild der Allmächtigkeit von Führung:

---

[172] Dabei geht es nicht darum, ob eine Person diese Attribute tatsächlich zeigt, sondern ob ihr diese von der Belegschaft zugeschrieben werden. Daher ist zu bedenken, dass die Definitionsmacht, was eine gute Führung ausmacht, stets bei den Beobachtenden – und nicht der Führung selbst – liegt (Weibler, 2012).

Wenn die Fachbereichsleitung sagt: "Wir machen das so", denken viele: "Dann machen wir das auch alle". Das ist nicht realistisch. Wenn man nicht alle Führungskräfte mitnimmt, wenn die Belegschaft nicht mitgenommen wird, dann kann die Fachbereichsleitung das ständig wiederholen, es passiert dann trotzdem nicht. [P6]

Nach Crevani, Lindgren und Packendorff (2007) geht die tendenzielle Unterschätzung des eigenen Einflusses auf das zuvor skizzierte Heldenbild von Führung zurück. Während in der Führungskraft eine Art omnipotente(r) Superheld/-in gesehen wird, ist das Selbstbild der Mitarbeitenden von einer Vorstellung als „inferior creatures in constant need for assistance and rescue" (Crevani, Lindgren & Packendorff, 2007, S. 48) geprägt. Auf diese Weise überhöht der Heldenmythos den Glauben an die Einflusskraft von Führung, während das Bedürfnis nach einer Übernahme von Eigenverantwortung in den Hintergrund rückt.

Hinzu kommt, dass die eigenverantwortliche, selbstständige Arbeitsweise im Rahmen gesundheitsfördernder Organisationsentwicklung den meisten Mitarbeitenden bei der Feuerwehr nicht geläufig und daher potenziell angstbehaftet ist. Sie steht den mit der ausgeprägten hierarchischen Struktur einhergehenden Regeln und Ressourcen (Kap. 8.2.4) entgegen. In einer Organisation, deren Erfolg sich daran misst, auf das Unbekannte so weit wie möglich vorbereitet zu sein, stellt die Teilnahme an einem Projekt mit ungewissem Ausgang möglicherweise eine Bedrohung dar. Da die Befürchtung, sich der Aufgabe nicht gewachsen zu fühlen oder mit einem Anliegen zu scheitern, in maskulin geprägten Organisationen wie der Feuerwehr nicht artikulierbar ist, versuchen die betroffenen Organisationsmitglieder rationale Begründungen für eine Nichtteilnahme am Projekt anzuführen.

Nach Halbwachs (1991) entscheidet die Mitgliedschaft in einem sozialen Gefüge darüber, welche Erinnerungen erworben und abgerufen werden. Als handlungsleitende Theorien bilden vergangene, kollektivierte Lernerfahrungen das *Gedächtnis der Organisation* ab. Sie präformieren auf diese Weise zukünftige Lernerfahrungen der Organisationsmitglieder (Argyris, 1999). Organisationen entwickeln infolge ein eigenes Gedächtnis (Hedberg, 1981), vor dessen Hintergrund vergangene Erlebnisse eingeordnet und neue Erfahrungen interpretiert werden.

In der untersuchten Organisation haben viele Mitarbeitende durch entmutigende Erfahrungen gelernt, dass Innovationen am Widerstand der Organisation scheitern können. So ist ein vor Jahrzehnten unternommener Versuch zur Etablierung eines Verbesserungszirkels selbst denjenigen Mitarbeitenden in negativer Erinnerung geblieben, die zum damaligen Zeitpunkt noch nicht in der Feuerwehr gearbeitet haben. Diese Beobachtung weist darauf hin, dass es sich um ein überindividuelles Phänomen handelt.

Die negativen Erfahrungen, die hier über Jahrzehnte gemacht wurden, bekommen wir nicht mit einem mal ausgebügelt. Es gab vorher einen Verbesserungszirkel, der komplett eingeschlafen ist. Es gab einen ominösen Briefkasten, wo anonym Verbesserungsvorschläge eingereicht werden konnten. Niemand wusste, ob das jemals bei der Fachbereichsleitung ankommt oder ob direkt dahinter ein Schredder hängt. Da gab es keine Rückmeldung, deswegen hat das natürlich niemand genutzt.
[PF]

Indem sie erklärende, interpretationserleichternde Elemente enthält (z.B. „Der Briefkasten wurde nicht genutzt, weil es keine Rückmeldung gab"), legt die oben zitierte Narration auf indirekte Weise bestimmte Interpretationsmuster nahe (Czarniawska, 1997). Die transportierten Emotionen und Erfahrungen prägen sich in das Gedächtnis einer Organisation ein. Neuen Organisationsmitgliedern wird – unabhängig von gegenwärtigen organisationalen Praktiken – vermittelt, dass Verbesserungsvorschläge nicht erwünscht sind oder gehört werden.

Für die Realisierung Betrieblicher Gesundheitsförderung stellen negative, im organisationalen Gedächtnis kollektivierte Erfahrungen organisationaler Ohnmacht ein Hindernis dar. Dies ist insbesondere dann der Fall, wenn negative Erfahrungen – meist in Form von Erzählungen und Anekdoten – an neue Mitarbeitende weitergegeben und internalisiert werden. Wurde in der Vergangenheit wiederholt die Erfahrung gemacht, dass Mitarbeitende nicht gehört werden, hat dies weitreichende Auswirkungen auf die Beteiligung an zukünftigen Projekten zur gesundheitsfördernden Organisationsentwicklung. Im umgekehrten Fall gehen erfolgreiche Problemlösungsstrategien in ein überindividuelles, organisationales Gedächtnis ein.

8.2.4 Ressourcen

Aus strukturationstheoretischer Perspektive beschreiben Ressourcen das Vermögen der Akteure, in Geschehnisse eingreifen zu können. Giddens (1997) unterscheidet allokative und autoritative Ressourcen. Die untenstehenden Tab. 15 und Tab. 16 skizzieren die in der Organisations- und Projektstruktur inkorporierten Ressourcen.

8 Strukturen und Prozesse organisationalen Gesundheitslernens

Ressourcen	Machtmittel	Organisationsstruktur Funktion: Systemerhaltung	Projektstruktur Funktion: Systemveränderung
allokativ Vermögen, materielle Aspekte sozialer Situationen zu gestalten oder zu kontrollieren	Möglichkeiten der Kommunikation und Reflexion	• Aufenthaltsräume und Arbeitszusammenhänge als Foren des unstrukturierten Austauschs (innerhalb einer Abteilung)	• Projektgruppen als Foren für abteilungs- übergreifenden Austausch • Räume • Zeit (Möglichkeit zum Überstundenaufbau) • Material (Flipcharts, Stifte, Metaplanwände)
	Kommunikations- und Arbeitskultur	• Vermittlung kommunikativer Kompetenzen in der Feuerwehrausbildung (sehr begrenzt)	• Befähigung zu strukturiertem Austausch und Moderation, z.B. durch: - Definition von Regeln der Zusammenarbeit - Strukturierung (z.B. Ziele definieren, Prioritäten setzen, Clustern, Controlling) - Arbeitsorganisation (z.B. Delegation) - Ergebnissicherung und -darstellung

Tab. 15: *Allokative Ressourcen (Organisations- und Projektstruktur)*

Zunächst ist im Zusammenhang mit der Projekteinführung eine Zunahme *allokativer* Ressourcen festzustellen. Während sich die Möglichkeiten zur Kommunikation und Reflexion in der Vergangenheit auf die direkten (horizontalen) Arbeitsbeziehungen während der Dienstzeit beschränkten, bieten die Projektgruppen eine Möglichkeit zum organisations- und abteilungs- bzw. schichtübergreifenden Austausch. Der Austausch in den Arbeitsgruppen wird durch die Bereitstellung von Räumen und neu beschafften Arbeitsmaterialien (z.B. Moderationskoffer) unterstützt. Die Erlaubnis zur Anrechnung von Überstunden ermöglicht einen Austausch von Mitarbeitenden verschiedener Wachabteilungen. Dies stellt insofern eine Besonderheit dar, als dass die unterschiedlichen Wachabteilungen normalerweise rotieren und die Wache unabhängig voneinander besetzen (siehe Kap. 7.1.2).

Darüber hinaus erlernen die Beteiligten, wie Projektgruppensitzungen gestaltet werden können. Wie die folgende Aussage illustriert, werden diese Kompetenzen im Rahmen der Feuerwehrausbildung nur sehr begrenzt vermittelt:

Im Ausbilderlehrgang wird nur noch mit PowerPoint gearbeitet. Da brauche ich nur auf den Knopf zu drücken und das nächste Bild erscheint. Viele übertreiben das komplett und zeigen einen „Folienfilm", nach dem keiner was verstanden hat. [P3]

Eine in den Interviews immer wieder benannte Ressource stellt die strukturierte Moderation dar, welche den Prozessbegleitern im Rahmen eines zweitägigen Workshops handlungsorientiert vermittelt wurde. Sie ermöglicht eine Strukturierung und Steuerung des Arbeitsprozesses in den Projektgruppen.

Für mich war die Prozessbegleiterschulung ein Highlight. Insbesondere das Einüben von Problemlösungsstrategien in der Gruppe fand ich sehr spannend, das war neu für mich. Wenn ich [als Führungskraft] moderiere, dann sitzt der Großteil der Leute einfach da und hört zu, dann muss ich mich in keine Diskussionen begeben. Das ist in einer Arbeitsgruppe anders. [KFP1]

Ressourcen	Machtmittel	Organisationsstruktur Funktion: Systemerhaltung	Projektstruktur Funktion: Systemveränderung
autoritativ Ressourcen der Machtausübung über Personen oder Akteure	Hierarchie	• zugewiesene Befehlskompetenz (Führungskräfte)	• Entscheidungskompetenz (Führungskräfte)
	Wissen	• Wissensvorsprung	
	Rollenbefugnisse	• Rolle als Führungskraft ermöglicht: - Kontrolle wichtiger interner Kommunikationskanäle und Informationsquellen - Gestaltung formaler organisatorischer Regeln zur Erweiterung / Einengung des Aktionsfeldes der Beschäftigten - Kontaktgestaltung nach innen und außen (begrenzt) - Aneignung relevanten Fachwissens	• Rolle als Prozessbegleiter / Koordinator / Arbeitsgruppenmitglied ermöglicht: - Kontaktgestaltung und Vernetzung nach innen und außen - Aneignung relevanten Fachwissens (begrenzt)
	subtile Möglichkeiten der Einflussnahme	• Kontrolle über Beförderung („Karriere-Macht") • Meinungsbildung durch Mobilisierung des Kommunikationsflusses mittels kollegialer Beziehungen („Flurfunk")	• Unterwachung (Luhmann, 2016; Beeinflussung von Entscheidungsprozessen mittels Vorsortierung und Erstellung von Entscheidungshilfen)

Tab. 16: *Autoritative Ressourcen (Organisations- und Projektstruktur)*

Ebenso lässt sich – zumindest bei den Projektbeteiligten – eine Zunahme *autoritativer* Ressourcen beobachten. Eine zentrale in der hierarchischen Ordnung der Organisation angelegte autoritative Ressource stellt die den Führungskräften zugewiesene Befehlskompetenz dar. Kühl (2011) beschreibt den Mechanismus der Machtausübung mittels Hierarchie folgendermaßen:

Weil Mitglieder mit dem Eintritt in die Organisation sich nicht nur mit der Einführung der von ihnen erwarteten Aufgabe, sondern auch mit der Unterwerfung unter die Hierarchie einverstanden erklären, können Chefs Folgebereitschaft erwarten – und bei Nichtbefolgung die Mitgliedsfrage stellen. (Kühl, 2011, S. 84)

Zudem speist sich die Macht der Führungskräfte in der Feuerwehr in hohem Maße durch einen Wissensvorsprung, welcher von vielen Interviewten als „Herrschaftswissen" beschrieben wird, z.B.:

Der ehemalige Fachbereichsleiter hatte ein „Herrschaftswissen". Wenn er im Urlaub oder krank war, wusste keiner, was zu machen ist. Zum Beispiel, wen ich beauftrage, um eine Heizung zu reparieren. [KFP2]

Es wurde bereits deutlich, dass Macht und Kontrolle in konservativen Organisationen wie der Feuerwehr als eine dominante Grundlage des Handelns angesehen werden. Arbeitsbeziehungen werden durch Befehl und Gehorsam geprägt, sodass Entscheidungen in der Regel von den Führungskräften getroffen werden. Nach Crozier und Friedberg (1979) werden Hierarchien wirksam, indem formale organisatorische Regeln zur Erweiterung oder Einengung des Aktionsfeldes der Beschäftigten genutzt werden. Der ehemaligen Fachbereichsleitung wird in diesem Zusammenhang ein besonders patriarchalischer Führungsstil zugeschrieben:

Die frühere Fachbereichsleitung hat alles entschieden. Sogar, ob ein Kugelschreiber gekauft wird. Das durfte keiner sonst entscheiden. [P3]

Die frühere Fachbereichsleitung wollte immer auf alles drauf schauen und die Macht haben. Da war es so, dass er als allererster drauf geschaut hat und die Aufgaben dann delegiert hat. [PF]

Nach Kühl, Schnelle und Schnelle (2004) verändert jede Regeländerung das organisationale Machtgefüge. So lässt sich feststellen, dass sich das Machtprofil in der Organisation seit Beginn des Projekts verändert hat. Eine neue Machtquelle stellt der vereinfachte Zugang der Projektbeteiligten zu wichtigen Kooperationsbeziehungen dar. Indem sie zentrale Unsicherheitszonen besetzen, können die Projektbeteiligten als Gatekeeper zusätzlichen Einfluss durch ihre Stellung im Organisationsnetzwerk und die damit verbundene Kontrolle zentraler Kommunikations- und Informationskanäle erlangen (Burt, 1992). Die wachsende Einflussnahme wird durch die neuen Rollen als Koordinator oder Prozessbegleiter befördert, welche eine hierarchieübergreifende Kontaktgestaltung sowie – in begrenztem Maße – eine Aneignung von relevantem Fachwissen im Rahmen der Arbeit in den Projektgruppen ermöglichen. Obwohl weiterhin eine eindeutige hierarchische Ordnung existiert, besitzen die Führungskräfte trotz der ihnen zugewiesenen Entscheidungskompetenz daher nur eine begrenzte Steuerungsfähigkeit. Die formal legitimierte Befehlserlaubnis und die faktische Einflussnahme auf Entscheidungen fallen auseinander (Kühl, 2011).

Die Beeinflussung von Entscheidungsprozessen durch die Mitarbeitenden bezeichnet Luhmann (2016) als *Unterwachung*. Er stellt fest, dass eine Organisation nur funktionieren kann, wenn die Führungskräfte effektiv unterwacht werden. Luhmann (2016) nimmt an, dass die Macht der Geführten auf der Komplexität der durch die Führungskraft zu treffenden Entscheidungen auf der einen sowie ihrer Aufmerksamkeits- und Zeitknappheit auf der anderen Seite beruht. Führungskräfte werden mittels Unterwachung zum „Werkzeug bei der Durchsetzung von Plänen und Absichten" (Luhmann, 2016, S. 90), indem Sachverhalte vorstrukturiert und Entscheidungshilfen vorgelegt werden. Unterwachung stellt aus dieser Perspektive kein Instrument zur Manipulation oder zur einseitigen Durchsetzung von Interessen dar. Eine gelungene Unterwachung ist auf eine vertrauensvolle Kooperation angewiesen.[173] Die Daten weisen darauf hin, dass Unterwachung als subversive Strategie der Einflussnahme im Rahmen des Projektes in vielen Situationen praktiziert wird.[174] Das folgende Zitat illustriert ein von allen Beteiligten als erfolgreich betrachtetes Vorgehen:

Wir haben uns bereits im Vorfeld Gedanken zu einem neuen Beschaffungskonzept gemacht. Mit dieser Ausarbeitung sind wir zu dem zuständigen Vorgesetzten gegangen. Klar gab es hierzu unterschiedliche Ansichten. Er war der Meinung, das wäre zu viel und dass wir noch etwas streichen sollten. Dann haben wir als Begründung vorgelegt, was man mit unserem Vorschlag sparen kann. Wir haben uns dann verständigt, sodass wir auf einen Nenner gekommen sind. Er fand das Konzept dann auch gut. [P3]

Zurückzuführen ist die beobachtete Zunahme von Unterwachungsstrategien vermutlich auf die im Projekt initiierte Befähigung der Akteure, Lösungen strukturiert zu erarbeiten sowie Arbeitsprozesse vor- und nachzubereiten. Zudem erhalten die Projektbeteiligten durch ihre neuen Rollen als Koordinator, Prozessbegleiter oder Arbeitsgruppenmitglied eine Möglichkeit zur direkten Absprache mit den

---

[173] Nach Luhmann (2016) kann „durch vertrauensvolle Kooperation [...] die Macht auf beiden Seiten gesteigert werden. Sabotage dagegen führt zu Immobilismus und kann eigentlich nur politisch, nicht bürokratisch sinnvoll sein" (S. 98).

[174] Auch zuvor wurden in der Organisation Strategien zur Unterwachung von Führungskräften praktiziert. Im Zuge der Projekteinführung ist allerdings eine deutliche Zunahme von Unterwachung zu verzeichnen.

Vorgesetzten, was die Kontaktaufnahme erleichtert. Auch wenn anhand der vorliegenden Daten zahlreiche Unterwachungsversuche zu verzeichnen sind, erweist sich Unterwachung nicht immer als ein probates Mittel zur Beeinflussung von Entscheidungen. Die folgenden Aussagen zeichnen nach, dass eingeschliffene Machtspiele organisationale Veränderungsprozesse blockieren können:

Was die Führungskraft möchte, passiert – und der Rest nicht. Das wird teilweise auch kommuniziert: „Da habe ich jetzt keine Lust zu. Ich habe keine Zeit dafür. Das mache ich nicht." [P6]

Ein Teil der Führungskräfte – insbesondere die älteren – haben Angst, in ihrer Macht beschnitten zu werden. Dadurch, dass andere Mitarbeitende an der Entscheidungsfindung, die sie vorher alleine hatten, teilhaben, fühlen die sich „abgesägt". [KFP1]

Zudem kann sich ein organisationales System gegen Strategien der Unterwachung auf legitime Art und Weise wehren, indem es den Unterwachenden zum Vorgesetzen macht (Luhmann, 2016). So wurde ein Prozessbegleiter, der sich im Projekt als Vertreter der Basis besonders hervortat, während des Untersuchungszeitraums zum Wachabteilungsleiter befördert.

Der im Projekt erzeugten *Transparenz* kommt als Machtressource eine ambivalente Funktion zu. Auf der einen Seite zeichnet sich gesunde Arbeit dadurch aus, dass sie Sinn macht, transparent ist, Spielräume eröffnet sowie Beteiligung und Einflussnahme ermöglicht (Antonovsky, 1997; Udris et al., 1992). So werden organisationale Entscheidungen und Prozesse durch die Bearbeitung in den Projektgruppen für die Mitarbeitenden transparenter und nachvollziehbarer. Jedoch verdeutlicht das folgende Zitat, dass durch Transparenz auch Kompetenzdefizite aufgedeckt werden:

Wenn eine Führungskraft in der Projektgruppe fachlich falsche Dinge anmerkt, dann hat sie in diesem Moment eine schwierige Rolle, denn die Mitarbeitenden merken, dass diese Person fachlich nicht so viel drauf hat. [P6]

Die Aussage illustriert, wie eine Mitwirkung im Projekt die Führungskräfte potenziell verletzbar machen kann. Nach Kern (2000) kann „das Wissen um diese potenzielle Verletzbarkeit [...] in ein risikoaverses Verhalten umschlagen, das der Erneuerung dann zuwiderläuft" (S. 33). Infolge lässt sich beobachten, dass die betroffenen Führungskräfte versuchen, dem wahrgenommenen Aufdecken bisheriger Praktiken durch den gezielten Gebrauch der eigenen zur Verfügung stehenden Machtmittel entgegenzusteuern. So wird das Projekt von manchen Führungskräften boykottiert, indem Scheinargumente vorgebracht werden, das Projektvorhaben schlechtgeredet wird, Entscheidungen nicht getroffen werden oder Informationen – wie im nachfolgenden Beispiel – bewusst zurückgehalten werden:

> *Selbst die Mitarbeiterin, die fachlich in der Lage wäre sich einzuarbeiten wird im Dunkeln gelassen, was bisher in der Abteilung unternommen wurde. Denn sie könnte ja feststellen, dass vieles bisher nicht so optimal gelaufen ist.* [P6]

Eine weitere potenzielle Bedrohung der Führungskräfte besteht in der Befähigung der Mitarbeitenden, soziale Situationen durch eine strukturierte Moderationsweise zu gestalten und zu beeinflussen:

> *Ich nehme wahr, dass manche Mitarbeiter anders mit den Führungskräften umgehen, also strukturiert arbeiten, vorankommen wollen, Arbeitspakete verteilen und konkretisierende Fragen stellen. Dann gibt es nicht nur Gegenliebe, weil die Führungskräfte denken: "Ich werde hier festgenagelt". Das ist spannend zu sehen, dass die Mitarbeiter das können, wollen, fordern.* [P6]

Auch wenn durch Macht definierte Beziehungen auf den ersten Blick asymmetrisch erscheinen, liegt nahe, dass in der untersuchten Organisation beide Seiten profitieren. Hierarchien leisten einen wichtigen Beitrag zum Funktionieren einer Organisation, denn letztlich „können alle Unklarheiten, Widersprüchlichkeiten und Ambiguitäten so lange nach oben geschoben werden, bis sie an die Stelle kommen, die die Sache wieder ‚in (die) Ordnung' bringt" (Kühl, 2011, S. 85). Auch der „vermeintlich Machtlose kann also ein Interesse haben, die Beziehung aufrecht zu erhalten" (Kühl, Schnelle & Schnelle, 2004, S. 75). Die beobachteten Unterwachungsstrategien lassen darauf schließen, dass Hierarchien eine Möglichkeit für gegenseitige Einflussnahme darstellen.[175] Kühl (2011) vermutet, dass die Leistungsfähigkeit einer Organisation gerade in der Gegenläufigkeit von Top-down und Bottom-up Machtprozessen zu verorten ist. Indem Entscheidungen getroffen werden, kommt den Führungskräften im Projekt auch eine ermöglichende Rolle zu. Dies zeigt sich insbesondere durch den im Verlauf des Projekts vollzogenen Wechsel der Fachbereichsleitung, welcher zu einem zeitweisen Stillstand der Arbeit im Steuerkreis führte. Demnach kommt hierarchischen Strukturen vermutlich

---

[175] Diese Erkenntnis dürfe, so Kühl (2011), jedoch nicht zu der Annahme einer Symmetrie der Macht zwischen Führungskräften und Mitarbeitenden führen. „Hierarchien sind [...] Beziehungen, in denen zwar beide Seiten etwas zu bieten haben, aber eine Seite – aufgrund der beherrschten Machtquellen – immer etwas mehr herausholen kann als die andere" (Kühl, 2011, S. 87).

sowohl eine lernhemmende (Faulstich & Tymister, 2002; Hiestand, 2017), als auch eine lernförderliche Wirkung zu.

8.2.5 Gegenstände

Der Gegenstand eines Tätigkeitssystems fungiert als Start- und Endpunkt des Arbeitsprozesses. Wie am Beispiel „Intranet-Tool" (Kap. 8.1.2) deutlich wird, unterliegt er im Laufe der Projektgruppenphase vielfältigen Modifikationen. Im Rahmen gesundheitsfördernder Organisationsentwicklung besteht die Aufgabe der Arbeitsgruppen darin, die von den Mitarbeitenden benannten Problematiken und Veränderungsbedarfe (siehe Abb. 18, S. 160) anhand konkretisierender Fragen zu vertiefen. Auf Grundlage von Zielformulierungen sollen Maßnahmenvorschläge erarbeitet werden, welche anschließend direkt mit den jeweiligen Führungskräften oder in der Steuerungsgruppe abgestimmt werden sollen. Tab. 17 skizziert die unterschiedlichen Abstraktionsgrade der im Projekt vorgeschlagenen Maßnahmen.

	Gegenstand	Beschreibung	Beispiele
konkret ↑	fachbezogene Themen	klar umrissene Themen, welche die Gestaltung konkreter Einzelaspekte und -bereiche im Arbeitsalltag betreffen	• Videoüberwachung des Parkplatzes • Beschaffung von Helmlampen • Einführung eines neuen Feuerwehrwappens
	überfachliche, organisationale Prozesse	überfachliche Themen, welche mehrere Organisationsbereiche betreffen und auf die Gestaltung benennbarer Prozesse und Umgangsweisen zielen	• Umgang mit Verbesserungsvorschlägen • Überführung der Projektabläufe in die Linienorganisation • Neueinführung eines IT-Systems
↓ abstrakt	Visionen	allgemeine, noch wenig spezifizierte Zukunftsvorstellungen und / oder programmatische Forderungen	• Zukunft der Wache • alternsgerechtes Arbeiten • gerechte Entlohnungssysteme („Niemand geht mit A7 nach Hause")

Tab. 17: *Gegenstände*

Es zeigt sich, dass klar definierte Lösungsvorschläge zu einzelnen *Fachthemen* die größte Umsetzungschance aufweisen. Diese in der Regel leicht und in einem absehbaren Zeitraum realisierbaren „Quick Wins" werden mit der zuständigen Führungskraft abgestimmt und durch diese abgelehnt oder bewilligt, bevor eine Umsetzung erfolgt. Eine Thematisierung in der Steuerungsgruppe erfolgt in der Regel erst, wenn keine Einigung erzielt werden kann. Darüber hinaus werden Lösungsvorschläge zu *überfachlichen Themen* eingebracht, welche mehrere Organisationsbereiche betreffen und sich auf organisationale Prozesse und Umgangsweisen beziehen. Aufgrund ihres fachübergreifenden Charakters erfolgt die Abstimmung dieser Themen in der Steuerungsgruppe. Die Bearbeitung in der Arbeitsgruppe erfordert meist mehrere Sitzungen und nimmt einen größeren Zeitraum in Anspruch. Wenn diese überfachlichen Themen durch die Arbeitsgruppe ausführlich bearbeitet werden und auf konkrete Vorschläge heruntergebrochen werden können, haben auch diese Lösungsvorschläge eine Chance auf Umsetzung. Wie die nachfolgende Aussage verdeutlicht, können viele Projektgruppen realistisch einschätzen, welche Themen in der Organisation realisierbar sind:

Wir haben unsere Vorschläge bewusst klein gehalten. Mit einer Sache, die schon deshalb zum Scheitern verurteilt ist, weil sie hier nicht umsetzbar ist, braucht man nicht zur Fachbereichsleitung laufen. Da können wir Ideen haben, wie es mal in Zukunft aussehen sollte, aber es geht definitiv nicht. Deswegen haben wir diese Themen zwar mit aufgeführt, aber gering gehalten. [P3]

Als ein entscheidender Faktor für die Umsetzung der konzipierten Maßnahmen erweist sich die Abstimmung mit Expert/-innen und Führungskräften im Arbeitsprozess. Die Einbeziehung mehrerer Perspektiven und Expertisen führt zu reflektierteren, realistischeren Vorschlägen und erhöht die Bereitschaft der Beteiligten zur Suche nach einer gemeinsam getragenen Lösung. Verbleibt die Beschäftigung mit den Themen der Arbeitsgruppe auf der Ebene wenig spezifizierter *Visionen* und programmatischer Forderungen, fällt die Realisierungschance eines Themas – wie im untenstehenden Beispiel – eher gering aus.

Vielleicht sind wir da falsch rangegangen. Wir waren bestrebt, eine harmonische Lösung zu finden und haben versucht, die Fachbereichsleitung darauf festzunageln, dass niemand mit der Gehaltsstufe A7 in Rente gehen muss. Das ist ja eigentlich nichts, wo man stundenlang drüber diskutieren muss. Es hätte uns gereicht zu hören: „Wenn die Belegschaft das möchte, versuchen wir eine Lösung zu finden. [P2]

Im genannten Beispiel verbleibt die Lösungsfindung in der Arbeitsgruppe auf der Oberfläche und erfolgt ohne vorherige Beteiligung von Expert/-innen und Führungskräften. Stattdessen wird die Fachbereichsleitung konfrontiert bzw. „festgenagelt". Die „harmonische Lösung" besteht in einer programmatischen Forderung. Die Umsetzungschancen eines auf diese Weise vorgebrachten Vorschlags sind als sehr gering einzuschätzen.

Insgesamt lässt sich feststellen, dass Themen, die sich an bestehenden organisationalen Deutungsschemata und geteilten Paradigmen orientieren, leichter von den Entscheidungsträger/-innen integriert werden können und somit eine höhere Umsetzungswahrscheinlichkeit aufweisen. Revolutionäre Vorstellungen, wie die Idee, dass Mitarbeitende nicht mit der Gehaltsstufe A7 in Rente gehen sollten, laufen Gefahr, als Bedrohung des Status Quo des organisationalen Machtgefüges interpretiert zu werden (Hanft, 1996).

8.2.6 Vergleichende Analyse

Am Anfang der vorausgehenden Analyse stand die Frage, welche Eigenschaften eines Tätigkeitssystems soziale Praktiken der Reflexion und Gestaltung gesunder Arbeitsbedingungen fördern bzw. behindern. Tab. 18 verdichtet die gewonnenen Erkenntnisse.

8 Strukturen und Prozesse organisationalen Gesundheitslernens

	lernförderliche Faktoren	lernbehindernde Faktoren
Subjekte	• hohe Selbstwirksamkeitserwartung • hohe Veränderungsmotivation • Beteiligung am Projekt	• Angst vor (erneutem) Kontrollverlust → hohe Motivation, das bestehende System zu erhalten • Akteurblockaden, z.B. Bestätigung eigener kognitiver Schemata durch Passivität / aktives Gegensteuern in den Projektgruppen oder Konzentration auf den privaten Lebensbereich
Gemeinschaft	• moderate Diversität der Teilnehmenden in Bezug auf Erfahrungshintergründe und Sozialisationserfahrungen • starker Zusammenhalt (Kohäsion) • Ausrichtung der Gruppenaktivitäten an den Projektzielen • kritische Auseinandersetzungen / konstruktive Konflikte	• weitgehende Homogenität der Teilnehmenden • Uneinigkeit über Gruppenziele • Gruppendenken • Dominanz von Konflikten
Regeln	• Regeln der Projektstruktur, welche ein hierarchieübergreifendes Arbeiten und Verantwortungsübernahme erlauben	• Organisationskultur: hohe Machtdistanz, Selbstbild: Befehlsempfänger • Organisationsblockaden, z.B. kollektivierte negative Erfahrungen mit Veränderungsprozessen oder defensive Routine, Verantwortlichkeiten und Entscheidungen nach oben zu delegieren
Ressourcen	• Befähigung der Mitarbeitenden zur Kontrolle sozialer Situationen (z.B. strukturierte Moderation, Kontaktgestaltung) sowie zur Beeinflussung von Entscheidungen • Entscheidungen der Führungsebene	• mikropolitische Spielweisen aus Angst vor Machtverlust, z.B. Vorenthalten von Informationen, Scheinargumente oder Schlechtreden des Projekts
Gegenstand	• kooperative, vernetzte Erarbeitung konkreter, umrissener Maßnahmenvorschläge	• Versuch der Durchsetzung programmatischer Forderungen • fehlende Einbeziehung von Expert/-innen oder Führungskräften

Tab. 18: *Lernförderliche und -hinderliche Eigenschaften von Tätigkeitssystemen*

Auf Ebene der *Subjekte* lässt sich feststellen, dass nur ein Teil der Organisationsmitglieder mit dem Projekt zur gesundheitsfördernden Organisationsentwicklung erreicht werden kann. Die Interviewaussagen verdeutlichen, dass wiederholt gemachte Erfahrungen erfolgloser Gestaltungsversuche einer Beteiligung am Projekt – und somit neuen, korrigierenden Lernerfahrungen – entgegenstehen. Die Betroffenen verschließen sich vor kollektiven Anstrengungen zur Verbesserung der Arbeitsbedingungen in der Organisation. Viele Akteure sind bestrebt, das bestehende System zu erhalten, auch wenn dieses als unzulänglich empfunden wird. Subjektive Strategien zur Erhaltung des Status Quo sind in einem aktiven Gegensteuern in den Projektgruppen, der Konzentration auf den privaten Lebensbereich oder der Einnahme einer passiven Haltung zu verorten. Individuelle, gesundheitsbezogene Lernprozesse werden im Rahmen des Organisationsentwicklungsprojekts erst durch die Partizipation in den Projektgruppen angestoßen. Diejenigen Organisationsmitglieder, welche eine kollektive Veränderung der Arbeitsbedingungen anstreben, erlangen im Laufe des Projekts eine größere Bewusstheit über organisationale Regeln und Machtverhältnisse. Nur bei diesen – meist dienstjüngeren – Mitarbeitenden gelingt es, ein Gefühl von Verstehbarkeit, Handhabbarkeit und Sinnhaftigkeit (Antonovsky, 1997) des Veränderungsprozesses herzustellen. Die Beteiligten erhalten die Möglichkeit zu erproben, wie organisationale Rahmenbedingungen die Möglichkeiten der organisationalen Veränderung strukturieren und für diese nutzbar gemacht werden können.

Weiterhin ist ersichtlich, dass nicht nur die Subjekte für sich genommen, sondern auch die Art der von ihnen konstituierten *Gemeinschaft* eine Rolle spielt. Projektgruppen, deren Mitglieder eine weitgehende Homogenität hinsichtlich ihrer Erfahrungshintergründe und Sozialisationserfahrungen aufweisen, tendieren zu einer Priorisierung der Beziehungsorientierung zulasten einer kritischen Auseinandersetzung. In der sozialpsychologischen Forschung wird dieser Effekt als Gruppendenken (u.a. Janis, 1972) bezeichnet. So führt die Bestrebung, die Kohäsion der Gruppe aufrecht zu erhalten, tendenziell zu einer Vermeidung kritischer Diskussionen. Im Einklang mit den Untersuchungen von Bridwell-Mitchell (2016) zu den Voraussetzungen von Communties of Practice[176] erweist sich eine starke Gruppenkohäsion bei einem moderaten Level an Diversität als zuträglich für institutionellen Wandel und soziale Innovationen. Während unterschiedliche Erfahrungshinter-

---

[176] Die Projektarbeitsgruppen erfüllen im Wesentlichen die von Wenger (1998) formulierten Kriterien einer Community of Practice. Zu Beginn der vertiefenden Analyse und Lösungsentwicklung wurden weder konkrete Themen noch Rollen (mit Ausnahme des Prozessbegleiters) festgelegt oder formell vorgegeben. Vielmehr bildeten sich Aufgaben, Rollen und neue Arbeitsgruppen situativ im Laufe des Arbeitsprozesses heraus.

gründe der Teilnehmenden eine Erarbeitung innovativer, neuartiger Lösungen sicherstellen und zu einer konstruktiven Auseinandersetzung anregen, tragen die – mit einem hohen Gruppenzusammenhalt verbundenen – Sozialisierungszwänge zur Verbindlichkeit des Arbeitens in der Projektgruppe bei. Voraussetzung ist jedoch, dass eine Einigkeit in Bezug auf die Gruppenziele besteht. Diese Einigkeit ist insbesondere in denjenigen Projektgruppen, bei denen es einigen Teilnehmenden vor allem um die Artikulation negativer Emotionen geht, nicht gegeben. Konflikten kommt für den Lernprozess in der Projektgruppe eine ambivalente Bedeutung zu. Einerseits verdeutlichen Konflikte unterschiedliche Sichtweisen und regen zu einer Einnahme anderer Perspektiven an. Dominieren sie den Arbeitsprozess in der Projektgruppe, werden Konflikte von den Teilnehmenden als demotivierend empfunden und wirken sich negativ auf das Arbeitsklima aus.

Die erhobenen Daten zeigen, dass die in den Projektstrukturen und -prozessen inkorporierten *Regeln* entscheidende Rahmenbedingungen für den organisationalen Lernprozess darstellen. Indem die neuen Regeln im Projekt eine Verantwortungsübernahme und eigenverantwortliche Gestaltung von Arbeitsbedingungen durch die Organisationsmitglieder legitimieren, erlauben sie ein hierarchie- und abteilungsübergreifendes Arbeiten. Hierdurch reproduzieren sie die Vorstellung von mündigen Mitarbeitenden, die als Expert/-innen Einfluss auf die Gestaltung ihrer eigenen Arbeitsbedingungen nehmen (dürfen). Auf der anderen Seite tragen die in der Organisationsstruktur verankerten handlungsleitenden organisationalen Theorien und Deutungsschemata in Form von Organisationsblockaden (Schimank, 2011) zu einer Erhaltung des Systems bei. So ist die Organisationskultur der untersuchten Organisation von einer hohen Machtdistanz (Hofstede & Hofstede, 2011) geprägt. Viele Feuerwehrleute sehen sich als Befehlsempfänger. Dieses Deutungsmuster konterkariert das im Rahmen betrieblicher Gesundheitsförderung propagierte Bild eigenverantwortlich handelnder Individuen. Für viele Organisationsmitglieder erscheint es funktional, Verantwortlichkeiten und Entscheidungen nach oben zu delegieren. In der untersuchten Organisation haben viele Mitarbeitende gelernt, dass Innovationen am Widerstand der Organisation scheitern können. Diese Erfahrungen sind eingegangen in ein organisationales Gedächtnis, welches zukünftige Lernerfahrungen der Organisationsmitglieder präformiert (Argyris, 1999; Halbwachs, 1991; Hedberg, 1981). Im umgekehrten Fall gehen Erfolgsgeschichten einer gelungenen Verbesserung der Arbeitssituation in ein überindividuelles, organisationales Gedächtnis ein.

Weiterhin kann festgestellt werden, das nicht nur das „Dürfen", sondern auch das „Können" einen Einfluss auf die Initiierung organisationaler, gesundheitsbezogener Lernprozesse ausübt. Insbesondere stellt die Möglichkeit zum Austausch in den Projektgruppen eine zentrale *Ressource* dar. Der mit den neuen Rollen als Koordinator oder Prozessbegleiter einhergehende Handlungsspielraum und Kompetenzgewinn erweitert die Möglichkeiten und Fähigkeiten der Organisationsmitglieder zur Steuerung und Gestaltung sozialer Interaktionen (z.B. mittels strukturierter Moderation oder Arbeitsorganisation) sowie zur hierarchie- und abteilungsübergreifenden Vernetzung und Kontaktaufnahme. Einige Projektgruppenmitglieder entwickeln mit der Zeit subversive Strategien der Einflussnahme auf organisationale Entscheidungen. Sie nutzen die ihnen zur Verfügung stehenden Möglichkeiten zum Einholen von Informationen und zur Aneignung von Fachwissen. Im Ergebnis werden wichtige Kommunikations- und Informationskanäle nicht mehr nur durch die Führungsebenen kontrolliert, was eine Verschiebung der Machtverhältnisse in der Organisation zur Folge hat. Organisationale Abläufe werden transparenter und nachvollziehbarer. Einige Führungskräfte fühlen sich hierdurch bedroht und versuchen dem wahrgenommenen Machtverlust z.B. durch ein Vorenthalten von Informationen und Entscheidungen oder durch den Boykott des Projekts entgegenzuwirken. Diese mikropolitischen Spielweisen behindern den organisationalen Lernprozess. Auf der anderen Seite profitiert das Projekt bei der Umsetzung von Maßnahmen von den Entscheidungen der Führungsebene.

Die Arbeit in den Projektgruppen ist durch die Bearbeitung vielfältiger *Gegenstände* gekennzeichnet, welche sich in Bezug auf ihren Abstraktionsgrad unterscheiden. Insgesamt zeigt sich, dass die Umsetzungschance der vorgeschlagenen Themen in Abhängigkeit vom Abstraktionsniveau der erarbeiteten Maßnahmen und des Grads der Beteiligung externer Expert/-innen und Führungskräfte während des Arbeitsprozesses variiert. So weisen konkret umrissene Themen und Maßnahmenvorschläge eine größere Umsetzungschance auf als allgemeine, noch wenig spezifizierte Visionen oder Zukunftsvorstellungen. Dies ist vermutlich darauf zurückzuführen, dass Themen, die sich an bestehenden organisationalen Deutungsschemata und geteilten Paradigmen orientieren, leichter von den Entscheidungsträger/-innen integriert werden können und somit eine höhere Umsetzungswahrscheinlichkeit aufweisen. Vorschläge, die nicht an bestehende organisationale Strukturen andocken, laufen Gefahr, als Bedrohung des Status Quo des organisationalen Machtgefüges interpretiert zu werden (Hanft, 1996). Die Einbeziehung mehrerer Perspektiven und Expertisen führt zu durchdachteren, realistischeren Vorschlägen. Die Beteiligung von Expert/-innen und Führungskräften erhöht die Bereitschaft der Beteiligten, zu einer gemeinsam getragenen Lösung beizutragen.

8.3 Institutionalisierungspraktiken

Organisationales Gesundheitslernen, so eine These der vorliegenden Arbeit, beschreibt soziale Praktiken der Reflexion und Gestaltung gesunder Arbeitsbedingungen. In Kap. 8.1 wurde anhand zwei kontrastierender Beispiele illustriert, wie die Elemente eines Tätigkeitssystems individuelle Lernprozesse strukturieren und sich im Laufe des Lernprozesses wechselseitig entwickeln können. In Kap. 8.2 wurde analysiert, welche Eigenschaften eines Tätigkeitssystems sich als förderlich bzw. hinderlich für eine Reflexion und Gestaltung gesunder Arbeitsbedingungen erweisen. Abschließend erscheint von Interesse, welche sozialen Praktiken zu einer Institutionalisierung organisationalen Gesundheitslernens beitragen.

Ausgehend von einer Betrachtung der Tätigkeitssysteme, in denen ein organisationales Gesundheitslernen initiiert wurde (siehe Abb. 28, S. 205), wird rekonstruiert, welche sozialen Praktiken an einer Institutionalisierung der Reflexion und Gestaltung gesunder Arbeitsbedingungen beteiligt sind. Übergreifend können folgende Praktiken identifiziert werden:

- Schaffung von Kommunikationsanlässen („Agenda-Setting") (Kap. 8.3.1)
- Etablierung einer Kommunikations- und Beteiligungskultur (Kap. 8.3.2)
- Systematische Bearbeitung von Gesundheitsthemen (Kap. 8.3.3)
- Reflexive Auseinandersetzung mit organisationalen Regeln und Entscheidungsprämissen (Kap. 8.3.4)
- Erschließung externer und interner Ressourcen (Kap. 8.3.5)

8.3.1 Agenda-Setting

Ein bedeutsames Wirkprinzip Betrieblicher Gesundheitsförderung besteht darin, salutogene und pathogene Arbeitsbedingungen zum Gegenstand betrieblicher Reflexion und Veränderung zu machen (Beck, 2011) und somit Anlässe für eine gesundheitsbezogene Kommunikation zu schaffen.[177] Aus dieser Perspektive beeinflusst gesundheitsfördernde Organisationsentwicklung nicht wie, sondern worüber diskutiert wird.[178] Gesundheit fließt auf diese Weise als Kriterium in die Handlungen und Entscheidungen eines Systems ein (Grossmann & Scala, 1994; Pelikan, 2011).

---

[177] In der Politikwissenschaft wird dieser Ansatz als Agenda-Setting-Konzept (McCombs & Shaw, 1972) bezeichnet.
[178] Wobei dies nach Eckl (2011) „bereits die Wirkung impliziert, dass die Individuen überhaupt über etwas nachdenken (‚only thinking about')" (S. 19).

Die erhobenen Daten zeigen, dass durch das Projekt zahlreiche formelle und informelle Kommunikationsprozesse in der untersuchten Organisation angestoßen wurden. Insbesondere die Arbeitsgruppen als Orte des Austauschs und der Reflexion über konkrete Themen der Arbeitsgestaltung tragen zur Schaffung von Kommunikationsanlässen bei. Die folgende Aussage verdeutlicht, dass bereits das Vorhandensein einer Arbeitsgruppe einen Gesprächsanlass darstellt:

Was die Kollegen als wichtig oder unwichtig erachten, ist hier sehr unterschiedlich. Das merkt man, wenn man mit Kollegen ins Gespräch kommt und Maßnahmen umsetzt. Das hat gar nicht zwingend mit der Arbeitsgruppe zu tun, aber über das Thema aus der Arbeitsgruppe kommt man auf die Bedürfnisse der Kollegen zu sprechen. So eine Arbeitsgruppe sorgt auch dafür, dass man miteinander spricht. [PF]

Die Diskussionsprozesse in den Projektgruppen beschränken sich nicht auf die offiziellen Sitzungen, sondern weiten sich über informelle Unterhaltungen auf die gesamte Organisation aus. Die in der Arbeitsgruppe geführten diskursiven Prozesse werden auf diese Weise in die Organisation getragen. Wie die folgende Aussage illustriert, führt bereits das Wissen über die Existenz einer Arbeitsgruppe dazu, dass gesundheitsbezogene Themen in der gesamten Organisation besprochen und Lösungen entwickelt werden.

Selbst Außenstehende, die nicht in der Arbeitsgruppe involviert waren, sprachen mich an: „Kannst du etwas zu dem Thema sagen? Ich wollte einfach nur mal fragen, weil es mich interessiert". Die hatten sich in ihrem Löschzug über das Thema unterhalten und bereits Ideen entwickelt. [P2]

Ein weiterer Anlass für gesundheitsbezogene Diskussionen ergibt sich aus der Veröffentlichung der Arbeitsgruppenergebnisse, z.B. durch Aushänge in den Pausenräumen:

Wir haben die Listen öffentlich ausgehängt. Da schauen auch die Kollegen drauf, die sich nicht beteiligen oder in anderen Arbeitsgruppen sind. Und dann unterhält man sich einfach mal über die Themen. Dann sagt der eine: „Ach, das ist super, dass ihr das angeht" und der nächste sagt „Das wäre mir völlig egal gewesen. [PF]

Das Beispiel „Intranet-Tool" verdeutlicht, auf welche Weise soziale Praktiken des Agenda-Settings zu einer Institutionalisierung der Reflexion und Gestaltung gesunder Arbeitsbedingungen beitragen können:

Mittlerweile machen wir auf jeder zweiten Dienstbesprechung das Intranet-Tool auf, werfen das per Beamer an die Wand und besprechen einmal kurz die Vorschläge: Was ist noch zu tun? Was muss noch erledigt werden? Was ist bereits erledigt? Da sind wir auf einem guten Weg, dass das vernünftig läuft. [PF]

Durch die mit dem Tool transportierten Themen werden die Führungskräfte zu einer kontinuierlichen Auseinandersetzung mit den Arbeitsbedingungen bei der Feuerwehr angeregt.

8.3.2 Kommunikation und Beteiligung

Die erhobenen Daten belegen vielfach, dass sich in der untersuchten Organisation eine Kommunikations- und Beteiligungskultur entwickelt hat. Die folgenden Aussagen kontrastieren frühere Verhaltensweisen mit den gegenwärtig praktizierten Formen sozialer Interaktion.

Früher haben wir viel durcheinander geredet. Im Laufe der Arbeitsgruppe hat sich eine Redekultur entwickelt, z.b. dass man den anderen aussprechen lässt und nicht einfach dazwischenredet. [A1]

Früher wurde immer gesagt: „Nein, machen wir nicht. Punkt. Fertig. Aus." Und jetzt muss einfach eine vernünftige Begründung gegeben werden. Keine Totschlagargumente, sondern eine Argumentation, die auch für Mitarbeiter nachvollziehbar ist. [KFP2]

Eine Kommunikation auf Augenhöhe war zuvor nicht vorhanden. Das „machte man einfach nicht". Durch die thematische Auseinandersetzung in den Arbeitsgruppen und dadurch, dass jeder zu Wort kam, haben die Feuerwehrleute eine ganz andere Art erfahren, miteinander über etwas zu sprechen. Die Hierarchie spielte dann plötzlich nicht mehr so eine große Rolle. [B1]

Neue Formen der Kontaktgestaltung und Beteiligung innerhalb sowie zwischen Tätigkeitssystemen befördern eine Vernetzung der Akteure. Die Offenlegung von Entscheidungsprämissen befördert die Perspektivübernahme. Dies gilt insbesondere für den Dialog zwischen Führungskräften und Mitarbeitenden. Die nachfolgende Aussage verdeutlicht, wie wertschätzende Dialoge ein gegenseitiges Verständnis erzeugen können.

Wenn man sich mit einem Menschen unterhält, kann man ihn ganz anders kennenlernen. Im Gespräch mit einer Führungskraft werden die getroffenen Entscheidungen plötzlich nachvollziehbar und transparenter. Die Mitarbeiter stellen fest: „Der ist ja gar nicht so, mit dem kann man ja reden ". Das war ein ganz positiver Effekt, natürlich auch für die Führungskraft, die sich nun besser verstanden fühlt. [KFP1]

Durch die Arbeit in den Projektgruppen wird ein sozialer Möglichkeitsraum etabliert, innerhalb dessen die Organisationsmitglieder neue Formen der Kommunikation und Beteiligung sanktionsfrei ausprobieren können. Die erhobenen Daten legen nahe, dass in den sozialen Interaktionen zwischen der Beratergruppe und den Organisationsmitgliedern dialogische Werkzeuge vermittelt werden. Alternative – vorher nie dagewesene – Formen der Beteiligung, z.b. die Durchführung einer Mitarbeiterumfrage zur Einführung eines neuen Wappens, werden in einem geschützten Raum erprobt. Sie ermöglichen den Beteiligten, neue Lernerfahrungen zu machen und bestehende Schemata zu verändern:

Die Mitarbeiterumfrage ist absolut gut ausgegangen, aber ich hatte – ehrlich gesagt – meine Bedenken dabei. Es ist einfach nicht der Standardvorgang in einer Feuerwehr. Ich hatte Angst, dass wir durch die Umfrage einen Präzedenzfall schaffen und demnächst dreimal die Woche eine Mitarbeiterumfrage machen müssen, weil wir irgendwelche Sachen klären wollen. [PF]

Institutionalisiert werden solche neuen Praktiken vor allem, indem sie zunächst in den durch die Projektgruppen geschaffenen sozialen Möglichkeitsräumen etabliert und erprobt werden. Die folgende Aussage verdeutlicht, dass sich diese zunächst in den Projektgruppen etablierten Prototypen von Gemeinschaft mit der Zeit auf die gesamte Organisation ausweiten und zu einer Etablierung sozialer Praktiken der Reflexion und Gestaltung gesunder Arbeitsbedingungen beitragen.

Das ist auch so ein Ausfluss aus dem Projekt... Dass wir mittlerweile miteinander reden und bei komplexeren Themen eine Arbeitsgruppe ins Leben rufen, damit die betroffenen Kollegen auch daran beteiligt werden. [KFP2]

Durch die Gestaltung neuer sozialer Möglichkeitsräume, wie z.B. die Gründung anderer Arbeitsgruppen oder die Durchführung einer Mitarbeiterbefragung, diffundieren die zunächst nur im Projekt praktizierten Formen der Kommunikation und Beteiligung in die gesamte Organisation und verändern auf diese Weise die Organisationskultur.

8.3.3 Arbeitsorganisation

In dem Forschungsprojekt wurde deutlich, dass die Akteure der untersuchten Organisation in der Regel über ein klares Wissen verfügen, welche Themen und

Problematiken sich in besonderem Maße auf die Gesundheit der Beschäftigten auswirken. Viele von ihnen haben Ideen und Vorschläge, wie der Arbeitsalltag in der Feuerwehr verbessert werden kann. Wie sich anhand der Schilderungen erfolgloser Verbesserungsversuche zeigt, besaß die Feuerwehr in der Vergangenheit jedoch keine ausreichenden Instrumente, dieses Ideenpotential aufzugreifen und umzusetzen. Die erhobenen Daten weisen darauf hin, dass durch das Projekt neuartige Instrumente und Vorgehensweisen zur Überführung des Erfahrungswissens der Beschäftigten in konkrete Maßnahmen der Arbeitsgestaltung etabliert wurden. So wurden in den Projektgruppen insbesondere Techniken zur strukturierten Moderation (z.B. Kärtchenabfrage, konkretisierende Fragen, Zieldefinition), zur Arbeitsorganisation (z.B. Terminfestlegung, Raumbuchung, Materialbereitstellung), zur Ergebnissicherung und -darstellung (z.B. Visualisierungstechniken, Protokollführung) sowie zur Evaluation (z.B. Maßnahmencontrolling) eingeführt.

Die folgende Aussage illustriert, dass die im Rahmen des Projekts praktizierte Arbeitskultur zu einem Teil der Organisationskultur geworden ist:

Die Art und Weise, wie wir in Arbeitsgruppen arbeiten, hat sich deutlich verbessert. In den Arbeitsgruppen, aber auch im Alltag, merkt man, wie die Kollegen strukturiert an Aufgaben herangehen. Das ist sehr, sehr interessant zu sehen. Projektmanagement, Ziele definieren, Aufgaben verteilen und terminieren... Das gab es vorher nicht. Das hat sich nachhaltig verändert. Selbst wenn man die Arbeitsgruppe nicht hätte: Man könnte sich einfach drei Personen nehmen und strukturiert ein Problem lösen. Das ist heute viel realistischer, effektiver und nachhaltiger als früher. [P6]

Obwohl nur die Prozessbegleiter in diesen Arbeitstechniken geschult wurden, deutet die Aussage „Man könnte sich einfach drei Personen nehmen und strukturiert ein Problem lösen" darauf hin, dass die eingeführten Instrumente auch von anderen Organisationsmitgliedern übernommen werden.

8.3.4 Institutionelle Reflexivität

Die Interviewaussagen zeigen, dass im Rahmen des Projekts organisationale Praktiken des systematischen Reflektierens eigener Sichtweisen und Entscheidungsprämissen etabliert wurden, welche die Aufnahmebereitschaft für neue Erkenntnisse fördern und zur Revision bzw. Innovation bisheriger Deutungsschemata und Vorgehensweisen beitragen. Diese – von Moldaschl (2004) als „institutionelle Reflexivität" bezeichneten – Praktiken ermöglichen eine reflektierte Auseinandersetzung mit organisationalen Sichtweisen und Entscheidungsprämissen.

Einerseits stellt das Projekt durch die Schaffung sozialer Möglichkeitsräume einen Rahmen für eine reflektierte Auseinandersetzung zur Verfügung. Andererseits werden reflexive Werkzeuge wie z.b. die Fragetechnik des „Genauerns" durch die externe Organisationsberatung eingeführt und kultiviert. Die folgenden Aussagen verdeutlichen, dass die etablierten reflexiven Werkzeuge über das Projekt hinaus in der Organisation verbleiben.

Was man tatsächlich immer wieder macht ist dieses „Genauern". Um den Hintergrund der Problematik zu erfassen, ist es wichtig, Fragen so zu stellen als wäre man ein Externer, der das Problem wirklich genau verstehen möchte. Mir ist das Beispiel mit unserem Alarmdrucker in lebhafter Erinnerung geblieben. Das Problem auf unserer Liste lautete: „Der Alarmdrucker ist kaputt." Erst durch die Nachfragen [der Beraterinnen] wurde mir klar: Das eigentliche Problem, wenn der Drucker nicht druckt, ist die Information, die dem Einsatzleiter dann fehlt. Das mal genau aufzuschlüsseln, das war für mich mit das Beste an der Prozessbegleiterschulung. [PF]

Ich habe in der Projektarbeit gemerkt, dass es einen Unterschied macht, sich Dinge nochmal genauer erklären lassen – auch wenn man glaubt, man weiß schon, was eine Person meint. Vielleicht stecken Gründe dahinter, die man noch gar nicht verstanden hat. [P5]

Das habituelle Hinterfragen eigener Bilder und Denkschemata hat den Effekt, dass Selbstbeobachtung in einer Organisation institutionalisiert wird. Pauschalen Begründungen und Scheinargumenten wie z.B. „Das haben wir schon immer so gemacht" wird die Legitimität entzogen (Moldaschl, 2004). Der regelmäßige Kontakt und Austausch mit der Beratergruppe stellt einen systematischen Rückgriff auf Beobachtungen von außen dar. Indem die Beratergruppe neue Sichtweisen und Wirklichkeiten eröffnet, trägt sie zur Bewusstseinswerdung bestehender organisationaler Strukturen sowie zur Erprobung alternativer Praktiken bei. Zudem wird eine Reflexion der gemachten Erfahrungen durch die Evaluation der Projektziele gefördert.

Die mit dem gezielten Einsatz reflexiver Werkzeuge einhergehende Bewusstseinswerdung über organisationale Strukturen ermöglicht es den Organisationsmitgliedern, die Reproduktion des sozialen Systems der Organisation zu steuern. Ein reflektiertes Praktizieren von Strukturation[179] setzt ein Wissen über die Bedingungen der Systemreproduktion voraus (Becker, 2000). Das Wissen über die Bedin-

---

[179] Ortmann, Sydow & Windeler (2000) schreiben von einer „reflexiven Re-Strukturation" (S. 333).

gungen und die Herstellung bzw. Aufrechterhaltung von Gesundheit stellt jedoch keine objektive Größe dar, sondern unterliegt einer subjektiven Bewertung. Folglich erfordert ein reflektierter Austausch über gesundheitsfördernde Arbeitsbedingungen ein Verständnis der in der Organisation vorhandenen subjektiven Konstruktionen von Gesundheit. Das folgende Zitat einer Führungskraft verdeutlicht, wie subjektive Konstruktionen von Gesundheit im gegenseitigen Austausch ins Bewusstsein der Akteure rücken.

Durch das Projekt ist mir klarer geworden, welche Punkte für die Kollegen wirklich wichtig sind. Das sind teilweise Dinge, die für mich eher eine niedrige Priorität haben. Aber Menschen sind unterschiedlich. Und ich habe gemerkt: „Vielleicht gehst du zu sehr von deinen eigenen Vorstellungen aus, was wirklich wichtig ist" [F2]

Der Prozess des gegenseitigen Kennenlernens der Organisationsmitglieder beschränkt sich nicht auf die individuelle Ebene, sondern erstreckt sich ebenso auf organisationale Prozesse und Funktionsweisen. Die Beteiligten erlangen eine Bewusstheit über die organisationalen Strukturen, welche die gegebenen Arbeitsbedingungen in der Organisation erklären und die Möglichkeiten des Organisationsentwicklungsprojekts strukturieren.

8.3.5 Ressourcenverknüpfung

Die im Forschungsprojekt erhobenen Daten weisen darauf hin, dass vorhandene organisationale Ressourcen, wie z.B. Wissen, Erfahrungen, soziale Beziehungen oder Fähigkeiten unterschiedlicher Organisationsmitglieder, durch die Implementierung der Projektstruktur in erhöhtem Maße für die Gestaltung gesunder Arbeitsbedingungen nutzbar gemacht werden können. Das Beispiel „Intranet-Tool" illustriert, wie verschiedene Ressourcen (u.a. IT-Kompetenz, Moderation, Projektmanagement, soziale Beziehungen) kombiniert und genutzt werden.

Die folgenden Aussagen verdeutlichen, dass in und außerhalb der betrachteten Organisation bereits vor Beginn des Projekts Ressourcen zur Reflexion und Gestaltung gesunder Arbeitsbedingungen vorhanden waren, diese jedoch kaum abgerufen wurden:

Ich glaube, dass hier einfach viele Menschen arbeiten, die wirklich Lust haben, etwas zu verändern. Das betrifft nicht nur ein oder zwei Personen pro Wachabteilung, sondern wirklich viele Leute. Im Projekt habe ich das festgestellt. Tief im Inneren schlummert da unglaublich viel Potenzial. Mir ist klar geworden, dass uns hier für zahlreiche Auf-

gaben motivierte, informierte und fähige Leute zur Verfügung stehen. [A1]

Für mich persönlich, aber auch für die Dienststelle sind die Fachkraft für Arbeitssicherheit und die Personalentwicklung Ressourcen, deren man sich bislang gar nicht bewusst war und die sich erst durch die Zusammenarbeit im Projekt offenbart haben. Diese Ressourcen kann man nutzen, um den Fachbereich voranzubringen. [KFP1]

Durch das Dreischichtsystem wurden Kontakte zwischen Wachabteilungen nur über einen Austausch der Führungskräfte aufrechterhalten. Bislang verhinderte eine starke hierarchische Orientierung weitgehend, dass Mitarbeitende eigene Ideen einbringen und realisieren können.

Die Erkenntnisse entsprechen den Annahmen einer ressourcenbasierten Betrachtungsweise.[180] Demnach erlangt eine Organisation einen Wettbewerbsvorteil, „wenn es ihr möglich ist, [...] für die jeweils spezifische Situation entsprechende Ressourcen auszuwählen und zu einer erfolgreichen Handlung zu verknüpfen" (Schreyögg & Eberl, 2015, S. 39). Wie die Interviewaussagen verdeutlichen, ist das Vorhandensein von Ressourcen von sich aus nicht erfolgswirksam. So differenziert schon Penrose (1995) als Pionierin des ressourcenbasierten Ansatzes zwischen Ressourcen und ihren Nutzungsweisen:

Strictly speaking, it is never resources themselves [...], but only the services that the resources can render. The services yielded by resources are a function of the way in which they are used. (Penrose, 1995, S. 25)

Eine Institutionalisierung der Überführung zunächst singulärer Verknüpfungen von Ressourcen in beständige Routinen des Ressourcenaustauschs lässt sich in erster Linie in den sozialen Netzwerken und Beziehungen im Projekt beobachten. Dieser Effekt ist vor allem darauf zurückzuführen, dass die hierarchie- und bereichsübergreifende Vernetzung zwischen den Akteuren im Rahmen des Organisationsentwicklungsprojekts gezielt aufgebaut und ermöglicht wurde. Auch in der

---

[180] Der ressourcenbasierte Ansatz („ressource-based view"; u.a. Penrose, 1959) markiert ein zentrales Gedankengerüst der strategischen Managementliteratur. Der Ansatz führt das Zustandekommen von Erfolgspotenzialen und nachhaltigen Wettbewerbsvorteilen auf die spezifische Ausstattung einer Organisation mit Ressourcen zurück (u.a. Amit & Shoemaker, 1993; Barney, 1991; Hoskisson et al., 1999; Lockett, Thompson & Morgenstern, 2009; Newbert, 2007; Peteraf & Barney, 2003). Eine Ressource stellt aus Perspektive des ressourcenorientierten Ansatzes das Ergebnis eines im Kontext einer Organisation stattfindenden Veredelungsprozesses von Inputfaktoren dar. Ressourcen können folglich nicht ohne Weiteres von einem zum anderen Unternehmen transferiert werden (Ressourcenimmobilität).

Forschungsliteratur werden soziale Netzwerke als besonders geeignete kooperative Systeme für Ressourcentransfer und -generierung hervorgehoben (Dyer & Singh, 1998; Ortmann, 2014; Sydow, 2010). Als auf Vertrauen basierende, „durch die rekursive Verknüpfung von Reziprozitätserwartungen" (Bommes & Tacke, 2006, S. 58) gekennzeichnete Kooperationsform sind soziale Netzwerke weder durch kurzfristiges, rein eigennütziges Tauschhandeln (Markt) noch durch Machtstrukturen, Weisungsrechte und Umsetzungspflichten (Hierarchie) geprägt (Powell, 1990; Rürup et al., 2015).

Neben der Möglichkeit der Kontaktaufnahme zu anderen Akteuren spielen individuelle Kompetenzen zur Gestaltung sozialer Kontakte eine ebenso entscheidende Rolle für die Mobilisierung und Nutzbarmachung von Ressourcen. Dies trifft insbesondere auf die Interaktionen mit Führungskräften zu. So hat eine Konfrontation mit bereits getroffenen Entscheidungen, ein Verhandeln über Positionen (statt Interessen) oder ein zur Rede stellen eher negative Auswirkungen die Kooperationsbereitschaft der Führungsebene. Wenn eine Projektgruppe in der Lage ist, Sachverhalte vorzubereiten, Entscheidungshilfen vorzulegen und auf dieser Grundlage einen offenen, vertrauensvollen, konsensorientierten Diskussionsprozess anzustoßen, erhöht sich die Kooperationsbereitschaft der Führungskräfte.

8.4 Diskussion

Die vorliegende Arbeit konzipiert organisationales Gesundheitslernen als soziale Praktiken der Reflexion und Gestaltung gesunder Arbeitsbedingungen. In Interaktionen erschließen die betrieblichen Akteure einen sozial konstruierten Möglichkeitsraum von Gesundheit, welcher durch die einzelnen Elemente eines Tätigkeitssystems begrenzt wird und in den soziokulturellen Praktiken der Gruppenmitglieder verortet ist. Die gewonnenen Daten zeigen, dass eine gelungene Reflexion und Gestaltung gesunder Arbeit kein Selbstläufer ist, sondern in hohem Maße von den Organisationsmitgliedern, der beteiligten Gemeinschaft, den organisationalen Strukturen sowie dem zu bearbeitenden Gegenstand abhängt. Zentrale Praktiken der Institutionalisierung organisationalen Gesundheitslernens beinhalten die Schaffung von Kommunikationsanlässen (Agenda-Setting), die Etablierung einer Kommunikations- und Beteiligungskultur, die Einführung von Techniken zur systematischen Bearbeitung von Gesundheitsthemen und zur reflexiven Auseinandersetzung mit organisationalen Strukturen sowie die Bereitstellung von Möglichkeiten von Routinen der Verknüpfung organisationaler Ressourcen zur Gestaltung gesunder Arbeitsbedingungen.

Nachfolgend werden die Erkenntnisse aus der empirischen Untersuchung zusammengeführt. Die folgenden Fragen leiten die Diskussion:
- Warum stellt Gesundheit einen besonderen Lerngegenstand dar?
- Welches spezifische Verständnis eröffnet es, organisationales Gesundheitslernen aus Perspektive der Strukturations- und der Tätigkeitstheorie expansiven Lernens zu begreifen?
- Unter welchen Voraussetzungen können Organisationen „Gesundheit" lernen?
- Inwiefern lassen sich die Erkenntnisse der vorliegenden Arbeit auf andere Kontexte übertragen?

8.4.1 Gesundheit als besonderer Lerngegenstand

Warum stellt Gesundheit einen besonderen Lerngegenstand dar? In der Tätigkeitstheorie von Engeström (1987) fungiert der Gegenstand als Startpunkt organisationaler Lernprozesse. Ausgehend von einem Verständnis von Gesundheit als Resultat eines kontinuierlichen Prozesses der produktiven Auseinandersetzung mit den eigenen inneren und äußeren Anforderungen (Ducki, 1992; Hurrelmann & Franzkowiak, 2011; Reindl, 2003) realisiert sich dieser Lernprozess in Organisationen durch eine gesundheitsorientierte Auseinandersetzung mit den eigenen Arbeitsbedingungen und äußeren Umweltanforderungen. Gesundheit stellt demnach kein einmaliges Ergebnis einer gesundheitsorientierten Gestaltung von Arbeitsbedingungen dar. Gesundheit lässt sich demnach nicht durch Lösungen herstellen, sondern zeichnet sich durch eine *Prozesshaftigkeit* aus. Insofern unterscheidet sich die Einführung von Betrieblicher Gesundheitsförderung von anderen betrieblichen Veränderungsprozessen, welche eine einmalige Veränderung, wie beispielsweise die Implementierung einer neuen Software, zum Ziel haben.

Weiterhin stellen Gesundheit und gesunde Arbeitsbedingungen keine objektiven Gegebenheiten dar, sondern erschließen sich erst in der subjektiven Definition der arbeitenden Menschen und werden von diesen mit Bedeutung versehen. Nach Grossmann und Scala (1994) zielt Betriebliche Gesundheitsförderung auf jene Veränderungen, „die nicht durch technische Innovationen allein geleistet werden können, sondern auf die Akzeptanz und Motivationen der betroffenen Personen angewiesen sind" (S. 84). Angesichts der zunehmenden Komplexität gesundheitlicher Belastungen und Ressourcen (siehe Kap. 2.3.1) verortet sich die Wissensbasis Betrieblicher Gesundheitsförderung zunehmend auf Ebene der arbeitenden Individuen als Expert/-innen ihrer eigenen Arbeit. Folglich liegt es vor allem an den Subjekten selbst, gesundheitliche Ressourcen und Belastungen am Arbeitsplatz zu erkennen, adäquate Lösungen im Umgang zu entwickeln und Arbeitsbedingungen gesundheitsförderlich zu gestalten. „Gesundheit" ist demnach ein Thema, welches sich erst in einer kommunikativ vermittelten Auseinandersetzung konstituiert und erschließt (Reindl, 2003). Der Gegenstand Betrieblicher Gesundheitsförderung konkretisiert sich nach dieser Auffassung erst in der inhaltlichen und sinnhaften Ausgestaltung durch die einzelnen Individuen. Die *Subjektivität* von Gesundheit geht einher mit der Erkenntnis, dass die Expertise, was als gesundheitsförderlich angesehen werden kann, vor allem bei den Betroffenen anzusiedeln ist.

Eine weitere Besonderheit ergibt sich aus der gesellschaftlich geprägten Konnotation von Gesundheit als *uneingeschränkt positiver Wert*. Weil sich Gesundheit nicht ohne Weiteres verneinen lässt, erfahren Gesundheitsförderungsprojekte selten eine direkte Ablehnung durch die betrieblichen Akteure. Gleichwohl unterliegt gesundheitsfördernde Organisationsentwicklung im betrieblichen Alltag den gleichen machtpolitischen Mechanismen wie andere Veränderungsprozesse in Organisation. Es ist daher zu erwarten, dass sich Widerstände gegen Projekte der gesundheitsfördernden Organisationentwicklung vor allem auf verdeckter Ebene abspielen. Zudem tangiert eine Mitwirkung der Beschäftigten an gesundheitsrelevanten Entscheidungsprozessen die Handlungsspielräume der Führungskräfte, sodass mit einer erhöhten Mobilisierung mikropolitischer Spielweisen zu rechnen ist.

8.4.2 Reflexion des theoretischen Bezugsrahmens

Welches spezifische Verständnis eröffnet es, organisationales Gesundheitslernen aus Perspektive der Strukturations- und Tätigkeitstheorie expansiven Lernens zu begreifen? In einer strukturationstheoretischen (Giddens, 1984, 1997) Denklogik enthalten menschliches Handeln und die es prägenden Strukturen stets kommunikative, normative und machtbezogene Aspekte. Entsprechend sollten menschliche Aktivitäten nach Giddens (1997) stets aus dem Blickwinkel von Sinnstrukturen, Normen und Machtgefüge bzw. Regeln und Ressourcen betrachtet werden. Mit diesem *Analyseraster* eröffnet die Strukturationstheorie einen konzeptuellen Zugang, welcher die Untersuchung konkreter empirischer Phänomene ermöglicht. Eine strukturationstheoretische Konzeption lenkt den Blick auf das Denken und Handeln von Menschen ebenso wie sie zu einer Betrachtung sozialer Systeme anregt. Auf diese Weise stattet sie den Forschenden mit einem vielseitigen Instrumentarium zum Verstehen der Komplexität der sozialen Welt aus. Die von Giddens (1984) definierten Dimensionen des Sozialen werden sinnvoll ergänzt durch die Annahmen von Engeström (1987). Die Theorie expansiven Lernens erweitert das Analyseraster der Strukturationstheorie um die Elemente der *Gemeinschaft* und des *Gegenstands* als Teil eines Tätigkeitssystems, während die von Engeström benannten Instrumente, Arbeitsteilung und Regeln weitgehend den Giddens'schen Regeln und Ressourcen entsprechen.

Nach Hanft (1996) setzen die klassischen Modelle organisationalen Lernens einen „herrschaftsfreien Diskurs" (S. 139) voraus.[181] Zudem ist nicht zu erwarten, dass sich Individuen von eigenen Interessen distanzieren, um „on the organization's behalf" (Argyris & Schön, 1996, S. 16) zu lernen. Insofern stellt gesundheitsfördernde Organisationsentwicklung einen erheblichen Eingriff in das organisationale Machtgefüge und die Handlungsspielräume der betrieblichen Akteure dar. Es ist mit erheblichen Widerständen und unterschiedlichen Interessenlagen zu rechnen. Das von Strukturations- und Tätigkeitstheorie bereitgestellte Analyseraster eröffnet den Blick auf *machtpolitische Aspekte*, welche in der Diskussion zum organisationalen Lernen weitgehend ausgeblendet werden. Die gewonnenen Daten zeigen auf, dass durch das Projekt implizit ausgetragene Aushandlungsprozesse um die Erhaltung und die Erweiterung von Handlungsspielräumen angestoßen werden. Es wird deutlich, dass eingeschliffene Machtspiele organisationale Lern- und Veränderungsprozesse blockieren können, indem bestehende Machtressourcen beispielsweise zum Vorenthalten von Informationen oder zur Torpedierung des Projekts genutzt werden. Durch die Erweiterung der Handlungsspielräume der Projektgruppenmitglieder entsteht eine Transparenz über organisationale Arbeitsabläufe und Entscheidungen. Von den Beschäftigten wird diese Transparenz in der Regel positiv erlebt. Andererseits wird Transparenz als neue Machtressource der Mitarbeitenden von manchen Führungskräften als potenzielle Bedrohung wahrgenommen, da sie bestehende Kompetenzdefizite aufdeckt. Die betroffenen Führungskräfte wenden viel Energie auf, um Lernprozesse soweit zu beschränken, dass ihre Einflusszonen nicht tangiert werden.

Wenngleich die Theorie expansiven Lernens für den wissenschaftlichen Diskurs bedeutsam ist, erscheint sie außerhalb der Scientific Community nahezu unbekannt (Göhlich, 2016). Die Entdeckung der Theorie expansiven Lernens für den Forschungsgegenstand stellt ein Novum dar. Wenngleich Giddens mit der Strukturationstheorie Perspektiven auf viele wissenschaftstheoretische Fragestellungen eröffnet, enthalten seine Arbeiten kaum Hinweise für die empirische Forschung

---

[181] So wurde beispielsweise die Theorie situierten Lernens (Lave & Wenger, 1991) vielfach (u.a. Cox, 2005; Contu & Willmott, 2003; Mørk et al., 2010) dafür kritisiert, Konflikte außer Acht zu lassen. Nach Fuller (2007) verstelle der mit Harmonie und Zusammenhalt konnotierte Begriff der „Community" den Blick auf im Arbeitsalltag auftretende Interessenskonflikte.

(Bamberger & Cappallo, 2006).[182] Engeström (z.B. 1999) wird an dieser Stelle viel konkreter, indem er in Anlehnung an Holzkamp (1983) und den Zyklus kulturhistorischer Methodologie (Wygotski, 1985) expliziert, welche Schritte zur Beschreibung und Analyse von Tätigkeitssystemen unternommen werden können.

Des Weiteren offeriert die Strukturationstheorie als allgemeine Theorie des Sozialen ein Dach, unter dem sich verschiedene *lerntheoretische Perspektiven integrieren* lassen. Die Strukturationstheorie ist eine abstrakte Metatheorie, welche sehr grundlegende Annahmen über das Soziale macht und allgemeine Phänomene der sozialen Realität nur auf abstrakter Ebene abbildet. Der metatheoretische Charakter erlaubt es, Ideen gegenstandsnäherer Theorien in das Aussagensystem der Strukturationstheorie einzubetten. Während die diskutierten organisational-kognitiven Lerntheorien (Argyris & Schön, 1978, 1996; Daft & Weick, 1984; March & Olsen, 1975; Nonaka & Takeuchi, 1995; Senge, 1990) dazu beitragen, organisationales Lernen auf Ebene der individuellen Aneignung und Veränderung mentaler Schemata der Zusammenhänge zwischen Arbeit und Gesundheit zu beschreiben, liefern die Theorie des situierten Lernens (Lave & Wenger, 1991) und das Konzept der Community of Practice (Wenger, 1998) Erkenntnisse zum Lernen als eingebetteten Prozess der Teilhabe an einer sozialen Gemeinschaft. Die Theorie expansiven Lernens (Engeström, 1987) erweitert diese Sichtweise um die Vorstellung eines am jeweiligen Gegenstand orientierten, durch Regeln, Instrumente (Wygotski, 1978) und Arbeitsteilung vermittelten, Problemlösungsprozesses in dessen Verlauf sich nicht nur die beteiligten Individuen und ihre Gemeinschaft, sondern ebenso die sie umgebenden Organisationsstrukturen rekursiv entwickeln. Analog zur Strukturationstheorie eröffnet die Theorie expansiven Lernens eine Konzeption, welche organisationales Lernen weder beim Individuum, noch im sozialen Kontext einer Community of Practice oder der Organisation verortet. Obwohl die Strukturationstheorie (Giddens, 1984, 1997) und die Theorie expansiven Lernens (Engeström, 1987, 2001) den forschungsleitenden Bezugsrahmen der vorliegenden Arbeit bilden, fügen sich die anderen diskutierten Lerntheorien in den Analyserahmen ein und können zur Erklärung organisationalen Gesundheitslernens hinzugezogen werden. Auf diese Weise erweitert die entwickelte Konzeption organisationalen Gesundheitslernens den Fokus einzelner Lerntheorien und überführt diese in einen gemeinsamen Zusammenhang. Indem sie ein breites Spektrum heterogener lerntheoretischer Ansätze integriert und aufeinander bezieht, trägt die strukturations-

---

[182] Wenngleich sich eine empirische Vorgehensweise nicht unmittelbar aus der Strukturationstheorie erschließt, nutzen einige weitergehende Forschungsarbeiten (u.a. Ortmann et al., 1990) empirische Methoden der Sozialforschung zur Untersuchung der Giddensschen Dimensionen.

theoretische Perspektive dazu bei, die den diskutierten Lerntheorien immanenten Überschneidungen und Widersprüchlichkeiten zugunsten einer übergeordneten Betrachtungsweise aufzulösen. Es ist jedoch zu beachten, dass die Strukturationstheorie als Metatheorie keine Kriterien zur Auswahl der integrierbaren Theorien bereitstellt. Nach Bamberger und Cappallo (2006) ist daher eine vielschichtige, aufwändige und interdisziplinäre Annäherung an den Forschungsgegenstand erforderlich. Diese Annäherung wurde im Rahmen der vorliegenden Arbeit realisiert, indem unterschiedliche theoretische Perspektiven im Sinne eines reflexiven Theoriestils (Moldaschl, 2015) auf den Untersuchungsgegenstand angewendet wurden.

Indem der abstrakte Rahmen der Strukturationstheorie ungewohnte Perspektiven auf bereits bekannte Theorien eröffnet, beleuchtet er die klassische Kontroverse des Zusammenhangs zwischen individuellem und organisationalem Lernen auf neue Art und Weise. Giddens entwirft in seiner Theorie ein Bild des handelnden Akteurs, welcher die ihn umgebenden sozialen Strukturen im Handeln produziert und reproduziert. Als *missing link* überbrückt eine strukturationstheoretische Betrachtungsweise die konzeptionelle Lücke zwischen sozialen Akteuren und Strukturen. Eine strukturationstheoretische Betrachtungsweise generiert vielschichtige Fragen, z.B. welchen Einfluss Individuen auf die sozialen Praktiken einer Organisation oder einer Gemeinschaft haben, inwiefern sich individuelle Kognitionen und Handlungen in sozialen Praktiken widerspiegeln oder welche Umstände das Handeln von Individuen ermöglichen bzw. einschränken. Sowohl Strukturations- als auch Tätigkeitstheorie eröffnen eine Sicht auf organisationales Lernen, welche die Subjekte als handelnde Akteure zwar dezentriert, sich aber – z.B. im Gegensatz zur Systemtheorie – nicht gänzlich von diesen distanziert. Nachfolgend wird beschrieben, welche Erkenntnisse zu den Zusammenhängen und zum Ineinandergreifen der einzelnen Elemente der untersuchten Tätigkeitssysteme gemacht wurden.

8.4.3 Voraussetzungen organisationalen Gesundheitslernens

Unter welchen Voraussetzungen können Organisationen „Gesundheit" lernen? Eine überraschende Erkenntnis der vorliegenden Arbeit besteht in der Feststellung, dass die untersuchte Organisation trotz des hohen Engagements vieler Beteiligter und der Unterstützung der obersten Führungsebene enorme Beharrungstendenzen aufweist. So wird deutlich, dass Organisationsblockaden (Schimank, 2011) wie defensive Routinen oder kollektivierte negative Erfahrungen einen bedeutsamen Einfluss auf die Möglichkeiten organisationaler Lern- und Veränderungsprozesse ausüben. Eine ausgeprägte Machtdistanz und das Selbstbild vieler Organisationsmitglieder als Befehlsempfänger verhindern, dass neue Lernerfahrungen gemacht werden können. Als *eng gekoppeltes System* (Weick, 1976) zeichnet sich die untersuchte Organisation durch starr definierte Entscheidungswege und hierarchisch geprägte Strukturen aus. Es wurde deutlich, dass die Reflexions-, Handlungs- und Entscheidungsmöglichkeiten der meisten Organisationsmitglieder in diesem sozialen System in hohem Maße begrenzt sind. Daher wird eng gekoppelten sozialen Systemen in der Regel eine lern- und innovationshemmende Wirkung zugeschrieben (z.B. Crozier, 1971; McGill & Slocum, 1993).

Entgegen der in der Literatur transportierten Erwartungen zeigt die vorliegende Studie, dass organisationales Lernen im Sinne einer Veränderung organisationaler Strukturen in der untersuchten Organisation stattgefunden hat. Darüber hinaus lässt sich feststellen, dass einige der beobachteten Lernprozesse mit einer Etablierung sozialer Praktiken der kontinuierlichen Reflexion und Gestaltung gesunder Arbeitsbedingungen einhergehen. Es liegt nahe, dass diese Prozesse stattfinden konnten, weil mit dem Projekt zur gesundheitsfördernden Organisationsentwicklung eine *lose gekoppelte Struktur* eingeführt wurde. Lose gekoppelte Systeme zeichnen sich durch weitreichende Handlungsspielräume und Autonomien ihrer Mitglieder aus. Sie gelten daher als lern- und innovationsförderlich (z.B. Staehle, 1991; Weick, 1976). Die neuen Rollen als Koordinator, Prozessbegleiter oder Arbeitsgruppenmitglied ermöglichen ein hierarchie- und abteilungsübergreifendes Arbeiten sowie Verantwortungsübernahme. Wie sich zeigt, geht mit der Qualifizierung der Mitarbeitenden eine Befähigung zur Kontrolle sozialer Interaktionen einher. Die (Macht-)ressourcen und Handlungsspielräume der am Projekt beteiligten Organisationsmitglieder erfahren durch die Einführung loser Strukturen im Projekt eine erhebliche Erweiterung.

Nach Hanft (1996) sind Organisationen in der Lage zu lernen, wenn sowohl lose als auch enge Kopplungen vorhanden sind. So können eng gekoppelte Systeme widersprüchliche Anforderungen durch lose Kopplungen in ihren Teilsystemen integrieren. Als Parallelorganisationen (Hanft, 1996) stellen lose Systeme eine Ergänzung zur Organisationsstruktur dar. Auf diese Weise können sie neue Werte, Normen und Kulturen integrieren, während das eng gekoppelte Gesamtsystem gewahrt bleibt. In der Diagnose von Hanft (1996) sind lose und eng gekoppelte Systeme vor allem ergänzend zu betrachten:

> *Lose und eng gekoppelte Systeme in einer Organisation vereint, ermöglichen Freiheit und Zwang, Diffusion und Koordination, Improvisation und Regelhaftigkeit, die nicht im Sinne eines Dualismus zu diskutieren sind, sondern zur Sicherung der organisatorischen Überlebens- und Entwicklungsfähigkeit beide ihre Funktionen haben.* (Hanft, 1996, S. 154)

Nach March (1991) besteht eine Herausforderung der Gestaltung organisationaler Lernprozesse vor allem in der Ausbalancierung zwischen der Verwertung bekannter Konzepte („exploitation") und der Exploration neuartiger Möglichkeiten („exploration"). Ortmann et al. (1990) sprechen in diesem Zusammenhang von „Routine-" und „Innovationsspielen". Sie sind als Machtspiele zwischen verschiedenen Akteuren einer Organisation zu verstehen. Routine- und Innovationsspieler/-innen sind bestrebt, ihre Handlungsfähigkeit durch eine Erhaltung (Routine) bzw. Veränderung (Innovation) des bestehenden sozialen Systems zu bewahren (Ortmann et al., 1990). Aus dieser Sichtweise geht die auf Innovation abzielende Einführung gesundheitsfördernder Organisationsentwicklung stets mit der Herbeiführung eines strukturellen Konflikts zwischen Routine und Innovation einher. In der vorliegenden Untersuchung war die Fachbereichsleitung vor allem an der Einführung von Innovation interessiert, während die meisten mittleren Führungskräfte auf die Bewahrung von Routinen bedacht waren. Diese Beobachtung deckt sich mit den Erkenntnissen der Studie von Ortmann et al. (1990). Die Gruppe der Mitarbeitenden teilt sich in Innovations- und Routinespieler/-innen auf. Die erhobenen Daten zeigen, dass die Motivlage der auf Beständigkeit und Routine zielenden Mitarbeitenden insbesondere in der Vermeidung eines als bedrohlich wahrgenommenen Kontrollverlusts besteht. Gleichzeitig ist zu bedenken, dass es sich bei Feuerwehren um konservative Organisationen handelt, in denen Veränderungen kritisch gesehen werden und sich nur langsam vollziehen (Bilhuber, 2011). Die an Innovation interessierten Mitarbeitenden sind entweder an einer Erweiterung ihrer Einflusszonen durch die Verbesserung ihrer individuellen Situation interessiert oder sind – wie im Beispiel der „Motivierten" – auf eine umfassende Veränderung der Arbeitssituation bei der Feuerwehr bedacht. Nach Ortmann et al. (1990) können sich Innovations- und Routinespiele in einem Teufelskreis verfestigen, innerhalb dessen die auf Routine Spielenden bestrebt sind, den Status Quo zu erhalten während die Innovationsspieler/-innen auf eine Veränderung ausgerichtet sind. Dieser Teufelskreis reproduziert sich in den Handlungsmustern und wechselseitigen Wahrnehmungen der Akteure (Ortmann et al., 1990).

Die Beobachtungen von Hanft (1996), March (1991) sowie Ortmann et al. (1990) lassen sich auf den Untersuchungskontext übertragen. So wurde mit der Implementierung der Projektstruktur ein lose gekoppeltes System etabliert, welches offene Diskussion und Reflexion im Rahmen der Gestaltung gesunder Arbeitsbedingungen ermöglicht (Exploration bzw. Innovation). Gleichzeitig wird durch die Aufrechterhaltung der Organisationsstruktur sichergestellt, dass die bestehende hierarchische Ordnung in der Feuerwehr nicht hinterfragt wird sowie bestehende Regeln und Ressourcen (zunächst) erhalten bleiben (Exploitation bzw. Routine). Wenn die Routinespieler/-innen die eigenen Einflusszonen aufgrund der

Aufrechterhaltung einer engen Kopplung nicht gefährdet sehen, sind auch sie bereit, alternative Handlungsweisen auszuprobieren. Auf diese Weise vollzieht sich in einigen Teilen der Organisation ein evolutionärer[183] Innovationsprozess, in dessen Verlauf Elemente der Projektkultur allmählich in die Organisationsstruktur integriert werden. So lässt sich beobachten, dass die Themen des Projekts auch nach dessen Ende in der Organisation verbleiben. Zudem etablieren sich neuartige Formen der hierarchie- und abteilungsübergreifenden Kommunikation und Beteiligung. Es entwickelt sich eine Arbeitskultur zur systematischen Reflexion und Gestaltung von (Gesundheits-)themen. Weiterhin findet eine zunehmend reflexive Auseinandersetzung mit organisationalen Sichtweisen und Entscheidungsprämissen statt. Der Aufbau neuer Beziehungen und Netzwerke ermöglicht den Organisationsmitgliedern, bestehende organisationale Ressourcen für die Gestaltung gesunder Arbeitsbedingungen nutzbar zu machen. Die auf diese Weise etablierten sozialen Praktiken (siehe Kap. 8.3) tragen zu einer Institutionalisierung der Reflexion und Gestaltung gesunder Arbeitsbedingungen bei.

Wie die vorliegende Studie zeigt, findet der beschriebene Veränderungsprozess nicht in den Köpfen isolierter Individuen, sondern vor allem in sozialen Interaktionsprozessen in *Gemeinschaften* statt. Es wurde jedoch deutlich, dass sich eine Reflexion und Gestaltung gesunder Arbeitsbedingungen nur in einem Teil der Projektgruppen ereignet. Die Untersuchungsergebnisse zeigen, dass eine gemeinsame Zielorientierung eine wesentliche Voraussetzung für das Anstoßen organisationaler Lernprozesse im Rahmen einer Projektgruppe darstellt. Wenn es einer Gruppe trotz unterschiedlicher Ansichten gelingt, einen gemeinsam geteilten Deutungsrahmen von Gesundheit und gesunden Arbeitsbedingungen zu erarbeiten, wird organisationales Lernen möglich. Soziale Innovationen entstehen, wenn die Mitglieder der Projektgruppe ein alternatives Verhalten als sinnvoll erachten und dieses Verhalten ihren Interessen entspricht. Insofern unterscheidet sich die Reflexion und Gestaltung gesunder Arbeitsbedingungen von anderen Projektvorhaben, in denen Veränderungsprozesse häufig über Top-down Entscheidungen erfolgen. Im Einklang mit den Erkenntnissen von Bridwell-Mitchell (2016) wird deutlich, dass eine Homogenität der Teilnehmenden und Konfliktfreiheit einem organisationalen Lernprozess eher im Wege stehen, während Heterogenität und kontroverse Ausei-

---

[183] In der Organisationsentwicklung wird häufig zwischen „revolutionärem" und „evolutionärem" organisationalen Wandel unterschieden (z.B. Krüger, 1994). In der Logik des Revolutionsmodells bedarf es eines erheblichen Veränderungsdrucks, um Wandlungsbarrieren zu überwinden. Hingegen betont das Evolutionsmodell, dass zu viel Wandel vom System nicht verarbeitet werden kann und eine Veränderung daher eher behutsam und kleinschrittig erfolgen sollte (Krüger, 1994).

nandersetzungen in einem gewissen Maße zuträglich für den Lernprozess sind. Folglich spielen Individuen zwar eine Rolle für den Lernprozess in den Projektgruppen, letztendlich entscheidet aber die Dynamik einer Projektgruppe über das Gelingen des Lernprozesses. Aus dieser Perspektive fungiert eine Projektgruppe nicht (nur) als mehr oder weniger unterstützender Kontext individuellen Lernens, sondern nimmt selbst neue Eigenschaften an, was sich an der Entwicklung gemeinsamer Vorstellungen und Werte im Sinne eines Epistemic Frame (Shaffer et al., 2009) zeigt. In der vorliegenden Untersuchung wird deutlich, dass den Projektgruppen als Vermittler zwischen individuellen Akteuren und organisationalen Strukturen eine zentrale Funktion zukommt. Als soziale Möglichkeitsräume bieten sie die Gelegenheit, alternative Verhaltensweisen und Kooperationsformen in einem geschützten Rahmen auszuprobieren. Gerade in einer eng gekoppelten Organisation wie der Feuerwehr stellen diese Möglichkeitsräume sicher, dass Innovationen zunächst reflektiert und erprobt werden können, bevor sie in die Organisation getragen werden.

Nach Hanft (2011) zeichnen sich in Innovationsspielen erfolgreiche *Akteure* vornehmlich dadurch aus, dass sie zur Verfügung stehende Ressourcen nutzen sowie organisationale Strukturen sensibel wahrnehmen und in ihre Handlungsstrategien integrieren können:

In Innovationsspielen erfolgreiche individuelle und kollektive Akteure stellen sich flexibel auf veränderte Situationen ein, sie nehmen Macht- und Einflusszonen innerhalb einer Organisation sensibel wahr und richten ihre Strategien an diesen aus, sie berücksichtigen die ihnen zur Verfügung stehenden Ressourcen und binden die Interessen der Interaktionspartner ein. Sie schaffen Netzwerke und nutzen Informationen wie auch organisatorische Regelsysteme, die ihnen und anderen Beteiligten spezifische Kompetenzen zuweisen. (Hanft, 2011, S. 78)

Die Untersuchungsergebnisse illustrieren, wie die betrieblichen Akteure mit den Widersprüchen von Organisations- und Projektstruktur umgehen und diese aufzulösen versuchen. Ein Versuch der produktiven Auflösung des Widerspruchs zwischen Organisations- und Projektstruktur besteht in den in Kap. 8.2.4 näher explizierten Unterwachungsstrategien (Luhmann, 2016). Einerseits werden die in der Projektstruktur verankerten Ressourcen (wie z.B. die neue Rolle als Prozessbegleiter) für eine Kontaktaufnahme mit Vorgesetzten genutzt. Andererseits werden bestehende Organisationsstrukturen anerkannt, indem Entscheidungen nur indirekt, z.B. durch Vorlagen, und ohne eine Infragestellung der hierarchischen Strukturen beeinflusst werden. Aus der Sichtweise von Hanft (1998) setzt die Wirksamkeit kompetenter Akteure jedoch ein Mindestmaß an Experimentierfreudigkeit seitens

8 Strukturen und Prozesse organisationalen Gesundheitslernens

der Organisation voraus. So können selbst die engagiertesten Mitarbeitenden scheitern, wenn eine Kultur des Bewahrens tief in den organisationalen Deutungsschemata verankert ist (Hanft, 2011).

Die Ausgangsfrage, unter welchen Voraussetzungen Organisationen „Gesundheit" lernen können, lässt sich folglich nur unter Rekurs auf die organisationalen Strukturen, Gemeinschaften und Individuen beantworten. Nach den Erkenntnissen der vorliegenden Arbeit zeichnen sich gesundheits- und lernförderliche Organisationsstrukturen durch eine Ermöglichung von Innovation bei gleichzeitiger Erhaltung von Routinen und Handlungsspielräumen aus. Als lose gekoppelte Systeme bieten soziale Möglichkeitsräume die Gelegenheit, alternative soziale Praktiken zu reflektieren und auszuprobieren. Auf diese Weise vollzieht sich in einigen Teilen der Organisation ein evolutionärer Prozess, in dessen Verlauf innovative Elemente der Projektkultur allmählich in die Routinen der Organisation integriert werden. Die in Kap. 8.3 identifizierten Institutionalisierungspraktiken sind als Vehikel dieses Innovationsprozesses zu sehen. Sie tragen dazu bei, dass die im Projekt entstandenen Möglichkeitsräume geöffnet bleiben und sich weiter öffnen. Abb. 30 führt die angestellten Überlegungen grafisch zusammen.

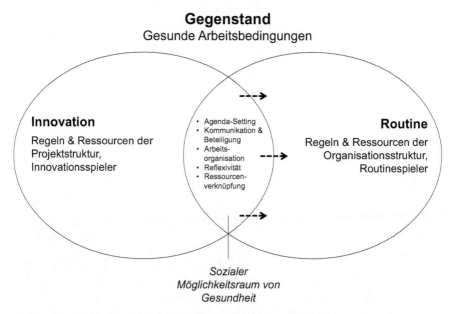

Abb. 30: *Organisationales Gesundheitslernen zwischen Innovation und Routine*

Ob sich Betriebliche Gesundheitsförderung als soziale Innovation durchsetzen kann, hängt jedoch auch von den individuellen Akteuren ab. Aus der Betrachtungsweise von Ortmann, Sydow und Windeler (2000) können Veränderungsprozesse angestoßen werden, wenn sich die Akteure „eben jener Machtmittel bedienen, die die (noch) gegebene Organisationsstruktur zur Verfügung stellt." (S. 333). Gelingt es den Innovationsspieler/-innen, verfügbare Ressourcen zu nutzen sowie bestehende organisationale Strukturen sensibel wahrzunehmen und in die eigenen Handlungsstrategien zu integrieren, wird organisationales Gesundheitslernen möglich.

8.4.4 Übertragbarkeit der Erkenntnisse

Inwiefern lassen sich die Erkenntnisse der vorliegenden Arbeit auf andere Kontexte übertragen? Es stellt sich die Frage, ob über den Kontext der untersuchten Organisation hinaus eine Generalisierung der gemachten Erkenntnisse möglich ist. Wenngleich von einer spezifischen Feuerwachenkultur auszugehen ist (Yildirim-Krannig, Mähler & Wucholt, 2014), ähneln sich Berufsfeuerwehren hinsichtlich vieler kulturprägender Merkmale wie der Bekämpfung von Feuer- und Brandgefahren, Uniformen sowie der Wertvorstellungen von Kameradschaft und Gemeinschaft. Folglich liegt nahe, dass sich die aus der Fallstudie gewonnenen Ergebnisse auch auf andere Berufsfeuerwehren übertragen lassen. Eine Übertragbarkeit auf andere Organisationen des Notfalls wie beispielsweise die Polizei oder den Rettungsdienst wäre zu prüfen. Hierbei ist zu berücksichtigen, dass sich für Polizist/-innen im Streifendienst oder Rettungsdienste im Einsatz weniger Zeitfenster der Reflexion und Gestaltung von Arbeitsbedingungen eröffnen, als im Arbeitsalltag von Feuerwehrleuten, welcher durch teilweise längere Zeitfenster zwischen Einsätzen geprägt ist.

Feuerwehren sind einerseits durch Merkmale bürokratischer Organisationen (Hierarchie, Spezialisierung etc.) gekennzeichnet, die auf die Stabilität ihrer Umwelt setzen. Andererseits sind sie auf Extremsituationen ausgerichtet und agieren in dynamischen Kontexten. Als hybride Organisationen (Apelt & Senge, 2013) erscheinen Feuerwehren zwischen hierarchischer Struktur und rascher Anpassung an sich ständig verändernde Umweltanforderungen vergleichbar mit vielen Wirtschaftsunternehmen, sodass eine Übertragung der gewonnenen Erkenntnisse auf andere Organisationsformen möglich erscheint. Andererseits unterscheiden sich Feuerwehren als Organisationen des Notfalls hinsichtlich ihrer Schichtdienste und Arbeitsinhalte von anderen Organisationen. Durch die Nichtplanbarkeit von Einsätzen ergeben sich im Arbeitsalltag von Feuerwehrleuten Zeitfenster, welche flexibel für die Projektarbeit genutzt werden können. Eine solche Flexibilität ist in anderen Organisationskontexten vermutlich in geringerem Ausmaß gegeben. Eine Übertragung der Ergebnisse auf andere organisationale Kontexte sollte daher unter Vorbehalt und in Erwartung weiterer empirischer Evidenzen erfolgen. Aus Sicht der Verfasserin könnte sich die von Weick (1976) vorgenommene Unterscheidung in fest und lose gekoppelte Organisationsstrukturen als hilfreiches Analyseschema für die Erklärung von Lernunterschieden zwischen verschiedenen organisationalen Kontexten erweisen.

Wenngleich naheliegt, dass auf die Gestaltung gesundheitsförderlicher Arbeitsbedingungen bezogene Lernprozesse einen besonderen Gegenstand darstellen, stellt sich die Frage, ob der entwickelte Ansatz organisationalen Lernens ebenso auf andere Veränderungsprozesse in Organisationen anwendbar ist. So weist Gesundheit als Lerngegenstand bezüglich der Prozesshaftigkeit und der gesellschaftlich geprägten positiven Konnotation Parallelen zu anderen organisationalen Themen wie „Diversität" oder „Nachhaltigkeit" auf. Als Boundary objects (Star & Griesemer, 1986) stellen Gesundheit, Diversität und Nachhaltigkeit Sammelbegriffe dar, welche aufgrund ihrer globalen Verwendung eine identitätsstiftende Funktion ausüben, jedoch gleichzeitig von unterschiedlichen Gruppen auf verschiedene Weise interpretiert werden. Vor diesem Hintergrund wäre die Übertragbarkeit des erarbeiteten Konzepts auf andere Veränderungsprojekte, in denen Lernen und organisationaler Wandel eine Rolle spielen, empirisch zu erforschen.

9 Fazit

Im Mittelpunkt der vorliegenden Arbeit steht eine theoretisch-empirische Betrachtung organisationaler Lernprozesse im Rahmen gesundheitsfördernder Organisationsentwicklung. Eine Ausgangsthese ist, dass Betriebliche Gesundheitsförderung gelingen kann, wenn ein kontinuierlicher Lernprozess im Individuum und in der Organisation angestoßen wird. Auf Grundlage einer strukturations- und tätigkeitstheoretischen Konzeption organisationalen Gesundheitslernens wird untersucht, welche Eigenschaften eines Tätigkeitssystems die Entstehung sozialer Möglichkeitsräume zur Reflexion und Gestaltung gesunder Arbeitsbedingungen beeinflussen. Zudem wird herausgearbeitet, welche sozialen Praktiken zu einer Institutionalisierung der Reflexion und Gestaltung gesunder Arbeitsbedingungen beitragen. Zur Beantwortung dieser Forschungsfragen werden Strukturen und Prozesse organisationalen Gesundheitslernens am Beispiel eines Organisationsentwicklungsprojekts im Feuerwehrwesen empirisch rekonstruiert und analysiert.

Die Ergebnisse der empirischen Untersuchung illustrieren, wie sich organisationales Gesundheitslernen in einem gegenstandsorientierten Problemlösungsprozess vollzieht, in dessen Verlauf sich nicht nur die beteiligten Individuen und ihre Gemeinschaft, sondern ebenso die sie umgebenden Organisationsstrukturen wechselseitig entwickeln. In Interaktionen erschließen die Akteure einen sozial konstruierten Möglichkeitsraum von Gesundheit, welcher durch die einzelnen Elemente des Tätigkeitssystems begrenzt wird und in den soziokulturellen Praktiken der Gruppenmitglieder verortet ist.

Nach den Erkenntnissen der vorliegenden Arbeit zeichnen sich gesundheits- und lernförderliche Organisationsstrukturen durch eine Ermöglichung von Innovation bei gleichzeitiger Erhaltung von Routinen und Handlungsspielräumen aus. Als lose gekoppelte Strukturen (Weick, 1976) bieten soziale Möglichkeitsräume die Gelegenheit, alternative soziale Praktiken einer gesunden Arbeitsgestaltung zu reflektieren und auszuprobieren. Auf diese Weise vollzieht sich ein evolutionärer Innovationsprozess, in dessen Verlauf Elemente der Projektkultur allmählich in die Organisationsstruktur integriert werden. Ob sich Betriebliche Gesundheitsförderung als soziale Innovation durchsetzen kann, hängt jedoch auch von den betrieblichen Akteuren ab. Gelingt es den Organisationsmitgliedern, verfügbare Ressourcen zu nutzen sowie bestehende organisationale Strukturen sensibel wahrzunehmen und in die eigenen Handlungsstrategien zu integrieren, wird organisationales Gesundheitslernen möglich.

Nachfolgend wird eine Bilanzierung der Forschungsbeiträge der vorliegenden Arbeit (Kap. 9.1) vorgenommen. Impulse für die betriebliche Praxis der Gesundheitsförderung (Kap. 9.2) sowie Anknüpfungspunkte für weitere Forschungsarbeiten (Kap. 9.3) werden aufgezeigt.

9.1 Forschungsbeiträge

Ein zentraler Beitrag der vorliegenden Arbeit besteht in der *Etablierung eines lern- und organisationstheoretisch fundierten Verständnisses von gesundheitsfördernder Organisationsentwicklung*. Die einschlägige, vorwiegend der gesundheitswissenschaftlichen Diskussion entstammende und auf Tools bzw. Methoden bezogene Literatur vernachlässigt die organisations- und lerntheoretischen Grundlagen der Gestaltung von gesundheitsorientierten Veränderungsprozessen in Organisationen weitgehend. Das strukturationstheoretische Schema von Giddens (1984, 1997) sowie der tätigkeitstheoretische Ansatz expansiven Lernens (Engeström, 1987, 2001) ermöglichen eine Erklärung von organisationalem Lernen jenseits der Dichotomie von Subjektivismus (Handeln) und Objektivismus (Struktur). Das erarbeitete Rahmenmodell organisationalen Gesundheitslernens eröffnet eine Perspektive, welche das Ausmaß gesunder Arbeit im Betrieb nicht nur auf Ebene individueller Akteure oder Tools und Techniken verortet, sondern individuelle und organisationale Lernprozesse zu einer konsistenten Gesamtkonzeption verknüpft.

Arbeitswissenschaft geht von einer komplexen Lebenswirklichkeit des arbeitenden Menschen aus. Aus Sicht der Verfasserin sollte eine arbeitswissenschaftlich aufgeklärte Theorie von Gesundheit und Gesundheitsförderung unterschiedliche Sichtweisen wahrnehmen, kritisch reflektieren und berücksichtigen können. Eine besondere Qualität der vorliegenden Arbeit liegt in der *Kombination und Integration unterschiedlicher Theorie- und Forschungsperspektiven* auf den Untersuchungsgegenstand. In dem Versuch, komplexe Lern- und Veränderungsprozesse zu erklären, bedient sich die vorliegende Arbeit vielfältiger Perspektiven aus Psychologie, Pädagogik, Soziologie, Wirtschaftswissenschaften sowie Organisationsforschung und führt diese zu einer konsistenten Konzeptualisierung von Lernen im Rahmen gesundheitsfördernder Organisationsentwicklung zusammen. Während die diskutierten organisational-kognitiven Lerntheorien (Argyris & Schön, 1978, 1996; Daft & Weick, 1984; March & Olsen, 1975; Nonaka & Takeuchi, 1995; Senge, 1990) dazu beitragen, organisationales Lernen auf Ebene der individuellen Aneignung und Veränderung mentaler Schemata der Zusammenhänge zwischen Arbeit und Gesundheit zu beschreiben, liefern die Theorie des situierten Lernens (Lave & Wenger, 1991) und das Konzept der Community of Practice (Wenger,

1998) Erkenntnisse zum Lernen als eingebetteten Prozess der Teilhabe an einer sozialen Gemeinschaft. Die Theorie expansiven Lernens (Engeström, 1987) erweitert diese Sichtweise um die Vorstellung eines am jeweiligen Gegenstand orientierten, durch Regeln, Instrumente (Wygotski, 1978) und Arbeitsteilung vermittelten, Problemlösungsprozesses in dessen Verlauf sich nicht nur die beteiligten Individuen und ihre Gemeinschaft, sondern ebenso die sie umgebenden Organisationsstrukturen rekursiv entwickeln. Analog zur Strukturationstheorie eröffnet die Theorie expansiven Lernens eine Konzeption, welche organisationales Lernen weder beim Individuum, noch im sozialen Kontext einer Community of Practice oder der Organisation verortet. Obwohl die Strukturationstheorie (Giddens, 1984, 1997) und die Theorie expansiven Lernens (Engeström, 1987, 2001) den forschungsleitenden Bezugsrahmen der vorliegenden Arbeit bilden, fügen sich die in Kap. 5 diskutierten Lerntheorien in den Analyserahmen ein und können zur Erklärung organisationalen Gesundheitslernens hinzugezogen werden. Auf diese Weise erweitert die entwickelte Konzeption organisationalen Gesundheitslernens den Fokus einzelner Lerntheorien und integriert diese in einen gemeinsamen Zusammenhang. Ein weiterer Beitrag besteht in der Erarbeitung einer integrierenden Perspektive auf die arbeitswissenschaftliche Beschäftigung mit Gesundheit in Organisationen (Kap. 4.1). Auch der Begriff des Lernens wird entnormativiert und entidealisiert betrachtet. Die Befassung jenseits normativer Vorstellungen von Lernen und Gesundheitsförderung erweitert die Perspektive um die Funktionalität von Nicht-Lernen, Widerständen und Organisationsblockaden.

Wie bereits dargelegt wurde, erfährt das *Feuerwehrwesen* in der sozial- und kulturwissenschaftlichen Forschung eine geringe Aufmerksamkeit (Yildirim-Krannig, Mähler & Wucholt, 2014). Die im Rahmen der vorliegenden Studie gemachten Erkenntnisse tragen dazu bei, das in der Öffentlichkeit transportierte und stark vom Einsatzdienst geprägte Bild von Feuerwehren als traditionelle, hochgradig funktionelle Organisationen um organisationskulturelle Aspekte und Beobachtungen aus dem Wachalltag zu ergänzen. Die Studie liefert neuartige Erkenntnisse zu den Signifikations-, Legitimations- und Machtstrukturen in einer Berufsfeuerwehr. Sie zeigt auf, welche Werte, Selbstverständnisse, Führungsbilder und (subtile) Formen der Machtausübung für die Organisationsmitglieder handlungsleitend sind. Im Zuge des initiierten Organisationsentwicklungsprozesses gerät die untersuchte Berufsfeuerwehr in ein Spannungsfeld zwischen Tradition und Innovation, Kontrolle und Befähigung sowie Hierarchie und Transparenz. Die aus der Begleitung dieses Prozesses gewonnenen Daten liefern Erkenntnisse darüber, wie Organisationen und ihre Mitglieder mit den Widersprüchen von Organisations- und Projektstruktur umgehen und diese aufzulösen versuchen.

Als hybride Organisationen (Apelt & Senge, 2013) erscheinen Feuerwehren zwischen hierarchischer Struktur und rascher Anpassung an sich ständig verändernde Umweltanforderungen vergleichbar mit vielen Wirtschaftsunternehmen, sodass eine Übertragung der gewonnenen Erkenntnisse auf andere Organisationsformen möglich erscheint. Diese sollte jedoch zunächst unter Vorbehalt und in Erwartung weiterer empirischer Evidenzen erfolgen.

Die vorliegende Arbeit zeichnet sich durch eine aufwändige empirische Vorgehensweise aus. Das *Forschungsdesign* ermöglicht eine detaillierte Rekonstruktion von Sinnstrukturen, Wahrnehmungen und Interpretationen der am Projekt beteiligten Akteure mittels problemzentrierter Interviews, teilnehmender Beobachtung, der Analyse schriftlicher Dokumente sowie sozialer Netzwerke. Die erhobenen Daten erlauben detaillierte Rückschlüsse auf die sozialen Dynamiken in den Tätigkeitssystemen sowie im Kontext der untersuchten Organisation.

Im Folgenden werden auf Basis der gewonnenen Erkenntnisse einige Überlegungen zur Gestaltung und Gestaltbarkeit gesundheits- und lernförderlicher Organisationen angeregt.

9.2 Konsequenzen für die betriebliche Praxis

Zunächst lässt sich feststellen, dass sich die in der Ratgeberliteratur häufig proklamierten Steuerungs- und Machbarkeitsvorstellungen in Bezug auf gesundheitsbezogene Lern- und Veränderungsprozesse als nicht haltbar erweisen. So ereignet sich eine Reflexion und Gestaltung gesunder Arbeitsbedingungen nur in einem Teil der Projektgruppen. Ebenso wurde deutlich, dass „soziale Subjekte mit je eigenen biografisch geprägten Wahrnehmungen, normativen Deutungen, Erwartungen und Bereitschaften im sozialen ‚Feld' Betrieb mit individuellen Interessen arbeiten" (Larisch, Ritter & Müller, 2010, S. 175). Einige Organisationsmitglieder können aus unterschiedlichen, nachvollziehbaren Gründen nicht für das Projekt gewonnen werden. Die Zusammenarbeit in den Projektgruppen ist teilweise von als emotional anstrengend und demotivierend erlebten, konflikthaften Auseinandersetzungen geprägt. Mikropolitische Spielweisen sowie divergierende Ziele und Interessen verhindern, dass eine gemeinsame Orientierung erarbeitet wird. Auf organisationaler Ebene behindern negative, kollektivierte Erfahrungen und defensive Routinen den Lernprozess. Zudem wird nur ein Teil der erarbeiteten Maßnahmen und Vorschläge in der Organisation umgesetzt. Auf der anderen Seite ist an vielen Stellen zu beobachten, dass organisationales Gesundheitslernen stattgefunden hat und weiterhin stattfindet. Die erhobenen Daten erlauben eine Rekonstruktion sozialer Praktiken, welche zu einer Institutionalisierung der Reflexion und Gestaltung von Arbeitsbedingungen beitragen. Abb. 31 überträgt die in der Studie gewonnenen Erkenntnisse auf das entwickelte Rahmenmodell.

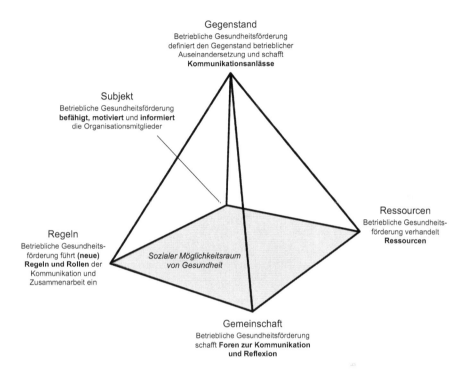

Abb. 31: *Handlungsfelder gesundheitsfördernder Organisationsentwicklung*

Ein bedeutsames Wirkprinzip gesundheitsfördernder Organisationsentwicklung besteht darin, salutogene und pathogene Arbeitsbedingungen zum *Gegenstand* betrieblicher Reflexion und Veränderung zu machen (Beck, 2011) und somit Anlässe für eine gesundheitsbezogene Kommunikation zu schaffen. Hierfür ist es erforderlich, das Thema Gesundheit in systemrelevante Kommunikation zu überführen und für die Organisation anschlussfähig zu machen (Königswieser & Hillebrand, 2009). Die Untersuchung hat gezeigt, dass Themen, die sich an bestehenden organisationalen Deutungsschemata und geteilten Paradigmen orientieren, leichter von den Entscheidungsträger/-innen integriert werden können und somit eine höhere Umsetzungswahrscheinlichkeit aufweisen. Vorschläge, die nicht an bestehende organisationale Strukturen andocken, laufen Gefahr, als Bedrohung des Status Quo des organisationalen Machtgefüges interpretiert zu werden (Hanft, 1996).

9 Fazit

Wie sich gezeigt hat, stellt die Einrichtung von Projektgruppen als *Gemeinschaften* des Austauschs über die Gestaltung gesundheitsfördernder Arbeitsbedingungen eine wesentliche Voraussetzung für die Initiierung gesundheitsbezogener Kommunikations- und Reflexionsprozesse dar. Im Sinne einer Community of Practice (Lave & Wenger, 1991) bieten Projektgruppen den betrieblichen Akteuren die Möglichkeit, mit dem Gegenstand Betrieblicher Gesundheitsförderung in Kontakt zu kommen und diesen weiterzuentwickeln. Sie entwickeln sich mit den lernenden Personen weiter und werden durch diese geprägt. Als soziale Möglichkeitsräume bieten Projektgruppen die Gelegenheit, alternative Verhaltensweisen und Kooperationsformen in einem geschützten Rahmen auszuprobieren. Gerade in eng gekoppelten Strukturen (Weick, 1976) stellen diese Möglichkeitsräume sicher, dass Innovationen zunächst reflektiert und erprobt werden können, bevor sie in die Organisation getragen werden. Darüber hinaus lässt sich feststellen, dass sich die Beschäftigung mit den Projektthemen nicht auf die offiziellen Sitzungen beschränkt, sondern sich in informellen Gesprächen außerhalb der Projektgruppen fortsetzt. Die Sichtbarkeit einer Projektgruppe und ihrer Arbeitsergebnisse, z.B. durch Aushänge in den Pausenräumen, regelmäßige Rückmeldungen an die Belegschaft oder die Umsetzung von Maßnahmen, befördert diesen Effekt. Es wird eine Diskussion in der gesamten Organisation angestoßen. Subjektive Konstruktionen von Gesundheit und Fragen der Gestaltung gesunder Arbeitsbedingungen werden auf diese Weise zu ubiquitären Gesprächsgegenständen. Die Untersuchungsergebnisse zeigen, dass eine gemeinsame Zielorientierung eine wesentliche Voraussetzung für das Anstoßen organisationaler Lernprozesse in einer Projektgruppe ist. Wenn es trotz unterschiedlicher Ansichten gelingt, einen gemeinsam geteilten Deutungsrahmen von Gesundheit und gesunden Arbeitsbedingungen zu entwickeln, wird organisationales Lernen möglich. Insofern unterscheidet sich die Reflexion und Gestaltung gesunder Arbeitsbedingungen von anderen, top-down gesteuerten Projektvorhaben. Zudem wird deutlich, dass eine Homogenität der Teilnehmenden und Konfliktfreiheit einem organisationalen Lernprozess eher im Wege stehen, während Heterogenität und kontroverse Auseinandersetzungen in einem gewissen Maße zuträglich für den Lernprozess sind. Gleichzeitig wurde deutlich, dass die von der Organisation bereitgestellten zeitlichen und räumlichen Ressourcen eine wesentliche Voraussetzung für den Lernerfolg in den Projektgruppen darstellen. Eine Aufgabe gesundheitsfördernder Organisationsentwicklung liegt folglich in der Aushandlung und Einforderung dieser kritischen Ressourcen.

Eine wesentliche Erkenntnis der vorliegenden Arbeit besteht in der Feststellung, dass Organisationsblockaden (Schimank, 2011) wie defensive Routinen oder kollektivierte negative Erfahrungen die Möglichkeiten von organisationalen Lern- und Veränderungsprozessen in hohem Maße strukturieren. Mikropolitische Spielweisen, eine ausgeprägte Machtdistanz und das Selbstbild vieler Organisationsmitglieder als Befehlsempfänger verhindern neue Lernerfahrungen. Der Frage, ob und wie die betrieblichen Akteure die Ziele Betrieblicher Gesundheitsförderung realisieren wollen und können, lässt sich daher nur unter einer Bezugnahme auf die in der Organisation vorhandenen *Regeln und Ressourcen* nachgehen. Die im Rahmen gesundheitsfördernder Organisationsentwicklung etablierten Strukturen und sozialen Praktiken zielen auf eine Veränderung etablierter Signifikations-, Legitimations- und Herrschaftsstrukturen ab. Eine zentrale Aufgabe gesundheitsfördernder Organisationsentwicklung besteht in der Einführung (neuer) Regeln und Rollen für eine Reflexion und Gestaltung gesunder Arbeitsbedingungen. Die Ermöglichung neuer, von der organisationalen Hierarchie entkoppelter Rollenbefugnisse und Projektgruppen erweist sich als wesentlicher Faktor für organisationale Veränderung. Nach Hanft (1996) sind Organisationen in der Lage zu lernen, wenn sowohl lose als auch enge Kopplungen vorhanden sind. So können eng gekoppelte Systeme widersprüchliche Anforderungen durch lose Kopplungen in ihren Teilsystemen integrieren. Mit der Implementierung der Projektstruktur wird im Rahmen gesundheitsfördernder Organisationsentwicklung ein lose gekoppeltes System etabliert, welches offene Diskussion und Reflexion im Rahmen der Gestaltung gesunder Arbeitsbedingungen ermöglicht (Exploration bzw. Innovation). Gleichzeitig wird durch die Aufrechterhaltung der Organisationsstruktur sichergestellt, dass die bestehende hierarchische Ordnung weiterhin besteht sowie bestehende Regeln und Ressourcen (zunächst) erhalten bleiben (Exploitation bzw. Routine). Wenn die Entscheidungsträger/-innen in einer Organisation die eigenen Einflusszonen aufgrund der Aufrechterhaltung einer engen Kopplung nicht gefährdet sehen, erhöht sich ihre Bereitschaft, alternative Handlungsweisen auszuprobieren. Auf diese Weise kann sich ein evolutionärer Innovationsprozess vollziehen, in dessen Verlauf Elemente der Projektkultur allmählich in die Organisationsstruktur integriert werden können.

Für ein organisationales Gesundheitslernen ist nicht nur von Bedeutung, dass die Projektstruktur geeignete Regeln und Ressourcen zur Realisierung Betrieblicher Gesundheitsförderung bereitstellt. Entscheidend ist auch, ob diese neuen Regeln und Ressourcen von den Organisationsmitgliedern genutzt werden. So produzieren die im Projekt eingeführten Strukturen nicht automatisch lernfähige Organisationsmitglieder. Nach Giddens (1984) handelt es sich es sich stets um „social interpretations" (S. 21) von Regeln und Ressourcen. Dies hat zur Folge, dass organisationale Strukturen in Abhängigkeit individueller Interpretationen verschiedene Handlungsweisen hervorrufen können. Nach Walgenbach und Meyer (2008) sind organisationale Strukturen kein „außerhalb des handelnden Subjekts wirkender Faktor" (S. 134). Vielmehr erfolge die Reproduktion von Struktur, weil sie im (handlungs-)praktischen Bewusstsein der Akteure repräsentiert sei.[184] Demnach geht es im Rahmen gesundheitsfördernder Organisationsentwicklung nicht nur um die Gestaltung von Strukturen und Prozessen. Erst wenn die betrieblichen Akteure eine Bewusstheit über die ihnen zur Verfügung stehenden Regeln und Ressourcen erlangen und diese als sinnvoll erachten, werden neue Projektstrukturen existent. Nach Hanft (2011) zeichnen sich in Innovationsspielen erfolgreiche *Subjekte* vornehmlich dadurch aus, dass sie zur Verfügung stehende Ressourcen nutzen sowie organisationale Strukturen sensibel wahrnehmen und in ihre Handlungsstrategien integrieren. Die Untersuchungsergebnisse illustrieren, dass eine Veränderung organisationaler Strukturen davon abhängt, wie gut es den betrieblichen Akteuren gelingt, mit den Widersprüchen von Organisations- und Projektstruktur umzugehen und diese aufzulösen. Ein zentraler Baustein gesundheitsfördernder Organisationsentwicklung besteht folglich in der Befähigung von Organisationsmitgliedern unterschiedlicher Hierarchie- und Entscheidungsebenen, verfügbare Ressourcen zu nutzen sowie bestehende organisationale Strukturen sensibel wahrzunehmen und in die eigenen Handlungsstrategien zu integrieren. Es wurde bereits argumentiert, warum Betriebliche Gesundheitsförderung „kein Empowerment-Programm dar[stellt], mittels dessen Bedürftige mit Macht versorgt werden könnten, wo sie keine haben" (Beck, 2011, S. 63). Dies führe nach Beck (2011) nur zu „beschämenden Erfahrungen der ‚Powerlessness'" (S. 63). Eine Betriebliche Gesundheitsförderung sollte den Beteiligten daher ein realistisches Bild der Möglichkeiten der Veränderung und Beeinflussung organisationaler Strukturen aufzeigen. Es hat sich gezeigt, dass organisationales Gesundheitslernen vor allem in Kontexten stattfindet, in denen es gelingt, Gesundheitsthemen zielorientiert und auf strukturierte Art und Weise zu bearbeiten. Eine zentrale Aufgabe von gesundheitsfördernder Organisationsentwicklung besteht folglich in der handlungs- und gegenstandsorientierten Vermittlung von Techniken und Fähigkeiten zur systematischen Bearbeitung von Gesundheitsthemen. Die erhobenen Daten verdeutlichen, dass insbesondere die mit einer strukturierten Moderation transportierten Rollenverständnisse, Haltungen und Regeln zu einer Veränderung der Kommunikationskultur beitragen können. Diese Aspekte werden informell im Prozess der Arbeit (Dehnbostel, 2007) vermittelt[185]. Externe Organisationsberater/-innen fungieren vor allem als Modellträger/-innen alternativer Kommunikationsformen, welche in einem geschützten Rahmen innerhalb des sozialen Möglichkeitsraums einer Projektgruppe ausprobiert und über-

---

[184] In dieser Hinsicht unterscheidet sich die Strukturationstheorie auf zentrale Weise von anderen Sozialtheorien.

[185] Theorieansätze und Modelle zum Lernen im Prozess der Arbeit sowie praktische Ansätze zur lern- und kompetenzförderlichen Gestaltung von Arbeitssituationen finden sich beispielsweise in der Arbeit von Dehnbostel (2007).

nommen werden können. Ob dies tatsächlich geschieht, hängt davon ab, ob die erprobten Praktiken von den betrieblichen Akteuren als „relevant, bedeutsam und [in den Organisationsalltag] integrierbar" (Siebert, 1996, S. 19) erlebt werden. Gleiches gilt für die Vermittlung individueller Kompetenzen der Kontaktgestaltung und -aufnahme. Es zeigt sich, dass insbesondere die Kooperation und Kommunikation zwischen Mitarbeitenden und Führungskräften Anforderungen an die sozialen Kompetenzen der Akteure stellt. Ein hierarchieübergreifendes Arbeiten erfordert, dass die im Projekt neu definierten Rollen in das Selbstverständnis der Beteiligten integriert werden können. An dieser Stelle kommt externen Organisationsberater/-innen die Aufgabe zu, die betrieblichen Akteure als Coach bzw. Supervisor/-in bei der Reflektion und Klärung der neuen Rollen im Projekt zu unterstützen. Die Arbeit an einem alternativen Rollenverständnis erscheint insbesondere dann unerlässlich, wenn die Rollen in der (eng gekoppelten) Organisations- und (lose gekoppelten) Projektstruktur in hohem Maße differenzieren. Organisationale Veränderungsprozesse ereignen sich, indem bestehende Strukturen reflektiert und im konkreten Handeln entwickelt werden. In diesem Zusammenhang besteht eine Aufgabe gesundheitsfördernder Organisationsentwicklung in der Etablierung reflexiver Techniken des Hinterfragens eigener Bilder und Denkschemata, welche eine Explikation und Bearbeitung organisationaler Regeln und sozialer Praktiken ermöglichen. Es geht darum, bei den Beteiligten eine Bewusstheit über bestehende Regeln und Machtverhältnisse zu erzeugen. Hierdurch wird eine Erklärbarkeit des bestehenden Ausmaßes gesunder Arbeit in der Organisation hergestellt. Durch das Einbringen einer Außensicht können externe Berater/-innen dazu beitragen, die Selbstbeobachtung und -wahrnehmung der Organisationsmitglieder zu stimulieren. Hierdurch eröffnen sich möglicherweise neue Sichtweisen und Wirklichkeiten, welche zu einer Veränderung rigider Handlungsmuster und Einstellungen sowie zur Erhöhung der Selbstreflexivität des Individuums und der Organisation (Moldaschl, 2004) beitragen können. Es stellt sich jedoch die Frage, ob Veränderungsprozesse in Organisationen – wie es der gesundheitswissenschaftliche Diskurs vielfach suggeriert – ausschließlich durch eine (externe) Organisationsberatung bzw. -entwicklung herbeigeführt werden können. Im Rahmen der vorliegenden Arbeit wird davon ausgegangen, dass es für Veränderungsprozesse in Organisationen andere Anlässe geben kann (siehe Kap. 4.2.1). Dennoch liegt nahe, dass Interventionen im Rahmen gesundheitsfördernder Organisationsentwicklung eine Anregung von Veränderungsprozessen wahrscheinlicher machen, indem sie Irritationen bestimmter Art ermöglichen. Dieses Argument wird gestützt von der Feststellung, dass der Beratungsbedarf von Organisationen in den letzten Jahren gestiegen ist (von Ameln, 2015). Bis heute orientieren sich viele Weiterbildungsmaßnahmen der Gesundheitsförderung am klassischen Paradigma vom Lehrenden und Lernenden.

In Vorträgen zu Gesundheitsthemen und Schulungen mit hohem Frontalanteil wird vor allem Faktenwissen transportiert. Aus lerntheoretischer Sicht erscheint diese Praxis überholt, weil sie kognitive, affektive und verhaltensmäßige Aspekte vernachlässigt (Kriz, 2003). Das erworbene Wissen bleibt „isoliert, punktuell, flüchtig und praxisfern" (von Ameln & Kramer, 2007, S. 8). Einschlägige Weiterbildungskonzepte sollten daher handlungsorientiert ausgerichtet sein und mit den konkreten Anliegen und Themen der betrieblichen Akteure arbeiten. Aus der Sichtweise von Hanft (1998) setzt die Wirksamkeit kompetenter Akteure jedoch ein Mindestmaß an Experimentierfreudigkeit seitens der Organisation voraus. So können selbst die engagiertesten Mitarbeitenden scheitern, wenn eine Kultur des Bewahrens tief in den organisationalen Deutungsschemata verankert ist (Hanft, 2011).

Die gewonnenen Erkenntnisse liefern wichtige Impulse für eine *Weiterentwicklung, Neuausrichtung und Professionalisierung einer betrieblichen Gesundheitspolitik*. In der vorliegenden Arbeit geht es nicht darum, fertige Rezepte für die Gestaltung gesunder Arbeit zu liefern. Allgemeingültige Kausalaussagen lassen sich aufgrund des hohen Kontextbezugs sozialen Handelns nicht ableiten (Schiller-Merkens, 2008). Vielmehr soll ein Verständnis der Dynamiken organisationaler Lern- und Veränderungsprozesse als Basis einer angemessenen Strategieentwicklung erzeugt werden. Zusammenfassend dürfte ein Konzept gesundheitsfördernder Organisationsentwicklung, welches Gesundheitsthemen an bestehende organisationale Deutungsschemata und Paradigmen andockt, soziale Möglichkeitsräume schafft, die betrieblichen Akteure befähigt, zur Verfügung stehende Ressourcen zu nutzen, organisationale Strukturen sensibel wahrzunehmen und in ihre Handlungsstrategien zu integrieren sowie eng und lose gekoppelte Strukturen in Einklang bringt, der Realisierung von Betrieblicher Gesundheitsförderung im Sinne der Ottawa-Charta (WHO, 1986) dienlich sein.

9.3 Ausblick

Arbeit kommt in der sozialen Selbstdefinition moderner Menschen wie in der gesellschaftlichen Diskussion eine zentrale Bedeutung zu (Aßländer & Wagner, 2017). Mit großer Wahrscheinlichkeit wird Arbeit auch in Zukunft eine wichtige Rolle spielen[186]. Handelt es sich bei der gesunden Gesellschaft, in der Arbeit der

---

[186] Zumindest sind in der Vergangenheit gestellte Prognosen von „technologischer Arbeitslosigkeit" (Keynes, 1933) oder vom „Ende der Arbeit" (Rifkin, 1995) trotz einer wachsenden Digitalisierung und Automatisierung von Arbeitsprozessen bislang nicht eingetreten. Entgegen dieser Vorhersagen erreicht die Zahl der Erwerbstätigen in Deutschland mit rund 44,6 Millio-

Selbstverwirklichung emanzipierter, selbstbestimmter Individuen dient und ein ausgewogenes Verhältnis von Arbeit und Gesundheit durch ein konzertiertes Zusammenwirken sämtlicher gesellschaftlicher Akteure weitgehend realisiert wurde, um eine Utopie? Oder besteht längst eine konforme, unkritische Hochleistungsgesellschaft aus sich permanent selbst optimierenden Arbeitskraftunternehmer/-innen, in der Gesundheit nicht nur vom Arbeitgeber gefordert wird, sondern zum diskriminierenden Merkmal geworden ist? Für eine Betriebliche Gesundheitsförderung der Zukunft lassen sich vielfältige utopische wie dystopische Gesellschaftsszenarien skizzieren. Fest steht jedoch, dass der Forschungsgegenstand der vorliegenden Arbeit angesichts permanenter gesellschaftlicher Transformationsprozesse eine noch bedeutendere Rolle einnehmen wird als bisher. So diagnostizieren Kauffeld und Sauer (2014), dass Gesundheitsförderlichkeit zum dominanten Bewertungskriterium von Arbeitsprozessen geworden ist.

Ein Anliegen gesundheitsfördernder Organisationsentwicklung besteht darin, unterschiedliche Gruppen und Akteure ohne den Einsatz von Hierarchie zu einem gemeinsamen Vorgehen zu bewegen. In der Konzeption von Projekten gesundheitsfördernder Organisationsentwicklung stellen alternative, partizipative Strukturen wie Arbeitsgruppen oder Steuerkreise anerkannte Entscheidungsorgane dar. Durch gezielte Irritation sollen die Akteure dazu bewegt werden, sich von eingespielten Denkschemata zu lösen, sodass neue, gemeinsame Sichtweisen entstehen können. Transparenz und Offenheit gelten als wichtige Voraussetzungen zur Etablierung einer gesundheitsförderlichen Arbeitskultur. Was jedoch häufig ausgeblendet wird, ist die Frage nach der Kompatibilität alter und neuer organisationaler Werte, nach mikropolitischen Prozessen sowie nach offenen und verdeckten organisationalen handlungsleitenden Theorien (Carstensen, 2004; Hanft, 1996, 1998). Wie die vorliegende Studie zeigt, besteht ein Versuch der produktiven Auflösung des Widerspruchs zwischen Organisations- und Projektstruktur in der Anwendung von Unterwachung (Luhmann, 2016) zur Beeinflussung von Entscheidungsprozessen. In zukünftigen Forschungsvorhaben wäre genauer zu prüfen, unter welchen Voraussetzungen die im Rahmen der Studie beobachteten subversiven Strategien der Einflussnahme für die Realisierung Betrieblicher Gesundheitsförderung genutzt werden können.

In einer sich kontinuierlich verändernden Arbeitswelt stellt die Gestaltung gesunder Arbeitsbedingungen ein anspruchs- und voraussetzungsvolles Vorhaben dar. Vor diesem Hintergrund ist Betriebliche Gesundheitsförderung „eine Aufgabe,

---

nen gegenwärtig ein neues Rekordhoch seit der Wiedervereinigung (Statistisches Bundesamt, 2018).

die es zu professionalisieren gilt" (Badura, 2002, S. 386). Bis heute orientieren sich viele Akteure und Konzepte der Betrieblichen Gesundheitsförderung an klassischen Paradigmen monokausaler Einflüsse von Arbeit auf Gesundheit. Akteure, welche ihre Arbeit auf klassische Funktionen der Verhaltensprävention (z.B. Ernährung oder Bewegung) beschränken, begegnen in der betrieblichen Umsetzung zwar wesentlich weniger Widerständen, riskieren aber Bedeutungslosigkeit. Um die neuen Aufgaben und Handlungsfelder angemessen zu bewältigen, erscheint eine konzeptionelle Neuausrichtung und -definition der professionellen Rollen und Instrumente der Betrieblichen Gesundheitsförderung erforderlich. Wie in der vorliegenden Arbeit herausgestellt wurde, liegt ein Ziel betrieblicher Gesundheitspolitik in der Institutionalisierung sozialer Praktiken der Reflexion und Gestaltung gesunder Arbeitsbedingungen. Eine wichtige (jedoch keineswegs triviale) Aufgabe Betrieblicher Gesundheitsförderung wird in Zukunft darin bestehen, die selbstorganisierte Entwicklung einer Reflexions- und Veränderungsfähigkeit in Bezug auf die Gestaltung gesunder Arbeitsbedingungen zu unterstützen. Hierfür sind vor allem der Aufbau innerorganisationaler Strukturen und Praktiken, die Aushandlung von Ressourcen sowie die Konzeption handlungsorientierter Weiterbildungsprogramme zur Befähigung der betrieblichen Akteure notwendig. Die vorliegende Arbeit präsentiert hierfür theoretisch fundierte Ansatzpunkte jenseits präskriptiver Umsetzungskonzepte und Handlungsleitfäden. Eine zentrale Erkenntnis ist, dass sich das Ausmaß gesunder Arbeit im Betrieb nicht ausschließlich durch das individuelle Handlungsvermögen betrieblicher Akteure erklären lässt. Auch die – den arbeitswissenschaftlichen Diskurs dominierenden – Methoden und Techniken sind hierzu nicht imstande. Der Frage, wie gesundheitsfördernde Organisationsentwicklung gelingt, kann nur unter Bezugnahme auf bestehende organisationale Deutungsmuster, Legitimationsgrundlagen sowie Ressourcen der Einflussnahme nachgegangen werden.

Das Konzept der gesundheitsfördernden Organisationsentwicklung (Faller, 2017b; siehe Kap. 3) markiert eine mögliche Strategie, organisationale Strukturen und Prozesse in Richtung gesunder Arbeitsbedingungen zu entwickeln. Denkbar ist jedoch, dass auch andere Konzepte für die Realisierung einer Betrieblichen Gesundheitsförderung geeignet sind. Weiterhin bleibt zu vermuten, dass Aspekte wie die Größe, Struktur, Formen der Arbeitsorganisation oder Kultur einer Organisation einen Einfluss auf die Grenzen und Möglichkeiten gesundheitsfördernder Organisationsentwicklung ausüben. Bei der in der vorliegenden Arbeit untersuchten Organisation des Feuerwehrwesens handelt es sich um ein traditionelles Arbeitsfeld, welches jedoch – wie zuvor in Kap. 7.1.5 argumentiert wurde – in zentralen Hinsichten mit modernen Wirtschaftsunternehmen verglichen werden kann. Angesichts einer Zunahme atypischer Beschäftigungsformen und der „einhergehenden

‚Verselbstständigung' ehemals abhängiger Arbeitsverhältnisse" (Ducki et al., 2018, S. 370) ist eine wachsende Anzahl neuer Existenzgründungen zu verzeichnen. Als Prototypen einer neuen Arbeitswelt markieren Start-Up Unternehmen ein – noch unzureichend erforschtes – Handlungsfeld der Betrieblichen Gesundheitsförderung.[187] Nach einer Studie von Egeln et al. (2010) sind Stress und Überlastung eine Hauptursache für das Scheitern junger Unternehmen in den ersten fünf Gründungsjahren. Existenzgründungen stellen eine interessante Zielgruppe für die arbeitswissenschaftliche Forschung dar, weil sie die Möglichkeit bieten, die Entwicklung gesundheitsfördernder Organisationsstrukturen von Beginn an zu erforschen und prospektiv zu gestalten (Ducki et al., 2018).

Im Vorfeld der Untersuchung wurde argumentiert, warum Gesundheit einen besonderen Lerngegenstand darstellt und eine Konzeptualisierung von Lernen im Rahmen gesundheitsfördernder Organisationsentwicklung die Spezifika der Thematisierung von Gesundheit aufgreifen sollte (Kap. 1.2). Es stellt sich jedoch die Frage, ob der entwickelte Ansatz organisationalen Lernens ebenso auf andere Veränderungsprozesse in Organisationen, wie z.B. Restrukturierungsprogramme, anwendbar ist. Vor diesem Hintergrund wäre die Übertragbarkeit des erarbeiteten Konzepts auf andere organisationale Kontexte, in denen Lernen und organisationaler Wandel eine Rolle spielen, empirisch zu erforschen.

Wichtig erscheint, dass die Methoden und Konzepte der Betrieblichen Gesundheitsförderung nicht stehen bleiben, sondern stets Bezüge zu aktuellen arbeitswissenschaftlichen Erkenntnissen herstellen, neue Forschungstheorien berücksichtigen sowie empirisch evaluiert werden. Hierfür bedarf es einer interdisziplinären Orientierung, welche lern- und organisationstheoretische Konzepte integriert. Dadurch wird eine kontinuierliche, reflektierte Weiterentwicklung einer den gesellschaftlichen Transformationsprozessen angemessenen betrieblichen Gesundheitspolitik möglich. Die vorliegende Arbeit leistet einen theoretischen und empirischen Beitrag, welcher als Ausgangspunkt solcher Analysen dienen kann.

---

[187] Die Studien von Bergmann (2016), Brandt, Ducki und Kunze (2017) sowie die kürzlich veröffentlichte Untersuchung von Ducki et al. (2018) stellen nennenswerte Ausnahmen dar.

Anhang A: Interviewverzeichnis

Code	Funktion(en)	Interviewdauer
KFP1	Koordinator / Führungskraft / Prozessbegleiter	93 min.
KFP1	Koordinator / Führungskraft / Prozessbegleiter	68 min.
KFP2	Koordinator / Führungskraft / Prozessbegleiter	70 min.
P1	Prozessbegleiter	36 min.
P2	Prozessbegleiter	88 min.
P3	Prozessbegleiter	64 min.
P4	Prozessbegleiter	45 min.
P5	Prozessbegleiter	57 min.
P6	Prozessbegleiter	71 min.
P6	Prozessbegleiter	80 min.
PF	Prozessbegleiter / Führungskraft	53 min.
F1	Führungskraft	64 min.
F2	Führungskraft	66 min.
A1	Arbeitsgruppenmitglied	87 min.
A2	Arbeitsgruppenmitglied	73 min.
S	Stadtverwaltung	21 min.
SP	Stadtverwaltung / Prozessbegleiter	61 min.
B1	Beratergruppe	78 min.
B2	Beratergruppe	86 min.
B3	Beratergruppe	95 min.

Tab. 19: *Übersicht der geführten Interviews*

K=**K**oordinator; F= **F**ührungskraft; P=**P**rozessbegleiter;
A=**A**rbeitsgruppenmitglied; S= **S**tadtverwaltung; B= **B**eratergruppe

Anhang B: Interviewleitfäden

Einstieg: *„Wie bereits erwähnt, geht es mir darum, noch einmal nachzuvollziehen, welche Prozesse durch das Projekt „Betriebliche Gesundheitsförderung" in der Feuerwehr angestoßen wurden. Dabei interessiert mich vor allem die Sicht der am Projekt Beteiligten."*

Einstiegsfrage: *„Ich möchte dich daher zunächst bitten, noch einmal zurückzudenken und mir alles über das Projekt zu erzählen, was dir jetzt einfällt. Alle Erlebnisse interessieren mich so ausführlich, wie es geht und so viel, wie dir wichtig ist. Ich habe die Protokolle ja vorliegen, mich würden aber gerade auch deine persönlichen Wahrnehmungen interessieren. (...) Ich werde dich dabei erst einmal nicht unterbrechen, sondern mir Notizen machen, wenn ich eine Frage habe. Und dich dann im Anschluss fragen."* (...) [Detaillierung und Klärung durch weitere erzählgenerierende Nachfragen]

„Gibt es noch etwas, was du ergänzen möchtest? ... Dann hätte ich noch ein paar andere Fragen."

B.1 Interviewphase I (Prozessbegleiter und Projektkoordination)

- *„Wie lange bist du schon bei der Feuerwehr?"*
- *„Welche Position hast du bei der Feuerwehr?"*
- *„Welche Rolle oder Rollen hast bzw. hattest du im Projekt?"*
- *„Was hat dich damals gereizt, dich zum Prozessbegleiter ausbilden zu lassen?"*
- *„Was verstehst du unter Betrieblicher Gesundheitsförderung?"*
- *„Ich möchte mit dir zunächst noch einmal näher auf die Arbeit innerhalb der Gruppe [Name] schauen. Könntest du mir hierzu erzählen, wer alles in der Arbeitsgruppe war?"*
- *„Welche dieser Personen waren für die Arbeitsgruppe besonders wichtig?"*
- *„Wer hat eher gebremst?"*
- *„Wie würdest du die Kontakte zwischen den Mitgliedern der Arbeitsgruppe beschreiben?"*
- *„Wie zufrieden bist du insgesamt mit der Zusammenarbeit in der Arbeitsgruppe?"*
- *„Was würdest du als einen Erfolg deiner Arbeitsgruppe bezeichnen?"*
- *„Könntest du noch einmal ganz genau beschreiben, wie ihr das erreicht habt?"*
- *„An welchen Stellen gab es Rückschläge oder Hindernisse?"*

- *"Was war wichtig, damit ihr in der Gruppe gut arbeiten konntet?"*
- *"Welche Personen haben die Arbeitsgruppe vorangebracht / gebremst?"*
- *"Was genau hat sich durch das Projekt in der Feuerwehr verändert?"*
- *"Was müsste aus deiner Sicht passieren, damit die Feuerwehr die Betriebliche Gesundheitsförderung noch besser umsetzen kann?"*
- *"Wie wirkt sich deine Tätigkeit als Prozessbegleiter auf deine weitere Entwicklung aus?"*

B.2 Interviewphase II (Weitere Personen)

- *"Wie lange bist du schon bei der Feuerwehr?"*
- *"Welche Position hast du bei der Feuerwehr?"*
- *"Welche Rolle oder Aufgaben hast bzw. hattest du im Projekt?"*
- *"Was hat dich damals bewogen, mitzumachen?"*
- *"Was ist aus deiner Sicht die Zielsetzung des Projekts?"*
- *"Wie wurde früher mit (solchen) Themen umgegangen?"*
- *"Was hat dich überrascht?"*
- *"Was konntest du beitragen?"* / *"Was nimmst du für dich mit?"*
- *"Was würdest du als einen Erfolg des Projekts / der Arbeitsgruppe bezeichnen?"*
- *"An welchen Stellen gab es Irritationen?"*
- *"Wie gewohnt oder ungewohnt war die Vorgehensweise im Projekt für die Feuerwehr?"*
- *"Was genau hat sich durch das Projekt in der Feuerwehr verändert?"*
- *"Was müsste aus deiner Sicht passieren, damit die Feuerwehr die Betriebliche Gesundheitsförderung noch besser umsetzen kann?"*
- *"Sollte es einen Neuaufschlag geben?"*
- *"Wie wirkt sich deine Tätigkeit im Projekt auf deine weitere Entwicklung aus?"*
- *"Was verstehst du unter Betrieblicher Gesundheitsförderung?"*

B.3 Interviewphase II (Beratergruppe)

- *"Welche konkreten Prozesse hast du bei der Feuerwehr begleitet?"*
- *"An welchen Stellen im Verlauf des Projekts konntest du Lernen und Entwicklung beobachten?"*
- *"Was oder wer hat dich überrascht?"*
- *"An welchen Stellen gab es Irritationen, Rückschläge oder Hindernisse?"*

- „Wie hast du die Organisationskultur der Feuerwehr wahrgenommen?"
- „Wie gestaltet sich das Verhältnis zwischen Führungskräften und Mitarbeitenden?"
- „Was genau hat sich durch das Projekt in der Feuerwehr verändert?"
- „Was müsste aus deiner Sicht passieren, damit die Feuerwehr die Betriebliche Gesundheitsförderung noch besser umsetzen kann?"
- „Welche Rolle hatte die Beratergruppe in dem Projekt?"
- „Was nimmst du für dich mit?"

Abschluss: „Wir sind am Ende des Interviews angekommen. Bevor wir abschließen: Hast du noch einen wichtigen Punkt mitzuteilen, der noch nicht angesprochen wurde? ... Hast du noch Fragen?"

„Wenn du keine weiteren Fragen mehr hast, bedanke ich mich ganz herzlich bei dir für das Interview und deine Zeit."

Literaturverzeichnis

Abel, T., Sommerhalder, K. & Bruhin, E. (2011). Health Literacy / Gesundheitskompetenz. In: Bundeszentrale für gesundheitliche Aufklärung (Hrsg.), *Leitbegriffe der Gesundheitsförderung und Prävention* (S. 337-340). Gamburg: Verlag für Gesundheitsförderung.

Abholz, H. H. & Schmacke, N. (2014). Patienten mit Traurigkeit und Depression – Prävalenz, Therapie und Versorgung in der Hausarztpraxis. In: J. Klauber, C. Günster, B. Gerste, B. P. Robra und N. Schmacke (Hrsg.), *Versorgungs-Report 2013/2014* (S. 7-19). Stuttgart: Schattauer.

Ahlers, E. (2011). Wachsender Arbeitsdruck in den Betrieben. Ergebnisse der bundesweiten PARGEMA-WSI-Betriebsrätebefragung 2008/2009. In: N. Kratzer, W. Dunkel, K. Becker und S. Hinrichs (Hrsg.), *Arbeit und Gesundheit im Konflikt. Analysen und Ansätze für ein partizipatives Gesundheitsmanagement* (S. 35-58). Berlin: edition sigma.

Ahlers, E. & Brussing, M. (2005). Gefährdungsbeurteilungen in der betrieblichen Praxis. *WSI-Mitteilungen, 58*, S. 517-523.

Ajzen, I. (1991). The theory of planned behavior. *Organizational Behavior and Human Decision Processes, 50 (2)*, S. 179–211.

Ajzen, I. & Fishbein, M. (2005). The Influence of Attitudes on Behavior. In: D. Albarracin, B. T. Johnson und M. P. Zanna (Hrsg.), *The Handbook of Attitudes*. Mahwah, NJ: Lawrence Erlbaum Associates.

Albarracin, D., Johnson, B. T., Fishbein, M. & Muellerleile, P. A. (2001). Theories of Reasoned Action and Planned Behavior as Models of Condom Use: A Meta-Analysis. *Psychological Bulletin, 127 (1)*, S. 142-161.

Ameln, F. v. (2015). *Organisationsberatung. Eine Einführung für Berater, Führungskräfte und Studierende*. Wiesbaden: Springer.

Ameln, F. v. & Kramer, J. (2007). *Organisationen in Bewegung bringen. Handlungsorientierte Methoden für die Personal-, Team- und Organisationsentwicklung*. Heidelberg: Springer.

Amit, R. & Shoemaker, P. J. H. (1993). Strategic Assets and Organizational Rent. *Strategic Management Journal, 14*, S. 33-46.

Anand, V., Glick, W. H. & Manz, C. (2002). Thriving on the knowledge of outsiders: Tapping organizational social capital. *Academy of Management Executive, 16 (1)*, S. 87-101.

Anselm, S. (2005). Ein Rückblick. In: H. Podolsky (Hrsg.), *Unterrichtsmagazin Arbeit* (S. 10). Stuttgart: Klett.

Antonovsky, A. (1997). *Salutogenese. Zur Entmystifizierung der Gesundheit*. Tübingen: dgvt-Verlag.

Apelt, M. (2014). Organisationen des Notfalls und der Rettung – eine Einführung aus organisationssoziologischer Perspektive. In: M. Jenki, N. Ellebrecht und S. Kaufmann (Hrsg.), *Organisationen und Experten des Notfalls. Zum Wandel von Technik und Kultur bei Feuerwehr und Rettungsdiensten* (S. 69-84). Berlin: LIT.

Apelt, M. & Senge, K. (2013). *Organisation und Unsicherheit*. Wiesbaden: DUV.

Apelt, M. & Tacke, V. (2012). Einleitung. In: M. Apelt und V. Tacke (Hrsg.), *Handbuch Organisationstypen* (S. 7-20). Wiesbaden: Springer VS.

Arendt, H. (1960). *Vita activa oder Vom tätigen Leben.* Stuttgart: Kohlhammer.

Argyris, C. (1957). *Personality and organization. The conflict between the individual and the system.* New York: Harper & Row.

Argyris, C. (1964). *Integrating the individual and the organization.* New York: Wiley.

Argyris, C. (1977). Double loop learning in organizations. *Harvard Business Review, 55 (5)*, S. 115-125.

Argyris, C. (1982). *Reasoning, Learning and Action.* San Francisco: Jossey-Bass.

Argyris, C. (1985). *Strategy, Change and Defensive Routines.* Boston: Pitman.

Argyris, C. (1990). *Overcoming organizational defences. Facilitating Organizational Learning.* Boston: Pearson.

Argyris, C. (1993). Education for Leading-Learning. *Organizational Dynamics, 21 (3)*, S. 5-17.

Argyris, C. (1996). *On Organizational Learning II.* Cambridge, Oxford: Blackwell.

Argyris, C. (1999). Defensive Routinen. In: G. Fatzer (Hrsg.), *Organisationsentwicklung für die Zukunft. Ein Handbuch* (2. Auflage; S. 179-226). Köln: Edition Humanistische Psychologie.

Argyris, C. & Schön, D. A. (1978). *Organizational Learning. A Theory of Action Perspective.* Reading: Addison Wesley.

Argyris, C. & Schön, D. A. (1996). *Organizational Learning II. Theory, Method and Practice.* Reading: Addison Wesley.

Arnold, R. (1993). *Natur als Vorbild. Selbstorganisation als Modell der Pädagogik.* Frankfurt a.M.: VAS.

Arnold, R. (1997). *Betriebspädagogik* (2. Auflage). Berlin: Erich Schmidt.

Arnold, R. (2007). *Ich lerne, also bin ich: Eine systemisch-konstruktivistische Didaktik.* Heidelberg: Carl-Auer.

Arnstein, S. R. (1969). A Ladder of Citizen Participation. *Journal of the American Planning Association, 35*, S. 216-224.

Arthur, W. B. (1994). *Increasing returns and path dependence in the economy.* Michigan: University Press.

Ashforth, B. E. & Humphrey, R. H. (1993). Emotional labor in service roles: The influence of identity. *Academy of Management Review, 18*, S. 88-115.

Aßländer, M. S. & Wagner, B. (2017). *Philosophie der Arbeit: Texte von der Antike bis zur Gegenwart.* Berlin: Suhrkamp.

Atteslander, P. (2010). *Methoden der empirischen Sozialforschung* (13. Auflage). Berlin: Erich Schmidt.

Badura, B. (2002). Was ist eine „gesunde" Organisation? In: W. Glatzer, R. Habich und K.-U. Mayer (Hrsg.), *Sozialer Wandel und gesellschaftliche Dauerbeobachtung* (S. 375-387). Opladen: Leske + Budrich.

Badura, B. (2017). *Arbeit und Gesundheit im 21. Jahrhundert. Mitarbeiterbindung durch Kulturentwicklung.* Berlin: Springer Gabler.

Badura, B., Greiner, W., Behr, M., Rixgens, P. & Ueberle, M. (2013). *Sozialkapital: Grundlagen von Gesundheit und Unternehmenserfolg* (2. Auflage). Berlin: Springer.

Badura, B. & Kickbusch, I. (1991). *Health Promotion Research*. Kopenhagen: WHO Regional Publications.

Badura, B., Ritter, W. & Scherf, M. (1999). *Betriebliches Gesundheitsmanagement. Ein Leitfaden für die Praxis*. Berlin: edition sigma.

Badura, B., Walter, U. & Hehlmann, T. (2010). *Betriebliche Gesundheitspolitik. Der Weg zur gesunden Organisation* (2. Auflage). Berlin: Springer.

Baecker, D. (1996). Wenn es im System rauscht. *GDI-Impuls, 1*, S. 65-74.

Baecker, D. (2003). *Organisation und Management*. Frankfurt a.M.: Suhrkamp.

Bahrdt, H. P. (1983). Arbeit als Inhalt des Lebens. In: J. Matthes (Hrsg.), *Krise der Arbeitsgesellschaft?* (S. 120-137). Frankfurt: Campus.

Baitsch, C., Delbrouck, I. & Jutzi, K. (1999). *Organisationales Lernen. Facetten aus Theorie und Praxis*. München, Mering: Hampp.

Bamberg, E. & Ducki, A. (2011). *Gesundheitsförderung und Gesundheitsmanagement in der Arbeitswelt: Ein Handbuch*. Göttingen: Hogrefe.

Bamberger, I. & Cappallo, S. (2006). Komplexe Branchenanalyse. Empirische Managementforschung auf der Grundlage der Strukturationstheorie – Ein Vorschlag illustriert am Beispiel der Analyse von Branche. *Essener Unikate, 29*, S. 18-29.

Bandura, A. (1979). *Sozial-kognitive Lerntheorie*. Stuttgart: Klett-Cotta.

Bandura, A. (1997). *Self-efficacy: The exercise of control*. New York: Freeman.

Barab, S. A. & Duffy, T. M. (2000). From practice fields to communities of practice. In: D. H. Jonassen und S. M. Land (Hrsg.), *Theoretical foundations of learning environments* (S. 25-55). Mahwah: Lawrence Erlbaum Associates.

Barnat, M. (2007). Organisationale Lernprozesse und Machtquellen. Eine Fallstudie. In: M. Göhlich, E. König und C. Schwarzer (Hrsg.), *Beratung, Macht und organisationales Lernen* (S. 97-110). Wiesbaden: VS.

Barney, J. B. (1991). Firm Resources and Sustained Competitive Advantage. *Journal of Management, 17*, S. 99-120.

Barney, J. B. (2014). *Gaining and Sustaining Competitive Advantage* (4. Auflage). Essex: Pearson.

Bateson, G. (1972). *Steps to an Ecology of Mind: Collected Essays in Anthropology, Psychiatry, Evolution, and Epistemology*. New York: Ballantine Books.

Bauer, G. & Jenny, G. (2007). Gesundheit in Wirtschaft und Gesellschaft. In: K. Moser (Hrsg.), *Wirtschaftspsychologie* (S. 221 – 243). Heidelberg: Springer.

Baumanns, R. (2009). *Unternehmenserfolg durch betriebliches Gesundheitsmanagement, Nutzen für Unternehmer und Mitarbeiter. Eine Evaluation*. Stuttgart: Ibidem.

Baumgartner, I., Häfele, W., Schwarz, M. & Sohm, K. (2004). *OE-Prozesse. Die Prinzipien systemischer Organisationsentwicklung* (5. Auflage). Bern: Paul Haupt.

Literaturverzeichnis

Beck, D. (2011). *Zeitgemäße Gesundheitspolitik in Kleinst- und Kleinbetrieben. Hemmende und fördernde Bedingungen.* Berlin: edition sigma.

Beck, D. & Schnabel, P.-E. (2010). Verbreitung und Inanspruchnahme von Maßnahmen zur Gesundheitsförderung in Betrieben in Deutschland. *Das Gesundheitswesen, 72*, S. 222-227.

Beck, U. (2015). *Risikogesellschaft. Auf dem Weg in eine andere Moderne* (22. Auflage). Frankfurt a.M.: Suhrkamp.

Becker, A. (2000). Rationalität als soziale Konstruktion. In: H. H. Hinterhuber, S. A. Friedrich, A. Al-Ani und G. Handlbauer (Hrsg.), *Das Neue Strategische Management* (S. 147-182). Wiesbaden: Gabler.

Becker, K. & Engel, T. (2015). Reduziertes Schutzniveau jenseits der Normalarbeit. *WSI-Mitteilungen, 3/2015*, S. 178-186.

Benner, C. (2014). *Crowdwork – zurück in die Zukunft? Perspektiven digitaler Arbeit.* Frankfurt a.M.: Bund Verlag.

Berger, P. L. & Luckmann, T. (1982). *Die gesellschaftliche Konstruktion der Wirklichkeit.* Frankfurt a. M.: Fischer.

Bergmann, T. (2016). Gesundes Handeln bei Entrepreneuren – Was etablierte Unternehmen lernen können. In: M. A. Pfannstiel und H. Mehlich (Hrsg.), *Betriebliches Gesundheitsmanagement* (S. 77-90). Wiesbaden: Springer.

Bergold, J. & Thomas, S. (2010). Partizipative Forschung. In: G. Mey und K. Mruck (Hrsg.), *Handbuch Qualitative Forschung in der Psychologie* (S. 333-344). Wiesbaden: VS.

Bernardi, L., Keim, S. & von der Lippe, H. (2006). Freunde, Familie und das eigene Leben. Zum Einfluss sozialer Netzwerke auf die Lebens- und Familienplanung junger Erwachsener in Lübeck und Rostock. In: B. Hollstein und F. Straus (Hrsg.), *Qualitative Netzwerkanalyse. Konzepte, Methoden, Anwendungen* (S. 359-390). Wiesbaden: VS.

Berufsverband Deutscher Psychologinnen und Psychologen (2008). *Psychische Gesundheit am Arbeitsplatz in Deutschland.* Berlin: BDP.

Bilhuber, H. (2011). Arbeitsfähigkeit von Feuerwehreinsatzkräften – nur eine Frage des Alters? In: O. Sträter und E. Frieling (Hrsg.), *Schriften Personal- und Organisationsentwicklung, Band 10.* Kassel: University Press.

Blättner, B. (1997). Paradigmenwechsel: von der Gesundheitsförderung und -erziehung zur Gesundheitsbildung und -förderung. In: R. Weitkunat, J. Haisch und M. Kesseler (Hrsg.), *Public Health und Gesundheitspsychologie* (S. 119-125). Bern: Huber.

Blättner, B. (1998). *Gesundheit läßt sich nicht lehren: professionelles Handeln von KursleiterInnen in der Gesundheitsbildung aus systemisch-konstruktiver Sicht.* Bad Heilbrunn: Klinkhardt.

Blumer, H. (1954). What is wrong with social theory? *American Sociological Review, 19 (1)*, S. 3-10.

Blumer, H. (1979). Methodologische Prinzipien empirischer Wissenschaft. In: K. Gerdes (Hrsg.), *Explorative Sozialforschung. Einführende Beiträge aus „Natural Sociology" und Feldforschung in den USA* (S. 41-62). Stuttgart: Enke.

Böhle, F. (2011). Interaktionsarbeit als wichtige Arbeitstätigkeit im Dienstleistungssektor. *WSI-Mitteilungen, 64*, S. 456-461.

Böhle, F. & Glaser, J. (2006). *Arbeit in der Interaktion – Interaktion als Arbeit. Arbeitsorganisation und Interaktionsarbeit in der Dienstleistung.* Wiesbaden: VS.

Böhle, F., Moldaschl, M. F., Rose, H. & Weishaupt, S. (1993). Neue Belastungen und Risiken bei qualifizierter Produktionsarbeit. In: ISF München (Hrsg.), *Jahrbuch Sozialwissenschaftliche Technik-Berichterstattung* (S. 67-137). Berlin: edition sigma.

Boer, N.-I., van Baalen, P. J. & Kumar, K. (2002). An activity theory approach for studying the situatedness of knowledge sharing. In: IEEE Computer Society (Hrsg.), *Proceedings of the 35th Hawaii International Conference on System Sciences* (S. 1483-1492). Washington, D.C.: IEEE Computer Society Press.

Boes, A., Kämpf, T., Gül, K., Langes, B., Lühr, T., Marrs, K. & Ziegler, A. (2016). Digitalisierung und „Wissensarbeit". Der Informationsraum als Fundament der Arbeitswelt der Zukunft. *Aus Politik und Zeitgeschichte, 18–19*, S. 32-39.

Bogdan, R. & Taylor, S. J. (1975). Introduction to qualitative research methods. A phenomenological approach to the social sciences. New York: Wiley.

Bogner, A. & Wouters, C. (1990). Kolonialisierung der Herzen? Zu Arlie Hochschilds Grundlegung der Emotionssoziologie. *Leviathan, 18 (2)*, S. 255-279.

Bohm, D. (2017). *Der Dialog: Das offene Gespräch am Ende der Diskussionen* (8. Auflage). Stuttgart: Klett-Cotta.

Bommes, M. & Tacke, V. (2006). Das Allgemeine und das Besondere des Netzwerks. In: B. Hollstein und F. Straus (Hrsg.), *Qualitative Netzwerkanalyse. Konzepte, Methoden, Anwendungen* (S. 37-62). Wiesbaden: VS.

Bonß, W. (1982). *Die Einübung des Tatsachenblicks. Zur Struktur und Veränderung empirischer Sozialforschung.* Frankfurt a.M.: Suhrkamp.

Boos, F. & Doujak, A. (1998). Komplexe Projekte. In: H. W. Ahlemeyer und R. Königswieser (Hrsg.), *Komplexität managen. Strategien, Konzepte und Fallbeispiele* (S. 133–146). Wiesbaden: Gabler.

Bormann, I. (2002). *Organisationsentwicklung und organisationales Lernen von Schulen: Eine empirische Untersuchung am Beispiel des Umweltmanagements.* Wiesbaden: Springer.

Bourdieu, P. (1987). *Die feinen Unterschiede. Kritik der gesellschaftlichen Urteilskraft.* Frankfurt a.M.: Suhrkamp.

Brandes, S. & Stark, W. (2011). Empowerment / Befähigung. In: Bundeszentrale für gesundheitliche Aufklärung (Hrsg.), *Leitbegriffe der Gesundheitsförderung und Prävention* (S. 57-60). Gamburg: Verlag für Gesundheitsförderung.

Brandi, U. & Elkjaer, B. (2011). Organizational Learning Viewed from a Social Learning Perspective. In: M. Easterby-Smith und M. A. Lyles (Hrsg.), *Handbook of Organizational Learning and Knowledge Management* (2. Auflage). New York: Wiley.

Brandt, M., Ducki, A. & Kunze, D. (2017). Wachstumskrisen in jungen Unternehmen und Gesundheit. In: B. Badura, A. Ducki, H. Schröder, J. Klose und M. Meyer (Hrsg.), *Fehlzeiten-Report 2017* (S. 53-62). Wiesbaden: Springer.

Brass, D. J. (1984). Being in the Right Place: A Structural Analysis of Individual Influence in an Organization. *Administrative Science Quarterly, 29*, S. 518-539.

Brenscheidt, F., Nöllenheidt, C. & Siefer, A. (2012). *Arbeitswelt im Wandel: Zahlen – Daten – Fakten.* Dortmund: Bundesanstalt für Arbeitsschutz und Arbeitsmedizin.

Bresser, R. K. F., Hitt, M. A. & Nixon, R. D. (2000). The Deconstruction of Integrated Value Chains. In: R. K. F. Bresser, M. A. Hitt, R. D. Nixon und D. Heuskel (Hrsg.), *Winning Strategies in a Deconstructing World* (S. 1-21). New York: Wiley.

Bridwell-Mitchell, E. (2016). Collaborative Institutional Agency: How Peer-Learning in Communities of Practice Enables and Inhibits Micro-Institutional Change. *Organization Studies, 37 (2)*, S. 161-192.

Bröckling, U. (2012). Totale Mobilmachung. Menschenführung im Qualitäts- und Selbstmanagement. In: U. Bröckling, S. Krasmann und T. Lemke (Hrsg.), *Gouvernementalität der Gegenwart. Studien zur Ökonomisierung des Sozialen* (S. 131–167). Frankfurt a.M.: Suhrkamp.

Bröckling, U. (2013). *Das unternehmerische Selbst: Soziologie einer Subjektivierungsform.* Frankfurt a.M.: Suhrkamp.

Bromley, D. B. (1986). *The case-study method in psychology and related disciplines.* Chichester: Wiley.

Brown, J. S. & Duguid, P. (1991). Organizational Learning and Communities-of-Practice: Toward a Unified View of Working, Learning, and Innovation. *Organization Science, 2 (1)*, S. 40-57.

Bruner, J. (1966). *Toward a Theory of Instruction.* Cambridge, MA: Harvard University Press.

Bruns, H.-J. (1998). *Organisationale Lernprozesse bei Managementunterstützungssystemen.* Wiesbaden: Gabler.

Bundesamt für Gesundheit der Schweiz (2006). Gesundheitskompetenz - Kurzfassung. Verfügbar unter: https://www.bag.admin.ch/dam/bag/de/dokumente/nat-gesundheitspolitik/gesundheitskompetenz/standortbestimmung-gesundheitskompetenz.pdf.download.pdf/standortbestimmung-gesundheitskompetenz.pdf [Zugriff am 17.10.2017].

Bundesanstalt für Arbeitsschutz und Arbeitsmedizin (2014). *Gefährdungsbeurteilung psychischer Belastung. Erfahrungen und Empfehlungen.* Berlin: Erich Schmidt.

Bundesanstalt für Arbeitsschutz und Arbeitsmedizin (2016). *Sicherheit und Gesundheit bei der Arbeit 2014. Unfallverhütungsbericht Arbeit.* Dortmund: Bundesanstalt für Arbeitsschutz und Arbeitsmedizin.

Bundesministerium für Arbeit und Soziales (2017). *Arbeit weiter denken. Weißbuch Arbeiten 4.0.* Berlin: Bundesministerium für Arbeit und Soziales.

Burt, R. S. (1992). *Structural Holes: The Social Structure of Competition.* Cambridge, MA: Harvard University Press.

Carstensen, D. (2004). Lernen in Veränderungsprozessen. Organisationales Lernen und defensive Routinen an Universitäten. *die hochschule 1/2004*, S. 49-62.

Castel, R. & Dörre, K. (2009). *Prekarität, Abstieg, Ausgrenzung. Die soziale Frage am Beginn des 21. Jahrhunderts.* Frankfurt a.M.: Campus.

Cohen, I. J. (1989). *Structuration Theory: Anthony Giddens and the Constitution of social life*. London: Macmillan.

Cohen, W. M. & Levinthal, D. A. (1990). Absorptive Capacity: A New Perspective on Learning and Innovation. *Administrative Science Quarterly, 35 (1)*, S. 128-152.

Collis, D. J. (1994). How Valuable Are Organizational Capabilities? *Strategic Management Journal, 15*, S. 143-152.

Combe, A. & Helsper, W. (1999). *Pädagogische Professionalität: Untersuchungen zum Typus pädagogischen Handelns*. Frankfurt a.M.: Suhrkamp.

Contu, A. & Willmott, H. (2003). Re-Embedding Situatedness: The Importance of Power Relations in Learning Theory. *Organization Science, 14 (3)*, S. 283-296.

Cook, T. D. & Payne, M. R. (2002). Objecting to the objections to using random assignment in educational research. In: F. Mosteller und R. Boruch (Hrsg.), *Evidence matters: Randomized trials in education research* (S. 150-178). Washington, D.C.: Brookings Institution Press.

Corsten, H. (2001). *Unternehmungsnetzwerke. Formen unternehmensübergreifender Zusammenarbeit*. München und Wien: Oldenbourg.

Cox, A. (2005). What are communities of practice? A comparative review of four seminal works. *Journal of Information Science, 31 (6)*, S. 527-540.

Crawford, R. (1980). Healthism and the Medicalization of Everyday Life. *International Journal of Health Services, 10 (3)*, S. 365–388.

Creswell, J. & Plano Clark, V. (2007). *Designing and Conducting Mixed Methods Research*. Thousand Oaks: Sage.

Crevani, L., Lindgren, M. & Packendorff, J. (2007). Shared leadership: A post-heroic perspective on leadership as a collective construction. *International Journal of Leadership Studies, 3 (1)*, S. 40-67.

Crossley, N. (2012). *Towards Relational Sociology*. New York: Routledge.

Crozier, M. (1971). Der bürokratische Circulus vitiosus und das Problem des Wandels. In: R. Mayntz (Hrsg.), *Bürokratische Organisation* (2. Auflage; S. 277-288). Köln: Kiepenheuer & Witsch.

Crozier, M. & Friedberg, E. (1979). Das Spiel als Instrument organisierten Handelns. In: M. Crozier und E. Friedberg (Hrsg.), *Macht und Organisation. Die Zwänge kollektiven Handelns* (S. 56-76). Königstein: Athenäum-Verlag.

Cyert, R. & March, J. G. (1963). *A Behavioral Theory of the Firm*. Englewood Cliffs: Prentice-Hall.

Czarniawska, B. (1997). *Narrating the Organization. Dramas of Institutional Identity*. Chicago: University Press.

Czauderna, A. (2014). *Lernen als soziale Praxis im Internet*. Wiesbaden: Springer.

Daft, R. L. & Huber, G. P. (1987). How organizations learn – a communication framework. *Research in the Sociology of Organizations, 5*, S. 1-36.

Daft, R. L. & Weick, K. E. (1984). Toward a Model of Organizations as Interpretation Systems. *Academy of Management Review, 9 (2)*, S. 284-295.

DAK (2013). *DAK-Gesundheitsreport 2013*. Verfügbar unter: https://www.dak.de/dak/download/vollstaendiger-bundesweiter-gesundheitsreport-2013-1318306.pdf [Zugriff am 13.10.2017].

Damásio, A. R. (1999). *The feeling of what happens: Body and emotion in the making of consciousness*. San Diego: Harcourt.

Danneels, E. (2008). Organizational Antecedents of Second-Order Competencies. *Strategic Management Journal, 29*, S. 519-543.

David, P. A. (1985). Clio and the economics of QWERTY. *The American Economic Review, 75*, S. 332-337.

David, P. A. (1994). Why are institutions the „carriers of history"? Path dependence and the evolution of conventions, organizations and institutions. *Structural Change and Economic Dynamics, 5*, S. 205-220.

Day, D. (1994). The Capabilities of Market-Driven Organizations. *Journal of Marketing, 58 (4)*, S. 37-52.

Dechmann, M. D. (1981). *Teilnahme und Beobachtung als soziologisches Basisverhalten*. Stuttgart: UTB.

Dehnbostel, P. (2001). Netzwerkbildungen und Lernkulturwandel in der beruflichen Bildung: Basis für eine umfassende Kompetenzentwicklung? *Grundlagen der Weiterbildung, 12 (3)*, S. 104-106.

Dehnbostel, P. (2007). *Lernen im Prozess der Arbeit*. Münster: Waxmann.

Dehnbostel, P. (2017). Lern- und kompetenzförderliche Arbeitsgestaltung. In: F. Rauner und P. Grollmann (Hrsg.), *Handbuch Berufsbildungsforschung* (3. Auflage; S. 355 – 360). Bielefeld: Bertelsmann.

Denzin, N. K. (1989). *Interpretive biography*. London: Sage.

Deutsche Forschungsgemeinschaft (2013). *Sicherung guter wissenschaftlicher Praxis* (2. Auflage). Weinheim: Wiley-VCH.

Deutsche Gesellschaft für Psychiatrie, Psychotherapie und Nervenheilkunde (2012). *Positionspapier zum Thema Burnout*. Verfügbar unter: http://www2.psychotherapeutenkammer-berlin.de/uploads/stellungnahme_ dgppn_2012.pdf [Zugriff am 13.10.2017].

Deutsche Gesetzliche Unfallversicherung (2012). *Zeitgemäßer Arbeitsschutz. Präventionsverständnis. Anforderungsprofil. Ausbildung*. Berlin: Deutsche Gesetzliche Unfallversicherung.

Deutsche Rentenversicherung Bund (2016). *Erwerbsminderungsrenten im Zeitverlauf*. Verfügbar unter: http://www.deutsche-rentenversicherung.de/Allgemein/de/Inhalt/6_Wir_ueber_uns/03_fakten_und_zahlen/03_statistiken/02_statistikpublikationen/13_indikatoren_zu_erwerbsminderungsrenten.pdf?__blob=publicationFile&v=17 [Zugriff am 13.10.2017].

Deutschmann, C. (2002). *Postindustrielle Industriesoziologie*. München: Juventa.

Dickenhorst, C. (2006). *Personalführung bei der Berufsfeuerwehr München*. München: GRIN.

Dodgson, M. (1993). Organizational learning: A review of some literatures. *Organization Studies, 14*, S. 375-394.

Dohse, K., Jürgens, U. & Malsch, T. (1985). Fertigungsnahe Selbstregulierung oder zentrale Kontrolle – Konzernstrategien im Restrukturierungsprozess der Automobilindustrie (S. 48-

89). In: F. Nachschold (Hrsg.), *Arbeit und Politik – Gesellschaftliche Regulierung der Arbeit und der sozialen Sicherung*. Frankfurt a.M.: Campus.

Dominguez, S. & Hollstein, B. (2014). *Mixed-Methods Social Network Research*. New York: Cambridge University Press.

Donmoyer, R. (1990). Generalizability and the single-case study. In: E. W. Eisner und A. Peshkin (Hrsg.), *Qualitative enquiry in education: The continuing debate* (S. 175-200). New York: Teachers College Press.

Döring, N. & Bortz, J. (2016). *Forschungsmethoden und Evaluation in den Sozial- und Humanwissenschaften* (5. Auflage). Berlin: Springer.

Dosi, G., Nelson, R. R. & Winter, S. G. (2000). *The Nature and Dynamics of Organizational Capabilities*. Oxford: University Press.

Drexl, D. (2014). *Qualität im Grundschulunterricht. Der Einfluss der Elementar- auf die Primarpädagogik*. Wiesbaden: Springer.

Ducki, A., Boß, L., Behrendt, D. & Janneck, M. (2018). Anforderungen an ein digitales Betriebliches Gesundheitsmanagement für Existenzgründer. In: D. Matusiewicz und L. Kaiser (Hrsg.), *Digitales Betriebliches Gesundheitsmanagement* (S. 369-385). Wiesbaden: Springer Gabler.

Ducki, A. & Greiner, B. (1992). Gesundheit als Entwicklung von Handlungsfähigkeit – Ein „arbeitspsychologischer Baustein" zu einem allgemeinen Gesundheitsmodell. *Zeitschrift für Arbeits- und Organisationspsychologie, 36 (4)*, S. 184-189.

Dunkel, W. (1988). Wenn Gefühle zum Arbeitsgegenstand werden – Gefühlsarbeit im Rahmen personenbezogener Dienstleistungstätigkeiten. *Soziale Welt, 39 (1)*, S. 66-85.

Dunkel, W. & Kratzer, N. (2016). *Zeit- und Leistungsdruck bei Wissens- und Interaktionsarbeit. Neue Steuerungsformen und subjektive Praxis*. Baden-Baden: Nomos.

Dunkel, W., Kratzer, N. & Menz, W. (2010). „Permanentes Ungenügen" und „Veränderung in Permanenz" – Belastungen durch neue Steuerungsformen. *WSI-Mitteilungen, 7*, S. 357-364.

Durkheim, E. (1977). *Über die Teilung der sozialen Arbeit. Eingeleitet von Niklas Luhmann*. Frankfurt a.M.: Suhrkamp.

Duschek, S. (2004). Kompetenzen, organisationale. In: G. Schreyögg und A. v. Werder (Hrsg.), *Handwörterbuch Unternehmensführung und Organisation (HWO)* (S. 612-618). Stuttgart: Schäffer-Poeschl.

Dyer, J. & Singh, H. (1998). The Relational View: Cooperative Strategy and Sources of Interorganizational Competitive Advantage. *Academy of Management Review, 23*, S. 660-679.

Eckl, C. (2011). *Wie unabhängig von politischen Eliten sind die Printmedien? Eine Argumentationsanalyse von innen- und außenpolitischen Debatten in deutschen Qualitätszeitungen*. Verfügbar unter: http://www.diss.fu-berlin.de/diss/servlets/MCRFileNodeServlet/FUDISS_derivate_000000014647/Diss-Ecklneu.pdf [Zugriff am 26.04.2018].

Eden, D. & Leviathan, U. (1975). Implicit leadership theory as a determinant of the factor structure underlying supervisory behavior scales. *Journal of Applied Psychology, 60 (6)*, S. 736-741.

Eden, D. & Leviathan, U. (2005). From implicit personality theory to implicit leadership theory. A side-trip on the way to implicit organization theory. In: B. Schyns und J. R. Meindl (Hrsg.), *Implicit Leadership Theories. Essays and Explorations* (S. 3–14). Greenwich, CT: Information Age Publishing.

Edmondson, A. C. (2012). *Teaming: How organizations learn, innovate, and compete in the knowledge economy*. San Francisco: Jossey-Bass.

Egeln, J., Falk, U., Heger, D., Höwer, D. & Metzger, G. (2010). *Ursachen für das Scheitern junger Unternehmen in den ersten 5 Jahren ihres Bestehens*. Verfügbar unter: ftp://ftp.zew.de/pub/zew-docs/gutachten/Scheitern_junger_Unternehmen_ 2010.pdf [Zugriff am 26.04.2018].

Eggs, J., Trappmann, M. & Unger, S. (2014). Grundsicherungsempfänger und Erwerbstätige im Vergleich: ALG-II-Bezieher schätzen ihre Gesundheit schlechter ein. *IAB-Kurzbericht, 23*, S. 1-8.

Eichhorst, W., Tobsch, V. & Wehner, C. (2016). Neue Qualität der Arbeit? Zur Entwicklung von Arbeitskulturen und Fehlzeiten. In: B. Badura, A. Ducki, H. Schröder, J. Klose und M. Meyer (Hrsg.), *Fehlzeiten-Report 2016. Unternehmenskultur und Gesundheit. Rahmenbedingungen, Einflüsse, Potenziale* (S. 9-20). Berlin: Springer.

Elkeles, T. & Beck, D. (2017). Evaluation von Betrieblicher Gesundheitsförderung – mehr als ein „Datenvergleich". In: G. Faller (Hrsg.), *Lehrbuch Betriebliche Gesundheitsförderung* (3. Auflage; S. 253-262). Bern: Hogrefe.

Elkjaer, B. (2004). Organizational Learning: The ‚Third Way'. *Management Learning, 35 (4)*, S. 419-434.

Ellebrecht, N. & Jenki, M. (2014). Organisationen und Experten des Notfalls. Ein Forschungsüberblick. In: M. Jenki, N. Ellebrecht und S. Kaufmann (Hrsg.), *Organisationen und Experten des Notfalls. Zum Wandel von Technik und Kultur bei Feuerwehr und Rettungsdiensten* (S. 11-48). Berlin: LIT.

Emirbayer, M. (1997). Manifesto for a Relational Sociology. *American Journal of Sociology, 103*, S. 962-1023.

Emirbayer, M. & Goodwin, J. (1994). Network analysis, culture, and the problem of agency. *American Journal of Sociology, 99 (6)*, S. 1411-1454.

Engelsing, T. (1990). *Im Verein mit dem Feuer. Die Sozialgeschichte der Freiwilligen Feuerwehr von 1830 bis 1950*. Konstanz: Faude.

Engeström, Y. (1987). *Learning by Expanding. An activity-theoretical approach to developmental research*. Helsinki: Orienta-Konsultit.

Engeström, Y. (1999). *Lernen durch Expansion*. Marburg: BdWi-Verlag.

Engeström, Y. (2001). Expansive Learning at Work: Toward an activity theoretical reconceptualization. *Journal of Education and Work, 14 (1)*, S. 133-156.

Engeström, Y. (2004). New forms of learning in co-configuration work. *Journal of Workplace Learning, 16*, S. 11-22.

Engeström, Y. (2011). *Lernen durch Expansion* (2. Auflage). Berlin: Lehmanns.

Engeström, Y. & Sannino, A. (2010). Studies of expansive learning: Foundation, findings and future challenges. *Educational Research Review, 5*, S. 1-24.

Erez, A., Misangyi, V. F., Johnson, D. E., LePine, M. A. & Halverson, K. C. (2008). Stirring the hearts of followers: Charismatic leadership as the transferal of affect. *Journal of Applied Psychology, 93 (3)*, S. 602-615.

Ernst, G. & Kopp, I. (2011). Interaktionsarbeit als zentrales Element der Dienstleistungsinnovation. In: L. Schröder und H.-J. Urban (Hrsg.), *Gute Arbeit. Folgen der Krise, Arbeitsintensivierung, Restrukturierung* (S. 261– 273). Frankfurt a. M.: Bund.

Erpenbeck, J. (2007). Strukturierte Selbstorganisation. In: E. Schäfer, M. Buch, I. Pahls und J. Pfitzmann (Hrsg.), *Arbeitsleben! Arbeitsanalyse – Arbeitsgestaltung – Kompetenzentwicklung. Festschrift für Ekkehard Frieling* (S. 280-308). Kassel: University Press.

Erpenbeck, J. & Rosenstiel, L. v. (2007): Einführung. In: J. Erpenbeck und L. v. Rosenstiel (Hrsg.), *Handbuch Kompetenzmessung* (S. IX-XL). Stuttgart: Schäffer-Poeschel.

Faller, G. (2008). Betriebliche Gesundheitsförderung oder Betriebliches Gesundheitsmanagement? Beitrag zu einer konzeptionellen und terminologischen Klärung. *Prävention, 31 (3)*, S. 71-74.

Faller, G. (2010). Mehr als nur Begriffe: Prävention, Gesundheitsförderung und Gesundheitsmanagement im betrieblichen Kontext. In: G. Faller (Hrsg.), *Lehrbuch der Betrieblichen Gesundheitsförderung* (S. 23-33). Bern: Huber.

Faller, G. (2017a). Mehr als Marketing: Kommunikation und Gesundheit im Betrieb. In: G. Faller (Hrsg.), *Lehrbuch Betriebliche Gesundheitsförderung* (3. Auflage; S. 189-202). Bern: Hogrefe.

Faller, G. (2017b). Was ist eigentlich Betriebliche Gesundheitsförderung? In: G. Faller (Hrsg.), *Lehrbuch Betriebliche Gesundheitsförderung* (3. Auflage; S. 25-38). Bern: Hogrefe.

Faller, G. (2018). Umsetzung Betrieblicher Gesundheitsförderung / Betrieblichen Gesundheitsmanagements in Deutschland: Stand und Entwicklungsbedarfe der einschlägigen Forschung. *Gesundheitswesen, 80*, S. 278–285.

Faulstich, P. & Tymister, H. J. (2002). *Lernfälle Erwachsener. Wie erfolgreiches Lernen zu lernen ist*. Augsburg: ZIEL Hochschulschriften.

Fiehler, F., Sauer, D. & Seiß, F. (2010). *Indirekte Steuerung - Eine gewerkschaftspolitische Herausforderung*. Frankfurt a.M.: IG Metall.

Fineman, S. (2003). *Understanding emotion at work*. London: Sage.

Fiol, C. M. & Lyles, M. A. (1985). Organizational Learning. *Academy of Management Review, 10 (4)*, S. 803-813.

Flick, U. (2007). *Qualitative Sozialforschung. Eine Einführung* (7. Auflage). Reinbek: Rowohlt.

Flick, U. (2009). *Sozialforschung. Methoden und Anwendungen*. Reinbek: Rowohlt.

Foerster, H. v. (1985). *Sicht und Einsicht*. Wiesbaden: Springer.

Foerster, H. v. & Glasersfeld, E. v. (2010). *Wie wir uns erfinden. Eine Autobiographie des radikalen Konstruktivismus* (4. Auflage). Heidelberg: Carl-Auer.

Foss, N. J. (1996). The Emerging Competence Perspective. In: N. J. Foss und C. Knudson (Hrsg.), *Towards a Competence Theory of the Firm* (S. 1-12). London, New York: Routledge.

Foucault, M. (1978). *Dispositive der Macht. Über Sexualität, Wissen und Wahrheit*. Berlin: Merve.

Foucault, M. (1987). *Der Wille zum Wissen. Sexualität und Wahrheit 1* (21. Auflage). Frankfurt a.M.: Suhrkamp.

Foucault, M. (2008). *Überwachen und Strafen. Die Geburt des Gefängnisses* (9. Auflage). Frankfurt a.M.: Suhrkamp.

Franke, A. (2011). Salutogenetische Perspektive. In: Bundeszentrale für gesundheitliche Aufklärung (Hrsg.), *Leitbegriffe der Gesundheitsförderung und Prävention* (S. 487-490). Gamburg: Verlag für Gesundheitsförderung.

Franke, K. & Wald, A. (2006). Möglichkeiten der Triangulation quantitativer und qualitativer Methoden in der Netzwerkanalyse. In: B. Hollstein und F. Straus (Hrsg.), *Qualitative Netzwerkanalyse. Konzepte, Methoden, Anwendungen* (S. 153-175). Wiesbaden: VS.

Franzkowiak, P. (2011). Gesundheitswissenschaften / Public Health. In: Bundeszentrale für gesundheitliche Aufklärung (Hrsg.), *Leitbegriffe der Gesundheitsförderung und Prävention* (S. 315-320). Gamburg: Verlag für Gesundheitsförderung.

Freeman, L. C. (2000). Visualizing Social Networks. *Journal of Social Structure, 1 (1)*, S. 1-15.

Freikamp, U. (2008). Bewertungskriterien für eine qualitative und kritisch-emanzipatorische Sozialforschung. In: U. Freikamp, M. Leanza, J. Mende, S. Müller, P. Ullrich und H.-J. Voß (Hrsg.), *Kritik mit Methode? Forschungsmethoden und Gesellschaftskritik* (S. 215-232). Berlin: Dietz.

Freiling, J. (2004). A Competence-Based Theory of the Firm. *Management Revue, 15*, S. 27-52.

Freiling, J., Gersch, M. & Goeke, C. (2008). On the path towards a competence-based theory of the firm. *Organization Studies, 29*, S. 1143-1164.

French, W. & Bell, C. H. (1977). *Organization development*. Englewood Cliffs: Prentice-Hall.

Friczewski, F. (2010). Partizipation im Betrieb. Gesundheitszirkel & Co. In: G. Faller (Hrsg.), *Lehrbuch Betriebliche Gesundheitsförderung* (1. Auflage; S. 149-155). Bern: Hogrefe.

Friczewski, F. (2017). Partizipation im Betrieb. Gesundheitszirkel & Co. In: G. Faller (Hrsg.), *Lehrbuch Betriebliche Gesundheitsförderung* (3. Auflage; S. 243-252). Bern: Hogrefe.

Friedrichs, J. & Lüdtke, H. (1973). *Teilnehmende Beobachtung. Einführung in die sozialwissenschaftliche Feldforschung*. Weinheim: Beltz.

Fritz, S. (2014). Wirksamkeit von Maßnahmen der Gefährdungsbeurteilung psychischer Belastungen. In: Bundesanstalt für Arbeitsschutz und Arbeitsmedizin (Hrsg.), *Gefährdungsbeurteilung psychischer Belastung. Erfahrungen und Empfehlungen* (Webanhang). Berlin: Erich Schmidt.

Fröhlich, W. D. (2005). *Wörterbuch Psychologie*. München: dtv.

Fuller, A. (2007). Critiquing theories of learning and communities of practice. In: J. Hughes, N. Jewson und L. Unwin (Hrsg.), *Communities of practice: Critical perspectives* (S. 17-29). Abingdon: Routledge.

Gagné, R. M. (1969). *Die Bedingungen des menschlichen Lernens*. Hannover: Schroedel.

Gaitanides, M. (2014). Schöne heile Netzwerkwelt? Zur transaktionskostentheoretischen Rekonstruktion der Integration von Zulieferersystemen. In: H. Glaser, E. F. Schröder und A. Werder (Hrsg.), *Organisation im Wandel der Märkte* (S. 91-113). Wiesbaden: Gabler.

Garfinkel, H. (1967). *Studies in Ethnomethodology*. Englewood Cliffs: Prentice Hall.

Garvin, D. A. (1993). Building a learning organization. *Harvard Business Review, 71 (4)*, S. 78-91.

Gebel, T., Grenzer, M., Kreusch, J., Liebig, S., Schuster, H., Tscherwinka, R., Watteler, O. & Witzel, A. (2015). Verboten ist, was nicht ausdrücklich erlaubt ist: Datenschutz in qualitativen Interviews. *Forum Qualitative Sozialforschung / Forum: Qualitative Social Research, 16 (2), Art. 27*. Verfügbar unter: http://nbn-resolving.de/urn:nbn:de:0114-fqs1502279 [Zugriff am 31.07.2017].

Gemeinsame Deutsche Arbeitsschutzstrategie (2016). *Arbeitsschutz in der Praxis. Empfehlungen zur Umsetzung der Gefährdungsbeurteilung psychischer Belastung*. Verfügbar unter: http://www.gda-portal.de/de/pdf/Psyche-Umsetzung-GfB.pdf?_blob=publicationFile [Zugriff am 18.10.2017].

Gerdes, K. & Wolffersdorff-Ehlert, C. v. (1974). *Drogenscene – Suche nach Gegenwart. Ergebnisse teilnehmender Beobachtung in der jugendlichen Drogenkultur*. Stuttgart: Enke.

Gesellschaft für Konsumforschung e.V. (2015). *Trust in Professions*. Verfügbar unter: http://www.gfk-verein.org/sites/default/files/medien/1288/dokumente/1603_vertrauen_in_berufe_downloadcharts.pdf [Zugriff am 31.07.2017].

Gherardi, S. (2012). Is organizational learning possible without participation? In: S. M. Weber, M. Göhlich, A. Schröer, C. Fahrenwald und H. Macha (Hrsg.), *Organisation und Partizipation. Beiträge der Kommission Organisationspädagogik* (S. 29-43). Wiesbaden: Springer.

Giddens, A. (1979). *Central Problems in Social Theory. Action, Structure and Contradiction in Social Analysis*. Berkeley: University of California Press.

Giddens, A. (1984): *The constitution of society: Outline of the theory of structuration*. Berkeley: University of California Press.

Giddens, A. (1997). *Die Konstitution der Gesellschaft. Grundzüge einer Theorie der Strukturierung* (3. Auflage). Frankfurt a.M.: Campus.

Gioia, D. A. (1986). Symbols, scripts and sensemaking – Creating meaning in the organizational experience. In: H. P. Sims und D. A. Gioia (Hrsg.), *The thinking organization* (S. 49-74). San Francisco: Jossey-Bass.

Girtler, R. (1992). *Methoden der qualitativen Sozialforschung* (3. Auflage). Wien: Böhlau.

Glaser, B. G. & Strauss, A. (1998). *Grounded Theory. Strategien qualitativer Forschung*. Bern: Huber.

Glaserfeld, E. v. (1997). *Radikaler Konstruktivismus. Ideen, Ergebnisse, Probleme*. Frankfurt a.M.: Suhrkamp.

Glißmann, W. & Peters, K. (2001). *Mehr Druck durch mehr Freiheit. Die neue Autonomie in der Arbeit und ihre paradoxen Folgen*. Hamburg: VSA.

Göhlich, M. (2016). Theories of Organizational Learning as resources of Organizational Education. In: A. Schröer, M. Göhlich, S. M. Weber und H. Pätzold (Hrsg.), *Organisation und Theorie. Beiträge der Kommission Organisationspädagogik* (S. 11-21). Wiesbaden: Springer VS.

Goldgruber, J. (2012). *Organisationsvielfalt und betriebliche Gesundheitsförderung. Eine explorative Untersuchung.* Wiesbaden: Gabler.

Gorißen, B. (2003). Psychische Belastungen im Wachalltag von Berufsfeuerwehrleuten. Ein arbeitspsychologischer Vergleich von Wachalltag und Einsatz. Eine Längsschnittstudie. *Studien zur Stressforschung – Band 16.* Hamburg: Dr. Kovac.

Granovetter, M. (1985). Economic Action and Social Structure: The Problem of Embeddedness. *American Journal of Sociology, 91 (3)*, S. 481-510.

Grant, R. M. (1991). The Resource-Based Theory of Competitive Advantage: Implications for Strategy Formulation. *California Management Review, 33 (3)*, S. 114-135.

Greif, S., Bamberg, E. & Semmer, N. (1991). *Psychischer Streß am Arbeitsplatz.* Göttingen: Hogrefe.

Grießhammer, S. (2006). Organisationale Lernprozesse durch die Einführung von Qualitätsmanagement. Eine Fallstudie aus der Erwachsenenbildung. *Der pädagogische Blick, 14(2)*, S. 68-79.

Grossmann, R. (1993). Leitungsfunktionen und Organisationsentwicklung im Krankenhaus. In: B. Badura, G. Feuerstein und T. Schott (Hrsg.), *System Krankenhaus: Arbeit, Technik und Patientenorientierung* (S. 301-321). München: Juventa.

Grossmann, R., Bauer, G. & Scala, K. (2015). *Einführung in die systemische Organisationsentwicklung.* Heidelberg: Carl-Auer.

Grossmann, R. & Scala, K. (1994). *Gesundheit durch Projekte fördern. Ein Konzept zur Gesundheitsförderung durch Organisationsentwicklung und Projektmanagement.* Weinheim, München: Juventa.

Grossmann, R. & Scala, K. (2011). *Gesundheit durch Projekte fördern. Ein Konzept zur Gesundheitsförderung durch Organisationsentwicklung und Projektmanagement* (5. Auflage). Weinheim, München: Juventa.

Guest, G., MacQueen, K. & Namey, E. (2012). *Applied Thematic Analysis.* Thousand Oaks: Sage.

Halbwachs, M. (1991). *Das kollektive Gedächtnis* (2. Auflage). Frankfurt a.M.: Fischer.

Hamacher, W., Eickholt, C., Lenartz, N. & Blanco, S. (2012). *Sicherheits- und Gesundheitskompetenz durch informelles Lernen im Prozess der Arbeit.* Dortmund: Bundesanstalt für Arbeitsschutz und Arbeitsmedizin.

Handrich, C., Koch-Falkenberg, C. & Voß, G. G. (2016). *Professioneller Umgang mit Zeit- und Leistungsdruck.* Baden-Baden: Nomos.

Hanft, A. (1996). Organisationales Lernen und Macht – Über den Zusammenhang von Wissen, Lernen, Macht und Struktur. In: G. Schreyögg und P. Conrad (Hrsg.), *Wissensmanagement. Managementforschung Bd. VI* (S. 135-151). Berlin: de Gruyter.

Hanft, A. (1998). *Personalentwicklung zwischen Weiterbildung und organisationalem Lernen* (2. Auflage). München, Mering: Hampp.

Hanft, A. (2011). Innovationskompetenz und Innovationsspiele. In: E. Barthel, A. Hanft und J. Hasebrook (Hrsg.), *Integriertes Kompetenzmanagement. Ein Arbeitsbericht* (S. 75-79). Münster, New York, München: Waxmann.

Haunschild, A. (2003). Humanization Through Discipline? Foucault and the Goodness of Employee Health Programmes. *Journal of Critical Postmodern Organization Science, 2 (3)*, S. 46-59.

Häussling, R. (2006). Ein netzwerkanalytisches Vierebenenkonzept zur struktur- und akteursbezogenen Deutung sozialer Interaktionen. In: B. Hollstein und F. Straus (Hrsg.), *Qualitative Netzwerkanalyse. Konzepte, Methoden, Anwendungen* (S. 125-151). Wiesbaden: VS.

Hedberg, B. (1981). How Organizations Learn and Unlearn. In: P. C. Nystrom und W. H. Starbuck (Hrsg.), *Handbook of Organizational Design* (S. 3-37). London: Oxford University Press.

Heintel, P. & Krainz, E. E. (2000). *Projektmanagement. Eine Antwort auf die Hierarchiekrise?* (4. Auflage). Wiesbaden: Gabler.

Heinze, T. & Thiemann, F. (1982). Kommunikative Validierung und das Problem der Geltungsbegründung. *Zeitschrift für Pädagogik, 28*, S. 635-642.

Helfat, C. E. & Peteraf, M. A. (2003). The Dynamic Resource-Based View: Capability Lifecycles. *Strategic Management Journal, 24*, S. 997-1010.

Helfrich, H. (2016). *Wissenschaftstheorie für Betriebswirtschaftler*. Wiesbaden: Springer.

Hemmecke, J. (2012). *Repertory Grids als Methode zum Explizieren impliziten Wissens in Organisationen*. Verfügbar unter: http://othes.univie.ac.at/27576/ [Zugriff am 19.12.2017].

Hermet, V. (2010). *Bindung zum Unternehmen. Eine empirische Studie bei geringfügig Beschäftigten und Stammpersonal im deutschen Einzelhandel*. Verfügbar unter: https://d-nb.info/1008642495/34 [Zugriff am 13.10.2017].

Herrmann, D. & Felfe, J. (2009). Romance of Leadership und die Qualität von Managemententscheidungen. *Zeitschrift für Arbeits- und Organisationspsychologie, 53*, S. 163-176.

Herz, A. (2012). Erhebung und Analyse ego-zentrierter Netzwerke. In: S. Kulin, K. Frank, D. Fickermann und K. Schwippert (Hrsg.), *Soziale Netzwerkanalyse. Theorie – Praxis – Methoden* (S. 133-152). Münster: Waxmann.

Herz, A. & Gamper, M. (2012). Möglichkeiten und Grenzen der Erhebung ego-zentrierter Netzwerke im Online-Fragebogen und über digitale Netzwerkkarten. In: M. Gamper, L. Reschke und M. Schönhuth (Hrsg.), *Knoten und Kanten 2.0. Soziale Netzwerkanalyse in Medienforschung und Kulturanthropologie* (S. 57-87). Bielefeld: transcript.

Hiestand, S. (2017). *BITs & BIER. Eine empirische Analyse im Brauwesen und in der IT-Branche zur Verknüpfung individueller Kompetenz- und betrieblicher Organisationsentwicklung*. München, Mering: Hampp.

Hintermair, M., Lehmann-Tremmel, G. & Meiser, S. (2000). *Wie Eltern stark werden. Soziale Unterstützung von Eltern hörgeschädigter Kinder. Eine empirische Bestandsaufnahme*. Hamburg: Verlag hörgeschädigte Kinder.

Hobfoll, S. E. (1998). *Stress, Culture, and Community. The Psychology and Philosophy of Stress*. New York: Plenum Press.

Hochschild, A. R. (1983). *The Managed Heart. Commercialization of Human Feelings.* Berkeley: University of California Press.

Hochschild, A. R. (1990). *Das gekaufte Herz. Die Kommerzialisierung der Gefühle.* Frankfurt a.M.: Campus.

Hofer, C. W. & Schendel, D. (1978). *Strategy Formulation: Analytical Concepts.* St. Paul: South-Western.

Höfer, R., Keupp, R. & Straus, F. (2006). Prozesse sozialer Verortung in Szenen und Organisationen – Ein netzwerkorientierter Blick auf traditionale und reflexivmoderne Engagementformen. In: B. Hollstein und F. Straus (Hrsg.), *Qualitative Netzwerkanalyse. Konzepte, Methoden, Anwendungen* (S. 267-294). Wiesbaden: VS.

Hoffmann, W. H. (2003). Allianzmanagementkompetenz – Entwicklung und Institutionalisierung einer strategischen Ressource. *Managementforschung, 13*, S. 93-115.

Hofmann, H. (2010). *Wege zum gesunden Unternehmen - Gesundheitskompetenz entwickeln.* Bielefeld: Bertelsmann.

Hofstede, G. & Hofstede, G. J. (2011). *Lokales Denken, globales Handeln: Interkulturelle Zusammenarbeit und globales Management* (5. Auflage). München: dtv.

Hollederer, A. (2007). Betriebliche Gesundheitsförderung in Deutschland – Ergebnisse des IAB-Betriebspanels 2002 und 2004. *Das Gesundheitswesen, 69*, S. 63-76.

Hollederer, A. & Voigtländer, S. (2016). Die Gesundheit von Arbeitslosen und die Effekte auf die Arbeitsmarktintegration. *Bundesgesundheitsblatt, 59*, S. 652-661.

Hollstein, B. (2002). *Soziale Netzwerke nach der Verwitwung – Eine Rekonstruktion der Veränderungen informeller Beziehungen.* Opladen: Leske + Budrich.

Hollstein, B. (2006). Qualitative Methoden und Netzwerkanalyse - ein Widerspruch? In: B. Hollstein und F. Straus (Hrsg.), *Qualitative Netzwerkanalyse. Konzepte, Methoden, Anwendungen* (S. 11-36). Wiesbaden: VS.

Holzkamp, K. (1983). *Grundlegung der Psychologie.* Frankfurt a.M.: Campus.

Holzkamp, K. (1995). *Lernen. Subjektwissenschaftliche Grundlegung.* Frankfurt a.M.: Campus.

Hopf, C. (1979). Soziologie und qualitative Sozialforschung. In: C. Hopf und E. Weingarten (Hrsg.), *Qualitative Sozialforschung* (3. Auflage; S. 11-37). Stuttgart: Klett-Cotta.

Hopf, C. & Hartwig, M. (2001). *Liebe und Abhängigkeit. Partnerschaftsbeziehungen junger Frauen.* Weinheim: Juventa.

Hopf, C. & Hopf, W. (1997). *Familie, Persönlichkeit, Politik. Eine Einführung in die politische Sozialisation.* Weinheim: Juventa.

Hopf, C., Nevermann, K. & Schmidt, I. (1985). *Wie kamen die Nationalsozialisten an die Macht? Eine empirische Analyse von Deutungen im Unterricht.* Frankfurt a.M.: Campus.

Hopf, C., Rieker, P., Sanden-Marcus, M. & Schmidt, C. (1995). *Familie und Rechtsextremismus: Familiale Sozialisation und rechtsextreme Orientierungen junger Männer.* Weinheim: Juventa.

Hopf, C. & Schmidt, C. (1993). *Zum Verhältnis von innerfamilialen sozialen Erfahrungen, Persönlichkeitsentwicklung und politischen Orientierungen. Dokumentation und Erörterung des methodischen Vorgehens in einer Studie zu diesem Thema*. Verfügbar unter: http://nbn-resolving.de/urn:nbn:de:0168-ssoar-456148 [Zugriff am 01.08.2017].

Horstmann, S. (2013). *Ethik der Normalität. Zur Evolution moralischer Semantik in der Moderne*. Dortmund: Technische Universität.

Hoskisson, R. E., Hitt, M. A., Wan, W. P. & Yiu, D. (1999). Theory and Research in Strategic Management: Swings of a Pendulum. *Journal of Management, 25*, 417-456.

Huber, G. P. (1991). Organizational Learning. The Contribution Process and the Literatures. *Organization Science, 1,* S. 88-115.

Hull, C. L. (1943). *Principles of Behavior. An Introduction to Behavior Theory*. New York: Appleton-Century.

Hurrelmann, K. (1983). Das Modell des produktiv realitätsverarbeitenden Subjekts in der Sozialisationsforschung. *Zeitschrift für Sozialisationsforschung und Erziehungssoziologie, 3,* S. 91–103.

Hurrelmann, K. & Franzkowiak, P. (2011). Gesundheit. In: Bundeszentrale für gesundheitliche Aufklärung (Hrsg.), *Leitbegriffe der Gesundheitsförderung und Prävention* (S. 100-105). Gamburg: Verlag für Gesundheitsförderung.

Ilmarinen, J. & Tempel, J. (2002): *Arbeitsfähigkeit 2010: Was können wir tun, damit Sie gesund bleiben?* Hamburg: VSA.

INQA (2014). *Gesunde Mitarbeiter - gesundes Unternehmen. Eine Handlungshilfe für Betriebliches Gesundheitsmanagement (BGM)*. Verfügbar unter: http://www.inqa.de/SharedDocs/PDFs/DE/Publikationen/psyga-gesunde-mitarbeiter-gesundes-unternehmen.pdf?__blob=publicationFile&v=2 [Zugriff am 08.11.2017].

Jäger, W. & Meyer, H. (2003). *Sozialer Wandel in soziologischen Theorien der Gegenwart*. Wiesbaden: Westdeutscher Verlag.

Jahoda, M. (1979). The psychological meanings of unemployment. *New Society, 49,* S. 492-495.

Jahoda, M. (1983). *Wie viel Arbeit braucht der Mensch?* Weinheim: Beltz.

Jahoda, M., Deutsch, M. & Cook, S. W. (1966). Beobachtungsverfahren. In: R. König (Hrsg.), *Praktische Sozialforschung 2: Beobachtung und Experiment in der Sozialforschung* (3. Auflage, S. 77-96). Köln: Kiepenheuer & Witsch.

Jahoda, M., Lazarsfeld, P. & Zeisel, H. (1975). *Die Arbeitslosen von Marienthal*. Frankfurt a.M.: Suhrkamp.

Jäkel, L. (2003). Netzwerke als arbeitsnahe Lernform und neue Lernkultur: Das Netzwerk „Betriebliches Gesundheitsmanagement". *QUEM-Bulletin, 5,* S. 6-12.

Janis, I. (1972). *Victims of Groupthink: A Psychological Study of Foreign-Policy Decisions and Fiascoes*. Boston: Houghton Mifflin.

Jansen, D. (2006). *Einführung in die Netzwerkanalyse* (3. Auflage). Wiesbaden: VS.

Jörges-Süß, K. & Süß, S. (2004). Neo-Institutionalistische Ansätze der Organisationstheorie. *Das Wirtschaftsstudium, 33,* S. 316-318.

Junghanns, G. (2012). Termin- und Leistungsdruck. In: A. Lohmann-Haislah (Hrsg.), *Stressreport Deutschland 2012. Psychische Anforderungen, Ressourcen und Befinden* (S. 107-112). Dortmund, Berlin, Dresden: Bundesanstalt für Arbeitsschutz und Arbeitsmedizin.

Jürgens, K. (2010). Deutschland in der Reproduktionskrise. *Leviathan, 38*, S. 559-587.

Jürgens, K. & Voß, G. G. (2007). Gesellschaftliche Arbeitsteilung als Leistung der Person. *Aus Politik und Zeitgeschichte, 34*, S. 3-9.

Jütte, W. (2005). Methodische Überlegungen zu Netzwerkanalysen. *REPORT, 2*, S. 41-50.

Kahn, R. L. & Byosiere, P. (1992). Stress in organizations. In: M. D. Dunnette und L. M. Hough (Hrsg.), *Handbook of industrial and organizational psychology, Band 3*, (S. 571–650). Palo Alto: Consulting Psychologists Press.

Kale, P., Dyer, J. H. & Singh, H. (2002). Alliance Capability, Stock-Market Response, and Long-Term Alliance Success: The Role of the Alliance Function. *Strategic Management Journal, 23*, S. 747-767.

Kantowsky, D. (1969). Möglichkeiten und Grenzen der teilnehmenden Beobachtung als Methode der empirischen Sozialforschung. *Soziale Welt, 20*, S. 428-434.

Kappelhoff, P. (2014). Kompetenzentwicklung in Netzwerken: Die Sicht der Komplexitäts- und allgemeinen Evolutionstheorie. In: A. Windeler und J. Sydow (Hrsg.), *Kompetenz. Sozialtheoretische Perspektiven* (S. 109-224). Wiesbaden: Springer VS.

Karasek, R. A. & Theorell, T. (1990). *Healthy Work. Stress, Productivity and the Reconstruction of Working Life*. New York: Basic Books.

Kaspar, H. (1990). *Die Handhabung des Neuen in organisierten Sozialsystemen*. Berlin: Springer.

Kastner, M. (2004). *Die Zukunft der Work Life Balance. Wie lassen sich Beruf und Familie, Arbeit und Freizeit miteinander vereinbaren?* Kröning: Asanger.

Kauffeld, S. & Sauer, N. C. (2014). Vergangenheit und Zukunft der Arbeits- und Organisationspsychologie. In: S. Kauffeld (Hrsg.), *Arbeits-, Organisations- und Personalpsychologie für Bachelor* (S. 15-29). Berlin: Springer.

Kelle, U. & Kluge, S. (2010). *Vom Einzelfall zum Typus. Fallvergleich und Fallkontrastierung in der qualitativen Sozialforschung* (2. Auflage). Wiesbaden: VS.

Kellerman, B. (2012). *The End of Leadership*. New York: Harper.

Kern, H. (2000). Rückgekoppelte Autonomie. Steuerungselemente in lose gekoppelten Systemen. In: A. Hanft (Hrsg.), *Hochschulen managen? Zur Reformierbarkeit der Hochschulen nach Managementprinzipien* (S. 25-38). Neuwied: Luchterhand.

Keupp, H., Hofer, R., Jain, A., Kraus, W. & Straus, F. (2001). Soziale Landschaften in der reflexiven Moderne – Individualisierung und posttraditionale Ligaturen. In: U. Beck und W. Bonß (Hrsg.), *Modernisierung der Moderne*. Frankfurt a.M.: Suhrkamp.

Keynes, J. M. (1933). *Essays in Persuasion*. London: Macmillan.

Kickbusch, I. (2006). *Die Gesundheitsgesellschaft: Megatrends der Gesundheit und deren Konsequenzen für Politik und Gesellschaft*. Gamburg: Verlag für Gesundheitsförderung.

Kickbusch, I. & Maag, D. (2008). Health Literacy. In: K. Heggenhougen und S. Quah (Hrsg.), *International Encyclopedia of Public Health, Vol. 3* (S. 204-211). San Diego: Academic Press.

Kickbusch, I., Maag, D. & Saan, H. (2005). *Enabling healthy choices in modern health societies*. Bad Gastein: European Health Forum.

Kieselbach, T. (2009). *Gesundheit und Restrukturierung: Innovative Ansätze und Politikempfehlungen*. München, Mering: Hampp.

Kleemann, F., Matuschek, I. & Voß, G. G. (2003). Subjektivierung von Arbeit – Ein Überblick zum Stand der soziologischen Diskussion. In: M. Moldaschl und G. G. Voß (Hrsg.), *Subjektivierung von Arbeit* (S. 57–114). München, Mering: Hampp.

Kleemann, F. & Voß, G. G. (2010). Arbeit und Subjekt. In: F. Böhle, G. G. Voß und G. Wachtler (Hrsg.), *Handbuch Arbeitssoziologie* (S. 415–450). Wiesbaden: VS.

Klein, J. A., Edge, G. M. & Kass, T. (1991). Skill-Based Competition. *Journal of General Management, 16 (4)*, S. 1-15.

Kleining, G. (1982). Umriß zu einer Methodologie qualitativer Sozialforschung. *Kölner Zeitschrift für Soziologie und Sozialpsychologie, 34*, S. 224-253.

Klimecki, R., Laßleben, H. & Altehage, M. O. (1995). *Zur empirischen Analyse organisationaler Lernprozesse im öffentlichen Sektor*. Universität Konstanz: Lehrstuhl für Management.

Knights, D. & Willmott, H. (1990). *Labour Process Theory*. London: Macmillan.

Köckeis-Stangl, E. (1980). Methoden der Sozialisationsforschung. In: K. Hurrelmann und D. Ulich (Hrsg.), *Handbuch der Sozialisationsforschung* (S. 321-370). Weinheim: Beltz.

Königswieser, R. & Hillebrand, M. (2009). *Einführung in die systemische Organisationsberatung* (5. Auflage). Heidelberg: Carl-Auer.

Kratzer, N. (2003). *Arbeitskraft und Entgrenzung. Grenzenlose Anforderungen, erweiterte Spielräume, begrenzte Ressourcen*. Berlin: edition sigma.

Kratzer, N. (2016). Unternehmenskulturelle Aspekte des Umgangs mit Zeit- und Leistungsdruck. In: B. Badura, A. Ducki, H. Schröder, J. Klose und M. Meyer (Hrsg.), *Fehlzeiten-Report 2016. Unternehmenskultur und Gesundheit. Rahmenbedingungen, Einflüsse, Potenziale* (S. 21-31). Berlin: Springer.

Kratzer, N. & Dunkel, W. (2011). Arbeit und Gesundheit im Konflikt. Zur Einführung. In: N. Kratzer, W. Dunkel, K. Becker und S. Hinrichs (Hrsg.), *Arbeit und Gesundheit im Konflikt. Analysen und Ansätze für ein partizipatives Gesundheitsmanagement* (S. 13-34). Berlin: edition sigma.

Kratzer, N., Menz, W. & Pangert, B. (2015). Work-Life-Balance – auch eine Frage der Leistungspolitik! In: N. Kratzer, W. Menz und B. Pangert (Hrsg.), *Work-Life-Balance – eine Frage der Leistungspolitik* (S. 57-75). Wiesbaden: Springer Gabler.

Krause, A. & Dorsemagen, C. (2017). Neue Herausforderungen für die Betriebliche Gesundheitsförderung durch indirekte Steuerung und interessierte Selbstgefährdung. In: G. Faller (Hrsg.), *Lehrbuch Betriebliche Gesundheitsförderung* (3. Auflage; S. 153-164). Bern: Hogrefe.

Krause, A., Dorsemagen, C., Stadlinger, J. & Baeriswyl, S. (2012). Indirekte Steuerung und interessierte Selbstgefährdung: Ergebnisse aus Befragungen und Fallstudien. Konsequenzen für das Betriebliche Gesundheitsmanagement. In: B. Badura, A. Ducki, H. Schröder, J. Klose und M. Meyer (Hrsg.), *Fehlzeiten-Report 2012. Gesundheit in der flexiblen Arbeitswelt: Chancen nutzen – Risiken minimieren* (S. 191–202). Berlin: Springer.

Kriegesmann, B., Kottmann, M., Masurek, L. & Nowak, U. (2005). *Kompetenz für eine nachhaltige Beschäftigungsfähigkeit*. Dortmund, Berlin, Dresden: Bundesanstalt für Arbeitssicherheit und Arbeitsmedizin.

Kriz, W. C. (2003). Creating effective learning environments and learning organizations through gaming simulation design. *Simulation & Gaming, 34 (4)*, S. 495-511.

Krüger, W. (1994). Transformations-Management. In: P. Gomez, D. Hahn, G. Müller-Stewens und R. Wunderer (Hrsg.), *Unternehmerischer Wandel* (S. 199-228). Wiesbaden: Gabler.

Kuckartz, U. (2010). *Einführung in die computergestützte Analyse qualitativer Daten* (3. Auflage). Wiesbaden: VS.

Kuckartz, U. (2016). *Qualitative Inhaltsanalyse. Methoden, Praxis, Computerunterstützung*. Weinheim: Beltz Juventa.

Kuckartz, U., Grunenberg, H. & Dresing, T. (2007). *Qualitative Datenanalyse: computergestützt. Methodische Hintergründe und Beispiele aus der Forschungspraxis* (2. Auflage). Wiesbaden: VS.

Kühl, S. (2011). *Organisationen. Eine sehr kurze Einführung*. Wiesbaden: VS.

Kühl, S., Schnelle, T. & Schnelle, W. (2004). Führen ohne Führung. *Harvard Business Manager, 1*, S. 2–11.

Kuhn, K. (2010). Der Betrieb als gesundheitsförderndes Setting: Historische Entwicklung der Betrieblichen Gesundheitsförderung. In: G. Faller (Hrsg.), *Lehrbuch der Betrieblichen Gesundheitsförderung* (S. 15-22). Bern: Huber.

Kuhn, K. & Wildner, M. (2011). Ethik in der Gesundheitsförderung und Prävention. In: Bundeszentrale für gesundheitliche Aufklärung (Hrsg.), *Leitbegriffe der Gesundheitsförderung und Prävention* (S. 65-68). Gamburg: Verlag für Gesundheitsförderung.

Kühnel, W. & Matuschek, J. (1995). *Gruppenprozesse und Devianz. Risiken jugendlicher Lebensbewältigung in großstädtischen Monostrukturen*. München: Juventa.

Kulbe, A. (2009). *Grundwissen Psychologie, Soziologie und Pädagogik: Lehrbuch für Pflegeberufe* (2. Auflage). Stuttgart: Kohlhammer.

Küpper, W. & Ortmann, G. (1986). Mikropolitik in Organisationen. *Die Betriebswirtschaft, 46*, S. 590-602.

Lamla, J. (2003). Kopplung versus Dualität. Ein Vergleich der Strukturbegriffe von Niklas Luhmann und Anthony Giddens. In: K. U. Hellmann, K. Fischer und H. Bluhm (Hrsg.), *Das System der Politik* (S. 255-270). Wiesbaden: Westdeutscher Verlag.

Lamnek, S. (2005). *Qualitative Sozialforschung* (4. Auflage). Weinheim, Basel: Beltz.

Lange, C. & Lampert, T. (2005). Die Gesundheit arbeitsloser Frauen und Männer. Erste Auswertungen des telefonischen Gesundheitssurveys 2003. *Bundesgesundheitsblatt, 48*, S. 1256-1264.

Larisch, J., Ritter, W. & Müller, R. (2010). „Decent Work" durch Organisationslernen im Arbeits- und Gesundheitsschutz. Ansätze und Problemfelder. In: G. Becke, P. Bleses, W. Ritter und S. Schmidt (Hrsg.), *‚Decent Work'. Arbeitspolitische Gestaltungsperspektive für eine globalisierte und flexibilisierte Arbeitswelt* (S. 165-184). Wiesbaden: VS.

Lave, J. (1988). *Cognition in Practice*. Cambridge: University Press.

Lave, J. (1991). Situating learning in communities of practice. In: L. Resnick, J. Levine und S. Teasley (Hrsg.), *Perspectives on socially shared cognition* (S. 63-82). Washington, D.C.: APA.

Lave, J. (1996). Teaching, as learning, in practice. *Mind, Culture & Activity, 3 (3)*, S. 149-164.

Lave, J. & Wenger, E. (1991). *Situated Learning. Legitimate Peripheral Participation.* Cambridge: University Press.

Legewie, H. (2017). *Gütekriterien und Qualitätssicherung qualitativer Methoden.* Verfügbar unter: http://www.ztg.tu-berlin.de/download/legewie/Dokumente/ Vorlesung_12.pdf [Zugriff am 01.08.2017].

Leimeister, J. M., Durward, D. & Zogaj, S. (2016). *Crowd Worker in Deutschland. Eine empirische Studie zum Arbeitsumfeld auf externen Crowdsourcing-Plattformen.* Düsseldorf: Hans-Böcker-Stiftung.

Leimeister, J. M. & Zogaj, S. (2013). *Neue Arbeitsorganisation durch Crowdsourcing. Eine Literaturstudie.* Düsseldorf: Hans-Böckler-Stiftung.

Lenhardt, U. (2010). Akteure der Betrieblichen Gesundheitsförderung. Interessenlagen – Handlungsbedingungen – Sichtweisen. In: G. Faller (Hrsg.), *Lehrbuch Betriebliche Gesundheitsförderung* (S. 112-120). Bern: Huber.

Lenhardt, U., Ertel, M. & Morschhäuser, M. (2010). Psychische Arbeitsbelastungen in Deutschland: Schwerpunkte – Trends – Betriebliche Umgangsweisen. *WSI-Mitteilungen, 63 (7)*, S. 335-342.

Lenhardt, U., Rosenbrock, R. & Elkeles, T. (1996). *Bedingungs- und Akteurskonstellationen für Gesundheitsförderung im Betrieb. Ergebnisse aus vier Fallstudien.* Berlin: Wissenschaftszentrum für Sozialforschung.

Leonard-Barton, D. (1992). Core capabilities and core rigidities. A paradox in managing new product development. *Strategic Management Journal, 13*, S. 111-125.

Leontjew, A. N. (1978). *Activity, consciousness, and personality.* Englewood Cliffs: Prentice-Hall.

Leontjew, A. N. (1981). *Problems of the development of the mind.* Moskau: Progress.

Levitt, B. & March, I. G. (1988). Organizational Learning. *Annual Review of Sociology, 14*, S. 319-340.

Lewin, K. (1920). *Die Sozialisierung des Taylorsystems. Eine grundsätzliche Untersuchung zur Arbeits- und Berufspsychologie.* Berlin: Verlag Gesellschaft und Erziehung.

Lewin, K. (1948). *Resolving social conflicts: Selected papers on group dynamics.* New York: Harper.

Liebsch, B. (2011). *Phänomen Organisationales Lernen.* München, Mering: Hampp.

Locke, E. A. & Latham, G. P. (2002). Building a Practically Useful Theory of Goal Setting and Task Motivation. *American Psychologist, 57 (9)*, S. 705-717.

Lockett, A., Thompson, S. & Morgenstern, A. (2009). The Development of the Resource-Based View of the Firm: A Critical Appraisal. *International Journal of Management Reviews, 11*, S. 9-28.

Lohmann-Haislah, A. (2012). *Stressreport Deutschland 2012. Psychische Anforderungen, Ressourcen und Befinden*. Dortmund, Berlin, Dresden: Bundesanstalt für Arbeitsschutz und Arbeitsmedizin.

Luczak, H., Volpert, W., Raeithel, A. & Schwier, W. (1989). *Arbeitswissenschaft. Kerndefinition – Gegenstandskatalog – Forschungsgebiete* (3. Auflage). Eschborn: RKW-Verlag.

Luhmann, N. (1970). Funktionale Methode und Systemtheorie. In: N. Luhmann (Hrsg.), *Soziologische Aufklärung – Aufsätze zur Theorie sozialer Systeme* (S. 31-53). Köln: Opladen.

Luhmann, N. (1973). *Zweckbegriff und Systemrationalität: über die Funktion von Zwecken in sozialen Systemen*. Frankfurt a.M.: Suhrkamp.

Luhmann, N. (1977). Differentiation of Society. *Canadian Journal of Sociology, 2 (1)*, S. 29-53.

Luhmann, N. (1984). *Soziale Systeme. Grundriß einer allgemeinen Theorie*. Frankfurt a.M.: Suhrkamp.

Luhmann, N. (1986). *Ökologische Kommunikation*. Opladen: Westdeutscher Verlag.

Luhmann, N. (1997). *Die Gesellschaft der Gesellschaft*. Frankfurt a.M.: Suhrkamp.

Luhmann, N. (2002). *Das Erziehungssystem der Gesellschaft*. Frankfurt a.M.: Suhrkamp.

Luhmann, N. (2011). *Organisation und Entscheidung* (3. Auflage). Wiesbaden: VS.

Luhmann, N. (2016). Unterwachung oder Die Kunst, Vorgesetzte zu lenken. In: J. Kaube (Hrsg.), *Der neue Chef* (S. 90-106). Berlin: Suhrkamp.

Mämecke, T. (2016). Benchmarking the Self: Kompetitive Selbstvermessung im betrieblichen Gesundheitsmanagement. In: S. Duttweiler, R. Gugutzer, J.-H. Passoth und J. Strübing (Hrsg.), *Leben nach Zahlen: Self-Tracking als Optimierungsprojekt?* (S. 103-122). Bielefeld: transcript.

Mandl, H. & Spada, H. (1988). *Wissenspsychologie*. München: Weinheim.

Mandl, H., Friedrich, H. F. & Hron, A. (1988). Theoretische Ansätze zum Wissenserwerb. In: H. Mandl und H. Spada (Hrsg.), *Wissenspsychologie* (S. 123-160). München: Weinheim.

Manger, D. (2006). Entstehung und Funktionsweise eines regionalen Innovationsnetzwerks – eine Fallstudienanalyse. In: B. Hollstein und F. Straus (Hrsg.), *Qualitative Netzwerkanalyse. Konzepte, Methoden, Anwendungen* (S. 221-242). Wiesbaden: VS.

March, J. G. & Olsen, J. P. (1975). The uncertainty of the past: Organizational learning under ambiguity. *European Journal of Political Research, 3 (2)*, S. 147-171.

Martin, P. (2006). *Mobile Büroarbeit – Neue Arbeitsformenhuman gestalten*. Düsseldorf: Hans-Böckler-Stiftung.

Maturana, H. R. (1982). *Erkennen: Die Organisation und Verkörperung von Wirklichkeit. Ausgewählte Arbeiten zur biologischen Epistemologie*. Wiesbaden: Vieweg.

Maturana, H. R. & Varela, F. (1987). *Der Baum der Erkenntnis. Die biologischen Wurzeln des menschlichen Erkennens*. Bern: Goldmann.

Mayntz, R., Rosewitz, B. & Schimank, U. (1998). *Differenzierung und Verselbstständigung. Zur Entwicklung gesellschaftlicher Teilsysteme*. Frankfurt a.M.: Campus.

Mayring, P. (1999). *Einführung in die qualitative Sozialforschung* (4. Auflage). München: Beltz.

McCarty, L. P. (2000). Fünf Thesen des radikalen Konstruktivismus. *Vierteljahrsschrift für wissenschaftliche Pädagogik, 76 (3)*, S. 293-310.

McClelland, D. C. (1987). *Human Motivation*. Cambridge: University Press.

McCombs, M. E. & Shaw, D. L. (1972). The Agenda-Setting Function of the Mass Media. *Public Opinion Quarterly, 36*, S. 176-187.

McGill, M. E. & Slocum, J. W. (1993). Unlearning the organization. *Organizational Dynamics, 22 (2)*, S. 67-79.

McKee-Ryan, F., Song, Z., Wanberg, C. R., & Kinicki, A. J. (2005). Psychological and Physical Well-Being During Unemployment: A Meta-Analytic Study. *Journal of Applied Psychology, 90 (1)*, S. 53-76.

Meindl, J. R., Ehrlich, S. B. & Dukerich, J. M. (1985). The romance of leadership. *Administrative Science Quarterly, 30*, S. 78-102.

Merkur-Online (2009). *Fehlalarm für die Feuerwehr - fast 500 Mal im Jahr im Landkreis München*. Verfügbar unter: https://www.merkur.de/lokales/muenchen-lk/fehlalarm-feuerwehr-fast-jahr-landkreis-muenchen-91615.html [Zugriff am 31.07.2017].

Merton, R. K. (1948). The self-fulfilling prophecy. *The Antioch Review, 8 (2)*, S. 193-210.

Meschnig, A. (2003). Das Dispositiv der New Economy. In: J. Verwoert (Hrsg.), *Die Ich-Ressource. Zur Kultur der Selbst-Verwertung* (S. 67–85). München: Volk.

Metzger, W. (1975). Was ist Gestalttheorie? In: K. Guss (Hrsg.), *Gestalttheorie und Erziehung* (S. 1-17). Darmstadt: Steinkopff.

Meyer, J. W. & Rowan, B. (1977). Institutionalized Organizations: Formal Structure as Myth and Ceremony. *American Journal of Sociology, 83*, S. 340–363.

Meyer, J. W. & Rowan, B. (1991). Institutionalized Organizations: Formal Structures as Myth and Ceremony. In: P. DiMaggio und W. Powell (Hrsg.), *The New Institutionalism in Organizational Analysis* (S. 41-62). Chicago: University of Chicago Press.

Meyer, M., Wehner, K. & Cichon, P. (2017). Krankheitsbedingte Fehlzeiten in der deutschen Wirtschaft im Jahr 2016. In: B. Badura, A. Ducki, H. Schröder, J. Klose und M. Meyer (Hrsg.), *Fehlzeiten-Report 2017. Krise und Gesundheit – Ursachen, Prävention, Bewältigung* (S. 281-484). Berlin: Springer.

Michalk, S. (2005). *Angewandte Organisationsentwicklung in mittelständischen Unternehmen. Erfolgreiche Veränderungen durch externe Berater*. Wiesbaden: Deutscher Universitätsverlag.

Miller, M. (1986). *Kollektive Lernprozesse. Studien zur Grundlegung einer soziologischen Lerntheorie*. Frankfurt a.M.: Suhrkamp.

Miller, N. & Dollard, J. (1941). *Social Learning and Imitation*. New Haven: Yale University Press.

Mintzberg, H. (1973). *The Nature of Managerial Work*. New York: Harper & Row.

Mitchell, J. C. (1969). The Concept and Use of Social Networks. In: J. C. Mitchell (Hrsg.), *Social Networks in Urban Situations. Analysis of Personal Relationships in Central African Towns* (S. 1-50). Manchester: University Press.

Mitchell, J. C. (1983). Case and situation analysis. *Sociological Revue, 31*, S. 187-211.

Moldaschl, M. F. (1991). Widersprüchliche Arbeitsanforderungen - Psychische Belastung und doppelte Realität in der Produktion. In: Sonderforschungsbereich 333 der Universität München (Hrsg.), *Mitteilungen 3* (S. 15-50), München.

Moldaschl, M. F. (2001). Herrschaft durch Autonomie – Dezentralisierung und widersprüchliche Arbeitsanforderungen. In: B. Lutz (Hrsg.), *Entwicklungsperspektiven von Arbeit* (S. 132-164). Berlin: Akademie-Verlag.

Moldaschl, M. F. (2004). *Institutionelle Reflexivität*. Technische Universität Chemnitz, Lehrstuhl für Innovationsforschung und nachhaltiges Ressourcenmanagement.

Moldaschl, M. F. (2005). *Immaterielle Ressourcen. Nachhaltigkeit von Unternehmensführung und Arbeit I*. München, Mering: Hampp.

Moldaschl, M. F. (2010). Das Konzept der Widersprüchlichen Arbeitsanforderungen (WAA). Ein nichtlinearer Ansatz zur Analyse von Belastung und Bewältigung in der Arbeit. In: G. Faller (Hrsg.), *Lehrbuch der Betrieblichen Gesundheitsförderung* (S. 82-94). Bern: Huber.

Moldaschl, M. F. (2015). Die Einbettung der Sozioökonomik. Paradigmatische Grundlagen und Transdisziplinarität. In: R. Hedtke (Hrsg.), *Was ist und wozu Sozioökonomie?* (S. 125-157). Wiesbaden: Springer.

Moldaschl, M. F. (2017). Widersprüchliche Arbeitsanforderungen. Ein nichtlinearer Ansatz zur Analyse von Belastung und Bewältigung in der Arbeit. In: G. Faller (Hrsg.), *Lehrbuch Betriebliche Gesundheitsförderung* (3. Auflage; S. 139-152). Bern: Hogrefe.

Moreno, J. L. (1934). *Who shall survive? A new approach to the problem of human interrelations*. Washington, D.C.: Nervous and Mental Disease Publishing Co.

Moreno, J. L. (1996). *Die Grundlagen der Soziometrie. Wege zur Neuordnung der Gesellschaft* (3. Auflage). Wiesbaden: Springer.

Morgenroth, S. & Schindler, S. (2012). *Feuerwehralltag. Eine soziologische Untersuchung zur Lebensführung von Feuerwehrmännern im 24-Stunden-Wachalltag*. München, Mering: Hampp.

Morgenroth, S. & Schindler, S. (2014). Typen der Lebensführung von Feuerwehrmännern im 24-Stunden-Wachalltag. In: M. Jenki, N. Ellebrecht und S. Kaufmann (Hrsg.), *Organisationen und Experten des Notfalls. Zum Wandel von Technik und Kultur bei Feuerwehr und Rettungsdiensten* (S. 107-122). Berlin: LIT.

Mørk, B. E., Hoholm, T., Ellingsen, G., Edwin, B. & Aanestad, M. (2010). Challenging expertise: On power relations within and across communities of practice in medical innovation. *Management Learning, 41 (5)*, S. 575-592.

Mowrer, O. H. (1960). *Learning theory and behavior*. New York: Wiley.

Müller, J. (2015). *Reflexion als Voraussetzung für Kompetenz- und Organisationsentwicklung in der wissensintensiven Arbeit*. Detmold: Eusl.

Nachreiner, F., Rohmert, W. & Rutenfranz, J. (1982). *Schichtdienst bei der Berufsfeuerwehr. Gutachterliche Stellungnahme zum Problem des Schichtdienstes bei der Berufsfeuerwehr*. Oldenburg, Darmstadt, Dortmund.

Nelson, R. R. & Winter, S. G. (1982). *An Evolutionary Theory of Economic Change*. Cambridge, MA: Harvard University Press.

Neuberger, O. (1985). *Arbeit*. Stuttgart: Lucius & Lucius.

Neuberger, O. (1988). Spiele in Organisationen, Organisationen als Spiele. In: W. Küpper und G. Ortmann (Hrsg.), *Mikropolitik. Rationalität, Macht und Spiele in Organisationen* (S. 53-86). Opladen: Westdeutscher Verlag.

Neuberger, O. (2002). *Führen und führen lassen: Ansätze, Ergebnisse und Kritik der Führungsforschung*. Stuttgart: UTB.

Neuberger, O. (2015). *Mikropolitik und Moral in Organisationen* (2. Auflage). Stuttgart: UTB.

Nevis, E. C. (2005). *Organisationsberatung. Ein gestalttherapeutischer Ansatz* (4. Auflage). Bergisch Gladbach: EHP.

Newbert, S. L. (2007). Empirical Research on the Resource-Based View of the Firm: An Assessment and Suggestions for Future Research. *Strategic Management Journal, 28*, S. 121-146.

Newell, A. & Simon, H. A. (1972). *Human Problem Solving*. Englewood Cliffs: Prentice-Hall.

Nieder, P. (2013). Mitarbeiterbefragung und betriebliches Gesundheitsmanagement (BGM). In: M. E. Domsch und D. H. Ladwig (Hrsg.), *Handbuch Mitarbeiterbefragung* (3. Auflage; S. 203-220). Berlin: Springer.

Nink, M. (2015). *The German workforce has a burnout problem*. Verfügbar unter: http://www.gallup.com/businessjournal/184106/german-workforce-burnout-problem.aspx [Zugriff am 13.10.2017].

Nitsche, S. & Reszies, S. (2014). Können, Wollen, Dürfen. Gesundheitskompetenz im Unternehmen. In: M. Knaut (Hrsg.), *Gesundheit: Vielfältige Lösungen aus Technik und Wirtschaft. Beiträge und Positionen der HTW Berlin* (S. 174-179). Berlin: BWV.

Nöllenheidt, C. & Brenscheidt, S. (2014). *Arbeitswelt im Wandel: Zahlen – Daten – Fakten*. Dortmund: Bundesanstalt für Arbeitsschutz und Arbeitsmedizin.

Nonaka, I. (1991). The Knowledge Creating Company. *Harvard Business Review, 69 (6)*, S. 96-104.

Nonaka, I. (1994). A Dynamic Theory of Organizational Knowledge Creation. *Organization Science, 5 (1)*, S. 14-37.

Nonaka, I. (2005). *Knowledge Management. Critical Perspectives on Business and Management*. London: Routledge.

Nonaka, I. & Takeuchi, H. (1995). *The knowledge creating company. How Japanese companies create the dynamics of innovation*. New York: Oxford University Press.

North, K. (2016). *Wissensorientierte Unternehmensführung. Wissensmanagement gestalten*. Wiesbaden: Springer.

Northway, M. L. (1940). A method for depicting social relationships obtained by sociometric testing. *Sociometry, 3*, S. 144-150.

Nutbeam, D. (2000). Health literacy as a public health goal: a challenge for contemporary health education and communication strategies into the 21st century. *Health Promotion International, 15 (3)*, S. 259-267.

Nutbeam, D. (2008). The evolving concept of health literacy. *Social Science and Medicine, 67 (12)*, S. 2072-2078.

Oberhauser, C. (2012). Hinter den Kulissen. In: C. Oberhauser und W. Knapp (Hrsg.), *Hinter den Kulissen. Beiträge zur historischen Mythenforschung* (S. 13–30). Innsbruck: University Press.

Oevermann, U., Allert, T., Konau, E. & Krambeck, J. (1979). Die Methodologie einer „objektiven Hermeneutik" und ihre allgemeine forschungslogische Bedeutung in den Sozialwissenschaften. In: H.-G. Soeffner (Hrsg.), *Interpretative Verfahren in den Sozial- und Textwissenschaften* (S. 352-434). Stuttgart: Metzler.

Opitz, S. (2004). *Gouvernementalität im Postfordismus. Macht, Wissen und Techniken des Selbst im Feld unternehmerischer Rationalität*. Hamburg: Argument.

Ortmann, G. (2008). *Organisation und Welterschließung. Dekonstruktionen* (2. Auflage). Wiesbaden: VS.

Ortmann, G. (2014). Können und Haben, Geben und Nehmen. Kompetenzen als Ressourcen: Organisation und strategisches Management. In: A. Windeler und J. Sydow (Hrsg.), *Kompetenz. Sozialtheoretische Perspektiven* (S. 19-108). Wiesbaden: Springer VS.

Ortmann, G. & Sydow, J. (2001). *Strategie und Strukturation. Strategisches Management von Unternehmen, Netzwerken und Konzernen*. Wiesbaden: Gabler.

Ortmann, G., Sydow, J. & Türk, K. (1997). *Theorien der Organisation. Die Rückkehr der Gesellschaft*. Wiesbaden: VS.

Ortmann, G., Sydow, J. & Windeler, A. (2000). Organisation als reflexive Strukturation. In: G. Ortmann, J. Sydow und K. Türk (Hrsg.), *Theorien der Organisation. Die Rückkehr der Gesellschaft* (2. Auflage; S. 315-354). Wiesbaden: Westdeutscher Verlag.

Ortmann, G., Windeler, A., Becker, A. & Schulz, H.-J. (1990). *Computer und Macht in Organisationen. Mikropolitische Analysen*. Wiesbaden: Springer.

Parsons, T. (1949). *The Structure of Social Actions*. Glencoe, IL: The Free Press.

Paul, K. I., Hassel, A. & Moser, K. (2006). Die Auswirkungen von Arbeitslosigkeit auf die psychische Gesundheit: Befunde einer quantitativen Forschungsintegration. In: A. Hollederer und H. Brand (Hrsg.), *Arbeitslosigkeit, Gesundheit und Krankheit* (S. 35–51). Bern: Huber.

Pawlow, I. P. (1927). *Conditioned reflexes. An investigation of the physiological activity of the cerebral cortex*. London: Oxford University Press.

Pawlowsky, P. (1992). Betriebliche Qualifikationsstrategien und organisationales Lernen. In: W. H. Staehle und P. Conrad (Hrsg.), *Managementforschung 2* (S. 177-237). Berlin: De Gruyter.

Pawlowsky, P. & Geppert, M. (2005). Organisationales Lernen. In: E. Weik und R. Lang (Hrsg.), *Moderne Organisationstheorien 1* (S. 260-293). Wiesbaden: Gabler.

Pelikan, J. M. (2011). Organisationsentwicklung als Methode der Gesundheitsförderung. In: Bundeszentrale für gesundheitliche Aufklärung (Hrsg.), *Leitbegriffe der Gesundheitsförderung und Prävention* (S. 400-403). Gamburg: Verlag für Gesundheitsförderung.

Penrose, E. T. (1959). *The Theory of the Growth of the Firm*. Oxford: Basil Blackwell.

Penrose, E. T. (1995). *The Theory of the Growth of the Firm* (3. Auflage). Oxford: University Press.

Perrow, C. (1989). A society of organizations. In: M. Haller, H.-J. Hoffmann-Nowotny und W. Zapf (Hrsg.), *Kultur und Gesellschaft*. Frankfurt a.M.: Campus.

Peteraf, M. A. & Barney, J. B. (2003). Unraveling the Ressource-Based Tangle. *Managerial and Decision Economics, 24*, 309-323.

Peters, K. (2011). Indirekte Steuerung und interessierte Selbstgefährdung. Eine 180-Grad-Wende bei der Betrieblichen Gesundheitsförderung. In: N. Kratzer, W. Dunkel, K. Becker und S. Hinrichs (Hrsg.), *Arbeit und Gesundheit im Konflikt. Analysen und Ansätze für ein partizipatives Gesundheitsmanagement* (S. 105-122). Berlin: edition sigma.

Peters, K. & Sauer, D. (2005). Indirekte Steuerung – eine neue Herrschaftsform. In: H. Wagner (Hrsg.), *"Rentier' ich mich noch?" Neue Steuerungskonzepte im Betrieb* (S. 23-58). Hamburg: VSA.

Pettigrew, A. M. (1979). *The politics of organizational decision-making*. London: Tavistock Publications.

Petzi, M. & Kattwinkel, S. (2016). *Das Gesunde Unternehmen zwischen Utopie und Dystopie. Betriebliches Gesundheitsmanagement auf dem Prüfstand*. Wiesbaden: Springer Gabler.

Pfadenhauer, M. (2010). Kompetenz als Qualität sozialen Handelns. In: T. Kurt und M. Pfadenhauer (Hrsg.), *Soziologie der Kompetenz* (S. 149-172). Wiesbaden: VS.

Pfeffer, J. & Salancik, G. R. (2003). *The External Control of Organizations. A Ressource Dependence Perspective*. Stanford: University Press.

Piaget, J. (1973). *Die Entwicklung des Erkennens III*. Stuttgart: Klett.

Piaget, J. (1982). *Abriß der genetischen Epistemologie*. Olten: Walter.

Pickshaus, K. & Urban, H. J. (2017). Perspektiven der Betrieblichen Gesundheitsförderung: Aufgaben und Chancen im Gegenwartskapitalismus. In: G. Faller (Hrsg.), *Lehrbuch Betriebliche Gesundheitsförderung* (3. Auflage; S. 487-496). Bern: Hogrefe.

Pieck, N. (2012). *Betriebliches Gesundheitsmanagement fällt nicht vom Himmel*. Düsseldorf: Hans-Böckler-Stiftung.

Pieck, N. (2013). *Gender Mainstreaming in der betrieblichen Gesundheitsförderung: Zur Bedeutung eines beteiligungsorientierten Vorgehensmodells*. München, Mering: Hampp.

Pieck, N. (2017). Betriebliche Gesundheitsförderung umsetzen – ein Überblick. In: G. Faller (Hrsg.), *Lehrbuch Betriebliche Gesundheitsförderung* (3. Auflage; S. 179-188). Bern: Hogrefe.

Pitsch, H.-J. (2013). Inklusion, Konstruktivismus und Kulturhistorische Tätigkeitstheorie. In: C. Breyer, G. Fohrer, W. Goschler, M. Heger, C. Kießling und C. Ratz (Hrsg.), *Sonderpädagogik und Inklusion* (S. 59-74). Oberhausen: Athena.

Plessow, H. (2010) *Implementierung eines betrieblichen Gesundheitsmanagements: eine kritische Auseinandersetzung unter beonderer Berücksichtigung strukturationstheoretischer und institutionenökonomischer Perspektive*. Verfügbar unter http://oops.uni-oldenburg.de/943/1/pleimp10.pdf [Zugriff am 03.06.2018].

Polanyi, M. (1985). *Implizites Wissen*. Frankfurt a.M.: Suhrkamp.

Pongratz, H. J. (2002). Erwerbstätige als Unternehmer ihrer eigenen Arbeitskraft? In: E. Kuda und J. Strauß (Hrsg.), *Arbeitnehmer als Unternehmer? Herausforderungen für Gewerkschaften und berufliche Bildung* (S. 8–23). Hamburg: VSA.

Literaturverzeichnis

Pongratz, H. J. & Voß, G. G. (2003). *Arbeitskraftunternehmer. Erwerbsorientierungen in entgrenzten Arbeitsformen*. Berlin: edition sigma.

Powell, W. W. (1990). Neither Market nor Hierarchy: Network Forms of Organization. *Research in Organizational Behavior, 12*, S. 295-336.

Prahalad, C. K. & Hamel, G. (1990). The Core Competence of the Corporation. *Harvard Business Review, 68 (3)*, S. 79-91.

Probst, G. J. B. & Büchel, B. S. T. (1994). *Organisationales Lernen. Wettbewerbsvorteil der Zukunft*. Springer: Wiesbaden.

Raeithel, A. (1983). *Tätigkeit, Arbeit und Praxis. Grundbegriffe für eine praktische Psychologie.* Frankfurt a.M.: Campus.

Raeithel, A. (1998). *Selbstorganisation, Kooperation, Zeichenprozeß*. Opladen: Westdeutscher Verlag.

Rappaport, J. (1985). Ein Plädoyer für die Widersprüchlichkeit – ein sozialpolitisches Konzept des Empowerments anstelle präventiver Ansätze. *Verhaltenstherapie & Psychosoziale Praxis, 17*, S. 257-278.

Rasche, C. (1994). *Wettbewerbsvorteile durch Kernkompetenzen: Ein ressourcenorientierter Ansatz*. Wiesbaden: Gabler.

Rastetter, D. (1999). Emotionsarbeit. Stand der Forschung und offene Fragen. *Arbeit. Zeitschrift für Arbeitsforschung, Arbeitsgestaltung und Arbeitspolitik, 8 (4)*, S. 374-388.

Rau, R., Gebele, N., Morling, K. & Rösler, U. (2010). *Untersuchung arbeitsbedingter Ursachen für das Auftreten von depressiven Störungen*. Dortmund: Bundesanstalt für Arbeitsschutz und Arbeitsmedizin.

Reich, K. (2012). *Konstruktivistische Didaktik* (5. Auflage). Weinheim: Beltz.

Reichertz, J. (2013). *Die Abduktion in der qualitativen Sozialforschung. Über die Entdeckung des Neuen*. Wiesbaden: Springer VS.

Reindl, J. (2003). Gesundheitskompetenz. In: Arbeitsgemeinschaft Betriebliche Weiterbildung e.V. (Hrsg.), *Kompetenzentwicklung* (S. 207-242). Münster: Waxmann.

Reisbeck, G., Edinger, M., Junker, M., Keupp, H. & Knoll, C. (1993). Soziale Netzwerke schwuler Männer im Zeichen von Aids. In: C. Lange (Hrsg.), *Aids – eine Forschungsbilanz* (S. 129-138). Berlin: Edition Sigma.

Reuther, U. (2006). Lernen im Prozess der Arbeit. *QUEM-Bulletin, 5*, S. 1-8.

Richta, H. N. (2012). *Organisationales Lernen als erfolgsrelevantes Konstrukt im Rahmen der Internationalisierung von Unternehmen*. Wiesbaden: Springer.

Rifkin, J. (1995). *The End of Work. The Decline of the Global Labor Force and the Dawn of the Post-Market Era*. New York: G. P. Putnam's Sons.

Rimbach, A. (2013). *Entwicklung und Realisierung eines integrierten betrieblichen Gesundheitsmanagements in Krankenhäusern. Betriebliches Gesundheitsmanagement als Herausforderung für die Organisationsentwicklung*. München, Mering: Hampp.

Rochlin, G. I., La Porte, T. R. & Roberts, K. H. (1987). The Self-Designing High-Reliability Organization: Aircraft Carrier Flight Operations at Sea. *Naval War College Review 40 (4)*, S. 76–90.

Rohmert, W. & Rutenfranz, J. (1975). *Arbeitswissenschaftliche Beurteilung der Belastung und Beanspruchung an unterschiedlichen industriellen Arbeitsplätzen.* Bonn: Bundesministerium für Arbeit und Soziales.

Rönnfeldt, J. (2003). *Feuerwehr-Handbuch der Organisation, Technik und Ausbildung.* Stuttgart: Kohlhammer.

Ropohl, G. (2012). *Allgemeine Systemtheorie: Einführung in transdisziplinäres Denken.* Berlin: edition sigma.

Rosa, H. (2005). *Beschleunigung. Die Veränderung der Zeitstrukturen in der Moderne* (11. Auflage). Frankfurt a.M.: Suhrkamp.

Rosenbrock, R. & Hartung, S. (2011). Settingansatz / Lebensweltansatz. In: Bundeszentrale für gesundheitliche Aufklärung (Hrsg.), *Leitbegriffe der Gesundheitsförderung und Prävention* (S. 497-500). Gamburg: Verlag für Gesundheitsförderung.

Rothe, I., Adolph, L., Beermann, B., Schütte, M., Windel, A., Grewer, A., Lenhardt, U., Michel, J., Thomson, B. & Formazin, M. (2017). *Psychische Gesundheit in der Arbeitswelt. Wissenschaftliche Standortbestimmung.* Dortmund, Berlin und Dresden: Bundesanstalt für Arbeitsschutz und Arbeitsmedizin.

Rotter, J. B. (1954). *Social Learning and Clinical Psychology.* Englewood Cliffs, N.J., Prentice-Hall.

Rotter, J. B. (1966). Generalized expectancies for internal versus external control of reinforcement. *Psychological Monographs, 80*, S. 1-28.

Rousseau, D. M. (2000). Multilevel Competencies and Missing Linkages. In: K. J. Klein (Hrsg.), *Multilevel Theory, Research and Methods in Organizations* (S. 572-582). San Francisco: Jossey-Bass.

Rürup, M., Röbken, H., Emmerich, M. & Dunkake, I. (2015). *Netzwerke im Bildungswesen. Eine Einführung in ihre Analyse und Gestaltung.* Wiesbaden: Springer VS.

Sanchez, R., Heene, A. & Thomas, H. (1996). *Dynamics of Competence-Based Competition: Theory and Practice in New Strategic Management.* Oxford: Pergamon.

Satzer, R. (2011). Die vorausschauende Gefährdungsbeurteilung als neues Instrument partizipativer Gestaltung von Arbeitsbedingungen. In: N. Kratzer, W. Dunkel, K. Becker und S. Hinrichs (Hrsg.), *Arbeit und Gesundheit im Konflikt. Analysen und Ansätze für ein partizipatives Gesundheitsmanagement* (S. 287-304). Berlin: edition sigma.

Schaper, N. (2011). Arbeitsgestaltung in Produktion und Verwaltung. In: F. W. Nerdinger, G. Blickle und N. Schaper (Hrsg.), *Arbeits- und Organisationspsychologie* (2. Auflage; S. 349-367). Berlin: Springer.

Schein, E. H. (1985). *Organizational Culture and Leadership.* San Francisco: Jossey-Bass.

Schein, E. H. (1986). Wie Führungskräfte Kultur prägen und vermitteln. *GDI Impulse, 2*, S. 1-14.

Schein, E. H. (2003). *Prozessberatung für die Organisation der Zukunft. Der Aufbau einer helfenden Beziehung* (2. Auflage). Bergisch Gladbach: EHP.

Scherer, A. G. (2006). Kritik der Organisation oder Organisation der Kritik? – Wissenschaftstheoretische Bemerkungen zum kritischen Umgang mit Organisationstheorien. In: A. Kieser und M. Ebers (Hrsg.), *Organisationstheorien* (S. 19-62). Stuttgart: Kohlhammer.

Schichterich, W. (2006). *Moderation von Projektgruppen und Gesundheitszirkeln*. Hamburg: Berufsgenossenschaft für Gesundheitsdienst und Wohlfahrtspflege.

Schiersmann, C. & Thiel, H.-U. (2000). *Projektmanagement als organisationales Lernen*. Opladen: Leske + Budrich.

Schiersmann, C. & Thiel, H.-U. (2014). *Organisationsentwicklung. Prinzipien und Strategien von Veränderungsprozessen* (4. Auflage). Wiesbaden: Springer VS.

Schiller-Merkens, S. (2008). *Institutioneller Wandel und Organisationen. Grundzüge einer strukturationstheoretischen Konzeption*. Wiesbaden: VS.

Schimank, U. (2001). Organisationsgesellschaft. In: G. Kneer, A. Nassehi und M. Schroer (Hrsg.), *Klassische Gesellschaftsbegriffe der Soziologie* (S. 278–307). Stuttgart: UTB.

Schimank, U. (2011). Organisationsblockaden als Rationalitätsfallen. In: A. Maurer und U. Schimank (Hrsg.), *Die Rationalitäten des Sozialen*. Wiesbaden: VS.

Schlee, J. (2008). *Kollegiale Beratung und Supervision für pädagogische Berufe*. Stuttgart: Kohlhammer.

Schlick, C. M., Bruder, R. & Luczak, H. (2010). *Arbeitswissenschaft*. Berlin: Springer.

Schmid, A. (2003). Die Realität extremer Gefühle. In: J. Verwoert (Hrsg.), *Die Ich-Ressource Zur Kultur der Selbst-Verwertung* (S. 67–85). München: Volk.

Schmidt, C. (1997). „Am Material" – Auswertungstechniken für Leitfadeninterviews. In: B. Friebertshäuser und A. Prengel (Hrsg.), *Handbuch Qualitative Forschungsmethoden in der Erziehungswissenschaft*. Weinheim: Juventa.

Schreyögg, G. & Eberl, M. (2015). *Organisationale Kompetenzen. Grundlagen – Modelle – Fallbeispiele*. Stuttgart: Kohlhammer.

Schreyögg, G. & Noss, C. (1995). Organisatorischer Wandel: Von der Organisationsentwicklung zur lernenden Organisation. *Die Betriebswirtschaft, 55 (2)*, S. 169-185.

Schröder, C. & Pieck, N. (2017). *Kein Stress mit dem Stress. Seminarreihe zur Qualifizierung im Betrieblichen Gesundheitsmanagement*. Berlin: Initiative Neue Qualität der Arbeit.

Schütz, A. (1993). *Der sinnhafte Aufbau der sozialen Welt - Eine Einleitung in die verstehende Soziologie* (6. Auflage). Frankfurt a.M.: Suhrkamp.

Schütze, F. (1983). Biographieforschung und narratives Interview. *Neue Praxis. Kritische Zeitschrift für Sozialarbeit und Sozialpädagogik, 13*, S. 283-293.

Schütze, Y. (2006). Quantitative und qualitative Veränderungen in den sozialen Netzwerken junger Migranten – Eine Langzeitstudie. In: B. Hollstein und F. Straus (Hrsg.), *Qualitative Netzwerkanalyse. Konzepte, Methoden, Anwendungen* (S. 295-310). Wiesbaden: VS.

Schwartz, H. & Jacobs, J. (1979). *Qualitative sociology. A method to the madness*. New York: The Free Press.

Scott, W. R. & Meyer, J. W. (1994). *Institutional Environments and Organizations. Structural Complexity and Individualism*. Thousand Oaks: Sage.

Sczesny, C., Keindorf, S. & Droß, P. J. (2011). *Untersuchung zum Kenntnisstand von Unternehmen und Beschäftigten auf dem Gebiet des Arbeits- und Gesundheitsschutzes in KMU.* Dortmund, Berlin und Dresden: Bundesanstalt für Arbeitsschutz und Arbeitsmedizin.

Seele, P. & Zapf, C. L. (2017). *Der Markt existiert nicht. Aufklärung gegen die Marktvergötterung.* Berlin: Springer.

Seiler, K. & Splittgerber, B. (2017). Ein strukturelles Problem? Herausforderungen der Gesundheitsförderung für prekär Beschäftigte. In: G. Faller (Hrsg.), *Lehrbuch Betriebliche Gesundheitsförderung* (3. Auflage; S. 413-424). Bern: Hogrefe.

Seligman, M. E. P. (1979). *Erlernte Hilflosigkeit.* München: Urban & Schwarzenberg.

Semmer, N. & Udris, I. (2004). Bedeutung und Wirkung von Arbeit. In: H. Schuler (Hrsg.), *Lehrbuch Organisationspsychologie* (S. 157-195). Bern: Huber.

Senge, P. M. (1990). *The Fifth Discipline. The Art and Practice of the Learning Organization.* New York: Doubleday.

Senge, P. M. (2006a). *Die fünfte Disziplin: Kunst und Praxis der lernenden Organisation* (9. Auflage). Stuttgart: Klett-Cotta.

Senge, P. M. (2006b). *The Fifth Discipline. The Art and Practice of the Learning Organization* (2. Auflage). New York: Doubleday.

Senge, P. M & Lannon, C. (1990). Managerial microworlds. *Technology Review, 93 (5),* S. 62-68.

Senge, P. M., Kleiner, A., Roberts, C., Ross, R. B. & Smith, B. J. (1994). *The Fifth Discipline Fieldbook.* New York: Doubleday.

Sennett, R. (1998). *Der flexible Mensch: Die Kultur des neuen Kapitalismus.* Berlin: Berlin-Verlag.

Shaffer, D. W., Hatfield, D., Svarovsky, G. N., Nash, P., Nulty, A., Bagley, E., Frank, K., Rupp, A. A. & Mislevy, R. (2009). Epistemic Network Analysis: A Prototype for 21st-Century Assessment of Learning. *International Journal of Learning and Media, 1 (2),* S. 33-53.

Shavelson, R. & Towne, L. (2002). *Scientific research in education.* Washington, D.C.: National Academic Press.

Sheeran, P. (2002). Intention-behaviour relations: A conceptual and empirical review. *European Review of Social Psychology, 13*, S. 1–36.

Shrivastava, P. (1983). A typology of learning systems. *Journal of Management Studies, 20 (1),* S. 7-28.

Siebert, H. (1996). *Didaktisches Handeln in der Erwachsenenbildung.* Neuwied, Kriftel, Berlin: Luchterhand.

Siebert, H. (2005). *Pädagogischer Konstruktivismus: Lernzentrierte Pädagogik in Schule und Erwachsenenbildung* (3. Auflage). Weinheim: Beltz.

Siegrist, J. (1996). Adverse health effects of high effort – low reward conditions at work. *Journal of Occupational Health Psychology, 1*, S. 27 – 43.

Siegrist, J. & Dragano, N. (2008). Psychosoziale Belastungen und Erkrankungsrisiken im Erwerbsleben. Befunde aus internationalen Studien zum Anforderungs-Kontroll-Modell und zum Modell beruflicher Gratifikationskrisen. *Bundesgesundheitsblatt, 51,* S. 305-312.

Simon, F. B. & Conecta-Autorengruppe (1992). *Radikale Marktwirtschaft. Verhalten als Ware oder: Wer handelt, der handelt.* Heidelberg: Carl-Auer.

Skinner, B. F. (1953). *Science and human behavior.* New York: Macmillan.

Skrabanek, P. (1994). *The Death of Humane Medicine and the Rise of Coercive Healthism.* Dublin: St. Edmundsbury Press.

Smith, A. C. & Kleinman, S. (1989). Managing Emotions in Medical School: Students' Contacts with the Living and the Dead. *Social Psychology Quarterly, 52 (1),* S. 56-69.

Sommer, A., Lingg, E., Reutlinger, C. & Stiehler, S. (2010). Netzkarten. Visualisierung von Struktur- und Qualitätsdimensionen nachbarschaftlicher Netzwerke. Verfügbar unter: http://www.sozialraum.de/netzkarten.php [Zugriff am 31.07.2017].

Sommerhalder, K. & Abel, T. (2007). *Gesundheitskompetenz: Eine konzeptuelle Einordnung.* Bern: Universität Bern.

Squire, L. R. (1987). *Memory and Brain.* New York: Oxford University Press.

Staab, P. & Nachtwey, O. (2016). Die Digitalisierung der Dienstleistungsarbeit. *Aus Politik und Zeitgeschichte, 18–19,* S. 24-31.

Star, S. L. & Griesemer, J. R. (1989). Institutional Ecology, 'Translations' and Boundary Objects: Amateurs and Professionals in Berkeley's Museum of Vertebrate Zoology, 1907-39. *Social Studies of Science, 19 (4),* S. 387–420.

Stark, W. & Wright, M. T. (2011). Partizipation – Mitwirkung und Mitgestaltung der Bürgerinnen und Bürger. In: Bundeszentrale für gesundheitliche Aufklärung (Hrsg.), *Leitbegriffe der Gesundheitsförderung und Prävention* (S. 404-408). Gamburg: Verlag für Gesundheitsförderung.

Statistisches Bundesamt (2017). *Krankenhausstatistik. Diagnosedaten der Krankenhäuser ab 2000.* Verfügbar unter: www.gbe-bund.de [Zugriff am 13.10.2017].

Statistisches Bundesamt (2018). *Saison- und kalenderbereinigte Anzahl der Erwerbstätigen mit Wohnsitz in Deutschland (Inländerkonzept) von Februar 2017 bis Februar 2018 (in Millionen).* Verfügbar unter: https://de.statista.com/statistik/ daten/studie/1376/umfrage/anzahl-der-erwerbstaetigen-mit-wohnort-in-deutschland/ [Zugriff am 25.04.2018].

Steinke, I. (1999). *Kriterien qualitativer Forschung: Ansätze zur Bewertung qualitativ-empirischer Sozialforschung.* Weinheim: Juventa.

Steinke, I. (2000). *Gütekriterien qualitativer Forschung.* In: U. Flick, E. v. Kardorff und I. Steinke (Hrsg.), *Qualitative Forschung. Ein Handbuch,* S. 319-331. Reinbek: Rowohlt.

Steinke, I. (2007). Qualitätssicherung in der qualitativen Forschung. In: U. Kuckartz, H. Grunenberg und T. Dresing (Hrsg.), *Qualitative Datenanalyse: computergestützt. Methodische Hintergründe und Beispiele aus der Forschungspraxis* (2. Auflage, S. 176-187). Wiesbaden: VS.

Straus, F. (2002): *Netzwerkanalysen. Gemeindepsychologische Perspektiven für Forschung und Praxis.* Wiesbaden: Springer.

Straus, F. (2006). Entwicklungslabor qualitative Netzwerkforschung. In: B. Hollstein und F. Straus (Hrsg.), *Qualitative Netzwerkanalyse. Konzepte, Methoden, Anwendungen* (S. 481-494). Wiesbaden: VS.

Strauss, A. & Corbin, J. M. (1990). *Basics of Qualitative Research, Grounded Theory, Procedures and Techniques*. Newbury Park: Sage.

Suchmann, L. (1987). *Plans and situated actions: The Problem of Human-Machine Communication*. New York: Cambridge University Press.

Sydow, J. (2010). *Management von Netzwerkorganisationen* (5. Auflage). Wiesbaden: Gabler.

Sydow, J. (2014). Kompetenzen, Konvergenzen, Divergenzen – Ein Rückblick nach vorn. In: A. Windeler und J. Sydow (Hrsg.), *Kompetenz. Sozialtheoretische Perspektiven* (S. 303-316). Wiesbaden: Springer VS.

Sydow, J., Duschek, S., Möllering, G. & Rometsch, M. (2003). *Kompetenzentwicklung in Netzwerken. Eine typologische Studie*. Wiesbaden: VS.

Sydow, J. & Wirth, C. (2014). *Organisation und Strukturation. Eine fallbasierte Einführung*. Wiesbaden: Springer VS.

Tajfel, H. & Turner, J. C. (1986). The social identity theory of intergroup behavior. In: S. Worchel und W. G. Austin (Hrsg.), *Psychology of intergroup relations* (S. 7–24). Chicago: Nelson-Hall.

Thorndike, E. L. (1898). *Animal Intelligence. An Experimental Study of the Associative Processes in Animals*. New York: Columbia University Press.

Thorndike, E. L. (1931). *Human learning*. New York, London: Century.

Tolman, E. C. (1932). *Purposive Behavior in Animals and Men*. New York: Century.

Tolman, E. C. (1948). Cognitive Maps in Rats and Men. *Psychological Review, 55*, S. 189-208.

Trice, H. M. & Beyer, J. M. (1993). *The cultures of work organizations*. Englewood Cliffs: Prentice Hall.

Trojan, A. & Hildebrandt, H. (1990). *Brücken zwischen Bürgern und Behörden. Innovative Strukturen für Gesundheitsförderung*. Sankt Augustin: Asgard.

Türk, K. (1995). *Die Organisation der Welt. Herrschaft durch Organisation in der modernen Gesellschaft*. Opladen: Westdeutscher Verlag.

Udris, I. & Frese, M. (1988). Belastung, Streß, Beanspruchung und ihre Folgen. In: D. Frey, C. Graf Hoyos und D. Stahlberg (Hrsg.), *Angewandte Psychologie. Ein Lehrbuch* (S. 427–447). München: Beltz.

Udris, I., Kraft, U., Mussmann, C. & Rimann, M. (1992). Arbeiten, gesund sein und gesund bleiben: Theoretische Überlegungen zu einem Ressourcenkonzept. *psychosozial, 52*, S. 9-22.

Uhle, T. & Treier, M. (2015). *Betriebliches Gesundheitsmanagement: Gesundheitsförderung in der Arbeitswelt - Mitarbeiter einbinden, Prozesse gestalten, Erfolge messen* (3. Auflage). Berlin: Springer.

Ulich, E. & Wülser, M. (2015). *Gesundheitsmanagement in Unternehmen: Arbeitspsychologische Perspektiven* (6. Auflage). Wiesbaden: Springer.

Unger, H. v. (2014). *Partizipative Forschung. Einführung in die Forschungspraxis*. Wiesbaden: VS.

Van Maanen, J. & Kunda, G. (1989). "Real feelings": Emotional expression and organizational culture. In: B. M. Staw und L. L. Cummings (Hrsg.), *Research in Organizational Behavior, 11*, S. 43-103.

Van Santen, E. & Seckinger, M. (2003). *Kooperation: Mythos und Realität einer Praxis. Eine empirische Studie zur interinstitutionellen Zusammenarbeit am Beispiel der Kinder- und Jugendhilfe.* Opladen: Leske + Budrich.

Varela, F. J., Thompson, E. & Rosch, E. (1991). *The Embodied Mind.* Cambridge: MIT Press.

Vedder, G. & Haunschild, A. (2011). Work-Life-Balance und Entgrenzungstendenzen bei IT-Angestellten. In: S. Kaiser, S. Süß und I. Josephs (Hrsg.), *Freelancer als Forschungsgegenstand und Praxisphänomen - betriebswirtschaftliche und psychologische Perspektiven* (S. 113-132). Frankfurt a.M.: Peter Lang.

Verwoert, J. (2003). *Die Ich-Ressource: Zur Kultur der Selbst-Verwertung.* München: Volk.

Vester, M. (2011). Postindustrielle oder industrielle Dienstleistungsgesellschaft: Wohin treibt die gesellschaftliche Arbeitsteilung? *WSI-Mitteilungen, 12,* S. 629-639.

Volpert, W. (1987). Psychische Regulation von Arbeitstätigkeiten. In: J. Rutenfranz und U. Kleinbeck (Hrsg.), *Enzyklopädie der Psychologie. Themenbereich D, Serie 3, Band 1: Arbeitspsychologie* (S. 1-42). Göttingen: Hogrefe.

Volpert, W. (1990). Welche Arbeit ist gut für den Menschen? Notizen zum Thema Menschenbild und Arbeitsgestaltung. In: F. Frei und I. Udris (Hrsg.), *Das Bild der Arbeit* (S. 23-40). Bern: Huber.

Vorderer, P. (2015). Der mediatisierte Lebenswandel. Permanently online, permanently connected. *Publizistik, 60,* S. 259-276.

Voswinkel, S. (2005). *Welche Kundenorientierung? Anerkennung in der Dienstleistungsarbeit.* Berlin: edition sigma.

Walgenbach, P. (2014). Institutionalistische Ansätze in der Organisationstheorie. In: A. Kieser und M. Ebers (Hrsg.), *Organisationstheorien* (7. Auflage; S. 295-345). Stuttgart: Kohlhammer.

Walgenbach, P. & Meyer, R. (2008). *Neoinstitutionalistische Organisationstheorie.* Stuttgart: Kohlhammer.

Watson, J. B. (1913). Psychology as the Behaviorist Views it. *Psychological Review, 20,* S. 158-177.

Wattendorff, F. (1999). *Qualifizierung der Selbstverwaltung der gesetzlichen Unfallversicherung zur Erfüllung des Präventionsauftrages.* Sankt Augustin: Asgard.

Watzlawick, P. (2006). *Die erfundene Wirklichkeit: Wie wissen wir, was wir zu wissen glauben? Beiträge zum Konstruktivismus* (5. Auflage). München: Piper.

Watzlawick, P., Weakland, J. H. & Fisch, R. (2013). *Lösungen: Zur Theorie und Praxis menschlichen Wandels.* Bern: Huber.

Weibler, J. (2012). *Personalführung* (2. Auflage). München: Vahlen.

Weick, K. E. (1976). Educational Organizations as Loosely Coupled Systems. *Administrative Science Quarterly, 21 (1),* S. 1-19.

Weick, K. E. (1993). The collapse of sensemaking in organizations. The Mann Gulch desaster. *Administrative Science Quarterly, 38*, S. 628-652.

Weick, K. E. (1995). *Sensemaking in Organizations.* Thousand Oaks: Sage.

Weick, K. E. & Sutcliffe, K. M. (2007). *Managing the unexpected: Resilient performance in an age of uncertainty.* San Francisco: Jossey Bass.

Weinert, F. E. (2001). Concept of Competence: A Conceptual Clarifikation. In: D. S. Rychen und L. H. Salganik (Hrsg.), *Defining and Selecting Key Competencies. Theoretical and Conceptual Foundations.* (S. 45-65). Seattle: Hogrefe & Huber.

Wenger, E. (1998). *Communities of practice. Learning, meaning and identity.* Cambridge: University Press.

Wenger, E. (2009). A social theory of learning. In: K. Illeris (Hrsg.), *Contemporary Theories of Learning: Learning Theorists – In Their Own Words* (S. 209-218). Abingdon: Routledge.

Wenger, E., McDermott, R. & Snyder, W. M. (2002). *Cultivating communities of practice: A guide to managing knowledge.* Boston: Harvard Business School Press.

Wenger, E., Trayner, B. & de Laat, M. (2011). *Promoting and assessing value creation in communities and networks: a conceptual framework.* Heerlen: Open University of the Netherlands Press.

Westermayer, G. & Stein, B. (2006). *Produktivitätsfaktor Betriebliche Gesundheit.* Göttingen: Hogrefe.

White, H. C., Boorman, S. A. & Breiger, R. L. (1976). Social Structure from Multiple Networks. Blockmodels of Roles and Positions. *American Journal of Sociology, 81*, S. 730-780.

WHO (1946). *Verfassung der Weltgesundheitsorganisation.* Verfügbar unter: https://www.admin.ch/opc/de/classified-compilation/19460131/201405080000/0.810.1.pdf [Zugriff am 18.10.2017].

WHO (1986). *Ottawa-Charta zur Gesundheitsförderung.* Verfügbar unter: http://www.euro.who.int/__data/assets/pdf_file/0006/129534/Ottawa_Charter_G.pdf [Zugriff am 18.10.2017].

Wiegand, M. (1996). *Prozesse Organisationalen Lernens.* Wiesbaden: Gabler.

Wienemann, E. (2012). Betriebliches Gesundheitsmanagement. In: G. Hensen und P. Hensen (Hrsg.), *Gesundheits- und Sozialmanagement. Leitbegriffe und Grundlagen des modernen Managements.* Stuttgart: Kohlhammer.

Wienemann, E. & Ebermann, C. (2012). Salutogene Geschäftsprozessanalyse - Ein Instrument zur gesundheitsförderlichen Prozessgestaltung. In: Gesellschaft für Arbeitswissenschaft e. V. (Hrsg.), *58. Kongress der GfA in Kassel – Gestaltung nachhaltiger Arbeitssysteme* (S. 991-994). Dortmund: GfA-Press. Dortmund.

Wilkens, U., Keller, H., & Schmette, M. (2006). Wirkungsbeziehungen zwischen Ebenen individueller und kollektiver Kompetenz – Theoriezugänge und Modellbildung. In: G. Schreyögg und P. Conrad (Hrsg.), *Management von Kompetenz* (S. 121–161). Wiesbaden: Gabler.

Willke, H. (1992). Beobachtung, Beratung und Steuerung von Organisationen in systemtheoretischer Sicht. In: R. Wimmer (Hrsg.), *Organisationsberatung. Neue Wege und Konzepte* (S. 17-42). Wiesbaden: Gabler.

Willke, H. (2001). *Systemtheorie III: Steuerungstheorie* (3. Auflage). Stuttgart: Lucius & Lucius.

Wilson, T. P. (1973). Theorien der Interaktion und Modelle soziologischer Erklärung. In: Arbeitsgruppe Bielefelder Soziologen (Hrsg.), *Alltagswissen, Interaktion und gesellschaftliche Wirklichkeit* (S. 54-79). Reinbek: Rowohlt.

Wilson, T. P. (1982). Qualitative „oder" quantitative Methoden in der Sozialforschung. *Kölner Zeitschrift für Soziologie und Sozialpsychologie, 34*, S. 487-508.

Wimmer, R. (1999). Wider den Veränderungsoptimismus – Zu den Möglichkeiten und Grenzen einer radikalen Transformation von Organisationen. *Wittener Diskussionspapiere, 37*, S. 1-25.

Windeler, A. (2014a). Kompetenz. Sozialtheoretische Grundprobleme und Grundfragen. In: A. Windeler und J. Sydow (Hrsg.), *Kompetenz. Sozialtheoretische Perspektiven* (S. 7-18). Wiesbaden: Springer VS.

Windeler, A. (2014b). Können und Kompetenzen von Individuen, Organisationen und Netzwerken. Eine praxistheoretische Perspektive. In: A. Windeler und J. Sydow (Hrsg.), *Kompetenz. Sozialtheoretische Perspektiven* (S. 225-302). Wiesbaden: Springer VS.

Winter, S. G. (2003). Understanding Dynamic Capabilities. *Strategic Management Journal, 24*, S. 991-995.

Witzel, A. (1982). *Verfahren der qualitativen Sozialforschung. Überblick und Alternativen.* Frankfurt a.M.: Campus.

Witzel, A. (2000). Das problemzentrierte Interview. *Forum Qualitative Sozialforschung / Forum: Qualitative Social Research, 1* (1), Art. 22, http://nbn-resolving.de/urn:nbn:de:0114-fqs0001228.

Wygotski, L. S. (1978). *Mind in society: The development of higher psychological processes.* Cambridge, MA: Harvard University Press.

Wygotski, L. S. (1985). *Ausgewählte Schriften. Band 1: Arbeiten zu theoretischen und methodologischen Problemen der Psychologie*. Berlin: Volk und Wissen.

Wygotski, L. S. (1987). *Thinking and speech.* New York: Plenum.

Yildirim-Krannig, Y., Mähler, M. & Wucholt, F. (2014). Eine kulturtheoretische Betrachtung von Feuerwehren im Wandel – eine Momentaufnahme. In: M. Jenki, N. Ellebrecht und S. Kaufmann (Hrsg.), *Organisationen und Experten des Notfalls. Zum Wandel von Technik und Kultur bei Feuerwehr und Rettungsdiensten* (S. 123-143). Berlin: LIT.

Yin, R. K. (2014). *Case Study Research. Design and Methods* (5. Auflage). Thousand Oaks: Sage.

Zapf, D., Vogt, C., Seifert, C., Mertini, H. & Isic, A. (1999). Emotion work as a source of stress: The concept and development of an instrument. *European Journal of Work and Organizational Psychology, 8 (3)*, S. 371-400.

Zech, R. (2013). *Organisation, Individuum, Beratung. Systemtheoretische Reflexionen.* Göttingen: Vandenhoeck & Ruprecht.

Schriftenreihe zur interdisziplinären Arbeitswissenschaft
hrsg. von Axel Haunschild, Günther Vedder

Nadine Pieck: **Gender Mainstreaming in der betrieblichen Gesundheitsförderung. Zur Bedeutung eines beteiligungsorientierten Vorgehensmodells**
Band 1: ISBN 978-3-86618-847-1 (print), € 24.80, ISBN 978-3-86618-947-8 (e-book pdf), € 22.99
Rainer Hampp Verlag, München u. Mering 2013, 229 S.

Stephan Laske, Manfred Schweres (Hrsg.): **Arbeitsorientierung in den Wirtschaftswissenschaften. Vielfalt als Krisenindikator oder als Potenzial?**
Band 2: ISBN 978-3-86618-880-8 (print), € 24.80, ISBN 978-3-86618-980-5 (e-book pdf), € 22.99
Rainer Hampp Verlag, München u. Mering 2014, 200 S.

Maren Spatz: **Work-Life-Balance. Junge Führungskräfte als Grenzgänger zwischen verschiedenen Lebensbereichen**
Band 3: ISBN 978-3-86618-884-6 (print), € 24.80, ISBN 978-3-86618-984-3 (e-book pdf), € 22.99
Rainer Hampp Verlag, München u. Mering 2014, 214 S.

Günther Vedder, Nadine Pieck, Brit Schlichting, Andrea Schubert, Florian Krause (Hrsg.): **Befristete Beziehungen. Menschengerechte Gestaltung von Arbeit in Zeiten der Unverbindlichkeit**
Band 4: ISBN 978-3-95710-007-8 (print), € 27.80, ISBN 978-3-95710-107-5 (e-book pdf), € 24.99
Rainer Hampp Verlag, München u. Mering 2014, 256 S.

Günther Vedder, Florian Krause (Hrsg.): **Personal und Diversität**
Band 5: ISBN 978-3-95710-059-7 (print), € 24.80, ISBN 978-3-95710-159-4 (e-book pdf), € 22.99
Rainer Hampp Verlag, München u. Mering 2016, 184 S.

Eva Clasen: **Kreativität und Kompetenzen von IngenieurInnen. Kontrolle, Steuerung und Eigensinn in wissensintensiver Arbeit**
Band 6: ISBN 978-3-95710-077-1 (print), € 24.80, ISBN 978-3-95710-177-8 (e-book pdf), € 22.99
Rainer Hampp Verlag, München u. Mering 2016, 201 S.

Stefanie Hiestand: **BITs & BIER. Eine empirische Analyse im Brauwesen und in der IT-Branche zur Verknüpfung individueller Kompetenz- und betrieblicher Organisationsentwicklung**
Band 7: ISBN 978-3-95710-086-3 (print), € 24.80, ISBN 978-3-95710-186-0 (e-book pdf), € 22.99
Rainer Hampp Verlag, Augsburg, München 2017, 201 S.

Heike Mensi-Klarbach, Günther Vedder (Hrsg.): **Geflüchtete Menschen auf dem Weg in den deutschen Arbeitsmarkt**
Band 8: ISBN 978-3-95710-092-4 (print), € 24.80, ISBN 978-3-95710-192-1 (e-book pdf), € 22.99
Rainer Hampp Verlag, Augsburg, München 2017, 228 S.

Angelika Braun, Edelgard Kutzner, Nadine Pieck, Christina Schröder (Hrsg.): **Gender in Arbeit und Gesundheit. Standortbestimmung & Perspektiven**
Band 9: ISBN 978-3-95710-093-1 (print), € 24.80, ISBN 978-3-95710-193-8 (e-book pdf), € 22.99
Rainer Hampp Verlag, Augsburg, München 2017, 210 S.

Henry Johns, Günther Vedder (Hrsg.):
Organisation von Arbeit und berufsbegleitendem Lernen
Band 10: ISBN 978-3-95710-219-5 (print), € 37.80, ISBN 978-3-95710-319-2 (e-book pdf), € 34.99
Rainer Hampp Verlag, Augsburg, München 2018, 443 S.